贤相赵汝愚

沈新甫 ◎ 著

华文出版社
SINO-CULTURE PRESS

图书在版编目（CIP）数据

贤相赵汝愚 / 沈新甫著. —— 北京：华文出版社，2020.12

ISBN 978-7-5075-5373-4

Ⅰ.①贤… Ⅱ.①沈… Ⅲ.①长篇小说－中国－当代 Ⅳ.①I247.5

中国版本图书馆CIP数据核字（2020）第255736号

贤相赵汝愚

作　　者：	沈新甫
选题策划：	戴明敏
责任编辑：	孟志成　李中平
出版发行：	华文出版社
地　　址：	北京市西城区广安门外大街305号8区2号楼
邮政编码：	100055
网　　址：	http://www.hwcbs.com.cn
电　　话：	总 编 室 010-58336210　发 行 部 010-58336202
	责任编辑 010-58336239
经　　销：	新华书店
印　　刷：	三河市航远印刷有限公司
开　　本：	710mm×1000mm　1/16
印　　张：	25.5
字　　数：	388千字
版　　次：	2020年12月第1版
印　　次：	2020年12月第1次印刷
标准书号：	ISBN 978-7-5075-5373-4
定　　价：	68.00元

版权所有，侵权必究

赵汝愚与挚友朱熹

序 一

颜剑明

北宋末年的靖康之变,是中国历史上的大事件。随后的宋室南渡开启了中国历史上规模最大的一次人口大迁移、经济大转移、文化大融合。北方人口浩浩荡荡,数以十万计地南迁,王公贵胄随扈而来,士族百工纷纷择地卜居,运河两岸成为他们最佳的选择之地,驸马濮凤善相风水,见幽湖遍地梧桐,联想起"凤凰非梧桐不栖"的古语,便决计定居下来,后来果然应验,子孙繁衍,终成濮院巨镇。施州刺史张子修、迪功郎张汝昌选择了运河要冲石门湾,建东园、西园,日日流觞曲水,载酒吟诗,好不逍遥自在。伴驾的侍郎官颜岐也率子孙卜居于石门北面的白马塘畔(今浙江省桐乡市石门镇民联村蒋庵),为牢记自己是孔子大弟子颜回的后裔,继承先祖"一箪食,一瓢饮,在陋巷"的安贫乐道精神,将聚居的地方称作"陋巷村"。

而宋朝宗室赵不求、赵善应父子则选择了相对偏僻的水网地带洲泉作为卜居之地。数十年后,赵善应之子赵汝愚科场夺魁,高中状元郎(一说是探花郎),后又步步高升,位居右丞相,从此地以人而显,洲泉的名声扶摇直上。洲泉雅称湘溪即源于此,湘溪原是写作相溪的。

赵汝愚出生在洲泉,属于南渡臣子的"官二代"。生贤里就是他出生的地方,这地名沿用至今。赵汝愚少有大志,曾说:"大丈夫留得汗青一幅纸,始不负此生!"考取状元(一说探花)后,先后在秘书省和信州、台州、福州、成都等地为官,宋孝宗对他颇为器重,谓其有文武之才。宋光宗即位后,对他也不薄,升他为敷文阁学士,后升任吏部尚书、知枢密院事。绍熙五年(1194),宫廷内发生了一件让常人无法理解的事情,太上皇孝宗驾崩,身为儿子的当朝皇帝光宗因与父皇有隙,竟做出了有悖于封建礼教、有违于伦理纲常、让满朝文武惊讶不已的举动来,居然称病不出,死活不肯执丧礼祭奠。两宫不相往来，大臣们屡次上奏，光宗就是不答复，迁延多日，朝野人心浮动，影响极坏。而此时的丞相留正，是个老滑头，不想得罪人，竟称病告老还乡了，顿时朝中无人，群龙无首。身为吏部尚书的赵汝愚挺身而出，数次上奏太后，请求废黜光宗，拥立其子嘉王赵扩继承大统。嘉王自然是固辞不受，赵汝愚进言："天子当以安社稷、定国家为孝。"嘉王于是登基，是为宁宗，改年号为庆元。

皇帝的废与立，历来是地动山摇的事，臣子一般退避三舍，是不肯去蹚这摊浑水的，因为风险实在太大，十有八九要背黑锅，要冒杀头的危险。但赵汝愚以国事为重，挺身而出，敢于担当，不计个人安危得失，在关键时刻当机立断，作出了明智的决断。这是赵汝愚一生中最出彩的一笔，也是他一生中最大的功绩，是永留史册的。他罢相后，朝野公愤，国子监祭酒李祥、博士杨简、太府丞吕祖俭和太学生杨宏中、周端朝等十多人联名上书宁宗，替他打抱不平，说赵"勋劳著于社稷，精忠贯于日月"。他死后，被谥以"忠定"二字，依据便是他拥立宁宗的功绩。《谥法》云："虑国忘家曰忠，大虑静民曰定；善则推君曰忠，纯行不爽曰定。"仔细推敲他这个惊人之举，应该称得上"忠定"二字的。

赵汝愚是一个值得后人细细研究的人，他是桐乡历史上唯一出生于桐乡的状元郎（一说探花郎），也是桐乡历史上唯一的丞相，科场上春风得意、独占鳌头，政坛上叱咤风云、一人之下万人之上，迄今为止，在桐乡还没有第二人，以后也恐难有人与他并驾齐驱。无论是作为读书人，还是为官者，他都达到了巅峰，令后人望尘莫及。但就是这样一个声名显赫的人，洲泉作为他的出生之地，桐乡作为他的故里，800余年来，没有人对他进行过较为详细的研究，地方史志的记载简而又简，而且大同小异，这不能不说是一种缺憾。

洲泉南郊乡下，有位叫沈新甫的文化人，自幼喜爱文学，退休后仍笔耕不辍，对附近的历史名人多有研究，前几年《一代名医金子久》已付梓，去年又写了《贤相赵汝愚》，均是二十余万字的长篇，堪称填补空白之作。《贤相赵汝愚》系统完整地记录了赵汝愚宠辱皆历、大起大落的一生。

我与沈老师十余年前就认识，那时他还在永秀小学教书，我曾参与编撰《洲泉镇志》，共同的爱好让我们有机会聚谈过几次。这次他写完《贤相赵汝愚》，即发来电子稿，我得以先睹为快。他又要我在书前写几句话，即所谓的序。现在似有一种风气，序言好像都是由领导来写的。我坦言以告，沈老师却再三要我写几句，我于是又想，从前古人写书，序一般由志同道合的朋友来写。我与沈老师都喜爱乡土文史，也算志同道合。这样一想，也就觉得顺理成章、心安理得了，是为序。

2018 年 1 月
（作者系桐乡市作家协会秘书长、《桐乡文艺》副主编）

序 二

沈海清

2013年1月,新甫先生的《一代名医金子久》出版,要我写序,我曾推辞。序,不是随便什么人都可以写的,作为新甫先生的后学,更不能随便写了。但又恐却之不恭。写好后,尚心怀惴惴。这回,新甫先生又嘱我为《贤相赵汝愚》作序,惶恐之余,不敢再应允。儿童文学作家蒋风说:"离休后,不断有人为出书上门找我写序,使我感到十分为难。自知才疏学浅,不足以为人写序。"名家尚且如此,我辈又岂敢,后新甫先生又垂临敝室,仍说起作序一事,如再要推辞,就有"做作"之嫌了。

洲泉,古称洲钱,因"四周皆水,其中一地如钱"而名,典型的水乡风情,清代诗人阮元说:"深处种菱浅种稻,不深不浅种荷花。"阮元是湖州吴兴人,和洲泉是比邻,阮元的诗意应该和洲泉是同一区域的景致。

我自幼居洲泉,知小镇以"七十二只半浜"著称,小路都与河道并行,水远林深,沿水而行,一路观赏水乡风光,明明是对岸,一水之隔,却咫尺天涯。沿岸花丛叠叠,桑柳成荫,可谓树重水复,却又柳暗花明。明末清初诗人吴之振的《忆相洲旧里》其中两句是这样写的:"夹水花成岸,当门树作林。"

还有清嘉庆年间诗人吴曹麟的《语溪棹歌》云:"芙蓉洲畔长新荷,九曲横塘一鉴波。得似泮池开并蒂,与郎编入采莲歌。"

这几句诗足以证明水乡洲泉的风光景色是何等的幽静美丽了。

所以与其说地以人显,一代贤相赵汝愚,使洲泉熠熠生辉,倒不如说是钟灵毓秀的洲泉水土孕育了一代贤相。所谓地灵人杰,是也!

赵汝愚少年勤学有大志,曾说:"大丈夫留得汗青一幅纸,始不负此生。"宋孝宗乾道二年(1166),赵汝愚得殿试第一,因赵宋有训,皇室不能居状元,于是被降为第三名探花,光宗时任吏部尚书,宁宗时擢右丞相,逝后赐谥"忠定",追封"沂国公""福王""周王"。赵汝愚以人品高尚、为官清正为乡里所敬仰,故尊其出生地故巷为"生贤里"。

《贤相赵汝愚》叙述了康王南渡,金兵追击,赵氏相随护驾,择居洲钱,赵汝愚出世,在洲钱这块土地上成长,成为南宋三朝元老、一代贤相的经过。作者根据史实,以叙述为主,当然其中不乏虚构。因为大时代的舞台,要有细节来演绎。

大凡长篇巨著,描述的都是特定的时代,南宋时期,金人屡屡南侵,数代帝王懦弱昏庸,中原百姓惨遭强虏铁蹄践踏,在这种历史背景下,赵汝愚出现了。

赵汝愚一生,最辉煌的一笔,当是策划"绍熙内禅"。绍熙五年(1194),太上皇孝宗薨逝,光宗向与父不和,称病不执丧礼。于是两宫隔绝,大臣累奏不复,迁延多日,朝野忧虑,左丞相留正称病他去,朝中官员几欲解散,人心更益浮动。赵汝愚以国事为重,临危不惧,进宫疏通,又与工部尚书赵彦逾等密议,派知阁门事韩侂胄进宫禀请宪圣太后垂帘,主持丧事,并逼使重病不能理朝政的光宗逊位,拥皇子嘉王赵扩即帝位。嘉王固辞不受,赵汝愚以"天子当以安社稷、定国家为孝"相劝,于是嘉王即位,是为宁宗,改年号为庆元。命赵汝愚兼代参知政事,特进右丞相、枢密使。赵汝愚推辞不就,并请召还留正,使续居相位,又举荐大儒朱熹入朝;召回出走之官员,以安定朝政。留正还朝后,赵汝愚自请免兼职,改任为光禄大夫、右丞相。宁宗不允,遂与留正同心辅政。为南宋的延续起到了关键的作用。

历史上的赵汝愚学务实用,他常以司马光、范仲淹等自许,为人耿直,著作颇丰,著有《忠定集》十五卷、《太祖实录举要》若干卷、《类宋朝诸臣奏议》三百卷等。《全宋诗》录其诗八首。

赵汝愚最后窘迫客死衡州,其结局可以说是悲惨的,这是当时历史环境下的必然。

"事亲孝,事君忠,居官廉,忧国爱民,出于天性。"这是后人对赵汝愚最贴切的评价了。

《贤相赵汝愚》作为长篇,体载又介于纪实和小说之间,人物众多,线条繁杂。所谓纪实,主要人物必须真实,历史上确有其人,这在一定程度上限制了情节的想象。而情节曲折又为通俗小说第一要点，这在写法上就有了"矛盾"。新甫先生不是专业作家，平时擅长小戏、曲艺，但纵观《贤相赵汝愚》全书，人物各个形象鲜明、性格各异，故事前后呼应，情节上下连贯，在人物描写和故事发展的把握上恰到好处。

赵汝愚生活于800多年前的南宋，而且在洲泉住的时间不长，后人对于其生平细节知之甚少。这就要靠作者从残编断简的故纸堆中寻找写作素材了。当然，洋洋二十多万字，仅靠一些资料是不能成篇的，这就要靠作者根据"资料"进行创作。

资料是"死"的，而文学作品中的人物应该是"活"的。所谓"文学是人学"，文学创作，离不开人物，当然要"活"的人物。

一般文人，人们只知其治国辅政之能，却不知其从戎戍边之威。其实，两宋出过不少文武双全的读书人，如范仲淹、陆游、沈晦，他们不但有盖世文才，还有超群武略，赵汝愚亦然，宋孝宗曾赞扬他"文武全才"。新甫先生更是把赵汝愚的文治武功描述得淋漓尽致。

《贤相赵汝愚》中赵汝愚的人物形象可谓栩栩如生、呼之欲出，如：绍熙内禅，赵汝愚当机立断，联络朝中大臣，请出太皇太后，及时更换新帝，可谓力挽狂澜；知福州，赵汝愚微服出访，将鱼肉乡民的恶霸绳之以法；知成都，赵汝愚面对强敌，临危不惧，巧妙出兵，将反叛之敌各个击破。无论是居朝中为尚书为丞相，还是戍边关为将军为元帅，一言一行，无不显示出其"居庙堂之高，则忧其民；处江湖之远，则忧其君"的忧国忧民之心。在对赵汝愚正直、宽容、忠君、爱民的描述过程中，成功地塑造了一位不畏权势、襟怀坦荡，但对朝中现实又无可奈何的人物形象。

赵氏夫人李玉莲，是书中不可或缺的人物，她协助夫君，既会吟诗作文、相夫教子，又能横枪跃马、驰骋疆场，既持内又主外，凸显出一位慧心灵性的贤内助的丰满形象。

对于几位皇帝，作者运用笔墨也恰如其分：如宋高宗，安于残山剩水，畏敌如虎，亲信奸人佞臣，迫害忠良；如宋孝宗，虽然有心中兴，但无奈意广才疏；如宋光宗，惧内怯外，荒诞怪异；对理宗、度宗，也将他们的腐败孱弱、无所作为又唯我独尊描绘得惟妙惟肖。

韩侂胄，是作为反面人物来写的，作者通过故事细节，把韩侂胄倚仗权势、小人得志、妒贤嫉能、飞扬跋扈的形象刻画得入木三分。

长篇小说，无论是纯文学的，还是通俗的，都要遵循写作规律，如谋篇布局、人物塑造、情节安排、事件延伸……都有一定的要求，作者除了具备娴熟的写作能力和文字功底，还需要深厚的历史知识和文学知识，更需要渊博的社会知识和自然知识，当然还需要满腔的创作激情。无疑，《贤相赵汝愚》全书，文理俱惬，有如行云流水，作者把各方面都描述得非常流畅又合情合理。

数年磨一剑。《贤相赵汝愚》的出版，可喜可贺！同时，对挖掘桐乡地方名人和宣传洲泉地方文化，无疑也起到了推动作用。

我自知才疏学浅，泛泛而谈而已，如有不妥之处，还请新甫先生见谅。

2020 年 2 月于梧桐楼

（作者系中国民间文艺家协会会员、浙江省新故事专委会会员、浙江省作家协会会员、浙江省散文学会会员）

目 录

楔　子	001
第 一 章　南渡得贵子	015
第 二 章　开馆授门生	040
第 三 章　说贤相励志	052
第 四 章　受蒙骗长智	066
第 五 章　济危救孤儿	073
第 六 章　狂痴闹馆亭	087
第 七 章　连中三魁首	123
第 八 章　除霸显身手	158
第 九 章　疏湖救灾民	175
第 十 章　平寇建奇功	186
第十一章　嬗变巧周旋	216
第十二章　留正辞相位	239
第十三章　智激韩侂胄	249
第十四章　定策行内禅	260

第 十 五 章	荐贤报皇恩	274
第 十 六 章	廉政拒跑官	287
第 十 七 章	濒危心坦然	299
第 十 八 章	台谏铸冤案	309
第 十 九 章	暴薨于衡州	324
第 二 十 章	韩党启兵端	339
第二十一章	中计遭覆灭	350
第二十二章	沉冤喜昭雪	361
第二十三章	爱民继遗志	368

尾　声 …………………………………………………… 383

后　记 …………………………………………………… 391

楔　子

　　大江南北胡笳声声震天，中原大地烽烟滚滚蔽日。生活在黑龙江、松花江流域一带的女真族部落建立金国，于金天会三年（1125）追俘辽天祚帝灭辽后，金太宗完颜晟纠合六国三川七十万大军，于宋宣和七年（1125）十月大举南侵，一路势如破竹。宋徽宗赵佶见金兵进逼汴京，忙下旨取消花石纲，下《罪己诏》，想以此收回民心。谁知金兵长驱直入已逼近汴梁（今河南开封），宋徽宗吓得昏倒在龙床前。被太医救醒后慌忙让位于太子赵桓，是为钦宗。自称"太上皇"，借烧香为名仓皇逃往安徽亳州蒙城（今安徽蒙城），至第二年四月闻金兵被李纲击退才返回京城。宋靖康元年（1126）闰十一月底，金太宗封四太子完颜宗弼（金兀术）为元帅，完颜宗翰和完颜宗亮为左右副元帅，分东西两路再次大举南下，于宋靖康二年（1127）三月底攻克东京汴梁，掳走徽、钦二帝。

　　北宋灭亡，但中原大地硝烟未散，各地军民纷纷奋起抗击。黄河北岸大道上，在滚滚烟尘中只听得"嘚嘚嘚"急促的马蹄声由远而近，一队人马疾驰而来。为首的英武少年，头戴束发紫金冠，身披黄金锁子甲，手持一杆丈八錾金枪，座下一匹偃月龙驹宝马，英姿勃勃，威风凛凛。

　　那英武少年是宋徽宗的九皇子康王赵构。汴京失陷，徽钦二帝及皇室后宫几无人幸免，而赵构能得脱，也是侥幸。

　　早在宋靖康元年正月，金国要求大宋送一个皇子为人质，赵桓便让九弟康王"出使"金国。康王刚到金国，正好金人练兵，比赛射箭。那金国人俱是练武出身，弓马娴熟，为了羞辱大宋人质，又见康王长相文弱，便要他参加比赛射箭，并故意给他一张硬弓。谁知，康王虽长于深宫，但自幼喜欢骑射，又得到宫中侍卫指点，箭法精通，拉开硬弓，连射九箭，箭箭俱中靶心。这下，金国人对康王的身份异常怀疑，大宋朝一向以文治国，一个皇子怎么会有这般高超的箭术？于是要求大宋另派人质，康王趁机离开金国。康王无意间脱险，便到了黄河，联络各地抗金武装。至年底，康王已收拢几十万人马，钦宗得知，忙用蜡书封他为天下兵马大元帅。

康王在李纲和宗泽的辅助下，在黄河两岸联络抗金义士，招兵买马，准备和金兵抗衡。

队伍正沿着黄河前进时，突然乌云密布狂风大作，"哗哗哗"倾盆大雨劈头盖脸下了起来。为甩掉金兵的一路追杀，康王一行人马不停蹄顶风冒雨前进。日夜兼程，抵达济州（今山东省济宁市）时已是午夜时分。康王见前面有一座山峰，扬鞭策马上山，手搭凉棚朝远处眺望，见前面被滔滔黄河挡住去路，且沿河有金兵驻扎，灯笼火把照耀如同白昼，营寨连绵数十里，金兵在来回巡视。

康王道："欲渡黄河非冲破重重封锁不可，但金兵连营防守，如何过河？"

宗泽道："出奇兵袭击金营，即可渡河！"

康王道："如此请宗爱卿火速行动！"

当下宗泽命将士悄悄杀死哨兵，趁金兵鼾声如雷时以迅雷不及掩耳之势袭击金营。顿时喊杀声震天，金兵做梦也没想到宋兵会来袭击，揉揉惺忪的睡眼见火光冲天，到处都是宋兵，以为神兵天降，吓得屁滚尿流，溃不成军，狼狈逃窜。康王率军乘胜追杀，金兵尸横遍野，血流成渠，活着的恨爹娘少生两条腿，拼命往北溃逃。宗泽鸣金收兵，下令将士和百姓抢渡黄河。因安排周密，动作利索，至拂晓时都已到达南岸。

信德（今河北省邢台市）知府梁扬祖闻讯，立即率五千人马前来救驾。康王见带兵前来会合者俱是能征惯战之将，心中大喜，在营中设宴为他们接风洗尘。宗泽见军威大振，考虑到人多行动不便，忙启奏康王道："殿下，现随行人多，队伍庞杂行速缓慢，若金兵闻讯追杀过来，后患无穷。此地不宜久留，请殿下速速前往应天府驻扎。"

张浚亦言道："宗将军言之有理，应天府乃我中原文化名城。五代时名儒杨悫'乐于教育'，在那里开坛讲学，弟子戚同文承其志，创建南都学舍。我朝真宗皇帝追念太祖开创北宋基业之处，将宋州（今河南省商丘市）

赐名为'应天府'，书院改为'应天书院'。大中祥符七年（1014），又将应天府改称'南京'，作为我朝陪都。应天府乃我朝发祥之地，且城内设有隔墙，利于防守，可在那里驻跸，暂避金兵锋芒！"

康王准奏，当即传令日夜兼程，飞速赶往应天府。

第三天抵达应天府时，已是傍晚时分。宗泽见后无追兵，前无埋伏，命人进城打探，得知城内并无金兵，遂下令进城驻扎暂歇。张浚、苗傅等替随行皇室宗亲和百姓一一安排住处。

第二天一早，百官纷纷上书，请康王登坛受命。康王泪流满面连连摇手道："父皇和兄皇健在，本王岂能自立为帝？列位爱卿力劝自立，欲使本王做不忠不孝之人吗？"

大臣吕好问耐心规劝道："殿下不肯自立，有人却做梦想当皇帝，那张邦昌被金人立为皇帝，殿下若不登基，今后天下只知有张家，而不知赵家了！国不能一日无君，久必生乱，请殿下三思！"

原来，金兵退出汴京时，在城内建立了一个傀儡政权，国号"楚"，扶持宋朝一贯主张投降议和的张邦昌做了"皇帝"，妄想利用他来镇压宋人的反抗。但遭到百姓唾骂，原朝廷旧臣也不听他号令。"政权"维持不下去，只好表示拥护赵构，取消了自己的帝号。

宗泽、李纲会同大臣谢克家和康王之舅——忠州（今四川省忠县）防御使韦渊，赍了大宋受命之宝，齐来竭力劝谏。康王才受命称帝，改"靖康"二年为"建炎"元年，是为宋高宗，改应天府为南京。

高宗以黄潜善为中书侍郎，汪伯彦同知枢密院事，授张邦昌为太保、封同安郡王，共同参决军政大事。

高宗即日召见李纲、宗泽两位大臣，命宗泽镇守襄阳。宗泽奉旨即刻启程受任。接着又拜李纲为丞相。李纲因高宗重用的黄潜善、汪伯彦和张邦昌妒忌排斥主战良将宗泽，力辞相位。

高宗立即劝慰："朕素闻爱卿乃忠义之士，国之栋梁。寡人初登大宝亟须爱卿辅助。已知黄、汪、张三人奸邪误国，朕日后疏远之。请爱卿万勿推辞。"

李纲顿首泣谢道："陛下欲迎还二圣，招抚四方，安内攘外，责在陛下与宰相，微臣愚陋，如何能负此重任？若陛下必欲臣暂执朝廷，臣愿首陈十事，如蒙陛下采择施行，臣方敢受任。"

高宗问道："爱卿有甚建议，尽可直言。凡是可行的，朕无有不依之理。"

李纲遂逐条陈述道："一议国是；二议巡幸；三议赦令；四议僭逆；五议伪命；六议战；七议守；八议本政；九议久任；十议修德。"

高宗听了不置可否。李纲催之再三，高宗才徐徐说道："这十议，容朕三思而行。"

李纲心中不悦，沉思片刻，呈上奏章。

高宗接过一看，只见其奏疏写道：

张邦昌在政十年，危害朝廷众目共睹；渊圣即位，擢升为相，张邦昌不思忠君报国，以死守节，却乘国势危急之时受金人贿赂，僭位称帝，晏然处于宫禁图谋不轨。若不加罪，何以昭示四方？所有邦昌时伪命臣僚，亦置而不闻，何以砺天下士大夫之节？乞申睿断，毋失民望！

高宗阅罢奏章犹豫再三，迟迟不肯加罪张邦昌。原来高宗自有打算，他深知金人势强，张邦昌和金人相处甚密，今后若有和谈之事，尚有可用之处，故不肯加罪于他。

当晚，高宗在寝宫秘密召见黄潜善、汪伯彦二人商议。黄潜善素与张邦昌交往甚密，堪称心腹挚友，极力替他辩白："张大臣乃先皇元老，日理万机为国分忧，其功不小；纵有过错，乃锦缎之一瑕疵而已！"

汪伯彦也竭力为其吹捧："我朝新建，正缺人才。张大臣乃难得治国安邦栋梁之才，陛下莫听个别大臣妒忌之言。"

高宗犹豫不决，当晚又召见大臣吕好问："卿当时在围城，知晓张邦昌情形。其在金营究竟如何？请爱卿从实奏来。"

吕好问奏道："张邦昌僭位，人人皆知；此人里通外国，留之后患无穷，望陛下三思。"

高宗虽默认，心里却舍不得处置张邦昌。

李纲担心皇上遇事迟疑不决误了国家大事，当晚辗转反侧不能入睡，三更时分索性穿了朝服命人抬轿，夤夜至寝宫求见，力谏高宗道："微臣不是危言耸听，张邦昌僭逆至此，陛下若仍令其在朝执掌权柄，百姓将视其为二天子，朝野人心涣散！微臣不愿与贼臣同列朝堂，陛下若重用张邦昌，我大宋社稷危矣！请罢免其职务。"

见高宗沉默不语，李纲跪地顿首，泣血力谏："陛下，太上皇当初重用蔡京、童贯、王黼、梁师成、李彦、朱勔六贼，罢黜司马光、文彦博和微臣，大兴土木，滥造宫殿和行宫，迷信道教一心炼丹，致使国库空虚，天怒人怨，结果官逼民反，山东郓城（今山东省菏泽市）宋江、睦州音溪（今浙江省淳安县）方腊造反，导致天下大乱，社稷根本动摇；被日夜觊觎我大宋江山的金国乘机大举入侵；陛下兄皇又忠奸颠倒，贻误战机，重蹈太上皇覆辙，以致家国沦亡。数月前好友曹勋来信告诉微臣，因金兵严加看守，无法脱身来江南送信；言太上皇和陛下兄皇在五国城（今黑龙江省依兰县）惨遭金人凌辱，生不如死……"

高宗异常悲痛，泪流满面道："爱卿，此是寝宫，太上皇和兄皇的处境快说与朕知晓……"

李纲泣奏道："太上皇被囚禁在五国城，两年来受尽各种肉体和精神上的折磨，写下许多悔恨、哀怨的诗句。其中一首写道：

  彻夜西风撼破扉，
  萧条孤馆一灯微。
  家山回首三千里，
  目断山南无雁飞。

如今太上皇悔恨交加，一次咬破手指在背心上写下'皇儿速来援救'六个血字，命大臣曹勋穿上，扮作商人夤夜逃往江南。临别前太上皇哭着叮咛曹勋道，'请爱卿务必转告皇上，别忘了父兄等北行囚禁之苦'！说罢泪如雨下，取出白纱手帕拭泪，而后将手帕交给曹勋再三叮嘱，'请爱卿将此物面呈皇上，让他深知父皇思念故国而终日以泪洗脸的情景'……"

高宗听罢泣不成声，问道："我兄皇情况如何？"

李纲含泪奏道："陛下兄皇更惨，被废为庶民后，在三月底押往五国城，先将其和太上皇关在枯井中反省，然后监禁。可怜只做了短短两年皇帝，就成了异国他乡阶下囚。听说金海陵王完颜亮让他任骑兵小队长，一次命他在校场骑马终日狂奔，不准歇息，结果精疲力尽坠落在地，幸亏被在场的大臣朱云轩看见，飞速上前拼死相救，才未被马蹄踩死！"

高宗悲恸欲绝，哭倒在龙床上，李纲慌忙传太医进宫救治。

第二日早朝，高宗按李纲所奏，把张邦昌罪行榜列朝堂，晓谕满朝文武，将其贬为彰化军（在今台湾省）节度副使，外调潭州（今湖南省长沙市）安置。

张邦昌一遭贬谪，便有朝臣告发张邦昌在汴京称伪帝时，曾宠幸圣上华国靖恭夫人李氏和其养女陈氏，封母女为伪妃。张邦昌退位还居东府后，李氏还私下与之来往甚密，怨恨高宗风流任性，专宠其他嫔妃。高宗勃然大怒，立即拘捕李氏入狱，命御史台连夜审讯后将其处死。第二天，高宗命使臣持诏赴潭州，历数张邦昌罪状，赐其自尽。

高宗起用李纲，下诏恢复其丞相之职，兼御营使。李纲感激皇恩浩荡，尽力图报，又拟就九条建国方略，上疏陈奏。其疏云：

一、请建河北招抚使。河东经署使，特荐张所、傅亮充任。二、陛下登极，赦诏未及两河，适潘贤妃生子杲，例应大赦，请便及两河，以广德意。三、请调宗泽为东京留守，规复两河。四、请立沿河江淮师府。五、修明军法。六、令诸路募兵买马劝民出财，并制造战车。七、议车驾巡幸，首关中，次襄邓，不当株守应天。八、遣宣议郎傅雱使金军，通问二圣，不言祈请。九、请还元祐党籍，及元符上书人官爵。

高宗阅罢奏疏件件应允，凡李纲建议言听计从，朝野闻之，俱忻忻望治。唯独黄潜善、汪伯彦异常妒忌，恨得咬牙切齿，密谋伺机陷害。

李纲得到皇上恩宠，感激涕零，发誓鞠躬尽瘁死而后已，力主抗金，严于律己宽于待人，两袖清风，忠心耿耿辅佐高宗，满朝文武齐心协力，朝野安然。

一日五更三点早朝，内侍启奏被金国掳去的宋朝大臣曹辅手持蜡书前来求见，高宗命他朝堂进见。

曹辅至金殿俯身下跪，奏道："万岁，金国狼主现已答应议和，请陛下屯兵近畿，速速进京商谈议和事宜。"起身呈上蜡书。

高宗接书览毕，喜出望外："金主肯议和，天助朕也，寡人迎还二帝夙愿能遂矣！请曹爱卿速去告知金主，朕即刻前去商谈议和之事！"

李纲觉得此事异常蹊跷，金主已攻破京城掳走二帝，正野心勃勃乘胜大举进军，妄图一举消灭我宋室后裔，今日突然提出议和，莫非欲引诱新帝上钩，实行软禁，斩草除根以除后患……"这诡计骗得过别人，却骗不过我李纲！"想到此急忙出班奏道："陛下万万不可，若前去议和，必中奸计遭其软禁，到那时陛下重蹈父兄覆辙，悔之晚矣！"

高宗仍犹疑不决："李爱卿，金国主动提出议和，此乃千载难逢好机会，一可迎回太上皇和兄皇，了却我之夙愿；二能罢兵平息战火，救万民于水火之中，何乐而不为？卿为何说此事万万不可？"

李纲奏道："陛下，金国已攻破我国都城，毁我大宋千秋帝业易如反掌。金主在大功即将告成之时，却主动提出与我议和，岂非咄咄怪事？臣以为，此乃金主诡计，怕陛下称帝后君臣团结一心，重整旗鼓与其抗衡，故遣曹辅持蜡书诈说议和，实乃美饵钓金鳌之计。陛下若去，必中其圈套！"

高宗吓出一身冷汗，道："幸亏李爱卿及时识破金主诡计，若去议和，朕定中圈套误闯龙潭虎穴沦为阶下囚！"起身把蜡书撕了个粉碎，命人用乱棍将来使赶出京城。

李纲奏道："我国拒绝议和，痛打来使，曹贼必定去汴京哭诉。金主见阴谋败露，计划落空，岂肯善罢甘休？！此地不可久留，请陛下火速撤离，前往扬州（今江苏省扬州市）驻跸！"

高宗频频点头："李爱卿所言极是，朕即刻传旨离开南京，众爱卿保驾扬州！"

第二日一早，李纲等文武大臣一起护驾，保高宗撤离南京，往扬州进发。随行的有皇室宗亲、赵善应、赵聚春、周明德和李苏卿四家家眷和南京不愿做亡国奴的黎民百姓。

一行人风雨兼程，没几日已抵达扬州。李纲等文武大臣保高宗刚进城驻跸，就听探马来报："金主率大队人马追杀而来，势不可当！"高宗大惊失色，忙和李纲、张浚等一班老臣武将商议："胡虏即将兵临城下，卿等有何良策御敌？"

李纲奏道："陛下，扬州是座孤城，我们又兵微将寡，定难驻守。金主率得胜之师疯狂追杀，我们应避其锋芒，硬拼必损兵折将付出沉重代价，臣建议趁早抢渡长江，保存实力前往杭州暂歇。再徐图北伐。"

高宗准奏，当即迅速撤离扬州。队伍犹如一字长龙，浩浩荡荡直奔长江北岸。宗泽闻讯，率领手下飞速前来护驾，见队伍庞杂行速缓慢，奏请高宗传谕随行人员，改一字长龙为六路纵队，加速前进，飞奔长江北岸，力争抢在傍晚前渡过长江。

宗泽派将士沿江晓谕百姓，圣上欲夜渡长江，命他们贡献自家船只。沿江百姓得知后，纷纷将木船摇来泊在江边，供皇上和官兵渡江。宗泽和梁扬祖、董勇、林飞虎等武将，在岸边指挥大家按次序上船，安排每条船上一两个熟悉水性的负责抢渡。

是夜一更时突然起风，越刮越猛。不一会儿，狂风大作，涛声四起，江面水急浪高，来回速度缓慢。船上虽点燃火把，但很快被狂风吹灭。因摸黑抢渡，不慎中途落水淹死者不计其数。后来幸亏李纲得知，派人请来当地渔民和熟悉水性的百姓并分派他们在每条船上摇橹驾驶，才不出事故。至半夜风势渐小，李纲忙传话："现风已小，快把灯笼火把点燃，加速抢渡，若金兵杀来就麻烦了，我们要争取在天亮前渡过长江！"李纲一声令下，船上立即点燃起灯笼火把，照得江面如同白昼。只见船上木橹有节奏地使劲摇动，两舷木桨上下飞舞，浪花飞溅！船只来回犹如穿梭，北岸的人越来越少。至拂晓前，终于都安全渡过了长江。

因急于赶路，李纲见将士们都饥肠辘辘疲惫不堪，下令就地休息，命火头军抓紧埋锅烧饭。用餐毕，正准备启程赶路时，突然听得长江西边传来惊天动地的喊杀声，抬头一看，火光冲天处金兵大队人马杀来。为首的帅字旗下一员大将，头戴金盔，身穿金甲，骑一匹青龙驹，执一柄金雀斧。原来是金国大元帅完颜宗弼。完颜宗弼纵马举斧厉声喊道："赵构要渡江南逃，狼主有旨，谁捉拿赵构，有官者连升三级，无官者赏黄金千两！"完颜宗弼一声令下，番兵个个奋勇争先，一起拼命冲杀过来。宗泽大惊，忙和董勇等人保护圣驾，往东南奔逃。

金兵人多势众，宋军兵微将少，一场血战，终因寡不敌众，宋军大败，往东南方狼狈溃逃。梁扬祖挥舞大砍刀连杀六员番将，宗泽手持錾金枪左冲右突在后掩护。林飞虎手持大砍刀，董勇挥舞一对混铁锤，两将舍命保护宋高宗朝东南方且战且走。突然一声炮响，一队金兵从西北方向杀来，林飞虎等人纵马抵住。林将军连砍五员番将于马下，董勇挥舞一对混铁锤砸死十多个金兵。一场混战后，回头寻找圣驾已渺无踪影，众人吓出一身冷汗，连忙拨转马头往后一边冲杀一边寻找。

林飞虎和董勇策马追赶，远远看见前面山道上有五六骑人马往东方狼狈逃窜，追近一看认得是皇上和几个贴身侍卫，扬鞭赶上，见皇上安然无恙，心中大喜，以手加额道："谢上苍保佑，我主平安无事！"于是合兵一处，往东南方疾走。正行走间，前面一声炮响，山林中飘出一杆三角牙旗，杀来一彪人马，为首两员番将截住去路，左侧的黑脸黑甲骑一匹乌骓马，手持一柄大砍刀追杀过来，林飞虎忙挥舞大砍刀拼命抵敌；右侧的矮胖子番将红脸红袍骑一匹枣红马，手持一柄宣花斧使劲乱劈，董勇手舞混铁锤奋勇招架。四员战将捉对儿厮杀，战有六十个回合不分胜负。董勇正值青春年华，血气方刚，越战越勇，"哐当"一锤将红脸番将击了个脑浆迸裂坠落马下死于非命。林飞虎见同伴获胜，虚晃一刀卖个破绽往后拖刀疾走。番将不知是计，策马追赶，看看追近，冷不防被林飞虎返身一刀"咔嚓"一声砍于马下！番兵见领队的主将都被宋将杀死，吓得屁滚尿流狼狈逃窜。林飞虎和董勇也不追赶，两骑马到处寻找圣驾，忽然远远瞧见高宗正和四个侍卫在前面山林中朝自己使劲招手，于是扬鞭飞奔过去。到林中翻身下马，见皇上和四个侍卫皮毛未伤一处，大喜，询问几句后搀扶高宗上马，朝南奔跑。

跑了一阵，见前面出现两座高山，俱悬崖峭壁，怪石嶙峋，异常险恶，且脚下山道变成了十字路口，不知往哪条道走好。正犹豫时，猛听得东面山背后一声炮响，抬头一看大吃一惊，山道上杀出一队人马，为首一员番将，面如锅底，身穿黑盔甲，骑一匹黑如墨炭乌骓马，手持一柄狼牙棒，背后飘着一杆写有"完颜"的大旗，原来是金国大元帅完颜宗弼的弟弟完颜宗亮。那完颜宗亮身材魁梧，自小力大无穷，武艺高强，被金人誉为大金国第一猛将。完颜宗亮截住高宗，哈哈大笑道："南蛮赵构，本大将在此恭候你多时,来得正好,快下马投降,饶你不死!"纵马截住高宗。

高宗惊慌失措,使劲用鞭子抽打座下马拼命往南奔逃。

"赵构小儿,你逃不了啦,快下马投降吧!"

董勇飞骑追上,边追边高声大叫:"圣上休慌,末将来也!"手持一对混铁锤截住完颜宗亮,与之厮杀起来。交锋不到四十个回合,董勇渐渐体力不支,累得气喘吁吁浑身直冒虚汗;完颜宗亮却越战越勇,挥舞狼牙棒犹如闪电⋯⋯只听得完颜宗亮"哇呀呀"怪叫一声,举起狼牙棒猛力一砸,鲜血飞溅,董勇脑袋被番将击了个粉碎,惨死马下!林飞虎见了飞马赶来,手持大砍刀拦住厮杀。两将战有八十个回合不分胜负。完颜宗亮突然拨转马头佯装往后败逃。林飞虎举刀追赶,边追边喊:"番将逃也没用,林大将军来取你的首级!"正欲追近时,只见完颜宗亮突然转身将右手一扬,"呼"的一声飞来银光闪闪一物,正中林飞虎咽喉。林飞虎"呀"的一声惨叫翻身坠于马下,被番将一狼牙棒击碎脑袋一命呜呼——原来完颜宗亮擅使诡计,与对手厮杀几十个回合不能取胜时,便佯装拖棒败走,待对方追近,暗暗放出涂有毒药的飞刀伤人性命!

高宗见完颜宗亮连杀自己两员大将,吓出一身冷汗,急忙手持鋈金枪刺死七八名番兵后杀出一条血路,落荒而逃。

完颜宗亮见了紧追不舍,边追边厉声高叫:"赵构小儿,这次你逃不了啦,快下马投降吧!"高宗策马奔跑,逃了一会儿,猛听得背后"嘚嘚嘚"的马蹄声越来越近,回头一看,完颜宗亮手持狼牙棒正气势汹汹追来,吓得大叫:"侍卫们快来救朕!"侍卫吕维忠听得皇上大声呼救,慌忙用鞭子猛抽座下马,飞速赶来,边追边大叫:"陛下休慌,我等救驾来也!"率领陈刚、李虎、黄金彪三人截住番将拼命厮杀,舍命救驾。随着"啊!啊!啊!"的惨叫声,陈、李、黄三名侍卫,被力大无穷的完颜宗亮用狼牙棒击碎天灵盖惨死!吓得吕维忠使出浑身解数,舍命保护高宗杀开一条血路往南飞奔。完颜宗亮见了仰天大笑:"赵构小儿,你已无处可逃了,快下马投降,若再奔逃,本将军用狼牙棒把你揍个粉身碎骨!"边喊边策马飞速追赶。

正在万分危急之际,"嘚嘚嘚"飞来四将,为首一员银盔银甲白马大将,手持一柄金背大砍刀截住厮杀。两将战到八十个回合时,银盔银甲大将拖刀拨马便走。完颜宗亮见了，得意忘形厉声大叫："白脸南蛮休想溜走，吃我一棒！"用鞭子狠抽座下马疯狂追赶。银盔银甲大将听得背后呼呼风响，回头一看那团黑光即将接近自己马尾，"咔嚓"一声手起刀落，随着"呀"一声惨叫，完颜宗亮人头早已落地，那血淋淋尸体栽于马下，那匹受惊的战马落荒而逃！银盔银甲白马大将回身举刀向追来番兵割韭菜般砍去，一个个倒地而死，鲜血飞溅，染红战袍。金兵活着的慌忙往北溃逃，逃得慢的被四员大将杀了个尸横遍野，血流成渠……银盔银甲白马大将见番兵已逃得无影无踪，和后面的三将会合在一起，前来追赶圣驾。高宗见有四将保驾，惊魂才稍稍安定，忙问贴身侍卫吕维忠："吕将军，救寡人的四位英雄是谁？"

吕维忠在马上拱手奏道："陛下，这位银盔银甲白马英雄是末将舅舅江西兵马都监赵善应，那三位是舅舅帐下参谋李苏卿、同窗好友赵聚春和赵聚春的妹夫周明德！"

高宗道："四位英雄舍命救朕，其功不小，到杭州后重加封赏！"

赵善应、李苏卿、赵聚春、周明德急忙滚鞍下马，一齐拱手道："陛下，恕吾等甲胄在身，不能全礼。吾等救驾来迟，罪该万死！"

高宗忙摇手道："诸位爱卿与朕逃难至此，何罪之有？在危急关头赵爱卿等救朕脱险，朕铭刻肺腑，封汝四位为护驾大将军！"

赵善应、李苏卿、赵聚春、周明德齐声拱手道："谢主隆恩，吾皇万岁万岁万万岁！"

赵善应何许人也？乃宋太宗赵光义七世孙，汉恭宪王赵元佐六世孙，郯勤孝王宗宪玄孙，建国懿恭赵仲企曾孙，西头供奉官赵士虑之孙，申国公赵不求长子，字彦远，性纯孝，自小习武，工诗词，人称"古君子"，时任修武郎、江西兵马都监之职，文武双全，武艺超群。

原来，铮铮铁骨誓死不做亡国奴的赵善应父子，得知京城沦陷，徽、钦二帝被俘后，携家眷和同僚李苏卿、好友赵聚春、周明德三家老小坐轿车星夜从江西出发，投奔临危受命的康王驾下南渡。随行的还有相州（今河南省安阳市）的数万百姓。

君臣正在叙旧，忽听得北方传来"嘚嘚嘚"的马蹄声，众人抬头看时，原来是宗泽和梁扬祖率领大队人马赶来救驾，见圣上因赵善应等救驾及时，有惊无险，忙在马上拱手向赵善应、李苏卿、赵聚春、周明德致谢："四位英雄救驾有功，老夫替圣上说声谢谢！"

赵善应等在马上一齐拱手还礼说："宗大将军别再说谢，吾等是大宋臣子，救护圣上是义不容辞之事！"

此时，一军士来报，说太常少卿季陵奉太庙神主，刚渡过长江，就被金兵追上，季陵被杀，太庙神主尽落入金兵之手。高宗闻言，放声大哭。宗泽劝道："神主既已失，当从长计议，如今扬州失陷，金兵随时会渡江南下，这里非久留之地。"

高宗道："爱卿有何良策？"

宗泽道："为圣上安全计，请速移驾杭州。"

正要起程，忽见张云龙将军策马飞骑赶来报讯："宗将军大事不好，北面山背后杀来一千多金兵，躲藏在山林中的百姓和宗室被杀者不计其数，李纲丞相率领的官兵抵挡不住，命末将赶来搬兵前去救护！"

宗泽大惊："张将军，我们这里只有这么几个人，要保护圣驾分身无术，如之奈何？"

赵善应把双手一拱道："宗将军放心，你们保护圣驾要紧，末将和李苏卿、赵聚春、周明德三位贤弟立马前去抵敌，救护百姓和宗室！"说罢带了李苏卿、赵聚春、周明德拨转马头随张云龙策马往北而去。

五匹马"嘚嘚嘚"跑过一座山头，远远听得厮杀之声，抬头望去，只见山谷里黑压压的金兵正在追杀无辜百姓，惨叫之声不绝于耳⋯⋯

赵善应见此情景勃然大怒，高举大砍刀率领三位弟兄打马上前追杀金兵。赵善应挥舞大刀猛砍金兵，大砍刀飞处金兵一个个人头落地。李苏卿手持方天画戟杀入敌群，近的砍，远的刺，番兵随着"啊啊"的惨叫声纷纷倒地而死。赵聚春手舞双剑乱刺，杀死番兵无数。周明德手持三股托天叉，穿过被刺中的番兵的脖颈，一推一拉，番兵一个个立马成了"枪刺田鸡"⋯⋯

血战到下午申时时分，金兵被杀得尸横山谷，活着的慌忙夺路往北狼狈逃窜！

见金兵已溃逃得无影无踪，赵善应忙和李苏卿、赵聚春、周明德分头在人群中寻找，寻找多时，回来都说找不到家人。正在焦急万分之际，忽见赵兴浑身是血地正从人群中寻找主人，一见喜出望外道："奴婢到处寻找四位老爷，原来你们都在这里！"

赵善应忙问："爹爹母亲他们现在何处？"

赵兴用手朝东边山上密林中一指，说："老太爷、老太太和夫人都藏在那边林中安然无恙！"

李苏卿急忙上前伸手抓住赵兴的手，问道："赵兴，汝快告诉吾，我们三家的家人在何处？"

赵兴笑道："李老爷别急，你们三家和我们躲避在一起，都平安无事！"

赵善应和李苏卿、赵聚春、周明德心上的石头落了地，都以手加额道："谢天谢地，虚惊一场！"

赵善应急于要见家人，命赵兴在前面带路。众人登山钻进密林，来到半山腰一看，见自己的家人都坐在山石上休息。赵不求见儿子和李苏卿、赵聚春、周明德都浑身是血，忙起身惊问原因。赵善应将金兵如何突然杀来，如何和三位同僚赶去救护圣驾经过详细述说。赵不求听罢竖起大拇指连声夸奖说："你们舍命救了皇上，为大宋立了大功，我们四家又安然无恙，真是可喜可贺！"

赵善应提醒道："爹爹，金兵在此吃了大亏，定去告知主帅，绝不会善罢甘休。这里不宜久留，我们赶快往南方逃吧！"

赵不求点点头："善应儿说得极是，我们四家马上离开这里！"

赵善应和李苏卿、赵聚春、周明德急忙牵着马，带了家眷整理行装，火速离开密林往南追赶圣驾。寻找了一日不见李纲、宗泽和皇上的踪影，只好作罢。

第二日来到惠山（今江苏省无锡市西部）附近一小镇，因腹中饥饿，正要投店用餐，突然大街上响起"噔噔噔"凌乱的脚步声，慌乱的行人大声惊呼："不好了，金兵又杀来啦，快逃命啊！"

赵善应、李苏卿、赵聚春、周明德慌忙纵身上马，招呼一行人飞速朝惠山方向奔跑。跑了一程，只见惠山已在眼前，正要带了家眷上山躲避时，猛听得人喊马嘶，尘土飞扬，赵善应登上一山峰朝北烟尘飞扬处望去，只见滚滚烟尘中旗幡迎风飘扬，马蹄声"嘚嘚嘚"不绝于耳，大队金国骑兵又气势汹汹冲杀而来！赵善应忙吩咐李苏卿、赵聚春、周明德保护家眷藏于前面可隐蔽处。但为时已晚，金国骑兵已冲杀到面前。李苏卿、赵聚春、周明德各持兵器奋勇抵敌。赵善应和赵兴带了家眷飞奔上前面山峰，往南眺望，无锡惠山已在眼前，忙吩咐赵兴率领家眷沿山涧悄悄攀登惠山隐蔽。见赵兴和父母妻子消失在密林之中，才手举金背大砍刀冲下山来杀敌。

迎面而来的一员黑脸番将，骑着一匹墨炭似的黑马正得意扬扬地在前面领路，一见赵善应就哇呀呀大叫手持三股托天叉冲杀过来。赵善应挺刀接住，与番将大战五十个回合拖刀便走。黑脸番将以为对方不是自己的对手大败而逃，异常得意，哈哈大笑，手持兵器厉声大叫："白脸南蛮休想逃脱，黑爷爷来取你的头颅了！"双腿用力一夹马背，手持三股托天叉飞也似的猛追过来。赵善应也不答话，听得身后銮铃响，急忙飞速举刀朝后"咔嚓"一声将黑脸番将的脑袋砍于马下！

后面的黑脸番将见赵善应杀了兄长，咬咬牙狂叫道："好你个白脸南蛮，竟敢用拖刀之计杀我大哥，我岂肯饶你！"说毕用鞭子猛揍座下黑马，挥舞三节棍"呼呼呼"地猛扑赵善应。赵善应手持金背大砍刀沉着应战。两将战有七十几个回合，不分胜负。赵善应发现对方上面三节棍"呼呼呼"舞得铁桶似的泼水不进，下面却并无防范，暴露无遗，飞速举起大砍刀朝下面腰部猛力砍去。"啊"的一声鲜血飞溅，那黑脸番将被齐腰砍断，血淋淋上半身"啪嗒"一声栽于马下！赵善应越战越勇，用刀连砍五员番将！

番兵吓得魂飞魄散，慌忙撒腿往后夺路逃命。赵善应也不追赶，拨转马头寻找李苏卿、赵聚春、周明德，谁知早已不见人影。因心中牵挂家人，连忙打马飞奔前面惠山，见不远处林中一熟悉身影一闪不见了，上山仔细一看，正是管家赵兴。原来赵兴见番兵没了动静，想钻出树丛看个究竟，正好赵善应前来寻找，于是赵善应下马和赵兴一道上山。突然听得山下人喊马嘶，声音鼎沸，急忙用布包了马嘴和马脚不让它出声，然后爬上树梢登高朝山下窥视，只见尘土飞扬处一杆杆牙旗迎风招展，随着"嘚嘚嘚"的马蹄声，一队队金国骑兵浩浩荡荡冲杀而过……

第一章　南渡得贵子

一

江南的阳春三月，晴空万里艳阳高照，春风习习和煦宜人。举目小桥流水人家，到处景色如画。

残阳缓缓从绿树丛中隐去，波光粼粼的河浜和碧绿青翠的田园被抹上一层金黄色。赵善应一家和皇室宗亲近百人来到一处小集镇时，已是晚霞满天，炊烟袅袅。

原来，赵善应带了家眷到处寻找李苏卿、赵聚春、周明德三家仍无下落，途中遇到二十多家皇室宗亲，大家做伴同行。担心金兵再来追杀，一行人加快速度赶路，错过了客店。红日西沉时，个个疲惫不堪，饥肠辘辘。赵善应招呼同伴寻找客栈投宿，次日一早好继续登程追赶圣驾。

赵善应抬头打量那小镇街容，南北向，和合街，中间街道俱用青石板铺成，平整洁净，因腹中饥饿不堪，无心观赏街景，便搀扶父母寻找客店准备用膳。

一行人走过小石桥，来到桥堍边傍河一家客店前，见门首挂着一块白漆招牌，上书"周记招商客栈"六个大字。朝内望，店内异常洁净宽敞，桌凳甚多，阵阵香气扑鼻，忍不住馋涎欲滴，忙招呼同伴一起入内。

一跨进店门，店主就满脸堆笑迎出来："各位客官里面请！"赵善应搀扶父母招呼家人在靠河临窗的桌旁坐下。店主忙拎了紫砂茶壶笑容可掬地过来泡茶："诸位客官请用茶。"

赵不求急忙摇手："店家，我们肚子早已在唱空城计了，您还是先上饭菜吧……"

店主笑道："小的知道了，客官们在此稍待，饭菜马上就到！"说罢朝内吆喝道："里面伙计们听了，外边有百多个客人，立等饭菜，每桌六只鱼鲜,快抓紧准备起来!"

内面传出应声:"晓得了!"

赵善应起身到客栈隔壁小店铺泡了两大碗馒糍汤先给父母充饥。赵不求吃罢香甜可口的馒糍汤,眉开眼笑,用手帕抹抹嘴说道:"善应儿一片孝心,为父一碗馒糍汤下肚,饥渴全无六脉调和!"

赵善应见此情景心中暗喜,眺望窗外对赵不求笑道:"爹爹,此集镇虽小,环境却不错。您看,窗下市河波光粼粼,往来船只犹如穿梭,对岸有几十户人家,绿树掩映,桃红柳绿,景色宜人,那边一座古老禅寺,听暮鼓阵阵,佛事声声……"

赵不求频频点头,若有所思,说道:"善应儿说得极是,面对这小桥流水人家、田园村庄如画,为父想起了一首诗……"

赵善应笑道:"爹爹,哪一首?"

"韦庄的《菩萨蛮》。"赵不求因南渡有惊无险,阖家安康,方才吃了一大碗香甜可口的馒糍汤心情好,诗兴大发,摇头晃脑背诵起来:

人人尽说江南好,游人只合江南老。春水碧于天,画船听雨眠。垆边人似月,皓腕凝霜雪。未老莫还乡,还乡须断肠。

赵善应听罢,似乎悟出父亲借背诗消愁、寄托留恋家乡而合应终老江南之意,其伤感之深催人泪下,不由得两眶湿润。

正在此时,一阵"小菜来了""请客人慢用"的吆喝声,打断了父子俩的哀思,赵善应忙用手帕拭泪。只见伙计们端上来一碗碗香气扑鼻热气腾腾的饭菜和几瓶越州陈酒。赵善应的肚子早饿得咕咕叫了,一见香喷喷的白米饭就盛了一碗,狼吞虎咽吃了起来。待酒足饭饱细细品味那桌上菜肴,才觉得一碗更比一碗香。

店主笑眯眯端了饭斗出来,笑道:"我们这里盛产籼米,又软又香,你们北方人很少吃到,诸位请多吃点!"

赵善应因已吃了两大碗,见店主又端来满满一饭斗,摇摇头不好意思地说:"请店主切莫见笑,我们因贪赶路程错过客店,腹中太饥饿了,一见这香喷喷的珍珠白米饭和美味佳肴只顾狼吞虎咽,忘了问店主尊姓大名。"

店主含笑答道:"在下姓周名永泉,祖上在此开招商客店已有三代。"

赵善应忙起身拱手道:"原来周店主的招商客店是祖传名店,失敬啊失敬!"

赵不求笑道:"周店主出身名商世家,可喜可贺!"

周永泉笑道:"混口饭吃而已,老先生夸奖了。"

赵不求拱拱手问道:"老朽请问周店主,此地唤作何名?属于何路何府何县何乡地界?"

周永泉笑道:"这里称为洲钱,属秀州崇德县积善乡地界。听口音客官好像是江西余干人?"

赵不求笑道:"周店主真厉害,一听就知道老朽是江西余干人,莫非您去过那里?"

周永泉点点头:"我们这里家家种桑户户养蚕,盛产丝绵。我十年前跟舅舅做丝绵生意到过你们江西余干。"

赵不求笑道:"原来如此,怪不得周店主一听口音就知道我们是江西人。"

赵善应一边品尝菜肴,一边静听父亲和周店主攀谈,吃着吃着忍不住夸奖道:"周店主的手艺堪称一流,瞧这菜肴,不咸不淡味道鲜滋滋,囫囵新鲜,火候恰到好处。"

赵不求也啧啧称赞:"吾儿说得不错,我们在北方吃腻了麦食、羊肉,就是少吃到你们江南水乡的新鲜鱼。更何况周店主烹饪技术一流,烧的菜肴色香味俱佳,老朽吃得津津有味。不瞒你说,老朽到过江南好多地方,从未吃到像周店主这样好吃的菜肴。"

周永泉摇手道:"老先生夸奖了!"

赵善应用筷子指着桌上的菜肴问:"周店主,吾爹说的是心里话。您这六只小菜如此好吃,唤作何名?"

周永泉指着桌上菜肴一一介绍:"这第一碗,'黑蛮龙独霸水晶宫'——乌鳢头煮汤;第二碗,'四脚兽醉卧白玉床'——甲鱼白烧猪肉;第三碗,'冰冻奇山热腾腾'——水冲鸠蛋囫囵蚬;第四碗,'黑蛮龙醉卧碧茵宫'——鼛冬菜烧鳢头;第五碗,'银大头误闯白石漾'——鳙鱼滚豆腐;

第六碗,'红袍怪大战碧波潭'——大青虾炖汤。"

赵善应听了甚是纳闷,心想,这周店主是个生意人,谈吐却如此不凡,这菜名又起得这般充满诗情画意,非饱学之士休想起得出来,莫非……正欲开口动问,只听得父亲问道:"周店主说的六个菜名,没文学功底断然起不出来。请问出自哪位饱学秀才之口?"

周店主不好意思道:"是周某杜撰的。请客官切莫见笑!"

赵不求肃然起敬道:"原来是周店主起的,佩服,佩服!老朽再冒昧动问,周店主您是开店做生意的,哪有工夫读书学文?"

周永泉笑道:"我祖上虽历代开店谋生,却十分重视子女读书识字。家父洲钱人称烹饪高手,却是个饱学之士,一有空闲就教我弟兄读书做文章,指望我们长大求取功名光宗耀祖。后因皇上昏庸无道,得宠奸臣屈害忠良,宦海风波异常险恶,这才对走仕途之路彻底绝望,叫我们改做丝绸生意,开招商客店谋生。"

赵善应暗暗佩服,这周店主原来是书香门第出身,怪不得谈吐如此不凡!人言天下能人出自民间,此话千真万确。起身到各处查看,发现天井里摆满水缸,养着各种各样的鱼。再看后院,砌有两个大水池,东首的养有花鳜、白鲶、红汪、黄鳝、黑鳗等软体类游鱼,西边的有甲鱼、乌龟、螃蟹、青虾、河蚌等甲壳类水族。看了一会儿,忍不住问周店主道:"贵店水缸、水池里养了这么多新鲜鱼,是不是从太湖那边购运来的?"

周店主微笑答道:"我们这里有的是新鲜活鱼,用不着舍近求远去太湖进货。"

赵善应甚是诧异,心想,周店主说不用舍近求远去太湖进货,这里莫非也有太湖一样的大湖泊?出于好奇,忙拱拱手问道:"你们这里也有类似太湖一样的大湖泊?"

周永泉笑道:"大湖泊倒没有,漾潭甚多。"

赵善应异常感兴趣,心想,这里湖泊众多,能天天吃新鲜鱼,真是点了灯笼也难找到的好去处,若在此定居最理想不过了,待我再仔细问问清楚。遂把手一拱满脸堆笑问道:"周店主,方才您说这里漾潭甚多,请问有哪些漾潭?快说来让我们饱饱耳福!"

周永泉竖起三个指头笑道:"大漾潭三个:正南方七八里处有白荡漾,

面积约六百亩，水清见底，鱼虾成群，漾中有几十只墩屿，湖中有墩，屿中有塘，芦苇丛生，是鱼类的乐园，白鹭等鸟类的天堂；在西南方七八里处有三百余亩的桑泽湖漾，漾深水清，有的是鱼虾；偏西北有五百余亩的吏部太漾，漾中遍植菱藕，盛产鱼虾……"

赵不求听了赞不绝口："你们这里有此三大漾，不愧人称江南鱼米乡！"

周永泉笑道："除了这三大漾，还有四小漾：离洲钱市郊不远东面有白水漾，那儿盛产红菱；南面咫尺之遥有五龙漾；东方三四里处有金山漾；东南方五六里处有三官堂漾。俱是盛产鱼虾的好地方。"

在座的人听了都惊喜得眉开眼笑，啧啧赞叹："此地既有三大漾，又有四小漾，堪称水天泽国！"

赵善应嘴上虽不言语，心里却比谁都开心，真是踏破铁鞋无觅处，得来全不费工夫！这洲钱湖泊漾潭如此众多，堪称一江南风水宝地，想这湖漾河浜纵横交错，水路必定通畅便捷，在此定居再理想不过了！上天赐给赵某这么个世外桃源，造化不小哟！想到此抑制不住内心的狂喜，竟然优哉游哉地吟诵起唐朝诗人白居易的《忆江南》来：

江南好，风景旧曾谙。日出江花红胜火，春来江水绿如蓝。能不忆江南？

江南忆，最忆是杭州。山寺月中寻桂子，郡亭枕上看潮头。何日更重游？

江南忆，其次忆吴宫。吴酒一杯春竹叶，吴娃双舞醉芙蓉。早晚复相逢！

二

第二天清晨，瓦蓝瓦蓝的苍穹无一丝云彩。眺望东方，一轮旭日喷薄而出，光芒万道。到底是阳春三月的江南水乡，风光与别处绝然不同，举目桃红柳绿，蝶飞蜂舞，到处梨树绽放银花，阵阵春风送来花香。俯视窗下市河，小木船泊满河埠，"吱嘎吱嘎"的摇橹声不绝于耳；再眺望那街容，往来行人摩肩接踵，熙熙攘攘，两旁摊位不计其数，叫卖声、讨价还价声和行人"请让一让"的礼貌招呼声，汇成一首水乡早市"交响曲"……

赵善应和父亲欣赏了一会儿水乡早市美景，和家人围桌而坐共进早餐。用好早餐聊了一会儿天，和父亲说了声"孩儿下去走走"，起身下楼帮店主收拾碗筷。

善解人意的周永泉主动提议："赵先生若有雅兴，周某陪你们到各处走走看看如何？"

赵不求正好下来听见，忙摇手道："周店主店堂里甚是忙碌，陪我们游览就免了。"

周永泉笑道："老先生这么说就见外了。你们从江西来到我们洲钱，机会难得；那么多人住宿在我客店里，帮我做了一笔大生意，周某感激还来不及呢。今朝我一来心情特别好，二来和你们有缘，说话投机，况且现已罢市，店里跑堂伙计甚多，就让我陪你们去各处走走吧。"

赵善应忙拱手笑道："周店主如此热心地为我们做向导，我替大家多谢了！"

周永泉进内叮嘱跑堂伙计几句后，带了客人出门逛街。你看他一路上俨然向导一般，每到一处都详细介绍："那边高大的坟墓，是唐代李公明之母朱夫人之墓……从这里去崇德县城很近，两三个时辰就到。那边坐船到杭州只有一百多里，沿古运河往西南一日就可到达……市河西岸那座寺院叫祇园寺，建于南朝梁武帝年间，当时叫大善寺，本朝大中祥符年间重建时才改名。此寺与杭州的灵隐寺齐名……"

赵不求夫人和儿媳妇晁氏笃信佛教，以往每到一处必烧香拜佛，一听不远处有座古刹祇园寺，异常感兴趣，忙说："老身和儿媳妇一向喜欢逢庙寺烧香拜菩萨，请周店主带我们去祇园寺瞻仰瞻仰可好？"

众人都说："我们也想去随喜随喜。"

周永泉欣然答应，笑道："老夫人和少夫人慈悲敬佛，各位客官有此雅兴，周某理当奉陪。"

原来周记招商客栈至祇园寺只一箭之路，一行人走过小石桥沿河岸往西走不多时就到。众人驻足抬头看时，只见祇园寺与别处寺院不同，规模甚大，建筑雄伟，气势恢宏。周永泉如数家珍一一指点介绍："这祇园寺相传建于梁代天监二年（503）。梁武帝萧衍是个佛教徒，人称'菩萨皇帝'，他母亲张太后酷信佛教胜过其子，到处建造佛殿。这祇园寺是里人奉张太后懿旨所造。这里是东南房、东北房，那边是西南房、西北房。你们看，这寺房东西毗连全为僧舍。前面是香积寺（厨房），西面有河浜直通寺内，名为'洗碗浜'。据说建寺时，由外港开浜引水入寺供和尚洗碗之用，故又名'和尚浜'。"

一行人来到寺院正门，只见上方的匾额写有"祇园禅寺"四个金色大字，字字古朴雄浑，笔笔刚劲有力。此时，早惊动方丈智真长老，率领众徒弟出来迎接："诸位施主大驾光临，寒寺蓬荜生辉，老衲迎接来迟，阿弥陀佛！诸位施主里边请！"

众人随方丈踏进头山门，一看是天王殿，飞檐翘脊，巍峨壮观。殿内正中佛台上端坐着袒胸大肚笑容可掬的弥勒佛，两边的抱柱对联写道：

开口便笑，笑古笑今，凡事付之一笑。
大肚能容，容天容地，与己何所不容。

两侧站立四大金刚，威武雄壮，高达三丈有余。众人忙上香点燃蜡烛，一齐躬身下拜。赵不求和夫人、儿媳妇双膝跪在蒲团上双手合十虔诚朝拜，口中念念有词。

仰望大殿中央，悬有琉璃灯一盏，下设盘香，形如经折，线香头尾相接，琉璃灯光和盘香线昼夜不熄。众人肃然起敬，又忙上香燃烛，俱跪地双手合十顶礼膜拜。

瞻仰了天王殿，信步来到大雄宝殿。只见殿内柱磉巨大，粗可两人合抱，高有二十余米，建筑也异常宏伟。殿正中供奉三世如来金像，高与殿顶平齐。左右两侧塑有二十四尊天神天将，俱皆金身。众人随周店主穿过广场通道，只见两侧平廊是罗汉堂，内有五百罗汉，神态各异，栩栩如生。左右屹立着一对陀罗尼经幢。细看《重建祇园寺大殿记》，原来此经幢为唐代咸通十年（869）所立。广场中间置有一铁鼎，高过人头，重三千余斤。

一行人随喜了大雄宝殿，来到后面观音殿。赵老夫人抬头一看，只见观音殿造得更是雄伟壮丽，大殿内外各有两副抱柱对联，外侧的写道：

> 观音大士,妙音、梵音、海潮音。
> 诸相如来,人相、我相、众生相。

里边的写的是:

> 有意烧香,何须舍近求远去南海。
> 诚心拜佛,此处有求必应即普渡。

正中莲台上端坐着大慈大悲救苦救难观世音菩萨,慈眉善目,和蔼可亲,一手捧着羊脂宝瓶,一手将那沾满杨柳枝的仙露水洒向人间。两旁站立善财、龙女,栩栩如生,活泼可爱。赵老夫人慌忙跪倒在蒲团上双手合十虔诚朝拜,口中轻轻言道:"老身久闻宝刹观音菩萨求财得财、求子得子,异常灵验。求菩萨保佑我儿媳妇早生麒麟贵子。如若灵验,信女定当重塑金身酬谢菩萨!"赵老夫人命儿媳妇下跪叩拜。众人也一一朝拜。

拜毕,大家来到殿内,仰望屋顶,悬有铁钟一口,重约千斤。观音大士背后屹立着威风凛凛的韦陀菩萨。

大士殿西首有文帝殿、东岳殿,和五猖司殿相毗连。

殿西南面有古松一株,树旁石碑,上刻有"梁代所植"四字。赵不求细观那株古松,虽皮剥殆尽,但仍坚如铁石,枝干倒偃,苍劲奇特。

瞻仰罢祇园寺出来,周店主带领大家观赏街景,只见洲钱四周俱是波光粼粼的河港,举目小桥流水田园村庄,景色美如画图。再观市区,地方虽小,却如一枚巨形铜钱,店铺林立,商贸甚是繁荣。更令人开心的是,此地俱是羊肠小道,陆路进出虽不方便,水路舟船来去却畅通无阻,异常便捷。河港纵横,北番胡虏骑兵定不敢冒险来此。观这里百姓又善良好客,对异乡客地人非常和善,且环境幽静,十分安全……

游罢归来,赵不求父子便和众亲友商议定居事宜,大家一致说好,遂决定租房暂居。

三

周永泉设法帮赵不求在市河西岸祇园寺之南买了一块宅基地,雇工匠赶造新宅,一载后举家乔迁。年老体弱的赵不求因南渡时屡受风寒,定居洲钱后造新房操心费力,积劳成疾卧床不起。赵善应到处延请郎中替父亲诊治,日日和夫人晁氏熬药煎汤,端茶送饭晨昏悉心服侍,赵不求的病不久就痊愈,身体康复如初。

一日,一位自称秀州(今浙江省嘉兴市)觉海寺的僧人求见。赵善应想,我赵家定居洲钱不久,和佛门弟子也无深交。怎会有秀州的僧人上门求见?便让进来。只见一位身披袈裟项挂佛珠的僧人,气宇轩昂,英武逼人,定睛一看,却是外甥吕维忠,不由得惊愕道:"忠儿,你在皇帝身边当侍卫,什么时候出家做了和尚?"

吕维忠叹了一口气道:"我得知舅舅一家定居洲钱,特地寻来。说起出家为僧,真是一言难尽!"

赵善应把外甥让进书房,吕维忠便把自己与舅舅等失散后,如何舍命保高宗来到杭州,又几经辗转,后来出家觉海寺为僧的经过向舅舅一一叙说。

原来,吕维忠自惠山与舅舅几家失散后,到处寻找渺无踪影,只好保护圣驾继续往南进发。为了躲避金兵追杀,马不停蹄昼夜兼程,第三天拂晓抵达湖州(今浙江省湖州市)时,俱疲惫不堪,无奈在州署暂歇。

次日清晨,高宗和随从官员商议去留问题。吏部尚书吕颐浩奏道:"陛下,臣等昼夜奔波,俱异常疲乏,不如暂时驻跸湖州。"

王渊道:"不可。湖州乃一弹丸之地,城墙不甚坚固,若金兵闻讯,派大队人马杀来,我军兵微将寡,如何抵敌?不如去杭州,那里有重江险阻,可保无虞。"

高宗沉思良久,决意赶往杭州,安排中书侍郎朱胜非驻守镇江,刘光世充任五军制置使,驻守江口。调拨停当,当晚便从湖州启程。行了三日,方来到秀溪(今浙江省菱湖镇)。又行走一日,抵达崇德县城(今浙江省桐乡市崇福镇)。高宗不敢耽搁,草草用膳后命文武大臣点燃灯笼火把匆匆出城,跨越运河,途经半山,于建炎三年(1129)二月抵达杭州,权将州治为行宫。

大运河终点杭州，乃东南交通的枢纽，陈时设钱塘郡，隋废郡为杭州，时有杭州人杨宝英叛乱，自称大都督，攻城夺地，屠杀地方官，隋文帝派大将杨素平定叛乱。杨素选定凤凰山为杭州州治，并依山筑城，周围三十六里九十步，东部在盐桥湖以西，西部接近西湖东岸，北部直到钱塘门。还征集民夫，在城西北开凿栈道，既利于用兵戍守，又使江海陆路和城市贯通。

五代十国时，吴越国王钱镠统辖一军十三州，建都杭州，他在原杭州城垣的基础上大加扩展，并筑宫殿于凤凰山下，内有子城，外有夹城和罗城，共三重，子城就在凤凰山下，为宫殿所在。

高宗见杭州景色秀丽，心里甚喜，便升杭州为临安府，在凤凰山麓原吴越国宫殿旧址建造行宫。但想不到的是，临安并不安，一个月后，即建炎三年三月，高宗亲手提拔的御林军御营统制苗傅和五军制置使刘正彦发动兵变逼宫，差点要了皇帝的命。高宗被迫退位，时不满三岁的皇子赵旉嗣位，孟太后垂帘听政。韩世忠奉诏平乱，杀死苗、刘二人。可怜太子赵旉，因受惊吓染重病不治夭折。高宗痛失爱子大病一场后，在百官拥戴下复位。因金兵虎视眈眈，高宗日夜不安，便下诏广开言路，重赏直言文武大臣，赦免死罪以下在狱囚犯，被告诸臣，一律放还。汪伯彦平素最嫉恨李纲，一有机会就撺掇高宗道："李纲力主抗金，有朝一日若迎还二帝，一国之君不是太上皇就是陛下的皇兄，陛下那时的处境有否想过？"

高宗沉思不语，不住地来回踱步，良久问道："汪爱卿有何良策？"

汪伯彦奏道："微臣以为，李纲主战，倘若赦免，恐得罪金人，陛下千万赦不得！"

高宗权衡再三，忍痛割爱："依爱卿所奏，其余俱免罪，唯李纲不赦。"

高宗诏令既下，满朝文武敢怒不敢言。刚直不阿的宗泽、张浚竭力弹劾汪伯彦二十大罪状，诉说致使陛下蒙尘，皆汪伯彦之罪，请圣上严惩汪伯彦。汪伯彦竭力为自己申辩。在铁的事实面前，高宗才看清汪贼奸滑面目，罢汪伯彦知洪州（今江西省南昌市）。其余文武大臣俱各论功升迁。宗泽再奏请高宗，让李纲原官复任，高宗不许。

原来,当初高宗见李纲威望日隆,便把主张议和的黄潜善封为右丞相,和李纲并列相位,以压制李纲。后对迎还徽钦二帝有反感,便干脆将李纲罢免,逐出朝廷。

李纲被免职后闷闷不乐,深感宦海险恶,沉浮变化无常。一次在回金陵途经鄱阳湖设宴会友时,想起自己官至宰相,屡为迁客,历尽荣辱,饱经忧患。浮想联翩,感慨万千,席间借金陵怀古之题,抒抗战报国之志。作词《六幺令》和贺铸韵。其词云:

长江千里,烟淡水云阔。歌沉玉树,古寺空有疏钟发。六代兴亡如梦,苒苒惊时月。兵戈凌灭。豪华销尽,几见银蟾自圆缺。

潮落潮升波渺,江树森如发。谁念迁客归来,老大伤名节。纵使岁寒途远,此志应难夺。高楼谁设。倚阑凝望,独立渔翁满江雪。

高宗偏安一隅,复位后,一边建造皇宫,一边不断遣使向金国求和,但都遭到拒绝。建炎三年冬,金兵渡过长江,向江南长驱直入。高宗仓皇出逃,由杭州逃到越州(今浙江省绍兴市)、明州(今浙江省宁波市)以躲避锋芒。金兵攻占临安后,大肆抢掠,纵火焚烧皇城。

金兵又疯狂追杀,扬言活捉赵构消灭宋室。高宗闻报大惊,腊月下旬,乘坐几艘楼船从明州逃往定海,漂泊章安(今浙江省临海市),继又停靠温州附近海上。随行的有张贵妃、潘贵妃、吴嫔御、李美人等后宫嫔妃。

中秋佳节,一轮明月高挂海上,高宗在群臣的簇拥下赏月,举目碧波森森,高宗想起如今君臣被困海上,颠沛流离,心里甚是悲伤。正在此时,"啪嗒"一声,一道白光跃入御舟。高宗忙吩咐侍卫吕维忠道:"吕爱卿快去看来,方才那进舱白光究是何物?"

"遵旨!"吕维忠下舱一看,原来是一条五六尺长的大白鱼!忙上楼回道,"禀万岁,是一条大白鱼。"

高宗闻之顿时龙颜变色,惊慌失措道:"白鱼跃舟乃不祥之兆,这、这、这如何是好?"

吴嫔御见高宗坐立不安,萎靡不振,眉头一皱计上心来,把纤纤玉手一拱,满脸堆笑道:"皇上,当初周武王起兵伐纣白鱼跃龙舟,创建八百年铁打江山。今日白鱼飞楼船,预兆皇上日后收复中原,临御万方,臣妾当预祝之!"

在场大臣一齐恭贺:"吴嫔御所言极是,臣等祝贺万岁遇难成祥,一帆风顺,国运盛昌,收复中原临御万方!"

高宗疑虑顿消,龙心大悦:"谢众爱卿吉言!"

潘贵妃忙下跪奏道:"妾妃启奏陛下,吴嫔御锦心绣口,博古通今,文武双全,真乃当今巾帼奇才,一路保护圣驾有功,请皇上加封她!"

高宗大喜道:"潘爱妃有此雅量,是朕的福气。朕立汝为朝阳正宫,回京后掌管后宫六院!"

潘贵妃急忙叩首谢恩:"多谢皇上隆恩!"

高宗笑道:"吴嫔御听封,朕封汝为和义郡夫人!"

吴嫔御忙下跪叩首:"谢皇上赐封!"

眼看春节将近,君臣商议如何登陆返回越州,暂时驻跸欢度新春佳节时,吕维忠突然发现西边海面上探子陆荣林驾一叶轻舟劈波斩浪飞速前来报信:"请吕将军转告皇上,大事不好,金兵已破越州!"

"陆贤弟一路辛苦,再去打探消息!"吕维忠目送陆荣林的小舟消失在海面后,慌忙进内禀奏高宗,"万岁,方才探子驾舟来报,金兵已攻破越州,那里去不得了!"

高宗吓得浑身发抖,瘫坐在龙椅上。于是不敢登陆,调转楼船火速往东海而去。这天已是腊月廿五,仰望苍穹彤云密布,不一会儿大雪纷飞,举目白茫茫一片,难辨东西南北。高宗命吕维忠搀扶着自己至窗口眺望雪景,想起自己到处逃亡漂泊,欲困坐在楼船内过年,不知到猴年马月才能回到临安华丽宫殿安居,与爱妃们共享一代帝后的逍遥快乐,紧锁双眉默默无语,容颜日益憔悴。

和义郡夫人见高宗近来郁郁寡欢,龙体日渐消瘦,心急如焚,猛想起高宗平生最喜爱题诗写字,便设法吟诗作对,替皇上消愁解闷。

一日,和义郡夫人故意命随行画官画牡丹一幅,观赏后命吕侍卫磨墨,拿起笔来一挥而就,手持书稿请皇上评点。高宗接过一看,只见写道:

吉祥亭下万千枝,

看尽将开欲落时。
　　却是双红深有意，
　　故留春色缓人思。

　　高宗读罢赞不绝口："好诗，真乃好诗也！"
　　有一次，和义郡夫人故意命画官画一幅《芍药蝴蝶闹春图》，借题发挥题诗一首，给皇上评说。高宗看了频频点头，忍不住读出声来：

　　秾李夭桃扫地无，
　　眼明惊见玉盘盂。
　　扬州赏识春风面，
　　看尽群花总不如。

　　高宗读罢龙心大悦，为自己身边有如此非凡的才女暗暗庆幸，把满腹烦恼都丢到九霄云外！
　　一日晌午时分，一探马驾轻舟前来报信："万岁，大事不好，金将乌延富清率精兵三千驾飞舟从海上杀来，现离我们的楼船只有数里之遥了！"
　　高宗大惊，环视身边，已无战将，便问贴身侍卫吕维忠："吕爱卿，你手下尚有多少兵将可以御敌？"
　　吕维忠躬身答道："启禀陛下，兵马大都留守定海，现楼船上将士只有数百。"
　　高宗吓得手足无措："这、这、这，这如何抵御乌延富清训练有素的这么多金兵？"
　　吕维忠忙安慰道："请陛下莫慌，随微臣保护圣驾的兵将虽少，但俱是智勇双全能征惯战之将，个个以一当十，和义郡夫人又箭法精通，武艺超群，可保圣上平安无事！"
　　高宗忙传口谕："如有杀退金兵者，朕定重赏！"
　　不多时，只见西边海面上波浪翻滚，涛声如雷，战鼓震天！吕维忠忙在楼船上登高眺望，只见海面上波涛翻滚，牙旗迎风招展，几十艘轻舟一字排开，为首大船上一员番将金盔金甲，手持利剑高声大喊："众位弟兄，谁活捉赵构小儿,本将军奏明狼主重重嘉奖!"乌延富清一声喊,几十艘快舟争先恐后一齐追杀过来。楼船上文官见了,个个吓得浑身发抖,面面相觑,胆小的宫女惊得魂飞魄散,到处乱窜……见此情景,吕维忠忙命侍卫们保护皇上和后宫嫔妃飞速进舱躲避。高宗在舱内找不到和义郡夫人的人影,忙命吕侍卫上来寻找。见和义郡夫人手持弓箭威风凛凛地屹立在船头上,吕维忠忙上前拱手劝说道:"娘娘,末将奉圣上之命,请娘娘速速下去!"

和义郡夫人笑道:"我自幼跟家父练习武艺,弓马娴熟,曾一箭射中柳树上金钱,吕侍卫跟随皇上多年,难道没听说过?"

吕维忠笑道:"娘娘虽箭法精通武艺超群,但皇上怕娘娘有什么闪失,放心不下,故请娘娘下舱躲避!"

"请我下舱躲避?我虽是深居内宫一嫔妃,但自小习武。当年穆桂英一剑能挡十万敌兵,大破天门阵建立奇功;我虽不及浑天侯之万一,却也能助吕侍卫一臂之力杀退贼兵!"

正在此时,冲锋在前的金将乌延富清已一眼瞧见楼船上有一绝色女将,身穿柳叶盔甲,面如桃花,一双秀目能勾人魂魄,顿时骨软筋酥,笑眯了一双色眼,昂起胖脑袋朝后厉声大喊:"弟兄们,谁活捉前面楼船上女将,本将军赏谁黄金千两!"

众番兵听了一齐欢呼雀跃,驾舟奋勇向前。

此时楼船上的和义郡夫人,悄悄拿起宝雕弓,将雁翎箭搭在弓弦上用力一拉,弓开若满月,箭发如流星,"嗖"的一声不偏不倚正中番将咽喉。只听得乌延富清"啊"的一声惨叫,跌入滚滚波涛之中,挣扎了几下不见了人影。

吕维忠道:"放箭!"一声令下,楼船上弓弩手"嗖嗖嗖"万箭齐发,密如飞蝗,快舟上金兵纷纷中箭跌落海水中,活着的慌忙掉转船头狼狈向西逃窜……

和义郡夫人一箭射死金将乌延富清,吕维忠指挥弓弩手杀退金兵,高宗闻报大喜,是夜在楼船上为立功者设筵庆贺。席上,高宗对和义郡夫人弓马娴熟、浑身是胆,一箭射死金将乌延富清之举大加赞赏:"吴爱卿的胆略,不亚于魁伟男儿!"便封和义郡夫人为凤德妃。

从此，和义郡夫人脱掉女装，换上盔甲，腰佩长剑，侍候在高宗身边。

一日，吕维忠和侍卫们说起凤德妃如何一箭射死金将乌延富清的事，一老宫女告诉吕维忠，凤德妃原名吴婴茀，不是一般人物。吴婴茀父亲吴近，开封人氏，原是御林军军官，职位为武翼郎。乙未初年一天夜里，吴近做了一个奇怪的梦，梦中他来到一座小亭，亭上匾额上书"侍康"二字，亭旁有一株芍药，独放一花，异常娇艳，花下息有一头白羊。吴近醒来，觉得非常奇怪，请算命先生测算，说主大富大贵。但仍百思不得其解。年末生下一女孩，取名婴茀，十四年没有什么变故，直到靖康元年，吴婴茀被选入宫中侍候康王，吴近才恍然大悟，原来是上天的预兆。吴婴茀从小喜欢跟父亲练习枪棒，勇敢豁达胜似男孩，吴近便专门教她练剑。吴婴茀十二三岁时一把长剑已练得出神入化。吴婴茀不但英俊俏丽、胆略过人，且酷爱文学、博览群书，又善通翰墨。入宫后原为宫女，因文武双全，深得康王宠爱。

金国狼主完颜晟得报高宗逃亡海上，奉命追剿的爱将乌延富清被杀，高宗已登陆驻跸越州，不由得大怒。他得知韩世忠统兵十万驻守在秀州，便发兵三十万准备消灭韩世忠，乘胜攻打越州，生擒赵构。韩世忠因平息苗傅和刘正彦有功，高宗为犒劳三军赏赐越州名酒花雕十万余瓶。

韩世忠获悉完颜晟起兵三十万，分三路渡江，准备以三倍于宋军的优势兵力夹攻自己的兵马，大惊，当即和夫人梁红玉商议，决定撤离秀州退守临平。撤退前将皇上犒赏三军的十万余瓶越州佳酿花雕酒，命中军官按各营每名军士一瓶分发。为防军士喝后乱丢，既影响街头市容，又妨碍道路交通，韩世忠下令："各营务必将空瓶堆放在郊外，聚在一处，违者按军法论处！"是夜各营灯火通明，将士个个开怀畅饮，至午夜时分俱按军令将空瓶堆放在一处。韩世忠见时已不早，便率军退到临平，凭借临平山之险坚守。

第二天拂晓，完颜晟率大军渡过长江，获悉韩世忠已舍秀州退守临平，不由得大喜，便决定来个速战速决：先攻下临平，再取临安，然后乘胜攻打越州，追杀赵构。于是日夜兼程，第三日下午到达秀州境内，猛然见城郊有一座高山，在阳光下闪烁着光亮，直刺得金兵眼睛发痛，完颜晟惊诧道："我素知秀州境内无高山，这是座什么山？"待赶到山前，却发现原来是一座由酒瓶堆起来的瓶山,看那数量,估计不下十万只酒瓶,不由得大惊,忙令大军停下,派兵士前去捉拿当地居民。

番兵捉到一白发老翁,完颜晟亲自替其松绑后满脸堆笑询问:"老人家,这座瓶山是怎么一回事?"

那老翁因一月前惊悉远嫁扬州的女儿全家惨遭金兵杀害,正寻思设法替他们报仇雪恨,见金国大官亲自盘问,便眉头一皱计上心来,答道:"这座瓶山,是宋军元帅韩世忠带了大军在此驻扎时喝了酒留下的。为了犒赏手下立功兵士,在中秋节那天给每人一瓶越州花雕酒。因数量太多,韩元帅怕堵塞道路影响交通,命士兵喝后把空瓶堆放在这里。"

完颜晟又问道:"韩世忠有多少人马驻扎在此?"

老翁笑道:"有多少人马,我们老百姓怎么知道?不过,像这么高的瓶山,在秀州城外共堆了十三座!"

完颜晟听了大吃一惊,心里暗忖:一座瓶山足有十万余只酒瓶,十三座瓶山,那就说明韩世忠在秀州附近有一百三十万人马!自己只有三十万兵将,与宋军这么多人马决战,岂不是以卵击石?!想到此吓得背上直冒冷汗,慌忙下令:"后军改作前军,火速往北撤退!"

韩世忠得报,立即率领大军飞速追赶,杀得金兵丢盔弃甲溃不成军,活着的抱头鼠窜、落荒而逃。

探马将完颜晟火速率领三军撤退到长江以北的消息禀告高宗。高宗异常惊疑地问:"韩元帅兵不足十万,如何能打败金兵三十万虎狼之众?"

探马回道:"韩元帅在夫人梁红玉的协助下,以酒瓶堆山吓退金兵,然后挥师追杀,大获全胜!"

高宗大喜:"韩元帅夫妇智勇双全,真乃朕之股肱也!"

绍兴二年(1132)春天,高宗圣驾回到临安后,封赏抗金立功将士,把文武双全保驾有功的和义郡夫人封为凤德妃,将生育皇储的希望寄托在她身上,对其百般宠幸。

不料凤德妃因保护圣驾到处奔波劳累过度,又在海上漂泊抵御追兵受了风寒,回临安后积劳成疾,卧凤榻不起。高宗忙传太医进宫悉心诊治,服了十多天方药却仍不见好转。吕维忠忙推荐钱塘祖传名医陈沂进宫救治。陈沂一诊断,已知娘娘病症。

吕维忠因是给皇上的宠妃凤德妃治病非同小可，郎中又是自己推荐的，丝毫不能有闪失，故格外小心谨慎，为防万一，赔笑脸抱拳问道："末将请问陈先生，娘娘患的究属何疾？"

陈沂将双手一拱道："回吕将军话，娘娘患的是痛经，属女科之症。"

吕侍卫点点头，又问道："请教陈先生，此症该用何法治之？"

"各个击破疗法。"

"何谓各个击破疗法？"

"即先治标，待娘娘身体稍有好转，再治本。"

吕维忠心上的石头落了地，替陈先生磨墨，请他拟写药方。陈沂拿起笔来一挥而就，将药方交给吕维忠。吕侍卫接过展开一看，只见写道：

  当归二十九钱　川楝子三十九钱　宫桂三钱　元胡二十九钱　香附二十九钱

  炮姜炭二十九钱　乳香十九钱　赤芍十九钱　桃仁二十九钱　煎服

吕维忠立马吩咐张公公持药方去太医院照方取药。少顷，张公公领来方药，吕侍卫亲自用砂锅熬煎。煎好药命宫女紫燕用碗盛了给娘娘服用。

如此连服七天后，吕维忠见凤德妃症状已基本消失，面色红润，精神焕发，开心得不得了。

凤德妃笑道："多亏吕将军请来名医陈先生，使本宫药到病除，不再受病痛折磨之苦！吕将军的恩德，本宫铭刻肺腑！"

吕维忠笑道："为娘娘效劳是末将分内之事，区区小事，请娘娘不必挂齿！"

正在此时，有宫女前来传话："启禀娘娘，万岁驾到！"

凤德妃忙吩咐宫女："尔等快去代本宫恭迎圣驾！"

"是！"众宫女内侍慌忙一齐到宫门口跪接。

"诸位平身，快快请起！"高宗惦记凤德妃病情，处理完朝政赶来凤藻宫看望凤德妃，一进宫就询问吕侍卫，"娘娘服了药病情好转了没有？"

吕维忠忙下跪回禀："启奏陛下，娘娘服了药好多了，方才正和末将说话呢。"

宋高宗听了忧虑顿消,急忙大步来到凤榻旁,弯腰用手揭开锁金帐一看,见凤德妃面容红润,神清气爽,龙心大悦道:"爱妃的病,太医院那么多医官治了一个月都不见好转,陈先生一诊治就立马痊愈,真乃神医也!"

凤德妃笑道:"陛下所言极是,妾妃的病好得这么快,一靠皇上洪福齐天,二靠吕将军推荐名医之力,三靠华佗转世的神医陈先生妙手回春。若是让那些滥竽充数的太医诊治,妾妃怕见不到皇上了……"说罢泪如雨下。

高宗忙用黄绫帕替凤德妃拭泪安慰:"爱妃别说傻话,你不是好好的吗?"

贴身宫女紫燕忙附和道:"万岁金口,娘娘福大命大,药到病除。奴婢祝娘娘凤体即日安康如初!"

凤德妃笑道:"本宫能药到病除,除靠吕将军、陈先生之力外,还多亏紫燕你天天晨昏悉心护理!"

紫燕道:"能侍候娘娘是奴婢的福气。一来娘娘福大命大,二来赖神医妙手回春。要是让那些太医院庸医诊治,娘娘不知要吃多少苦药哩!才一个月,若把所服方药都放在宫前那个金鱼池里,恐怕早填满了呢!"

凤德妃听了频频点头,伸出纤纤玉手握住高宗左手奏道:"紫燕所言极是,请皇上重赏陈先生。"

高宗点头笑道:"朕依爱妃所奏。紫燕,汝快去珍宝库传朕的口谕,命李管事取银一千两、锦缎一百匹来凤藻宫!"

紫燕异常开心地说:"奴婢遵旨!"说毕飞也似的去了珍宝库。

高宗吩咐毕,命内侍张公公骑马去钱塘传唤陈沂。

一个时辰后,宫外传来"嘚嘚嘚"的马蹄声,张公公带了陈沂急匆匆进宫。高宗命紫燕将银子、锦缎赐予陈先生。

陈沂连忙跪地叩首谢恩:"谢万岁恩赐。可小医不要白银、锦缎!"

高宗惊讶地问道:"赐汝白银、锦缎不要,那要何物?"

陈沂奏道:"请万岁赏赐小医白马一匹足矣!"

高宗问道:"汝是郎中,要白马何用?"

陈沂说道:"为医者救人如救火,有了白马,病家前来求诊,小医能快马加鞭即刻到病家诊治！"

高宗笑道："好一个救人如救火的陈先生，朕赐汝西凉进贡良马一匹，宫扇一柄，日后宫内若有宣召，汝可凭此扇自由进出深宫禁地。张公公，快去牵马备轿，送陈先生回府！"

张公公连忙躬身道："奴婢遵旨！"

陈沂急忙叩首谢恩："谢主隆恩，吾皇万岁万岁万万岁！"

陈沂回到钱塘府邸后，命能工巧匠用檀香木仿制御赐宫扇一柄，立在诊斋内，故人称"陈木扇"，陈氏女科从此名震江南。

不久，贪得无厌的金太宗完颜晟，命四太子完颜宗弼（金兀术）率领五十万大军，横渡长江继续南侵。高宗闻报大惊失色，寝食俱废。宗泽竭力推荐文武兼备的岳飞挂帅，率领岳家军拼死抗金。岳元帅善于用兵，足智多谋，岳家军俱是能征惯战之将，打得金兵焦头烂额，望风而逃。在岳家军前锋直抵朱仙镇，离汴京仅四十五里之遥时，高宗唯恐有碍对金的议和，先下旨命东西两线的将领收兵，在造成岳家军孤军奋战的不利态势后，又以"孤军不可久留"为名，连下十二道金牌急令其班师回朝。

岳飞仰天长叹："十年之功毁于一旦！所得诸郡一朝全休！社稷江山难以中兴，乾坤世界无由再复！"

奸相秦桧得知后，唆使死党万俟卨用"莫须有"的罪名把岳飞绞死在大理寺狱中。高宗为一己私利，还收缴力主抗金的韩世忠等大将的兵权。南宋王朝失去这几个擎天柱，金国没了顾忌，金太宗完颜晟立即撕毁和约，再次大举兴兵南侵。不料在采石矶（今安徽省马鞍山市西南）被善于用兵足智多谋的虞允文打得大败，狼狈溃逃江北，才使大宋王朝转危为安，保住了半壁江山。

高宗刚到杭州时，以州治为行宫，宫室制度皆从简，不尚华丽，但后来随着局势逐渐稳定，宫殿越造越大，大内正门为正丽门，共有三门，皆金钉朱户，画栋雕甍，覆以铜瓦，镂镂龙凤飞翔之状，巍峨壮观，光彩耀目，衣食起居也越来越奢侈，朝政更是越来越腐败，完全忘却了被金兵铁蹄蹂躏下的中原百姓。为了表彰主和派大臣，把永丰圩的千顷良田赏赐给宰相秦桧。对残害岳飞为虎作伥的王俊重加赏赐，仅租米一项，"岁收六十万斛"。这些奸臣巧取豪夺，圈地夺田，鱼肉乡里，令大批农民失去土地，沦为佃户。高宗还听信秦桧之言滥发纸币，引起物价飞涨，原本富庶的江南，饿殍遍地……

至此，身为皇帝贴身侍卫的吕维忠，见高宗不思恢复失地，偏安江南一隅，终日歌舞升平，醉生梦死，"直把杭州作汴州"，便对高宗彻底失望，借回家看望重病在身的老母为名离开了临安，改名林永忠潜往秀州觉海寺出家做了和尚，法号"慧明"。后因听说舅舅一家在崇德县洲钱定居，就匆匆赶来相见。

眼睛一眨，和外甥一别已有十载，赵善应用青铜镜一照，发现自己两鬓斑白，额角上爬满皱纹，感叹南渡后岁月匆匆，异常牵挂家乡父老亲人。

其实，赵善应虽客居偏僻异乡，对皇上的所作所为也早有耳闻，听罢外甥的一番诉说，更是义愤填膺，连连摇头，沉吟半晌，再三叮咛道："你如今出家做了和尚，这身打扮去见外祖父，他老人家必定接受不了，更何况你外祖父如今年事已高，病后身体又如此虚弱，禁不起这一连串巨大变故的刺激，还是不见的好。"

慧明和尚忐忑不安地说："舅舅，贫僧已十多年没见外公外婆了，做梦也想看看他们。今日好不容易来了，近在咫尺不见，于心不忍，若去拜见，又怕勾起两位老人的伤感，不知如何是好。"

赵善应耐心规劝道："外甥，见外公外婆今后机会有的是。待老人家身体康复后我写信通知你如何？"

"阿弥陀佛，如此甚好！"慧明和尚从包袱中取出一些银子交与舅舅道，"这点银子请舅舅替我买些补品给外公外婆滋补身体！"说毕起身告辞。

赵善应因外甥不便久留，叮嘱赵兴别告诉两位老人知晓后，雇了一艘客船送慧明至秀州觉海寺。

四

转眼已是绍兴十年（1140）春。

赵善应自夫人身怀有孕，日日开心得脸上堆满笑容，对夫人更加关心体贴，照顾有加。

一日上午，赵善应正在书房看书，管家赵兴急匆匆进来禀报："老爷，陈卖婆求见。"

赵善应十分诧异，忙问："哪个陈卖婆？"

赵兴回道："就是北市梢那个。"

赵善应心想，我赵家打从定居洲钱以来，和这位陈卖婆从无交往，今日突然求见于我好生奇怪。想到此冷笑道："这位陈卖婆，洲钱人都说她是有名的说嘴堂客，只要铜钿银子多，活拆夫妻也会做，到东家说姑娘美如天仙相貌好，去西家说小伙长相貌若潘安呱呱叫，家财万贯吃香喝辣家境好，一世享不尽荣华富贵乐逍遥……一想起这种人我就讨厌，不见，不见！"

赵兴提醒道："老爷，这陈卖婆您不能不见，是老太爷托她办的事……"

赵善应笑道："既是老太爷所托，那就快请她进来。"

赵兴笑笑转身出去，少顷，进来回道："老爷，陈卖婆来了。"

赵善应抬头看时，只见面前站着一位四十岁左右的俊俏妇人，穿戴得里新外新，满脸堆笑乐哈哈，一双眉眼会说话，见面欠身忙万福，心里就异常讨厌，拿了本古籍假装低头看书没听见。

陈卖婆见此情景眉头一皱，心里说，这位赵老爷架子挺大的，老身站在你面前却视而不见，眼睛长在头顶上了不是？唉，看在铜钿银子的面上，老身还是装作毫不在乎的样子吧，赶紧笑嘻嘻上前欠身深深一礼说："陈卖婆见过赵老爷！"

赵善应冷冷地朝她一瞟："原来是陈卖婆，请坐下喝茶。"

陈卖婆见赵老爷光打雷不下雨——既不叫赵兴搬凳子，又不替自己泡茶水，就自我解嘲说："老身站惯了，凳子嘛，不用搬啦。这茶，在张家刚喝过，不渴，不渴！"

赵善应一边看书，一边冷冷地说："那老夫就不客气了。"

陈卖婆站了好一会儿仍不见赵老爷问话，只好悄悄朝赵兴使劲努嘴，求他再次代为禀明来意。赵兴用手指指赵善应，示意她快朝老爷施礼。陈卖婆万般无奈，咳嗽一声走至赵善应面前，深深一个万福嘻嘻嘻笑道："赵老爷，你家老太爷托老身的事已办妥。张妈还在门外等候老爷您传唤呢……"

赵善应冷笑道："你人既已带来，为何不早点告诉吾？"

陈卖婆心里说，瞧你这张冷冰冰爱理不理的面孔，老身哪敢多说一句话，碰到你这样的有钱人，算老身倒霉。唉，看在铜钿银子的面上，还是赔个不是吧："老身见赵老爷忙着看书，站昏了头，忘了禀明……"

赵善应瞟了她一眼，笑道："张妈既然来了，那就快叫她进来吧！"

陈卖婆忙朝外面大声招呼："张妈，赵老爷叫你客厅相见，快进来！"

"哎！"称作张妈的老妇人赶紧应声进门，上前欠身下拜道，"赵老爷在上，民妇王张氏叩见。"

赵善应忙说："王张氏快快请起！"仔细打量面前站着的老妇人，见她不胖不瘦中等身材，五十左右年纪，饱经风霜的脸上堆满笑容，身穿淡蓝色斜襟衣裳，异常整洁，看样子是个久经世面善良厚道的勤快庄户人，岁数虽大了点，身子骨却很硬朗，心里非常满意，忙起身悄悄问陈卖婆道："陈妈妈，吾从未和你说起要雇用人……"

陈卖婆见赵老爷如此说话，赶紧笑容可掬抢先说明原委："原来赵老爷被蒙在鼓里不知情，怪不得刚才……喏，是令尊赵老太爷托老身办的事，他老人家没告诉你？"

赵善应摊摊手道："家父没说起过。"

陈卖婆笑道："三天前，你们赵府的管家赵兴来找老身，说老太爷要雇一个会做饭菜、缝补浆洗衣服、照管孩子的老妈子，最好是手脚勤快一点的乡下人。赵老太爷吩咐办的事，老身哪敢有半点儿怠慢疏忽？于是设法东找西访好不容易替你们访到了一个。"

赵善应心想，想必是父亲见儿媳妇怀孕赵家有后了，开心得不得了，因南渡时为了节省开支，行走方便，把侍候儿媳妇的使女和王妈都辞退了，只留下管家赵兴。如今父亲年纪大了，病后身体虚弱，且盼孙心切，见儿媳妇忙里忙外怕累坏了身子，告诉一向节俭的儿媳又怕不允，因此来个瞒天过海！瞧张妈一副憨厚老实巴交勤快样，人品定不错，心里一开心，便命赵兴去取十两银子来。

陈卖婆见了，指着里间笑道："赏银老太爷早给了，赵管家一告诉他，老太爷满意得直夸我呢！不是老身夸口，我陈卖婆做事木板上钉钉敲钉转脚——蛮牢靠，这洲钱哪个不知、谁人不晓！老身替你们找的这位张妈，照管小孩、下厨房、料理家务、缝补浆洗样样精通,里里外外一把手!"

此时,赵兴拿了银子出来,双手交给陈卖婆。

陈卖婆急忙伸手接过银子,开心得眉毛眼睛笑成了一朵花,连声说:"谢谢赵老爷,谢谢赵老爷!老身这几天东奔西走忙煞快,李家浜李员外要买书童,顾家庄顾老夫人要买丫鬟,赵家埭赵老爷要雇奶娘……我走啦!"起身匆匆出门,走了几步又回来叮嘱张妈:"这赵老爷一家都是行善积德的大好人,你要好好干啊。我有事要走啦!"张妈一边点头,一边送陈卖婆出门。

一眨眼七八个月过去了。一天,赵善应正在后院舞剑,张妈笑容满面地跑来禀报说:"恭喜老爷,贺喜老爷,夫人生了个白胖小子!"

"张妈,这是真的?"赵善应简直不敢相信自己的耳朵,赶紧收了宝剑开心地瞪大了双眼一个劲儿问张妈。

张妈见老爷开心成这副样子,笑道:"老爷,小少爷长得多可爱,雪白粉嫩的皮肤,虎头虎脑的模样,高高的鼻梁,大大的眼睛,真讨人欢喜呢!老爷快去看看小少爷!"说着,领了赵善应离开院子直奔夫人卧室:"老爷,你在此稍等,老身去抱小少爷出来。"少顷抱了个蜡烛包出来。

赵善应仔细端详儿子,果然皮肤雪白粉嫩,虎头虎脑,天庭饱满,地阁方圆,两只眼睛滴溜溜不停转动,一双小手还使劲挥动着哩!

赵善应喜得麟儿,越看越喜爱,伸手把宝贝儿子接过来紧紧抱在怀里。抱了一会儿,把儿子还给张妈,从衣兜里掏出五两银子塞到她手里:"张妈服侍夫人辛苦,这是给你的赏钱!"

张妈急忙欠身道谢。

赵家阖府欢喜,个个奔走相告。特别是求孙心切的赵不求,见儿媳妇生了个白胖孙子,又长得十分可爱,开心得天天合不拢嘴,优哉游哉哼着小曲儿。

一天午后,赵不求喜滋滋地来客厅看宝贝孙子。一见孙子忙问儿子:"善应,你给儿子起名字了没有?"

赵善应回道:"爹爹满腹文才,孩儿和您儿媳妇商议过,这名字留着请您老人家起。"

赵不求笑道:"瞧你们小两口说的!"边说边端详孙子,只见宝贝孙子天庭饱满,地阁方圆,虎头虎脑,眉清目秀,眉宇间透露出灵慧之气,越端详越觉得孙子的长相与众不同,忍不住笑道:"吾孙子相貌与众不同,这名字嘛,也该起得与众不同才般配!"

赵善应逗趣怀抱中的儿子说:"儿子,汝爷爷是个饱学之士,知识渊博,让爷爷给汝起个与众不同的好名字。"

赵不求一边用手轻轻抚摸宝贝孙子的小脸蛋,一边逗笑道:"吾的小宝贝,爷爷给汝起个好字,叫作……'赵汝愚',寓'养成大拙方为巧,学到汝愚始称奇'之意,表字'子直',望孙子一生为人正直……"

赵善应开心地忙用手轻轻拨弄儿子的一双小手道:"儿子,你真造化,爷爷给起了这个好名、好字,快说声'谢谢爷爷'。哈哈哈,爹爹你看,小家伙乐得手舞足蹈了!"

赵不求定睛一看,见孙子小脸蛋笑得像朵娇艳的鲜花,愈加可爱,嘴里在咿咿呀呀说着什么,就异常开心地说:"你看我孙子笑得多开心,咿咿呀呀好像在说:'谢谢爷爷,给我起了个好名、好字!'"

赵不求转身对站在一旁笑呵呵的张妈叮咛道:"张妈,吾儿媳妇产后身子虚弱,老朽请你多费心照料,月银会加倍给你的。"

张妈急忙摇手说:"老太爷,照料夫人和小少爷是老身分内之事,不必多给月银。"

赵不求笑道:"张妈,吾儿媳妇说你日日半夜起来给孩子换尿布,给她烧糖蛋,煮燕窝,照料得十分周到,多给你月银是应该的。"

张妈连忙躬身致谢:"多谢老太爷,多谢老太爷!"

转眼小汝愚已满周岁,赵家在洲钱的亲朋好友俱来送礼庆贺。

周永泉一家也来送礼贺喜。赵家虽客居异乡,因同宗同僚门生多,来庆贺的嘉宾却不少。是日门前车马云集,客厅内高朋满座,异常热闹。

众嘉宾见赵老太爷添了个宝贝孙子,一开心身体已康复如初,都满脸堆笑祝贺:"赵老太爷一生行善积德,自古好人有好报,因此得了个麒麟孙子,将来定光宗耀祖!"

赵不求乐得眼睛笑成了一条缝,起身拱手连声说:"老朽托大家的福,谢谢,谢谢!"忙吩咐儿子在客厅摆开八仙桌,上放书籍、文房四宝、各种玩具、金银首饰、水果糕饼等,让孙子抓周,试探其爱好志向。

见一切准备就绪，赵不求命张妈将宝贝孙子抱出来，让他靠在桌子边自己选择。只见小汝愚看见满桌子好玩好看的东西开心极了，使劲挣脱张妈的双手，用力爬到桌子上，睁大一双滴溜溜小虎眼这里瞧瞧，那边望望，看到书籍眼睛一亮，双脚一蹬一缩就飞速爬了过去，用小手一把抓过来紧紧抱在怀里……

在场的人见了，一齐喜道："赵老太爷，你那宝贝孙子一双虎眼别的东西瞧都不瞧，一看到书籍却连忙用双手紧紧抓住不放，一定酷爱读书，上京赴考定是个蟾宫折桂状元郎！"

一个愣头愣脑的年轻男子摇摇头说："只可惜当初太祖皇帝定下规矩载之太庙，皇室宗亲只能封王不能点状元！"

听到这句不合时宜的扫兴话，孩子的舅舅异常气愤，挤到那人面前，怒瞪着双眼大着嗓门呵斥道："我宝贝外甥今日周岁大喜，赵老太爷开心叫孙子抓周，你不会说话闭拢臭嘴人家不当你是哑巴！"

"舅老爷您……"那愣头小子话已出口无法收回，异常后悔，被舅老爷恶狠狠一顿臭骂，满腹委屈，眼眶湿润，急忙申辩道，"我……说的是实话，舅老爷何必发这么大的脾气？"

孩子的舅舅见愣头小子还分辩，愈加恼怒，厉声叱责道："你满嘴喷粪，还敢分辩，若再顶撞，我非撕烂你的臭嘴不可！"

赵不求见舅老爷光火发怒，心里很不是滋味，但碍于喜庆场面吵嘴有失风雅，忙满脸堆笑劝说道："请舅老爷暂息雷霆之怒，听老朽一句肺腑之言：这位小兄弟虽直来直去不会恭维，所言不合时宜，违背了我们的心意，但他说的是心里话。不碍事，不碍事！吾孙子将来要是有这个造化，不点状元做个榜眼、探花，不是也很好吗？！"

那位愣头小子听了赵不求一番话，忙满脸堆着笑抱拳恭喜道："赵老太爷德高望重，到处广积善德，您的宝贝孙子将来不是状元，就是榜眼探花！"

众人忙齐声道："对对对，你们赵家是太宗后裔，赵老太爷的宝贝孙子，将来定是国家栋梁，光耀赵家门楣，连我们亲朋好友都沾光哩！"

赵不求听罢大喜，忙朝大家拱手道："谢诸位吉言，但愿我孙子将来如你们所说，蟾宫折桂，早入仕林！"

第二章　开馆授门生

一

门前的梓树绿了又黄，黄了又绿，一晃五年过去了。晁夫人又替赵家生了汝拙、汝鲁、汝口三个男孩，个个生得虎头虎脑，聪明活泼，异常可爱。赵善应教他们读书识字，练习武艺。原来赵善应父子好读书，当初在江西余干赵家岭时，圣上得知后为了鼓励大臣多读书，赏赐赵家御书数千卷。因藏书有五万余卷之多，赵善应在鼓楼建造"敕书楼"收藏。南渡时，赵家父子爱书如命，宁可丢弃值钱的衣物和家具，也不肯抛弃一本心爱的古籍，特地雇用了七八个年轻力壮的男子用麻袋车辆运书，后来因行走不便寄藏在扬州城外一户亲戚家中。在洲钱一定居，第一件大事就是设法把书籍全运回来。在楼上用两间房做书房，雇木匠做了几十个书橱。赵善应父子见当今皇上难有作为，宦海险恶反复无常，就索性安下心来闭门谢客，悉心教孩子们学练武艺。

盛夏的傍晚时分，乌云密布，天黑得伸手不见五指，闷热得像个大蒸笼，使人透不过气来，人们不时地摇着蒲扇，还嚷嚷着："鬼天气怎么如此闷热？"突然，一道闪电犹如一把利剑划破天空，亮得使人睁不开眼睛，紧接着一声炸雷响得震天动地，大雨如瓢泼盆倒般下了起来。

小汝愚正欲到"敕书楼"取书，忽听得后面院子里传来"噔噔噔"的脚步声和"吱呀"的开门声，急忙蹑手蹑足至窗口朝北窥视，只见一个黑影在祖母房前一闪不见了！猛想起祖父曾说过，如今金兵南侵，时局混乱，太湖强盗乘机扮作金人大肆抢劫，那黑影莫非就是窃贼……今夜祖父应邀去周爷爷招商客栈替他孙子辅导读诸子百家经典，至现在还没回来，祖母一向崇尚节俭，惜财如命，要是发生争执，那贼寇可杀人不眨眼睛，若用利刃对准祖母脖子咔嚓一刀……小汝愚不敢往下想，连忙点燃灯笼飞速到厨房内拿了根木棍和一把菜刀，悄悄来到祖母房前观察动静，见房门虚掩着，就轻轻一推钻了进去。睁大眼睛仔细一瞧，不好，床前有个黑影，正朝祖母眠床缓缓移动！心里骂道："好你个盗贼，想抢祖母的翡翠簪和金镯子，这可是太外祖母给我祖母的嫁妆——我赵家的传家之宝，那还了得，我用棍子送你上西天！"想到此，咬紧牙关、蹑手蹑足地走到盗贼背后，飞速举起木棍，对准他脑袋使出吃奶的力气狠狠揍去……不料木棍被黑影牢牢握住！"好你个盗贼，胆敢偷我祖母的宝簪金镯，我用菜刀砍死你！"小汝愚正要举刀猛砍下去时，突然听得黑影惊叫道："汝愚，是我！"小汝愚听声音异常熟悉，赶紧收回菜刀朝黑影仔细一瞧，我的妈呀，原来是父亲！于是抿着嘴笑道："孩儿以为是盗贼，原来是爹爹，一场虚惊！"

这时，老夫人被惊醒了，睁开双眼一看，一切都明白了，挣扎起来用手抚摸着赵汝愚笑道："我的宝贝孙子，你弄错了。今夜电光闪闪，雷声隆隆，祖母胆子小，最怕听见惊雷，你爹每逢雷阵雨都来房中陪伴我……"

赵汝愚一边用手帕擦拭头上汗珠，一边笑道："奶奶，孙儿以为是盗贼，吓得用棍猛揍用刀狠砍，亏得爹爹武艺高强。要不然孙儿闯下泼天大祸了！"

老夫人忙将孙子紧紧地搂在怀里："我的宝贝孙子，今夜好险哪！"

夏去冬来，一眨眼已是腊月廿八。这天清晨，银霜遍地，寒风呼啸。东方刚露鱼肚白时，赵汝愚就一骨碌起床了。因昨日祖母不小心着凉感冒了，发烧得厉害，请郎中诊治后，赵汝愚和爹爹去仁安堂药店配来几帖方子，用砂锅煎汤给祖母服下。见已旭日临窗，忙穿了衣服下楼去问安，见祖母烧已退了，感冒也有好转，心里很开心，想起平日都是祖母早起开大门，今日有病卧床，这大门我去替她开。不料打开大门一看，房檐下有两个蒙面人和衣睡在稻草上鼾声如雷！抬头朝东方远眺，一轮红日正冉冉升起，霞光万道，霎时将整个天空染成金黄色。赵汝愚忍不住心里说：这两位，太阳晒屁股了还呼呼睡懒觉，真是贪睡的懒猫……又不忍心叫醒他们，站在旁边守候着。这时候，年纪轻的那位醒了，用手捶捶腰骨，一骨碌坐起来，拿下头上盖着的衣服，揉揉惺忪的双眼。赵汝愚仔细一看，原来是管家赵兴，惊讶地问："赵兴叔叔，这么冷的天，你暖和的眠床不睡，却和

第二章　开馆授门生　041

这位陌生爷爷露宿在屋檐下？"

赵兴用手指着身旁用衣服蒙头正在呼呼酣睡的中年男子说："昨晚老奴和你爹爹从县城打听李老爷一家下落归来晚了，叫门怕惊醒你祖母，到乡下跟农民伯伯讨了几捆稻草和衣睡在这里。"

赵汝愚笑道："原来如此，我以为是两个要饭的叫花郎呢……"

"昨晚后半夜天气甚是寒冷，老奴冻醒了好几次，冷得浑身发抖，几次想到房中去睡暖和的眠床，见你爹爹宁可挨冻睡在屋檐下，也舍不得去叫醒老夫人，怕搅了她的好梦……"

"我爹爹对祖母的关心真是无微不至！"

"这是晚辈对长辈的一片孝心。你爹爹对父母孝顺是全洲钱出了名的，小少爷，你长大了也要像老爷那样做个孝子！"

"赵兴伯伯，我会的！"

从此，赵汝愚学父亲的样子，对父母、祖父母也非常关心孝顺，日日早起问安，晚上看望说说话，每逢下雷阵雨也到祖母房中陪伴……

赵善应以纯孝闻名乡里，人称孝子。赵汝愚从小受其父熏陶，对长辈也异常孝顺，纯孝事迹闻名洲钱。

是年腊月，赵老夫人因南渡时受尽颠沛流离风霜惊吓，到了江南又不服水土，终于积劳成疾卧床不起，赵善应遍访名医替母亲医治，无奈病入膏肓，药石无治，年终驾鹤西去。赵善应夫妇布置灵堂操办丧事，阖府披麻戴孝，痛哭哀悼。赵善应命赵兴立即雇船去秀州觉海寺通知外甥慧明禅师。慧明禅师带了全寺僧众替外婆做了七七四十九天水陆道场，超度亡灵。赵不求和外孙久别重逢，诉不完的离别想念之苦。亲朋好友俱来吊唁，忙碌了好几天。

丧事毕，赵善应将母亲灵柩暂时停放在院子后面的竹林里。

二

赵善应见大儿子汝愚懂事孝顺，日日在后院耍枪弄刀，勤练武艺。在汝愚的影响下，汝拙、汝鲁也不去玩耍，拿了刀枪和大哥一起操练。汝愚俨然是个教练，一会儿认真地教弟弟耍弄银枪，一会儿指导他们如何使用大刀，有时一起切磋，武功日见长进，赵善应心里暗暗欢喜。

一日下午，赵善应和管家赵兴出门寻找师弟李苏卿、本家赵聚春郎舅姐夫三家归来，到了客厅，夫人一见面就忧心忡忡地说："夫君，你来得正好。我有事要跟你说。不知何故，爹爹今日早中两餐都不来用，为妻替他端去也毫无胃口。茶不思饭不吃，坐在床前呆呆地闷坐，我怕他这样下去会把身体搞垮……"

见妻子急得坐立不安，赵善应灵机一动安慰说："不会的。他老人家南渡一到此就水土不服，饮食欠佳。母亲病故后异常伤心，胃口更不好，但他身子骨还硬朗着，不会有事的。"

晁夫人仍着急地说："爹爹身子骨虽硬朗，但面容日益消瘦。虽说'千金难买老来瘦'，过分消瘦恐也不好！"

赵善应听了心里也暗暗担忧，为了宽慰妻子嘴上却说："我说不碍事就不碍事，你慌什么？我也在想办法让他开心，隔三差五和几个要好本家到处去打听他得意门生李苏卿的下落，早日找到好让他放心。不知怎的，我越是到处寻访，李苏卿越是如大海捞针渺无踪影！你先别急，我会想办法使爹爹放宽心的！"说毕起身直奔赵不求的卧室。

赵善应一跨进房间，就瞧见父亲正满脸愁云在喃喃自语："善应儿说他一直在到处寻找，可总是说还没下落。唉，我那苦命的好门生，不知到何时才能见到你？我这把年纪了，怕盼不到这一天了……"

赵善应忙上前安慰说："爹爹，孩儿今朝虽没找到师弟，但终于得知他一家的行踪了！"

赵不求喜出望外，立马挣扎着起身问道："应儿，你说已知李苏卿一家的行踪，那谢天谢地了！你快告诉我，他一家现在哪里？"

赵善应笑笑说："有人说见他曾在无锡一带逗留，谁知我们今朝雇船前去，在几家茶馆找几个上了年纪的喝茶老汉打听，都说李苏卿一家八九年前就离开无锡不知去向。"

赵不求的笑脸顿时堆满愁云："我以为应儿已打听到李苏卿一家下落了，谁知又是鸭吃砻糠——空欢喜！"

赵善应忙说："爹爹，孩儿是实话实说。但您不必担心，我观师弟一脸福相，绝不会有事的。孩儿和几个好友继续分头寻找，总会找到的。"

赵不求道："但愿菩萨保佑，你师弟一家如你所言，逢凶化吉平安无事，早日前来与为父团聚。"

父子俩正在谈论李苏卿一家的安危时，赵兴急匆匆进来说："禀老太爷、老爷，你们日夜想念的人终于来了！"

赵不求一听异常惊喜，急忙挣扎着起床，穿戴好衣服，伸手一把抓住赵兴双手问道："赵兴，是不是李苏卿一家来了？"

赵兴忙回道："禀老太爷，不是李苏卿老爷，而是赵聚春老爷和他的妹夫周明德先生！"

赵不求大失所望，如皮球泄气似的一屁股跌坐在太师椅上发呆。赵善应见了，连忙上前安慰，见父亲喝了会儿茶心情稍有好转，忙转身吩咐赵兴："快去打开正门！"说毕整整衣衫出门迎接。

只见大门外站着风度翩翩两位中年男子，正是自己朝思暮想的挚友赵聚春和周明德，忙伸手携了他俩的胳膊笑道："小弟和家父正在日日叨念两位仁兄呢，你们来得正是时候，快屋里坐！"说罢搀扶两位挚友走进书房，落座后又问："自惠山失散后，两位仁兄去了哪里？叫小弟一直好找！你俩消瘦多了，想必吃了不少苦。瞧你们两鬓染霜，额角爬满皱纹，小弟快认不出来了。"

赵聚春长叹一声道："唉，说来话长！"紧握赵善应双手，一五一十把自己和妹夫与李苏卿一家失散后的经过诉说了起来。

原来赵聚春、周明德和李苏卿三家在惠山（今江苏省无锡市）因金兵大队人马杀来与赵善应一家逃散后，结伴同行前去寻找。在无锡又遇到番兵追杀，与李苏卿一家失散，赵聚春无奈和妹夫两家连夜逃往太湖，雇船渡湖在东洞庭山上避难。数日后探知金兵已退，才租船渡湖上岸，再去寻找赵、李两家人。一路寻找到秀州，见那里比较安全，就租房暂住了下来。一天，和妹夫去秀州觉海寺烧香巧遇在那里出家的吕维忠，方知赵善应一家在洲钱定居，赶紧和妹夫雇船举家赶来相聚。

赵不求听说门生李苏卿一家下落不明，甚是揪心，暗自嘀咕："李苏卿啊李苏卿，人海茫茫，我们到哪里去找你啊？唉，不知你一家老小可安康？"想着在一旁伤心流泪。

赵聚春忙安慰道："赵老太爷，你别伤心，自古吉人天相，李贤弟一家不会有事的。"

赵不求双手作揖道:"但愿如贤侄所言,平安无事!善应儿,你们别光顾着叙旧说话,赵贤侄和他妹夫两家老小还待在船上,快派人去帮他们搬运东西,好早点来用中膳!"

赵善应用手一拍脑袋道:"爹爹说的是,我见了好友一开心,忙着打听李贤弟一家的下落,居然把帮他们搬运东西的事给忘了。赵兴,快去请几个街坊邻居来帮忙!"

"是!"赵兴飞也似的门,少顷叫来五六个小伙,大家一起动手。一个时辰后,赵、周两家老小都已在客厅休息,赵善应忙招呼他们到西花厅用餐。

好友来聚集,赵善应自然乐不可支,众人谈论往事,举杯庆祝相聚之喜。赵善应想起这些年漂泊流离,异常感叹,即席赋诗一首:

漂泊南来几岁寒,
追谈往事漫心酸。
云烟暮隔中原望,
归折梅花忍泪看。

大家想起失陷的中原大地,正遭受金兵铁蹄蹂躏,不由得连连叹息。

赵聚春和周明德两家在赵善应府上住了一个月后,见他们人多不便,委托周店主设法在附近租了几间空房居住。

三

一天午后,赵聚春和妹夫周明德耷拉着脑袋来找赵善应,一落座就愁眉苦脸地说:"唉,真是家门不幸!"

赵善应边替好友泡茶边问:"仁兄阖家安康,我们终于在一起了,该开心才是,今日为何说此伤心话?"

赵聚春接过对方端过来的茶碗,忧心忡忡地说:"我金花、银花两个女儿从小懂事讨人欢喜,一个端庄稳重、沉默寡言,一个泼辣豪爽、心直口快。

又俱孝顺听话、聪明勤快，做梦都想到学馆读书，可自古求学是男孩子的事。犬子金贵却被家母宠得人如其名，十分娇惯，饭来张口衣来伸手，自幼养成了懒散任性的恶习。终日到处游荡，惹是生非，一提起读书就头疼！"

周明德手托下巴心事重重，喝了几口茶苦笑着说："家母比赵伯母更糊涂，见面总是说，我周家三代单传，靠祖上世代积德，祈求观音菩萨才送我两个白白胖胖的宝贝孙子，给老大起名周光宗，老二周耀祖，希冀他们光宗耀祖。但对他们百般娇宠，挂在纽扣上怕晃荡，含在嘴巴里怕融化，宠得个个顽皮任性，贪玩胡闹。愚兄若硬逼这两个混账小子读书，不是说肚子疼装病，就是千方百计溜出去胡闹。要是把他们找回来狠狠教训，家母就哭着求情，设法百般庇护，弄得我束手无策……幸亏小女婵玉自幼聪明懂事，如今描龙绣凤样样精通，琴棋书画件件皆能，才给我们做父母的一些安慰。可女孩儿再玲珑乖巧又有何用？有哪个朝代的帝王让女孩儿赴试求功名的？"

赵聚春也深有同感，想到伤心处两眶湿润，把双拳猛击茶几愤愤地说："这叫作宠子害子！我和妹夫两家在鸳鸯湖（今浙江省嘉兴市南湖区）定居后，曾不惜重金请先生来寒舍开馆教书。谁知这三个小畜生一到学馆就好似凳子上有刺一般坐不住，千方百计溜出去游荡。先生若严加管教，他们就联合起来设法对付，有的在先生茶壶里放臭虫、泻药，让他喝了拉肚子不能讲课；有的在先生被窝里藏小猫小狗拉满尿屎，折磨他一晚上不能合眼，先生天一亮忙告假拆洗；有的在先生饭锅里放沙子、泥巴，使他不能下咽……先生若无计可施找我们告状，这三个小畜生又联合起来加倍报复，轻则搞恶作剧，在先生欲坐下批改课业时悄悄把凳子搬掉，让他摔跤出洋相，重则揪先生胡子，用泥巴、小石子掷他后脑勺，甚至扇耳刮子……我们先后请了张、曹、董三位名师，都摇摇头说，'令郎朽木难雕，晚生才疏学浅爱莫能助。'卷卷铺盖就立马走人。一拖二拖，我儿金贵今年已十岁，妹夫的长子光宗九岁，次子耀祖也七岁了。不请先生开馆吧，怕荒废了学业误了他们一生前程，再请先生，这三个'混世魔王'恶习不改，谁还敢来执教？！为此，我们两家急得吃不下饭睡不着觉。想起赵贤弟你和伯父都是文武双全博学之士，这方面有的是经验，定能管教好这三个'混世魔王'。故和妹夫特来登门求助。"

赵善应笑道:"聚春仁兄,俗话说近水楼台先得月。你妹夫人称江西才子、学馆名师,何不亲自执教?"

周明德把双手一摊说:"古话讲家丑不可外扬,我若能调教好这三个'混世魔王',还厚着脸皮来求助贤弟吗?"

赵善应笑道:"说的也是。那好,俗话说,三个臭皮匠顶个诸葛亮,我们赵周三家一起切磋,何愁此难题不迎刃而解?"

赵聚春仍心事重重,良久,说:"贤弟既然肯执教,我就先提个醒:俗话说,清官难断家务事,一家不晓得一家事。我们赵、李、周四家自无锡失散后天各一方,贤弟哪里知晓这三个'混世魔王'的厉害!"

赵善应笑笑说:"你们三个孩子只不过不爱读书有点刁顽任性罢了,总不至于严重到猛虎难驯朽木难雕吧?"

赵聚春摊摊手道:"我们怕就怕这三个畜生朽木难雕,害贤弟徒劳无效受尽委屈……"

"你们都说自家的孩子猛虎难驯朽木难雕,老朽却不信!"一旁静听的赵不求忍不住起身插话道,"世上只有不会教的先生,没有教不好的门生!"

赵聚春压低声音说:"伯父你不知道,来我家执教的先生都说,你们两家的三个'混世魔王'确实厉害,晚生无能为力……"

赵不求忍不住冷笑道:"什么'"混世魔王"确实厉害',你们连蹩脚先生的混账话也信以为真?我儿教导大半辈子彪悍骁勇的猛汉,把他们都教化成忠于朝廷的能征惯战之将,难道对付不了你们三个所谓的'混世魔王'?不是老朽夸口,我儿对付这三个吵大王如同抓小泥鳅一般容易!"

赵善应急忙摇手道:"爹爹,您别替孩儿瞎夸海口!"

赵不求笑道:"我这是实话实说!既然聚春、明德两个侄儿登门求助,你就别再推脱不管了。"

赵善应见父亲当着两位挚友的面如此说,就赶紧拱拱手笑道:"既然家父这么说,小弟就试试看吧。"

赵聚春见赵善应已一口答应,异常开心,悄悄对姐夫说:"自古遣将不如激将,这一招果然灵光!"

赵善应笑道:"小弟中了你们的'激将之计'了!"

赵不求笑道："什么激将不激将，同窗好友无奈登门请求，鼎力相助天经地义！更何况我儿任职兵马都监，几十载校场练兵生涯练就了过硬本领，对付这三个吵大王易如反掌！"

赵聚春笑道："伯父说得对，侄儿和妹夫就是冲贤弟这英名而来！贤弟当年指挥三军得心应手大名鼎鼎，训导我们两家三个顽童，用乡下人的话来说，叫作'三个指头撮田螺'！"

赵善应急忙摇手道："聚春仁兄先别谬夸，小弟既已答应你们的请求，就该竭尽全力把他们教好。不过，丑话须说在前头，没有规矩不成方圆，学馆读书也不例外。不妨先约法三章。"

赵聚春忙问："哪三章？"

赵善应竖起三个指头道："一，家人送孩子到馆后立即离去，不能陪读；二，小弟若严加管教，你们不能心慈手软出面求情；三，孩子们在馆内若有事，家长不能插手干预。上述三条规矩，两位仁兄可否接受？"

周明德把双拳一抱躬身下拜道："吾方才说过，我们吃尽了宠子害子的苦头，贤弟肯执教这三个小畜生，别说约法三章，就是三十章、三百章都依你！"

赵聚春也言道："对对对，件件依你！"

赵善应笑道："那就一言为定，我明天就开馆，你们两家一早送孩子来读书就是！"

第二天太阳一出，赵不求带了汝愚、汝拙、汝鲁三个孙子在自家学馆里看书温习功课。赵聚春和周明德也领了孩子一早前来报到。待孩子们进馆后，家长都悄悄离去。

赵善应穿戴一新，腋下夹了书本悄悄来到学馆门口，听得里面人声鼎沸闹翻天，不露声色地躲在门外静听。

三个"混世魔王"吃了一会儿带来的糕点水果，瞧瞧先生还没来，就嚷嚷开了："我们做门生的早来了，可当先生的还不见人影，架子这么大，是什么狗屁先生？看来又是个不中用的冒牌货！"

周光宗指手画脚地对表兄和弟弟大声说："我们今天来赵家学馆读书，你们知道教书先生是谁？"

周耀祖和赵金贵摇摇头道："不晓得，快告诉我们，这先生叫啥名字？

是不是又是滥竽充数的狗屁先生？"

周光宗用手指着赵汝愚弟兄道："我爹说，是这三个臭小子的老子赵善应……"

周耀祖若无其事地笑道："管他什么赵善运、赵恶运，我们才不怕呢，等来时先给他个下马威，叫他知道我们三个'混世魔王'的厉害！"

赵金贵拍手道："对对对，叫他立马滚蛋！不过，两位表弟，我爹说这赵善应老儿可不是等闲之辈……"

周光宗一听忍不住冷笑，抢先道："不是等闲之辈，难道他长有三头六臂？"

赵金贵神秘兮兮地说："听说这先生曾做过兵马都监，本领高强，力大无穷！"

周光宗一听面露不屑之色："会武功本领高强我也不怕，咱们水来土掩兵来将挡，设法一起对付！"

赵金贵提醒道："表弟别太自信，这姓赵的不比张、曹、董三个脓包先生，厉害着哩！"

周光宗勃然大怒，一拍胸脯打断表兄话头冷笑道："表哥真是胆小如鼠！有表弟在，你怕什么？到时看我的脸色行事，管叫姓赵的吃不了兜着走！"说罢和赵金贵、周耀祖附耳嘀咕，面授机宜……

从小胆小怕事的赵汝拙见此情景异常担心，悄悄对身旁的赵汝愚、赵汝鲁说："他们表兄弟三个在交头接耳商议，要算计爹爹……"

赵汝愚笑笑，轻轻安慰道："二弟别担心，爹爹当年做兵马都监时，连力大无穷的猛将都不是他的对手，对付这三个哥哥如你在后院捕捉小毛虫般容易……"

赵汝鲁笑道："二哥，爹爹是力大无穷的武将，连凶如虎狼的金兵都不怕，对付这三个吵大王如抓三条小泥鳅一般不费吹灰之力！"

赵汝拙心上的石头落了地："大哥三弟说得对，爹爹是有名的兵马都监，连凶神恶煞的胡寇都不怕，难道还怕这三个小毛虫？！"

正在此时，只见赵善应整整衣衫，咳嗽几声大步走进学馆。至讲台边放下课本，抬头朝下面扫视，只见三个"混世魔王"跷起了二郎腿，在悠闲自得地吃零食，边吃边朝学友头上乱丢东西，见先生进来，依旧若无其事我行我素：赵金贵一会儿模仿公鸡抻着脖子"喔喔喔"高鸣，一会儿学黄狗抬起头"汪汪汪"狂叫；周耀祖时而做各种鬼脸，时而扮武大郎盘腿蹒跚着走路；周光宗则更是目空一切肆无忌惮，在过道上"呼呼呼"连翻十八个悬空跟斗，赢得众学友"好！好！好"齐声喝彩，跟前后学友交头接耳议论，学馆乱成了一锅粥……

赵善应咳嗽一声，朝三个"混世魔王"投去严厉的目光。周耀祖旁若无人，故意大声嚷嚷："学友们，告诉大家一件特大消息，我昨天下午去北市梢玩耍，看见一农民伯伯抓到两个偷西瓜的江西人……"

周光宗立马大着嗓门问："弟弟，那个农民伯伯是怎么抓到这个江西偷瓜贼的？快说给大家听听！"

赵善应放下课本，用教鞭轻轻一拍讲桌道："开始讲课了，请大家安静！"

周耀祖装作没听见，故意提高嗓门说："那位农民伯伯大喊一声：'江西赤佬'敢偷我的西瓜，哪里逃？那瘦高个江西赤佬吓得屁滚尿流，拔腿就溜，被农民伯伯飞速追上，狠狠一脚一勾踢了个饿狗吃屎大喊饶命！"

表弟兄俩做个苦脸，扮偷瓜贼苦苦哀求的丑态。众学友见了哄堂大笑。

赵善应突然大喝一声："早已上课，你们表弟兄三个还瞎说什么？"

赵金贵被陌生先生厉声断喝镇住，坐在位置上不再言语。周光宗则瞟也不瞟先生一眼，泰然自若，照讲不误。

周耀祖纵身跳上自己的书桌，模仿评书先生说道："话说那矮胖子赤佬吓得魂飞天外魄散九霄，来个江西人补碗——自顾自，仓皇逃命！说时迟那时快，早被农民伯伯飞速追上，一脚踢翻在地，伸手抓住他双臂用绳子捆了个严严实实，活像只火肉粽子。再说那个瘦高个江西人挣扎了半天爬起来，想救同伙脱身，猛扑那位农民伯伯，却被农民伯伯用粗壮的两只大手抓住猛力一拉一摔，那瘦高个江西赤佬'啪啦嗒'跌了个仰面朝天动弹不得，被农民伯伯用脚狠狠踩住，痛得大叫，先生手下留情，江西人再也不敢来偷西瓜了……"周耀祖正讲得起劲，冷不防被轻轻疾步走来的赵善应伸手一把拖下课桌来！

周耀祖抬头见是陌生先生，勃然大怒："好你个江西赤佬，胆敢拖我

'混世魔王'，活得不耐烦了！"飞速挣扎爬起，"嗖"的一下用脚猛踢赵先生胯下命根处。赵善应闪身躲过，周耀祖踢了个空，因用力过猛"啪嗒"一声摔了个仰面朝天。正欲使劲爬起来报复，"呼"！又被赵先生飞来一拳打倒在地，用脚狠狠踩住他双手，百般挣脱不得！

周光宗和赵金贵瞧见赶紧过来帮忙，一个握紧双拳跳上蹿下在前面猛击先生的双腿、胸脯，一个在背后用脚狠踢先生背脊、屁股，被赵善应飞速伸出左手铁钳也似的擒住周光宗一双胳膊，使劲一拉一推，"啪嗒"一声摔到了前面讲台旁的墙角里，跌得咬牙咧嘴直叫唤，后面的赵金贵，被赵先生对准他屁股狠狠一踢，飞了三四丈远，"咣当"一声重重摔在对面的窗下，朝外大叫："爹爹、母亲，快来救救孩儿"……周光宗不甘心，趁赵先生不注意，悄悄从背后飞奔过去，飞起一脚想猛踢先生裤裆命根处，吓得赵汝拙忙用双手捂住眼睛……赵善应听得背后呼呼风响，轻轻一纵早飞出三丈多远！周光宗因用力太猛，"扑通"一声朝赵汝愚的课桌飞去，眼看要撞到桌子角上头破血流时，赵汝愚眼疾手快，用力拖住他才幸免出事。

赵善应回到讲桌边笑道："有哪位仍不服输，还要较量，本先生奉陪到底！"

三个"混世魔王"你看看我，我瞧瞧你，相互使个眼色，耷拉着脑袋，乖乖回到自己的座位上坐好，低着头如秋后的金蝉悄无声息了。

赵善应厉声警告道："因南渡逃难，你们三位学业被耽误好几年了，还不珍惜，反而如此胡闹？可怜天下父母心，他们为你们急得天天吃不下饭睡不着觉，上门来求我开馆教你们！你们倒好，凭自己有三两鸟毛力气，居然自称'混世魔王'，跟先生较量，简直无法无天！我忍不住要问，你们一生有几个七岁九岁十岁？！如此胡闹下去，岂不是害人害己？！"

三个"混世魔王"听了羞得满脸通红，低着头大气也不敢出。赵善应拿起教科书说道："《易经》说，君子进德修业，欲及时也。圣人云，玉不琢不成器。历代君王建立国家，治理百姓，都把教育当作头等大事来抓。你们若想长大了成为一个对百姓有好处、对朝廷社稷有贡献的栋梁之材，从小就该好好读书！"

此时，窗外出现几个熟悉的人影，双眼一眨不眨地朝里面窥视，脸上都绽开了笑容。

第三章　说贤相励志

一

水乡洲钱的深秋，到处是一片诱人的美丽景色：田野一片金灿灿，果树上挂满沉甸甸黄澄澄的果实；凉爽秋风送来欢声笑语，波光粼粼的市河里，欢鱼竞游翔，嬉鹅开白莲……

赵善应信步登上祇园寺桥朝四周眺望，只见不远处无边无垠的田野一片金黄。心想，到底是江南水乡，风光与老家截然不同。眼下这里正是晚稻成熟的金秋季节，秋风阵阵瓜果飘香，稻浪滚滚远接蓝天，俯视桥下，河水波光粼粼，鱼儿竞翔，鹅鸭嬉逐……忍不住赞叹道："毕竟江南金秋季，风光不与别处同！"

赵善应观赏罢秋景缓缓走下桥来，正巧周明德上完诗赋课，孩子们一窝蜂似的从馆内拥出来，就招呼走在前面的汝拙、汝鲁两个儿子道："拙儿、鲁儿，快去把兵器架抬到后院的桂花树下，为父下堂课要用！"

"遵命！"赵汝鲁、赵汝拙应声飞也似的跑去。

待两个儿子把兵器架抬来，将刀、枪、戟、斧、钺等十八般兵器一一摆放好，赵善应命赵汝愚招呼学友们到院后草坪上听课。

赵善应从兵器架上取下一柄大砍刀，轻轻握在手中，把刀一举道："你们记住了，耍刀先要掌握要领，用力务须匀巧，刀法大有讲究，力求应用自如……"说毕迈开两腿往后一站，熟练地舞弄起来。只听得"呼呼呼"风响，那刀光宛若一团银白色云雾飞速旋转，简直密得水泼不进、针插不下。赵善应舞罢大刀笑道："刀法中最厉害的一招是拖刀，遇到劲敌一时不能取胜时，你就拖着大刀佯装战败拨转马头往后疾走，当敌人策马追来时，你就转身用拖刀'咔嚓'一声将对手砍于马下。这叫'拖刀之计'。三国故事中关云长斩颜良诛文丑，用的就是这'拖刀之计'！"

赵善应说毕，教门生学用刀法，一一给予指点，门生个个认真练习。学了一会儿，见都已基本掌握要领，就让门生各自去取平时练习用的兵器。赵汝愚喜用枪矛，拿了一杆丈八錾金枪站在一旁；周耀祖爱耍银枪，去兵器架上取了心爱之物舞弄起来；周光宗对大刀情有独钟，挑了一柄金背大砍刀跃跃欲试……

赵善应见已都取好兵器，"开始练"，一声令下，孩子们就手持心爱的家伙在草坪上耍弄起来。随着"呼呼呼""嗖嗖嗖"的响声，只见千尾银蛇飞舞，万道寒光闪耀……

见门生都练得运用自如，异常熟练，就让大家原地休息。

约莫一炷香后，赵善应接着教孩子们学骑射。他左手举起一张弓，右手拎着一壶箭介绍说："这张弓名曰'宝雕弓'，有六十八斤重，这壶箭唤作'雁翎箭'，是我的太爷爷留下来的传家之宝。你们别小看这弓箭，打仗时杀伤敌人的威力可不比其他武器小。你们知道，两军交战面对面厮杀用刀枪之类兵器，若距离较远，刀枪之类兵器就逊色多了，得用弓箭。我上堂课给大家讲的诸葛亮草船借箭故事，这弓箭就发挥威力了。在赤壁大战中，诸葛亮利用大雾漫天用草船借来十万余支箭。一次在长江中战船上交战，东吴水陆大都督周瑜见远距离刀枪剑戟不能发挥作用，忙命弓弩手'嗖嗖嗖'万箭齐发，一眨眼就射死曹兵数万！你们的学友赵汝愚在开馆前已跟我学会骑马射箭，现已练得弓马娴熟，就让他代我做示范表演。"说罢把弓箭交给赵汝愚。

赵汝愚双手接过弓箭背在肩上，从马房里牵来父亲的高头大白马，纵身一跃稳稳当当飞坐在马背上，"驾""嘚嘚嘚"绕场奔跑七八圈后，"吁"一声把马喝停，脸不变色心不跳，左手持弓，右手从壶中取出一支雁翎箭熟练地搭在弦上，慢慢运力开弓。弓张犹如满月，一双虎目盯住远处挂在柳树上的那枚金钱，口中轻轻喊一声："着！"弓弦"嘣"地一弹，那箭"嗖"的一声如流星一般飞向金钱！

"汝愚学弟的箭射中金钱孔啦！"

"汝愚哥果然好箭法，不愧是我等的楷模！"

赵汝愚手持宝雕弓朝大家一拱说道："多谢学友们夸奖！"从壶中取出三支雁翎箭，"嗖嗖嗖"来了个三箭连发……

场上顿时"啪啪啪"掌声雷动,喝彩声不绝:

"好箭法!汝愚学友箭箭俱穿中钱孔!"

"这叫作百发百中,赛过当年水泊梁山的'小李广花荣'!"

"堪称赵家神箭手!"

待赵汝愚做罢示范,赵善应就让大家取出自己的弓箭,先教他们掌握骑马射箭的要领技巧,然后各自进行骑射练习。

二

邻里乡亲见赵家学馆办得风风火火,赵、周两位先生教的学生个个能文能武,都羡慕得要命,争先恐后地把自己的孩子送来学馆读书。一传十十传百,不到一月,学馆里已是人头济济,热闹非凡!

一天,轮到周明德上文学课,因受赵不求重托,这天专讲本朝贤相故事。周先生果然名不虚传,讲课绘声绘色,娓娓动听,孩子们个个听得津津有味,馆内鸦雀无声。

只见周明德竖起一个指头问道:"我大宋曾有一位最有名的贤相,你们知道他姓甚名谁?为朝廷做出甚贡献?为何被朝野称为一代贤相?"周先生目光扫视全学馆门生,见一个个面面相觑,呆若木鸡,只有靠墙边三五个举起了小手。周明德用手指着一个有点微胖的门生说:"金小宝,你先回答。"

金小宝不假思索,站起来大声说:"周先生,前丞相张邦昌。"

同桌杨金虎听了笑弯了腰,指着金小宝的鼻子说:"说张邦昌是一代贤相,你是白痴啊!"

坐在前面的杨银虎朝金小宝做个鬼脸,讥讽道:"张邦昌坏得头上长疮,脚底流脓,还肉麻美化他,是你外公啊?"

杨锡虎把大拇指翘翘说:"我二哥说得对,张邦昌是个大坏蛋,连三岁小娃娃都晓得,金小宝长这么大了说他是最有名的贤相,不是他外公就是爷爷!"

学友们听了都笑得前俯后仰。

"你们……"金小宝羞得面孔红到了脖子里。

"嘘！"赵汝愚"唰"地站起来朝学友们摇摇手，走到金小宝身旁说了几句安慰的话，回到自己的座位里大声说，"同学们，金小宝学友说错了，指出就够了，不应该嘲笑挖苦他！"

周明德朝赵汝愚点点头，朝门生扫了一眼说："赵汝愚说得对，古人云：'人非圣贤，孰能无过。'你们都是同学，同学之间要互相学习互相帮助！我不讲了，大家接着说！"

赵汝愚又站起来说："我来帮助金小宝学友纠正，张邦昌不是治国贤相，而是误国奸臣！"

周明德拍手赞成，提高嗓门说："赵汝愚说得对，张邦昌是个大奸臣，他撺掇钦宗跟金国议和，是臭名昭著的卖国奸臣！谁接下去说！"

"先生，我来说！"杨金虎站起来挺挺胸脯瓮声瓮气地说，"我朝的贤相非寇准莫属。"

赵汝愚听了摇摇头，站起来纠正说："先生，杨金虎说的寇准是贤相，但他称不上最有名。"

周先生问道："赵汝愚，你说寇准丞相称不上最有名的贤相，其原因何在？"

赵汝愚红着脸道："吾……先生，吾只知道寇准是一位贤相，称不上最有名，但原因却说不清楚，请先生告诉吾。"

周先生笑道："寇丞相刚正自信，善断人事，有四个突出优点堪称一代贤相：一，他直言敢谏，是宋太宗朝的'魏徵'；二，他积极主战，设法促使宋真宗御驾亲征；三，他能惩治邪恶，罢黜庸吏；四，被贬衡州（今湖南省衡阳市），以身殉国。寇准有上述四大功劳，堪称一代贤相。但他在宋真宗突患风疾后，面对刘太后干预朝政，奸臣假传圣旨陷害他，他却忍气吞声不抗衡，故不能称为最有名的贤相。你们谁知道我朝哪位丞相堪称最有名？"

在座学生你看看我，我看看你，没人敢回答。赵汝愚沉思片刻站起来说道："先生，司马光堪称最有名的贤相！"

周明德点点头，当众表扬说："赵汝愚阅历深广，又会动脑筋，他说得对极了，最有名的贤相非司马光莫属。赵汝愚，你晓得司马光为何堪称最有名的贤相吗？"

赵汝愚搔搔头答不上来。其他门生见此情景异口同声地说："学生都不晓得，请先生明说！"

周先生扫视了一下门生后，笑道："司马光，字君实，本朝陕州夏县（今山西省夏县）涑水乡人。因天资聪慧，刻苦好学，能举一反三，故年少时就名扬乡里。后来进京赴试，高中进士。司马光为相期间，异常同情百姓疾苦，竭力主张'怀民以仁'。他认为，只有'利百姓'，才能'安国家'。他在地方为官时，经常深入民间，踏踏实实为黎民百姓办好事，办实事。治平三年（1066），陕西一带发生严重洪灾，但朝廷不拨库银赈灾，还命令从那儿抽调壮丁组成义勇军，并让百姓分摊费用。当时任龙图阁直学士的司马光甚是气愤，连上六道奏折劝阻，谁知朝廷置若罔闻。当他得知当朝宰相韩琦支持这一决定时，不顾个人安危，赶到中书省同韩琦辩论，两人唇枪舌剑，进行了一场轰动朝野的论战。我北宋前朝在用人方面任人唯亲，致使朝廷积贫积弱。司马光针对这一弊端跟宋神宗提出三个用人条件：一，不爱富贵；二，顾惜名节；三，晓知治体。前两条是德，后一条是才。司马光官居相位期间，朝廷和地方用人竭力遵照这三个标准。廉洁奉公的好官苏轼、刘恕是他推荐的。但他也错举过蔡京这样的奸臣，曾上书自责。总的概括，司马光有三大优点：一，任人唯贤，以德为先；二，谏官必谏，竭忠报国；三，编修巨著，《资治通鉴》助君。一代贤相也有缺点，他后来保守固执，反对王安石变法。"

周先生讲得头头是道，精彩绝伦，门生都听得津津有味，鸦雀无声。

"周先生讲得好！到底不愧余干县的'周秀才'！"在窗外静听的赵不求捋着胡子笑道，"我们都是赵宋子民，若做官要学司马丞相忠君爱国为民造福，流芳百世，莫做祸国殃民的奸贼张邦昌、秦桧，遗臭万年！"

周明德急忙搀扶赵老太爷进学馆坐下。

赵不求竖起拇指夸道："周贤侄不愧学馆名师，才高八斗，博古通今，教育有方，又口才极好，堪称教坛高手。你适才的《说贤相》讲得好极了，老朽心悦诚服！由你为师教诲这些孩子，是最佳人选，也是孩子们的造化，我为他们高兴！"转身对孩子们说："周先生出身书香门第，博学多才，满腹经纶，他讲课生动有趣，你们太有造化了，跟周先生好好学本领，将来为国效力！"

孩子们异口同声地说:"请赵老太爷放心,我们一定好好听周先生教诲,发奋苦读,将来为国出力,报答恩师!"

周先生异常开心,沉思片刻问道:"你们知道司马丞相小时候的故事吗?"

学生们你看看我,我看看你,都摇摇头说:"爹爹母亲从没说起,我们都不晓得。"

赵汝愚略一思索,率先举手说:"先生,学生记得六岁那年祖父曾给我讲过司马光小时候的故事。"

周光宗不甘落后,站起来说道:"学生五岁时也听爹爹讲过司马丞相小时候的故事,让我先讲!"

要强好胜的赵金贵大声嚷嚷道:"学生四岁就听祖母讲司马丞相的故事,比你们都早,应该由我先讲!"

杨金虎、杨银虎、杨锡虎三兄弟一齐嚷嚷:"对,让赵金贵先讲!"

"我先讲!"

"我先讲!"

周先生笑道:"大家别争别闹了,我们举行讲故事比赛,不是比谁先讲,而是比谁讲得好!赵不求老太爷是讲故事的行家,我们请他做评判,看谁讲得最生动最精彩!哪位该先讲,请评判赵老太爷来说。大家鼓掌欢迎!"

赵不求朝孩子们摆摆手,笑道:"周先生把难题交给老朽,叫老朽做'老娘舅'……那老朽恭敬不如从命了!怎么个排法呢?其实先讲后讲都无所谓,关键在于讲得精彩讲得好。那就按年龄大小排列吧,轮到的上来演讲,其余的在下面聆听,讲完后我们还要进行评比。赵金贵十二岁,第一个讲;周光宗十一岁,第二个;赵汝愚十岁,第三个。讲故事比赛现在开始,大家欢迎赵金贵学友!"

掌声中,赵金贵挺胸"霍"的一下站起来,见几十双眼睛一齐盯着他,不免心虚,惴惴不安地瞧瞧姑丈。周明德朝他翘翘大拇指投去鼓励的目光,赵金贵就鼓足精神走上讲台,咳嗽了几声说道:"我讲《恩待庞夫人》。皇祐五年(1053),郓州(今山东省东平县)知州庞籍,希望有满腹才华的司马光做自己的得力助手,竭力推荐他任郓州典学。司马光非常感激庞籍的栽培之恩，努力帮他治理郓州。一年后，庞籍因有功提升为河东路经略安抚使、知并州（今山西省太原市北）事，他推荐司马光为并州通判。司马光又去并州上任，竭力为他治理并州。并州属边沿地区，地方很贫穷，又与西夏（在今宁夏回族自治区、甘肃省西北部、青海省东北部、内蒙古自治区以及陕西省北部地区）接壤，西夏人常到交界的麟州（今陕西省神木县）城下耕田种庄稼，很不安全。庞籍就派司马光去麟州调查，司马光采纳当地官员的意见，建议在麟州城西二十里处建造两座堡垒，加强防范，并在那里雇农民耕田，这样既可避免西夏强占耕地，又可缓解河东长途运输的困难。庞籍采纳了司马光的建议，没等朝廷下旨就开始动工建造。不料，西夏军队抢先在那儿屯兵，我朝守将郭恩骄傲轻敌，在毫无准备的情况下突然黉夜出击，被西夏军打得几乎全军覆没，没造好的堡垒也前功尽弃！宋仁宗大怒，派人追查庞籍。庞籍为保司马光，自己被贬为知青州事。司马光得知后上书请罪，申述修堡无过，庞籍无罪。但宋仁宗不予理睬。六年后，庞籍去世，司马光为报答庞籍之恩，认庞夫人为母，抚养庞籍儿子如同亲弟弟一般。司马光对庞籍栽培之恩作涌泉相报，至今传为佳话。"

赵老先生听罢率先鼓掌，众学友"啪啪啪"一齐拍手。

赵不求摆摆手说："接下去欢迎周光宗学友讲故事！"

学馆内又"啪啪啪"掌声不绝。周光宗在雷鸣般的掌声中得意扬扬地将袖子一卷，大踏步走上讲台说："学友们，我讲的故事是《剥核桃》。司马光六七岁时就聪明过人，能讲述《左传》中的许多历史典故，大人们都夸他是神童。小司马光很得意，觉得自己的确不简单，比别的孩子聪明，就自高自大起来。一天，家里要做他爱吃的八宝粥，就吵着要帮大人剥核桃。丫鬟男仆都拿他没办法，只好把一袋核桃交给他，告诉他剥皮的方法。司马光拿起核桃边跑边说：'大人都夸我是神童，这点小事我还不会，要你们教？我不费吹灰之力立马能剥好！'他坐在花园内的石凳上剥了半天，只剥好五六个，因用手捏，还捏碎了很多。这时候，姐姐走过来看见了，见他愁眉苦脸的样子，笑道：'哈哈哈，神童也给难住了。核桃真是好东西，它能治人的傲气！'司马光虎着脸不理睬。姐姐笑着说：'弟弟别生气，姐帮你想办法。'司马光摆出一副很自信的样子说：'谁要你帮！我自己能剥，剥好了活活气死你！'姐姐生气走后，司马光先用刀子刮，再用手搓，还是不行，急得满头大汗。丫鬟香玉告诉他说：'拿一个瓦盆，把核桃放在里面，再倒上开水泡一泡就好剥了。'司马光照她说的办法做，果真很管用，很快把一大盆核桃仁都剥好了。他捧着一瓦盆核桃仁找姐姐炫耀出气，见姐姐正在客厅和爹妈说话，就大声说：'你们看，我剥了这么多核桃！'见姐姐在一旁偷偷发笑，就不肯服输，昂起头大声说：'是我想办法用开水泡，很快就剥好了。'姐姐揭穿他说：'这个方法是香玉告诉你的。你小小年纪学会了撒谎，不脸红？'司马光不肯服输，和姐姐争得脸红脖子粗。父亲当场狠狠地训斥了他一顿。母亲语重心长地说：'光儿，你爹说得对，撒谎是最要不得的坏毛病！'接着，母亲又给他讲了很多做人要诚实的道理。从那以后，司马光再也不撒谎骗人了。"

　　此时的周先生，坐在讲台旁扫视下面的门生见他们都正聚会神地倾听着，心里暗暗欢喜，瞧瞧窗口的赵汝愚，时而频频点头，脸露赞许之色；时而手托下巴，陷入沉思；时而脸上堆满笑容，拍手叫绝……听得"啪啪啪"的掌声，赵汝愚朝周先生望望，见恩师投来充满希冀的目光，"霍"的一下站起来朝先生笑笑点点头，心里说："周先生，学生会努力让您满意的！"整整衣衫从容不迫地离开座位，泰然自若地走上讲台说："在座的恩师、学友们，我接下去讲司马光《砸缸救人》的故事。司马光从小喜欢阳光灿烂百花盛开的春天。他盼啊盼，寒冬一过，阳春三月终于来到了。一天，风和日丽，百鸟争鸣，司马光很开心，和几个好伙伴到自家花园内游览赏花。一进园门，见翠竹迎风摇曳发出沙沙沙的响声，梧桐树枝稠叶茂，像一把把巨大雨伞郁郁葱葱，杜鹃、月季枝头开满鲜花，五彩缤纷煞是好看，蝴蝶在花丛中翩翩起舞，各种鸟儿在枝叶丛中欢快地鸣叫着，锦香亭畔的假山堆得小巧玲珑，九曲桥边的莲花池碧波荡漾……他们爬树、跳绳、踢毽子，玩腻了，就去假山上捉迷藏。见假山背后有一只四尺多高的大水缸。一个稍大一点的伙伴踮起脚来探头往缸内一张望，异常开心地朝同伴大喊起来：'快来看啊！缸里有许多好看的金鱼在欢快地游来游去。还有很多形态各异的水草哩！'这孩子一叫喊，小伙伴们都一窝蜂似的飞跑来观看。他们学着大哥哥的样子，扒在缸沿边喜滋滋地观赏金鱼，有的往里投吃的，有的觉得小金鱼很好玩，踮起了双脚想用小手抓几条拿回家去放在水桶里养着观赏。正在高兴的时候，突然听得'扑通'一声响，大家循声一看,一个梳两只小辫子的小同伴不小心掉到水缸里去了。小伙伴们都吓得面孔雪白,手足无措,大声嚷着:'不好了,"小辫子"掉到水缸里了,快救命啊!快来人啊,救救"小辫子"啊……'同伴们只是大声叫嚷'救命',却谁也想不出救人的办法来。'嗒嗒嗒',这些孩子都吓得拼命朝花园外面跑,想叫大人来搭救'小辫子'。只有一个孩子没有跑,他站在大缸边头脑很冷静,丝毫不慌乱,他想,这只水缸又高又大,'小辫子'人矮力气小,掉进了这样的大缸里自己无论如何爬不出来……里面有很多水,时间久了岂不被活活淹死?!怎么办?他突然看见地上有一块大石头,灵机一动,就飞也似的跑过去,用吃奶的力气把石头抱在怀里,一步一步朝水缸移动……只听得'咣当'一声,大水缸被石头砸了个大洞,水从洞里'哗哗哗'地往外涌。一眨眼工夫,缸里的水全流了出来。司马光从洞口钻进去,费了九牛二虎之力把小辫子抱了出来,见小同伴成了落汤鸡,小肚皮里灌满了水,用手在鼻子边一探,还有气。忙将他俯趴在一块大石头上,用手在他后背轻轻地拍啊拍……待大人赶来相救时,'小辫子'早已安然无恙了。大人们又惊又喜,他们看到水缸上有个大洞,一切都明白了,都竖起大拇指夸司马光机智勇敢……"

"讲得精彩!"

"好极了!"

顿时,学馆里掌声雷动。

赵不求等大家安静下来后,异常开心地走到讲台边宣布名次说:"周光宗的《剥核桃》讲得声情并茂,荣获第一名;赵金贵的《恩待庞夫人》也讲得有声有色,获得第二名;赵汝愚的《砸缸救人》讲得也不错,获得第三名……"

"我有意见!"赵汝鲁气呼呼地站起来大声嚷嚷道,"我大哥的《砸缸救人》讲得如此生动精彩,用词又这么丰富恰到好处,我们听了简直身临其境,如见司马光其人,为何不能获得第一名?"

"对,我大哥讲得这么生动有趣,该评为第一名!"赵汝拙也鼓足勇气说。

"我也有意见!"周耀祖怒气冲冲站起来大声嚷嚷,"赵汝拙、赵汝鲁是赵汝愚的亲弟弟,说话完全向着哥哥,有私心!"

"周耀祖,你的话充满妒忌和不满情绪,字里行间抬高自己的哥哥,贬低别人,你的话难道也配吹嘘'可信'二字?"赵汝鲁立马反唇相讥。

"你……哼!"周耀祖气得直翻白眼。

"你们别争别吵了!"周明德忙起身朝门生摆摆手说,"赵老太爷身为评判,出于谦虚,对孙子的评价是有失公正,先生和大家一样有意见。吾认为,赵汝愚的《砸缸救人》,不但讲得声情并茂,且用词丰富,口才超好,应改为第一名;吾儿子周光宗讲得虽很流利,情感和用词却不及汝愚贤侄,该降为第二名;赵金贵暂降为第三名……"

没等周先生把话讲完,赵汝愚"霍"的一下站起来说:"周先生有异议,吾也有不同看法!"

赵金贵气得满脸通红,"嗖"的一下站起来质问赵汝愚道:"赵汝愚,你太目中无人了,你爷爷人称博古通今老秀才,难道评判能力反不及你?我家姑丈做了大半辈子学馆先生,人称'教书高手',他的评判难道也有错?"

赵汝愚不慌不忙地说:"小弟是说,比赛前周先生规定讲故事的比赛原则:所讲内容必须是司马光小时候的故事。赵金贵的《恩待庞夫人》,据吾所知,是发生在司马光26岁那年的事,他已是成家立业有孩子的大人了,这故事符合要求吗?"

周明德一拍脑袋说:"赵汝愚说得对,吾这个做先生的太疏忽大意了,不及自己的门生细心。赵金贵的《恩待庞夫人》是不符合比赛要求,按规则应取消名次。"

赵金贵急得坐立不安,异常委屈地说:"我讲得这么好,姑丈您居然说要取消名次?!"

杨金虎大声附和:"赵金贵学哥讲得这么精彩,取消名次我有意见!"

赵汝愚举手说:"吾也不同意。"

周明德问道:"不符合比赛要求取消名次天经地义,赵汝愚汝为何也不同意?"

赵汝愚笑着说:"赵金贵的故事内容虽离了题,但他讲得有声有色,口才也不错,没有功劳也有苦劳,吾建议奖他个第三名!"

赵金贵异常感激,急忙拱手朝赵汝愚致谢。

赵不求站起来笑呵呵地说:"好一个奖他个第三名!吾大孙子说得对极了,就奖赵金贵个第三名吧!"

周明德笑道:"赵老太爷祖孙说得对,名次就这么定了。这次讲故事比赛宣告结束,但先生还要啰唆几句考考你们,刚才讲的三个故事各告诉我们什么道理?谁先来说说?"

周光宗抢先答道:"我讲的《剥核桃》的故事教育我们,做人要像司马光那样诚实……"

没等周光宗讲完,赵金贵站起来回答说:"我讲的《恩待庞夫人》的故事,告诉我们要知恩图报。"

赵汝愚大声说道:"《砸缸救人》的故事告诉我们:遇到突然发生的危险事情时,不要惊慌失措,要沉着冷静、勇敢机智地想办法应对。"

周明德听了门生上述发言甚是满意,心里乐得比吃蜜糖还甜。

十

待休课一个时辰后,周明德喝了几口茶继续讲课,他站起来笑呵呵地问道:"弟子们,司马光主持编纂了传世巨著《资治通鉴》,你们晓得他为什么能编纂这部巨著吗?"

周明德目光扫视门生,见无一人举手,笑笑说:"大家都不晓得,让我来告诉你们吧。他之所以有此不朽贡献,是因为他从小刻苦博览群书,知识渊博,阅历广泛。我接下去讲《警枕苦读》的故事,你们想听吗?"

杨家三兄弟乐得一齐拍手:"周先生,这个故事我们最爱听,你快讲吧!"

众人齐声说:"对对对,我们都爱听,周先生你快讲给我们听听!"

周明德喝了几口茶,清清喉咙就有声有色讲了起来——

司马光从小读书非常刻苦用功。但他好睡,常常一拿上书本就打瞌睡。特别是一到晚上,因读书每天睡得较晚,读着读着就呼呼酣睡起来。母亲怕他坐着睡觉着凉,就把他抱在眠床上安睡。司马光发觉自己特别爱睡,每次醒来已是第二天日照纱窗,家人都早已用好早餐。

司马光心想：我小小年纪如此贪睡，长此下去岂不耽误学业？我得想个好办法治好自己好睡懒觉的坏毛病！他想啊想啊，忽然脑海间闪现一个念头：晚上睡觉时用一个特别的东西做枕头，随时督促自己……对，就用这个法子试试！想到这里他立即起身到柴房寻找，发现有一根光秃秃圆溜溜的木棍，就抱了请老管家用锯子截去两头，去掉枝杈，留三尺左右长短。老管家很纳闷，一边锯，一边问道："小少爷，你要这么个木棍派啥用场？"小司马光笑笑说："大人常说'天机不可泄露'，我这'天机'也暂不告诉老爷爷……"

老管家用手搔搔头问道："小少爷你不会用这东西去欺辱学友吧？"

小司马光笑笑反问道："我会这样缺德吗？"

老管家瞧瞧幼稚天真的小少爷，猜不透眼前这孩子葫芦里到底卖什么药，摇摇头替他锯好木棍，再用刨子刨得光溜溜的，问道："我的小祖宗，这个样子满意了吗？"

小司马光拿起木棍仔细端详了一番，开心地笑道："满意，谢谢老爷爷！"老管家笑道："小少爷满意就好，你爹叫老奴去街上买东西，老奴走啦！"

走了几步放心不下又回来叮嘱道："我的小少爷，千万记住，不能用它打学友和其他娃娃。若闯祸，老爷知道了要怪罪老奴的。"说罢惴惴不安地走了。

这天晚上司马光看了一会儿书，又哈欠连连上下眼皮打起架来，万般无奈只好上床，把那段圆木棍放在下面当"枕头"。因那个圆木"枕头"圆溜溜硬邦邦的，面积又很小，脑袋一接触到它，后脑勺又痛又难受。他忍着痛咬紧牙关坚持着。因劳累一天太困乏了，不知不觉呼呼酣睡入了梦乡。正在做梦，不知是猫逮耗子还是那只大黄狗看到什么起来活动发出声响，把司马光惊醒了。不料一翻身头部一松，那个宝贝"枕头"骨碌碌滚到了床沿边，司马光急忙伸手把它牢牢抓住，拿回来枕在头颈下再睡。他梦见自己被小偷抓住索要银子，又惊醒了，想小解刚一起身，那个宝贝"枕头"又骨碌碌滚到了一边！小司马光气坏了，索性穿好衣服下了床，点燃了明晃晃的蜡烛，坐在床沿上，拿了本自己最爱读的书浏览起来。房间里寂静无声，窗外万籁俱寂，正是读书的最佳时机。小司马光开心极了，翻读了一页又一页，书籍读完了一本又一本。正在此时，突然窗外传来"喔喔喔"的公鸡啼鸣声，他用手揉揉疲劳的双眼，伸伸手弯弯腰，走到窗口朝外面一看，霞光亮得他睁不开眼睛，原来一轮红日正从东方天地相接处冉冉升起！他母亲的贴身丫鬟发现他房间里烛光亮了半夜，起来乘替小少爷端洗脸水时瞧个究竟，仔细一观察全明白了，原来小少爷用这个宝贝圆木棍做"警枕"，督促自己秉烛夜读，就笑道："昨晚上小少爷的房间烛光亮了大半夜，原来用这个宝贝枕头让自己熬夜苦读，那还了得，奴婢告诉夫人去！"说罢佯装要走。急得小司马光连连作揖又亲亲热热地叫着："好姐姐，我给你银子，千万别告诉我母亲……"逗得那丫鬟忍不住笑出眼泪来……

司马光就这样从小坚持秉烛夜读，博览群书，长大后根据自己执政的经验和社会实践，在做宰相时编纂了举世闻名的巨著《资治通鉴》，留下"千古一相"的美名。

赵汝愚听罢恍然大悟，原来司马光之所以如此了不起，写下不朽巨著，人称"千古贤相"，成为有名的政治家、史学家，是因为他从小博览群书，从而阅历深广，知识渊博，基础甚是扎实！

周明德目光巡视全馆门生，发现大家都感动不已，很满意，笑道："诸位弟子，司马光因从小胸怀大志，刻苦攻读，长大后才能编纂传世巨著《资治通鉴》，成为一代贤相。你们要像他那样从小立下大志。接下来请你们说说自己的志向是什么。"

赵金贵抢先说道："我的志向，长大了做一个力大无穷的猛将军，把敌人杀得屁滚尿流，丢盔弃甲，乖乖缴械投降，从而名扬天下！"

周耀祖站起来举举拳头说："我的志向，和表哥一样，将来做一位智勇双全威风凛凛的大将军，率领千军万马上战场消灭敌人，保护我们的美好家园！"

杨金虎把袖子一卷，挥挥拳头说："刚才我们弟兄三个私下里商议过了，因名字都有'虎'字，长大了成立猛虎队，像山上猛虎一样勇猛无比。金兵胆敢来侵犯，猛虎队勇士像猛虎一样张开大嘴把敌人都咬死吃掉！"

赵汝鲁大声说道："我长大了要做个爱国爱民的好官，把那些贪赃枉法溜须拍马的贪官奸臣统统杀光！"

赵汝拙把手一举说道："我长大了要做一个有名的郎中，为穷苦百姓解除病痛折磨之苦！"

周明德听了，开心地连连点头说："你们都很有志气！"他发现赵汝愚还坐在座位上默默思索，就走过去问道："赵汝愚，你的志向呢？"

赵汝愚站起来大声答道："我的志向是，大丈夫留得汗青一幅纸，不负此生！"

周明德抚掌笑道："赵汝愚的誓言，言简意赅，你们听了可能不大好懂，我替他解释一下，意思是：男子汉大丈夫，立于天地之间，定要青史留名！诸位弟子，你们小小年纪有此大志，很好！希望你们像司马光那样从小树立大志，刻苦学习，博览群书，长大后以先贤名相为榜样，将'修身、齐家、治国、平天下'作为己任，为国争光，为民造福！"

第四章　受蒙骗长智

一

　　一日，阳光灿烂，风和日丽。周先生讲完课留汝愚在馆内对对联，自己替弟子批改作业。因门生俱已回家，馆内异常安静。

　　突然，窗外"噗"的一声飞进个纸团来，"啪嗒"一声掉在赵汝愚面前。正在忙批改作业的周先生忽然瞧见，俯身拾起纸团展开一看握在手里，发现窗外那个脑袋探头探脑不肯离去，就站起来厉声喝道："赵金贵，你躲在窗下捣鬼别以为我没看见，快站起来回话，你来作甚？"

　　赵金贵用手搔搔后脑勺支支吾吾地说："先生，我……我来……拿砚台毛笔……"

　　周先生厉声喝道："胡说，今天课外没留练字作业，你拿砚台毛笔何用？赵汝愚在对对联，你若再引诱干扰他，我非告诉你爹不可！"

　　赵金贵慌了，忙哀求道："周先生，我的好姑丈，别……别……您饶了我这一次吧，要是告诉爹爹，他非打烂我屁股不可！"

　　周先生把手一摆道："你既然不想挨揍，那就快回家复习功课去吧！"

　　"是，门生马上就去！"赵金贵吐吐舌头一溜烟儿跑了。

　　周先生朝窗外望望，见赵金贵没了影子，回到教课桌边叮嘱赵汝愚："赵金贵贪玩任性，不好好读书，他父母伤透了脑筋，先生也拿他没办法。他鬼点子特多，擅会糊弄人，你今后多提防着点。"

　　赵汝愚点点头道："门生牢记先生教诲。"

　　周先生坐下继续批改作业。突然门外传来"噔噔噔"的脚步声和咳嗽声，起身朝门外一看，只见一位上了年纪的老汉正急匆匆朝学馆走来，至门口仔细一打量，原来是赵老太爷的本家——至密好友赵永善。赵永善一进门就说："周先生，老朽的一位好友特地来找吾求你写几副对联，正在屋里坐等,您有空吗?"

周先生不好意思推辞,笑笑说:"赵老伯,学馆早已放学,晚生马上随您到贵府。"

赵永善赶紧拱手致谢:"老朽替好友先谢谢周先生!"

周先生笑道:"举手之劳,不必客气!"转身对赵汝愚说:"为师有事要随这位爷爷出去一趟,你在此好好对下联。我一会儿就回来。"说毕随赵永善匆匆走了。

周先生拔脚刚走,窗口就探进一个胖脑袋来瓮声瓮气地说:"汝愚,你还在用功啊?"

赵汝愚抬头一看,又是学友赵金贵,就厌烦地问:"赵金贵,你又来干什么?小心被周先生瞧见告诉你爹!"

赵金贵最怕周先生跟父亲告状,见赵汝愚拿先生吓唬他,笑道:"周先生跟赵永善爷爷去了张家庄,没三个时辰是不会回来的。汝愚,眼下春天郊外好玩得很,趁先生不在,我们去捉知了、蟋蟀,好吗?"

赵汝愚一边低头写对联,一边答道:"对不起,我要对对联!"

赵金贵用手搔搔后脑勺,眉头一皱一拍脑袋说:"你看我这个死脑子,把这么重要的事情给忘了,你家赵老太爷刚才挂了拐杖独自去郊外访友,见他一不小心摔倒在地,我赶紧去搀扶,可我力气小怎么也搀扶不起他,只好赶来叫你一道去帮忙……"

"你骗人!"赵汝愚想起赵金贵平时没一句真话,爱耍滑头捉弄人,把头摇得像拨浪鼓,"你专门忽悠人,我才不上当呢。我刚才去家里拿东西,见祖父正和母亲说话,我还和他问安呢,祖父没说要去郊外访友……"

"汝愚,这次我真的不骗你,你一回学馆,赵老太爷的好友叫孙子来请你祖父,我刚才目睹他摔倒在地,若骗你天打五雷轰……唉,怪我一个人力气太小,怎么扶也扶不起他……要是摔坏了……"赵金贵边说边用手帕使劲抹眼泪。

赵汝愚的纯孝在洲钱是出了名的,见赵金贵眼泪汪汪的,不像往日嬉皮笑脸耍花招的样子,就信以为真,心想,祖父要是摔坏了……他老人家年老体弱,伤风感冒又刚痊愈……忙说:"金贵,你快带路,我马上和你去郊外!"起身将对联藏于书包内,跟赵金贵疾步走出学馆,大步流星飞奔郊外。

正值阳春三月，万里无云，艳阳高照，举目望去，郊外桃花盛开，梨花一片雪白，到处蜂飞蝶舞，鸟语花香，景色如画！赵汝愚惦记着祖父，景色虽好却无心欣赏。可到处寻找祖父却渺无踪影，不由得怀疑，他追问道："金贵，你说我祖父摔倒在这里，怎么不见他人影？"

赵金贵用手搔搔头说："我记错了。"指着前面通往范家庄的三岔路口说："喏，赵老太爷刚才是摔倒在那儿。"

走到三岔路口，四下张望不见爷爷的影子，赵汝愚忍不住又问："赵金贵，你说我祖父摔倒在这里，怎么地上看不出一点痕迹？"赵汝愚边说边瞧赵金贵，见他低着头不言语，就什么都明白了，气呼呼地埋怨道："你编谎话诳我出来陪你玩是不是？"

"不是的，我刚才明明见你爷爷摔倒在这里，怎么就不见了呢？一定是好心人看见了搀扶他到好友家去了……"

"谁信你的鬼话！"

"骗你是小狗！"

"你老是忽悠人，今后没人相信你，谁都不跟你玩！我这就回去，要是祖父好好的在家里，我告诉周先生和你爹去，让他们狠狠教训你！"赵汝愚说罢往回走去。

赵金贵慌了手脚，赶紧飞奔上前伸开双臂拦住去路，苦苦哀求道："我不这么说，你不肯陪我玩……实话告诉你，你爷爷在我家跟我爹爹聊天。汝愚，你既然来了，就陪我玩一会儿吧。我姑丈帮人家写对联，还要写匾额，不会马上回学馆的。求求你了，就只一次下不为例，好吗？"

赵汝愚警告道："你的'就只一次下不为例'我耳朵都听起茧了！"

"我保证今后绝不糊弄你，若再糊弄你，天打五雷轰！"赵金贵对天发誓，苦苦哀求道，"求求你，范家庄有一片大竹林，大家都说有十多亩呢，竹林里一定有蟋蟀！"

赵汝愚气呼呼地道："我没兴趣！"

赵金贵边说边做捉蟋蟀的动作："比赛捉蟋蟀超好玩的，你不玩会后悔死！"

赵汝愚心有所动，摊摊手道："我没你那装蟋蟀的小笼子……"

"我送你一只。"赵金贵解下藏在屁股后面的精致小笼子递给赵汝愚道,"这只给你!"

赵汝愚接过小笼子道:"谢谢你!"

赵金贵笑道:"我家里有的是,喜欢再给你几只!"

赵汝愚摇手道:"我平时不玩捉蟋蟀,一只够了。"

赵金贵看看头顶上的太阳说:"时间不早了,咱们快抓紧去捉蟋蟀吧。"

两人来到范家庄,果然好大一片竹林,只见翠竹林中凉风习习,百鸟欢鸣,四周春花烂漫,水流成渠,潺潺之声悦耳动听。赵汝愚观赏一会儿发了诗兴,吟道:

浓荫夹道水流渠,
吹尽残花不复余。
唯有范家十亩竹,
青青依旧色侵书。

赵金贵笑道:"汝愚,真有你的,见到一片竹林也能吟诗呢!"

两人在竹林里捕捉了一会儿,赵金贵指着自己的小笼子对赵汝愚炫耀说:"我已捉到五只了。这两只黑翅大腿的是蟋蟀王,这只头上长胡须的是大将军,这只大肚、挺胸、长腿的是大元帅。你几只了?"见学友的笼子里只有一只小小的,他竖起小指头嘲笑说:"长这么大了不会捉蟋蟀,被伙伴知道了定会笑落牙齿!"

"你呀你,只知道捉蟋蟀玩,不好好读书,还挖苦我!周先生说,玩物丧志,勤奋读书才是有出息的好孩子哩!"

"那你往后教我怎样好好读书、写文章、对对联,我教你怎样捉蟋蟀,好吗?"见赵汝愚站在那里不言语,就不由分说,拉了他教他如何弯腰在草丛里仔细寻找蟋蟀……

"我终于找到一只蟋蟀王了!"赵汝愚喜出望外,蹑手蹑足地走过去伸手欲捕捉,冷不防被一只大手牢牢抓住,百般挣脱不得,急忙扭头一看,傻了眼,原来是父亲!

赵善应虎着脸，怒瞪着双眼，伸手将儿子拎着的小笼子"呼呼呼"扔了四五丈远，指着他鼻子厉声骂道："好你个不肖之子，周先生有事前脚刚走，你就脚底板擦油往外溜！先生回来查看你对的下联，找不到影子跟我要人，你倒好，和赵金贵在此悠闲自得捉蟋蟀！"

"爹爹，我……"赵汝愚想说赵金贵骗自己祖父在此摔倒了，来搀扶他才顺便捉蟋蟀的，可话到唇边却咽了回去。

"还我什么我？快跟爹回去！"赵善应不由分说伸手拖了儿子就走。

赵金贵见赵先生如此严厉指责儿子，赵汝愚却受了委屈也不告诉父亲，心里异常愧疚，吐吐舌头做个鬼脸，想追上去跟赵先生说明原委，可害怕说了遭先生臭骂，告诉爹爹就没勇气了……

二

赵善应拖了儿子一路小跑来到学馆时，见周先生正和颜悦色地和远道来访的好友张广才在喝茶聊天，这才松了口气。转身凶巴巴地对儿子说："你先给周先生赔礼道歉，再把对好的下联拿出来给先生批阅。"

赵汝愚低着头道："是！"走到先生面前躬身施礼说："先生，弟子错了……"

周明德朝他看看，故意虎着脸问道："你错在哪里？"

赵汝愚后悔莫及，脸涨得红红的，低着头道："做功课时不该三心二意，溜出去玩捉蟋蟀。先生，弟子保证这类错误以后不再犯了。"

周明德严肃地说："勇于改正错误，我要夸你，虽是初犯，但你禁不起赵金贵的诱惑，我要罚你。俗话说，吃一堑长一智，希望你牢记这次的教训。"

赵汝愚低声道："学生明知故犯该罚，请问先生，罚我做何功课？"

周明德指着他的书包道："先让我批阅你对的下联。"

"是！"赵汝愚赶紧从书包里取出对联双手交给周先生。

周先生接过展开一看，眼前一亮，只见下联对道：

（将父做马），

望子成龙。

（小童子暗藏春色），

老先生明察秋毫。

……

周明德看了频频点头，心里虽暗暗惊喜，但脸上丝毫不露声色。

在一旁喝茶的张广才起身拿了对联一看，赞不绝口："先生上联出得妙，门生下联对得巧，熟练做到五'相'：词性相对、节奏相称、句法相似、内容相关、平仄相协。小小年纪有此能耐，可见先生教导有方，名师出高徒！"

周明德听了心里很高兴，嘴上却说："下联对得还可以，接下去罚背本朝元帅岳飞的词《满江红》。"

赵汝愚赶紧躬身行礼："谢谢先生！"

恨铁不成钢的严父赵善应余怒未息，气呼呼地对儿子说："周先生因碍着好友和你父的面子只罚你背诵一首《满江红》词，若是为父非罚你三天三夜抄写《资治通鉴》不可！你嘴里常说，要好好读书，长大了以贤相司马光为榜样，为国出大力，为民办好事。你如此心口不一，像话吗？不学好本领能为国出大力为民办好事吗？"

赵汝愚连声说："孩儿牢记爹爹教诲！"

赵善应转怒为喜道："为父不啰唆了，你快背诵《满江红》吧。"

赵汝愚说声"是"，就模仿周先生背诗的样子摇头晃脑地背诵起来：

怒发冲冠，凭阑处、潇潇雨歇。抬望眼、仰天长啸，壮怀激烈。三十功名尘与土，八千里路云和月。莫等闲、白了少年头，空悲切！

靖康耻，犹未雪，臣子恨，何时灭。驾长车踏破贺兰山缺。壮志饥餐胡虏肉，笑谈渴饮匈奴血。待从头、收拾旧山河，朝天阙。

周先生笑眯眯地问道："岳元帅在何时何地作此《满江红》？表达了何种心情？"

赵汝愚对答如流："岳元帅在绍兴十一年（1141）十二月二十九日被秦桧、万俟卨以'莫须有'罪名陷害，在大理寺狱中时题此《满江红》，表达了他未能实现恢复中原收复河山的壮志宏愿之愤恨。"

周先生又问:"你读了这首《满江红》,有何感想?"

赵汝愚略一思索,不慌不忙地答道:"岳元帅精忠报国,发誓率领岳家军直捣金国首都黄龙府,收复全部失地。谁知朝廷害怕金国,力主议和,置江山社稷百姓安危于不顾,将精忠报国的岳飞害死,自毁擎天栋梁,真乃大宋之不幸也!"

张广才听了,竖起大拇指连声喝彩:"妙哉高论!妙哉高论!"回头对好友笑道,"明德贤弟,想不到你的门生小小年纪有此高见,真是名师出高徒也!"

第五章　济危救孤儿

一

赵不求见大孙子汝愚白天在学馆刻苦读书，晚上和汝拙、汝鲁、汝口三个弟弟在灯下复习功课，阅读家里的藏书，常常到深夜，甚是辛苦，非常心疼，就和儿子商议，欲设法替他物色个理想的书童。想起上次托陈卖婆雇的张妈很满意，就嘱咐赵兴说："赵兴，我想替少爷物色个十二三岁的书童，你上街去找陈卖婆，请她找个聪明乖巧的书童，最好上过学馆识字的。"

赵兴点点头说："老太爷，奴婢马上就去。"

三天后的辰时时分，陈卖婆带了一个孩童来赵府。见赵老太爷父子都在，就躬身施礼道："老身参见老太爷、老爷，前日府上赵管家托老身找一个书童，昨日去青墩镇女儿家看外孙，见这孩子头上插着稻草把子在街上自卖自身，就把他带来了。"对站在一旁的孩童说："孩子，快去叩见赵老太爷、赵老爷！"

那孩童连忙下跪磕头："叩见赵老太爷、老爷。"

赵善应仔细端详那少年，英姿勃勃，眉清目秀，虽衣衫褴褛，却掩盖不住聪慧灵秀之气，心中非常欢喜，赶紧上前搀扶说："孩子快快请起。"

陈卖婆指着孩童介绍说："这孩子从小聪明勤快，玲珑乖巧，人品一等，他父亲在时曾上过学馆，一肚皮墨水，因自小拜师学过武功，有一身好武艺！不是老身夸口，这孩子能文能武，模样又长得好看，讨人欢喜，真是百里挑一！"

赵不求笑道："陈妈妈辛苦了，老朽代孙子说声多谢！"

陈卖婆忙满脸堆笑道："不用谢，老太爷人这么好，为您办事辛苦点应该的！"

赵不求打量一番这个孩子很满意，听陈卖婆说这孩子上过学馆读书还练过武功，便要试试他才学如何，就吩咐管家道："赵兴，快笔墨伺候。孩子，陈妈妈说你满肚学问，你卖身契能写吗？"

那孩童低着头回道："能。"

赵不求命赵兴磨墨。这孩童拿起笔来一挥而就，交给老太爷。

赵不求接过，只见写道：

　　小民金一麟，南渡落难，祖父母、家父俱惨遭金兵杀害，家母因此得病卧床不起，家贫请不起郎中，无奈卖身救母。立此据为凭，永不反悔。

立据人：金一麟
绍兴廿四年秋

赵不求见字迹清秀，又不失遒劲，知道是用过功的，心中暗暗欢喜，忙问年轻孩童："一麟，你今年几岁？家住哪里？为何要自卖自身？"

金一麟鼻子一酸嘴角一抽搐，两眶泪水不住往下掉，哽咽道："小民今年一十三岁，客居青墩镇。当年南渡时，祖父母被金兵杀死。三天前，小民爹爹租船把祖父母的遗骨护送到老家安葬，在瓜州（长江北岸，今江苏省扬州市南郊长江边，京杭运河分支入江处）被金兵杀害。家母得知后当场昏死过去，醒来悲愤成疾，卧床不起。因家贫如洗，为了延请郎中替家母治病，安葬家父、祖父母，小民无奈自卖自身……"说罢，泣不成声。

"孩子，有道是男儿有泪不轻弹，别哭，别哭！"陈卖婆忙上前劝慰道，"金一麟，是你前世修来的好福气，遇到这两位菩萨心肠的老爷，在此好好侍候少爷吧！"

赵善应听说孩童姓金，心里咯噔了一下，眉头一皱上前盘问："金一麟，令尊叫甚名字？"

金一麟用手擦干眼泪回道："金永德……"

"令尊原来是金永德！"赵善应异常惊喜，急忙俯身用手搀扶，安慰道，"孩子，你祖父母当年被金兵杀害，如今你父亲又惨死在金兵的屠刀之下，遭受如此深重的灾难！我当初和你父亲在江西兵马都监府时亲如同胞手足。南渡失散已有二十多年,我一直到处打听你们的下落,原来在青墩镇。孩子别哭了,从今以后和伯父住在一起!"说罢把卖身契"哗哗哗"撕个粉碎,转身对赵兴说:"快去唤大少爷出来,我有话要对他说。"

"老爷,奴婢这就去。"赵兴转身进内,少顷带了赵汝愚来到客厅。

赵汝愚叩见父亲后问道:"爹爹唤孩儿出来有何吩咐?"

赵善应指着一麟道:"儿啊,这是你世弟金一麟,比你小一岁。他父亲金永德当年和爹爹在江西是要好同僚,因南渡失散。他三个亲人都被金兵杀害,家贫无钱安葬,他母亲又病重在床,为父要全力资助他母子。他从今天起和你一起安睡,一起在学馆读书,一起做功课,你要像对弟弟们一样关心他!"

赵汝愚答道:"孩儿遵命!"走到陌生孩子面前伸手握住他的双手道:"一麟贤弟,我叫赵汝愚,我们从此弟兄相称,一道读书习武。"

金一麟见赵家父子火一般热情,对自己又如此关心,感激万分,破涕为笑,又双膝跪倒在地连声说:"谢谢赵伯父,谢谢汝愚哥哥!"

赵善应忙搀扶起金一麟笑道:"陈卖婆,金一麟是我要好同僚的儿子,如今他父亲不在了,老夫要好好关心他,让他和吾四个孩子一起在学馆读书。"

陈卖婆笑道:"赵老爷父子是活菩萨转世,天底下最好最善良的人。一麟,我陈妈妈把你介绍到赵老爷府上,是你前世修来的好福气!"

赵不求笑道:"陈卖婆你能说会道,办事能干,老朽心里都记着呢。喏,这五十两是给你的赏银。"说着,把银子交给陈卖婆。

陈卖婆嘴里连声说:"赵老太爷太客气了,老身怎么好意思再收你的赏银呢。"一双手早把银子接过来放在包里。想起自己两次替赵老太爷做事,挣了不少银子,开心得嘴巴都合不拢,连声说:"谢谢赵老太爷!谢谢赵老太爷!"转身对金一麟说:"我有事走啦,过几天再来看你,你认真在学馆读书,好好服侍大少爷!"

赵不求忙说:"陈妈妈,吃了点心再去。"

陈卖婆笑道:"点心不吃啦,这几日老身忙得两只脚要伸起来派用场哉。今朝要快猫走三家哩,县城的莫老爷要买一个丫鬟使唤,吴老爷要雇个奶娘管孩子,芝溪(今浙江省桐乡市崇福镇老芝村)曹老爷要买个书童服侍

第五章 济危救孤儿

少爷……哎呀,太阳三丈高了,老身要走哉。告辞!告辞!"说毕,把手一拱,匆匆出门而去。

二

　　江南的深秋,天高气爽,秋风阵阵。一群群大雁展翅往南飞,"哇""哇"不时发出欢快的鸣叫声,一会儿排成"人"字,一会儿排成"一"字。远处,金黄色的田野传来阵阵欢声笑语,忙着收割晚稻的农家男女,为兵荒马乱年月里难得盼来的丰收好年景,都乐得脸上成了花,互相庆贺着……

　　赵善应眺望了一会儿,也为庄户人开心得满脸堆着笑,少顷进屋招呼大儿子和金一麟出门。当三人兴冲冲来到河埠头时,赵兴早准备就绪在客船上和船主人说话。仔细打量那船家,庄户出身,年龄五十岁左右,虽头发花白,饱经风霜的脸上布满皱纹,但黑里透红挺有精神,身子骨十分硬朗。两个儿子正值青春年少,浓眉大眼,膀阔腰粗,浑身有使不完的力气。心里非常满意,暗暗佩服赵管家办事利索有方,雇人有眼力。

　　待船老大利索地铺好跳板后,赵善应忙招手和儿子、一麟上船。船老大见客人都已坐稳,便亲自摇橹,让两个儿子划桨。只见船艄上木橹有节奏地晃动,船舷两边木桨一齐飞舞,"哗哗哗……"浪花飞溅,两岸树木、房屋飞也似的往后移,那客船如箭离弦向东北方向疾驶而去。

　　转眼间飞过北港河,穿出永安桥,来到玉溪镇(今浙江省桐乡市石门镇),沿着碧波滔滔的古运河往北飞驶。不一会儿,扳艄进港过桥便是车溪,乌、青两镇(今浙江省桐乡市乌镇)已在眼前。

　　金一麟钻出舱篷,站在船头上指指点点,告诉船老大过了桥往北拐就到目的地。那客船一到北栅码头,船老大的大儿子利索地用竹篙朝河岸轻轻一点,小儿子纵身一跳飞上河埠头石台阶,熟练地把缆绳系好,铺上跳板。待大家上岸后,金一麟就在前面领路。拐弯抹角走了一阵,在一家客栈门前停住脚步。店主一见金一麟就满脸堆笑迎出来招呼:"一麟,你回来啦,你母亲刚才还说起你呢。这几位客官是来吃饭还是住店?"

　　金一麟指着赵善应几个介绍说:"店家,这是我伯父赵善应、哥哥赵汝愚,那位是管家赵兴伯伯。他们来帮我安葬家父和祖父母,明天下午接家母去洲钱居住。"

店家把手一拱笑道:"赵老爷,金一麟一家子住在小的客栈已有十多个年头了。他们从江西逃难来到我青墩镇,吃尽了苦头,老太爷老太太惨遭金兵杀害,这孩子的父亲几天前又被金兵杀死在采石矶,他母亲伤心过度病倒了。这一家子怪可怜的,住宿费全免,小的只收饭菜铜钿……"

赵善应忙抱拳一拱说:"我弟媳孤儿寡母十多年来全靠店主您悉心照顾,我替他们多谢了!"从怀里掏出一锭银子交给店主。

店家再三推脱道:"小的方才说过,金家这么可怜,照顾是应该的。这银子赵老爷就不用给了!"

赵善应笑道:"店主,我有事相托,请你设法替一麟家买一块坟地。"

店家沉思片刻道:"我舅兄因出了点事,急需银子派用场,要卖一块荒地,但只卖给人家造屋,不做坟地。"

赵善应把双手一拱恳求道:"我们异乡客地人举目无亲,人地生疏,请店主求你舅兄做做好事,地银我们加倍。"

店主道:"那好,小的马上去请舅兄帮忙。"转身进内交代老婆几句就出门去乡下了。

金一麟在一家简陋的住房门上轻轻敲了几下,一白衣素服满脸憔悴有泪痕的中年妇人踉踉跄跄开门出来。金一麟赶紧上前搀扶,用手指着赵善应一行人对妇人说:"母亲,这位就是您常对孩儿说起的赵善应伯父。赵伯父不但不把孩儿当下人看待,还让我和少爷们一道在学馆读书,今天还租船来接娘去跟孩儿一起住……"

一麟娘感动得热泪盈眶,急忙"扑通"一声跪倒在地说:"赵大哥真是天下第一大好人,不把我儿当下人看待,还大老远租船来接我,这大恩大德我娘俩来世结草衔环做牛做马也要报答!一麟儿,快跪下,谢谢赵伯父收留之恩!"说着,拉了儿子跪下叩头谢恩不止。

赵善应慌忙上前搀扶起一麟母子说:"秀珠弟媳,你有病在身,快别这样!你我两家自渡江失散后,为兄一直派人到处打听,却一直杳无音信,害你们母子受尽磨难。如今贤弟不在了,照顾你们孤儿寡母是大哥义不容辞的事,别这么客气。"

吕秀珠连连拱手说："谢谢赵大哥，谢谢赵大哥！"

众人正在叙旧时，店家已"噔噔噔"一溜小跑赶回来，进门后气喘吁吁地说："赵老爷，您托小的买地皮的事办妥了！"

赵善应忙说："店家一路辛苦，老夫替一麟母子多谢了！"转身对金一麟母子说："弟媳，地皮已买好，为兄今日就麻烦店主请和尚道士超度永德弟和伯父伯母的亡灵，明天是黄道吉日，我们一道好好把永德弟和伯父伯母安葬了。"

吕秀珠忙说："就依赵大哥吩咐！"

是夜，店家替一麟请来张郎中给他母亲吕秀珠治病，叫来一班和尚道士做功德超度亡灵。

第二天，天蒙蒙亮，赵善应帮金一麟把他父亲和祖父母的骸骨顺利安葬。胡乱用了点早餐后，吩咐赵管家雇人帮金一麟母子整理箱笼物件，抓紧搬运下船……

三

船老大的小儿子用竹篙使劲朝岸滩一点，客船如箭一般离开河埠头，和哥哥握住木橹"吱哽吱哽"起劲一摇，那客船沿着车溪塘朝南飞驶。站在船头上手搭凉棚观望的赵善应，忽然听得河西岸传来呼救声："快来人哪，有人青天白日强抢良家姑娘……"

只见随着"噔噔噔"的脚步声从河岸上跑来一群人，朝呼救声方向飞奔而去。

赵善应忙对船老大说："船家，快停船！"

船老大边摇橹边问："赵老爷，客船正在加速前进，为何要停下？"

赵善应用手指着岸上奔跑的人群忧心忡忡地说："看样子这里要出事，老夫要上岸去看个究竟！"转身吩咐管家赵兴："你们在船上稍等片刻。汝愚、一麟，我们快上岸去打听打听！"

赵兴急忙劝阻："老爷，时候不早了，我们还是抓紧赶路早点回府吧！"

赵善应用手指指岸上解释道："那边有人青天白日强抢良家姑娘，此事我不能不管。"

"老爷，您别管闲事，奴婢曾听老太爷说，这里情况非常复杂——车溪东岸是青墩镇，归秀州管辖，西岸是乌墩镇，属湖州吴兴县管辖。因乌、青二镇（1950年乌、青二镇合并为乌镇）地理环境特别，州县错位交界，自古以来盗匪无人管、凶案无人断。眼下兵荒马乱，情况更加糟糕！"

赵善应打断赵管家话头埋怨说："赵兴此言差矣！百姓有难，匹夫有责。我乃堂堂赵宋宗室之后，耳闻目睹歹徒在光天化日之下强抢民女，岂有坐视不管之理？！不妨事的，我们去去就来。"说毕，带了汝愚、一麟上岸飞奔而去。

见道旁有一群人在交头接耳谈论什么，赵善应朝一位白发老汉拱拱手问道："请问老伯，刚才有人呼救，这里到底出了甚事？"

老者摇摇头说："眼下兵荒马乱，世风日下。这里常有不法之徒和纨绔恶少为非作歹。听人说，今日有位南浔纨绔子弟顾慕蓉，倚仗祖上世代经商富甲一方，养有一班会武功的师傅，娶了四房姨太太还不知足，故人称'花蝴蝶'。因他喜欢上一位来自江西逃难的姑娘，指使同伙把她抢回府做五姨太。谁知这姑娘异常刚烈，誓死不从，顾慕蓉硬逼她成亲拜堂。结果在洞房花烛之夜姑娘用酒将其灌醉，然后逃到了我们乌墩镇。顾慕蓉今日带了几个会武功的弟兄赶来抢她回去……据说这姑娘的父母南渡时被金兵杀死，是个孤女……老朽是南浔人，看'花蝴蝶'长大，对他的所作所为太了解了。我因半年多不来看宝贝外甥，做梦也想，为此叫儿子摇了船来青墩看望。这位江西姑娘实在太可怜了，请好汉们设法救救她！"

"多谢老伯实言相告，请老人家放心，我们会设法救她的！"赵善应朝前走了几步，又回来双手一拱笑问老者，"请问老伯，那位'花蝴蝶'顾慕蓉抢了姑娘往哪条道去了？"

老者用手往北指道："老朽方才见他们从这条大道往北而去，估计走不甚远。"

赵善应拱手说声："多谢老伯！"急忙招呼儿子和金一麟朝老者指点的方向疾步追赶。追了一阵，只见前面几个大汉抬了一个绳捆索绑的姑娘，那姑娘拼命挣扎大喊："救命！"那几个大汉只顾抬了她拼命朝河埠头奔跑。赵汝愚心想，不好，这姑娘若被他们抬下去藏在船内去就麻烦了，得设法抢在前面拦住救下。于是招呼儿子和一麟飞速追赶。

那位叫顾慕蓉的突然见三个陌生男子飞也似的赶来拦住去路，大声喝道："外地人快让开！"

赵善应朝顾慕蓉拱拱手赔笑问道："请问顾公子，你们为何青天白日强抢这位姑娘？"

顾慕蓉指着姑娘回道："这是小生花银子买的丫鬟，因她偷了我府上金银逃到这里，故而抓她回去。"

被抢姑娘一边使劲挣扎，一边厉声说道："这位伯父休听姓顾的胡说。奴家是替南浔高家做针线活的女工，半月前姓顾的到他姑妈家庆寿见奴家容貌姣好就把我抢进府中，硬逼做他的五姨太。奴家用酒将其灌醉后，才在半夜三更逃出顾府。奴家并未偷他府中金银，休听他胡说八道！"

赵善应已明白一切，心想，待老夫劝说这位顾公子放下姑娘，再设法……打定主意后笑道："顾公子，听这姑娘口音好像是江西余干人，和老夫是同乡。你们三个男子汉欺侮一个弱女子，把她绳捆索绑是不是太过分了？请顾公子快把她放下松绑，让老夫好好劝说这姑娘顺从于你，回府和和美美拜堂成亲如何？"

顾慕蓉转怒为喜，忙拱手道："多谢先生热心相助！放下这姑娘可以，松绑却不行！"

赵善应不解地问："却是为何？"

顾慕蓉指指姑娘道："因她功夫了得武艺高强。方才把我一位弟兄打得断臂折腿，正躺在画舫内疼痛难熬呢！"

赵善应惊讶地笑道："这姑娘有这等本事，那就让她捆绑着说话。"

顾慕蓉急忙朝赵善应等连声道谢，转身对手下说："请两位贤弟快把美人放下，这位先生要好言劝说她顺从于我。"

高个子红脸大汉埋怨道："大哥，你休听这素不相识的江西人啰唆，他们是一伙的，别中圈套。时间不早了，我们还是早点下画舫回去吧！"

赵善应指着远处一大群人说："你们看，乌墩、青墩两镇人都说你们在光天化日之下强抢良家民女，多不好。老夫劝说她回心转意跟你大哥回府拜堂成亲，吾再跟他们说明原委，回去替姑娘准备嫁妆，岂不体面风光？"

顾慕蓉点点头，对红脸大汉笑道："这位先生说得不错，你们快把美人放下！"

矮胖子络腮胡子黑炭头冷笑道："我看这人笑嘻嘻的，不是好东西，大哥别中他的诡计！"

赵善应气呼呼地说："老夫一片好心帮你大哥，两位兄弟竟然当作驴肝肺，真不识好歹！"

顾慕蓉沉思片刻，对两位同伙道："古人云，捆绑成不了好夫妻。这位先生言之有理，别辜负他一番好意。两位贤弟快把美人放下，让这位先生劝说她顺从于我，然后回府开开心心拜堂成亲岂不更好？"

高个子红脸大汉和矮胖子络腮胡子见主人再三催促，眼睛一瞪气呼呼地把姑娘放下。

赵善应上前拱拱手问道："你这位姑娘姓甚名谁？令尊大人叫甚名字？府居何处？"

那姑娘早哭成泪人，泣不成声道："谢谢您这位好心大伯动问，奴家姓李名玉莲，家父李苏卿，江西余干县人……因金兵入侵，国破家亡，祖父母、父母亲随高宗先皇爷南渡，途中祖父母被金兵杀死，爹爹母亲和同伴失散，在溧阳（今江苏省溧阳市）定居。去冬金兵杀来，爹娘都被杀死，奴家孤身一人逃到南浔，靠替豪富人家做针线活度日……"

赵善应一听喜出望外，惊讶地说："姑娘你果真是李苏卿的千金！老夫就是你爹爹的同窗好友赵善应啊！"

李玉莲破涕为笑："原来您就是家父经常说起的赵善应伯父，侄女拜见伯父大人！"说罢，下跪叩首。

赵善应赶紧搀扶起李玉莲，转身满脸赔笑对顾慕蓉道："顾公子，这位姑娘是老夫同窗好友的千金，因金兵入侵渡江逃难到溧阳。可怜她亲人俱惨遭金兵杀害，如今孤身一人甚是可怜。老夫是她伯父，照顾落难侄女是义不容辞的分内之事，她的卖身银子加倍付你，请你看在老夫面上，让她跟我回去。"

顾慕蓉笑道："您既然是她的伯父，小生就实言相告，其实小生对你侄女十分喜爱，因此用银子买她到府中做妾，请伯父成全我。"

李玉莲柳眉倒竖凤眼圆睁，厉声骂道："好你个不知羞耻的衣冠禽兽，

第五章　济危救孤儿

明明将奴家抢入府中,却胡说是用银子买的!姓顾的,你已有四房姨太太,为何还要硬逼奴家嫁你为妾?"

顾慕蓉厚着脸皮嬉笑道:"因你长得如天仙一般,本公子爱你爱得死去活来……"

李玉莲指着顾慕蓉骂道:"好你个不知廉耻的'花蝴蝶',家有四房姨太太还贪心不足,强抢奴家一个苦命孤女,天地不容!"

顾慕蓉嬉皮笑脸道:"美人若嫁给本公子,把你当心肝宝贝宠爱,让你有享不尽的荣华富贵!"

李玉莲厉声说:"奴家宁可饿死冻死,也绝不嫁给你这个花花公子!"

赵善应把双手一拱恳求道:"顾公子,这位姑娘宁死不从,俗话说强扭的瓜不甜,天涯何处无芳草,你就别再勉强了,让她跟我回去吧。"

顾慕蓉冷笑道:"跟你回去,想得倒美!"

在一旁静听的金一麟再也忍耐不住了,厉声质问道:"你这厮怎么如此不知羞耻?人家死也不愿嫁给你,还这般死皮赖脸纠缠不休!"转身对赵善应道:"伯父,时候不早了,您别和这不知羞耻的无赖磨嘴皮子了,我们快带了玉莲姐姐回府吧!"

"你敢!"高个子红脸大汉扬扬两个铁锤般的拳头厉声吼道,"想带走李姑娘,你先问问我这两个伙计同意不同意?"说毕,举起两个铁锤般的拳头欲猛揍金一麟。

金一麟血气方刚,见恶奴如此耀武扬威忍无可忍,紧握双拳冷笑道:"你这红脸贼想用虚张声势这套吓唬我,白日做梦,还是趁早收回你那狗屁破拳吧!"

高个子红脸大汉双眼一瞪讥讽道:"本好汉见你乳臭未干,不忍心伤你性命,谁知你不识好歹想送死,好,本好汉成全你!"说着,举起铁锤般两个拳头恶狠狠扑向金一麟。

"你用这破拳吓唬我,想得倒美!"金一麟毫不畏惧,把双拳一握就要还手。

赵善应见了急忙在当中一站,对金一麟喝道:"侄儿休得无礼!"转身满脸堆笑对红脸大汉双手一拱笑道:"请这位好汉暂息雷霆之怒。在下替我侄儿赔礼了。我们在此相遇说明彼此有缘,俗话说,多个朋友多条路,多个冤家多道墙。有事我们好商量。我侄儿不知天高地厚冒犯了好汉，请看老夫薄面饶了这年少无知的乡下人！"

高个子红脸大汉把双拳一扬怒道："什么乡下人城里人，你休在本好汉面前花言巧语耍花招，想把姑娘带走，先问问我这两个伙计答应不答应！"

红脸大汉目中无人如此狂妄，气得赵善应浑身发抖，忍不住嘿嘿嘿冷笑道："你这位好汉话说颠倒了吧？你们在众目睽睽之下强抢我侄女才是白日做梦！老夫一再忍耐百般恳求你们高抬贵手，谁知……我何必跟你这厮磨嘴皮子，找你主人说。"转身朝顾慕蓉深深一礼笑道："顾公子，我身为伯父搭救自己的侄女义不容辞，天经地义吧？"

高个子红脸大汉见顾公子沉默不语，把双拳挥挥，喝道："江西人休得啰唆，打得过我们两位好汉，把姑娘带走，打不过立马滚蛋！"

金一麟笑道："红脸贼说话算数？"

性情暴躁的矮胖子黑脸大汉把双手在腰间一叉，答道："你这黄毛小子听仔细了，本好汉和这位丁大英雄自出娘胎从无虚言！"

金一麟冷笑道："我跟红脸贼说话，你这黑炭头抢先嚷嚷什么？"

矮胖子黑脸大汉指着金一麟圆眼一瞪，讥讽道："凭你这乳臭未干的黄毛小子这点狗屁本事也想打赢我二哥，带走这姑娘？"

金一麟反唇相讥道："凭你这目中无人的矮胖黑炭贼也想吓唬你金爷爷——痴心妄想！"

矮胖子黑炭头一听气得"哇呀呀"暴跳如雷："好你个不知好歹的黄毛小子，敬酒不吃吃罚酒，叫你认得你黑爷爷的厉害！"一卷袖子举起铁锤似的两个拳头，一个"泰山压顶"朝金一麟脑袋猛击过来。金一麟不慌不忙，来个"猿猴飞崖"轻轻躲过。矮胖子黑炭头扑了个空差点摔倒，恼羞成怒，又"哇呀呀"怪叫一声，一个"黑熊跳涧"飞速跃到金一麟背后轻轻落下，暗暗运足功夫"嗖嗖"飞起双脚朝对方裤裆处猛力踢去。金一麟听得背后"呼呼"风响，早料到矮胖子黑脸贼会来这一招，一个"白鹤展翅"飞在一边轻轻躲过。矮胖子黑炭头岂肯善罢甘休，飞步追上来个"饿虎扑羊"举拳猛揍对方头部。金一麟听得背后"呼呼"风响，急忙飞速转身，举起手掌朝黑脸贼手臂猛力一击，"咔嚓"一声，矮胖子痛得双脚乱跳，

"哇呀呀"大叫着蹲倒在地。

在一旁观战的高个子红脸大汉,见同伙不是黄毛小子的对手,他左臂受伤疼痛难忍,恨得咬牙切齿,悄悄飞蹿到金一麟面前,抡起两个铁锤般拳头一个"黑虎偷心"对准其心窝狠狠击去。金一麟眼疾手快,一个"蛟龙潜海"飞速闪在一边。红脸大汉用力过猛,一个跟跄跌倒在地。

矮胖子黑炭头悄悄从地上爬起,突然将袖子朝上一举,"呼"地飞出黑乎乎圆溜溜一物。

赵善应见状大惊,一个"飞猴摘桃"伸手将那黑乎乎的东西接住,仔细一看原来是颗铁蛋,讥讽道:"堂堂顾府特聘武功高手对付不过小小孩童,竟然在众目睽睽之下用暗器伤人,你不觉得脸红吗?"矮胖子黑炭头被赵善应一番严厉指责羞得满脸通红,怪眼圆睁,"哇呀呀"狂叫一声,丢下金一麟举拳恶狠狠扑向赵善应,"呼呼呼"连出七七四十九个连环掌。赵善应是久经沙场的武将,武林高手见得多了,根本不把对方放在眼里。见对方频出狠招,为保存实力,只是灵活躲避并不还手。矮胖子黑炭头以为对方软弱胆怯,越发耀武扬威目中无人,两眼放出蔑视狂妄的目光,哈哈哈仰天大笑:"本好汉以为你这厮是什么武林高手,原来脓包一个,看我顾府武功大侠如何收拾你!看招……"说着纵身一跳,握紧铁拳"呼呼呼"对准赵善应脑门一个"泰山压顶"猛击下来!

赵善应见此情景心想:老夫让他几下果然中计,黑脸贼,别目中无人气焰嚣张,老夫立马叫你丑态百出哭笑不得……"嗖嗖嗖",一个"猿猴飞涧"轻轻躲过,攥紧了铁拳来个"猛虎下山"开始亮招。你看他太极生两仪,两仪变四象,"四象步"又生"八卦掌",八八六十四卦变化无穷,忽前忽后,忽左忽右,拿捏分寸恰到好处,八卦方位丝丝入扣,打得矮胖子黑脸大汉只有招架之功,毫无还手之力,累得气喘吁吁活像一头病牛,满头大汗乱了阵脚……

挣扎了一阵慢慢爬起的高个子红脸大汉,见堂堂"武林大侠"黑脸二哥也接连吃亏,吓出一身冷汗,心想,看来不暗中助他一臂之力使毒招,堂堂"武林大侠"定当众出丑脸面丢尽,暗暗把衣袖朝赵善应一扬,亮闪闪飞出一物!赵汝愚眼尖,一个"白鹭腾空"伸手飞速接住,原来是一枚飞镖,把手一举"嗖"的一声回敬于他,不偏不倚正击中高个子红脸大汉右手腕。红脸大汉疼得十指钻心，忙用左手小心翼翼把它拔下，鲜血直流，痛得"哇哇"大叫。

赵汝愚嘿嘿嘿冷笑道："你这红脸贼见同伙难逃惨败命运，也暗使毒招欲伤我爹爹，本少爷来个以牙还牙回敬于你不过分吧？哈哈哈……"

围观的人一齐哄笑："自称武林高手原来狗熊一个，没本事用暗器伤人，脸皮真厚！"

"这两个家伙自以为天下无敌，原来脓包一对！"

"没本事算计人，害人反害己！"

"这叫作咎由自取，活该！"

"哈哈哈……"

"嘿嘿嘿……"

围观人群的冷嘲热讽，把那个盛气凌人的矮胖子黑炭头羞得面孔红到了脖子边，恨不得脚下有个窟窿立马往内钻……

顾慕蓉见两位"武林大侠"俱遭惨败，眉头一皱忙把李玉莲拦腰一抱，扛在肩上往北疾走。赵汝愚眼疾手快脚步更利索，"噔噔噔"撒腿飞奔眨眼追上，飞起一脚朝顾慕蓉屁股上猛力一踢，"花蝴蝶""哎哟"一声跌了个仰面朝天动弹不得！赵汝愚搀扶起李姑娘，将她交给飞跑来相助的金一麟。

顾慕蓉挣扎爬起，见到手的美女被对方救下，恨得牙齿咬得"咯咯"响，心想：好你个小白脸，竟敢与本公子横刀夺爱，我岂肯饶你……越想心里越恨，越想两眼妒火直冒，见两个狗屁"武林大侠"躺在地上直哼哼丢人现眼，见美人已松绑，武艺高强，加上三个好汉鼎力相助，若硬拼必定吃大亏……正无计可施时，猛然瞧见河岸边有根长竹篙，悄悄飞速弯腰捡在手中，对准赵汝愚头部狠狠揍去……

赵汝愚听得背后"呼呼"风响，飞速转身伸手握住竹篙用力一拉一顶，顾慕蓉"啪嗒"一声被摔飞到河岸边，见身旁有块三四十斤重的石头，用吃奶的力气把它抱在怀中，悄悄举起朝赵汝愚狠命扔去……赵汝愚眼疾手快，忙用竹篙对准石头使劲一顶，那石头"呼呼呼"朝河岸边飞去，吓得顾慕蓉手忙脚乱，拼命飞速后退，随着"啊"的惊叫声和"扑通"巨响，一脚踩空跌在河中，溅起一丈多高浪花，在水中拼命挣扎，大叫"救命"！

　　高个子红脸大汉和矮胖子黑炭头听得顾公子在河中声嘶力竭大喊救命，想起自己乃堂堂少林寺至真大师高徒，如今遭此惨败，顾公子心爱的美人又被他们夺走，顾公子跌落河中，他不会游泳，要是命丧黄泉如何咽得下这口恶气，眼下顾不得脸面了，救顾公子要紧。俗话说，君子报仇十年未晚！一高一矮两个"武林大侠"急忙丢下赵善应等一路狂奔到河边，见顾公子在水面上探头探脑即将下沉，不顾一切"扑通""扑通"跳入河中抢救顾公子……

　　待赵善应和金一麟闻声赶来欲进行搭救时，顾慕蓉已被手下救上岸来，挤出腹中积水，脸色苍白软绵绵犹如死猪猡，浑身发抖水淋淋活像落汤鸡。赵汝愚见顾公子已无大碍，便把双手一拱对两位大汉说道："我们失礼了，请两位好汉回去好好劝说顾公子吸取这次教训，牢记'知足'二字，今后别再拈花惹草强抢良家妇女！"说罢，和父亲、金一麟带了李玉莲匆匆离开乌墩北栅。

第六章　狂痴闹馆亭

一

一轮红日眨眼间消失在西边地平线处，满天晚霞将水乡洲钱染成一片金黄色。泛着粼粼金光的市河船埠头挤满了人，有的在朝北方指指点点，有的在手搭凉棚踮脚翘首眺望，有的在交头接耳窃窃私语……

赵汝鲁眼尖，用手遥指远处，惊喜地说："母亲、爷爷，你们看，爹爹和大哥他们回来了！"众人朝赵汝鲁手指的方向望去，只见小石桥北面不远处"哗哗哗"驶来一艘漂亮的客船，船头上站着两个年轻小伙，船老大在船艄上起劲地摇着木橹，两个年轻后生在船舷边挥舞着木桨，船头两边"哗哗哗"浪花飞溅。眨眼间，那客船已停泊在河埠头。船老大的大儿子用竹篙朝河滩轻轻一点把客船撑停，利索地铺上跳板，小儿子熟练地系好缆绳，赵汝愚牵着父亲的手，缓缓从跳板走上岸来。

晁夫人急忙挤出人群招呼道："老爷，你们回来啦！"

"夫人，劳你久等了！"赵善应从跳板上健步走至河埠台阶上与晁夫人耳语。晁夫人喜出望外，忙到河埠头喊话："一麟，跳板又狭又滑，你好好搀扶着你母亲！"

金一麟忙说："伯母放心，侄儿正扶着家母呢！"

晁夫人见一麟已走上河埠头台阶，赶紧挤过去伸手搀扶他母亲："秀珠妹妹，想不到十多年不见，你瘦成这样！"

吕秀珠眼泪汪汪道："姐姐，说来话长……"

赵善应忙对晁夫人道："夫人，一麟母亲从今日起长住我府上，别后叙旧时间有的是。秀珠妹妹的病已不碍事了，为夫叫赵兴雇船去钱塘延请'陈木扇'——名医陈沂来为她救治！"

晁夫人心上的石头落了地："多谢夫君想得周到，您已请陈沂先生来医治，为妻就放心了！"

张妈眼尖，瞧见跳板上走来一位天仙般的妙龄少女，忙惊喜地告诉晁夫人："夫人，你看，那姑娘长得如天仙一般！"

晁夫人忙问赵善应："夫君，那位标致的美女是谁呀？"

赵善应含笑答道："夫人，是李玉莲。"

此时，老太爷赵不求正拄着拐杖走来，听见后忙问："善应儿，你们刚才说那位漂亮的姑娘叫李什么来着？"

赵善应笑道："回禀爹爹，是李苏卿贤弟的女儿李玉莲！"

赵不求喜出望外，忙问："善应儿，你们说那位姑娘是李苏卿的宝贝女儿李玉莲？"

赵善应笑道："正是！"

赵不求惊叫道："老朽做梦也惦记着他一家子呢！善应儿，为何不见她父母？"

赵善应见爹爹异常伤心，低着头不言语。

赵汝愚见此情景，鼻子一酸两眶湿润，走过去附耳对赵不求低声说："祖父，她父母……被金兵杀害了……"

赵不求心痛如刀绞，老泪直往下掉，声音沙哑地说："我那可怜的门生李苏卿两口子……"

赵汝愚急忙安慰祖父，惊讶地问："祖父，这姑娘的父亲是您的门生？"

赵不求老泪纵横，哽咽道："当年我像你父亲一样在赵家岭开馆授徒，有三十六弟子，这李苏卿是我最喜爱的一个，他不但模样长得英俊漂亮，人称'鼓楼潘安'，且聪慧过人，文武双全，是我的得意门生。想不到十几年不见，他和其妻年纪轻轻都已作古！唉，全是金人作的孽，害百姓横遭涂炭……"

祖孙俩正在伤感时，只听得一个娇滴滴如黄莺啼鸣、温柔若杨柳迎风摆舞的美女在面前躬身万福道："赵师爷在上，难女李玉莲大礼参拜……"

赵不求慌忙命儿媳妇搀扶起姑娘，道："姑娘，你就是老朽最喜爱的门生李苏卿的宝贝女儿？我一直在叨念你，今天终于把你盼来了。我这不是在做梦吧？"

赵善应忙说:"爹爹,这是真的!"

赵不求道:"老朽记得你祖父曾说过,李苏卿是当年李文正丞相的六世孙,照此说来,这位李姑娘该是李丞相的七世孙了。老朽要仔细瞧瞧,李姑娘长啥模样……"

晁夫人笑道:"公爹,您上了年纪眼睛不方便,还是让儿媳妇替您瞧吧。"说着对姑娘仔细端详,边打量边称赞说,"啧啧啧,好标致的姑娘,一副俏脸蛋雪白粉嫩,两只秀丽眼水灵灵会说话,眉宇间充满灵慧之气,嘴角边还有两个好看的小酒窝,容貌活像她父亲,瞧这苗条身材杨柳腰,亭亭玉立好身材,活脱脱如她母亲。李姑娘锦心绣口,定聪明过人如她父亲!"

赵不求开心极了,笑道:"姑娘,我今天终于盼到你啦!"

赵善应看看父亲,瞧瞧妻子,忍不住笑道:"爹爹,夫人,客人一路辛苦,甚是疲乏,个个饥肠辘辘,都还没用餐呢。李玉莲侄女和一麟母亲从今后和我们天天在一起,寒暄叙旧日后有的是时间,快领她们回府用餐吧!"

赵不求笑道:"你看我一见玉莲姑娘开心得不得了,光顾着和她说话,把大家腹中饥饿该用餐了忘得一干二净!善应儿,赵兴,你们快领客人进府,马上开宴!"

二

晁夫人肚皮很争气,为赵家生了汝愚、汝拙、汝鲁、汝口四个儿子,如今又盼来得意门生的宝贝千金,把个赵不求开心得日日眉开眼笑呵呵。晁夫人样样称心如意,就缺个宝贝闺女美中不足。每当看到赵氏宗室的夫人带了女孩儿来看望她时,就羡慕得要命,常对张妈说:"我那四个儿子个个乖巧聪明,周先生常在我面前夸耀,说他们在学馆读书都刻苦用功,背诗句、写文章、对对联样样不错,一次讲故事比赛汝愚还获得第一名哩!要是再有个闺女那该有多好啊!"

张妈竖起大拇指夸道:"夫人,人生事十有八九不如意。四位少爷待夫人一个比一个孝顺,哪一个不强如闺女贴心?老身也生一肚皮儿子,可一个个对媳妇百依百顺唯恐照应不周，对我这个做娘的有病也不闻不问。别人都说多养儿子多享福，可老身生了三个儿子却没人照顾我，我只好出来做老妈子！"说着鼻子一酸潸然泪下。

晁夫人异常同情，叹了口气道："张家姐姐，你那三个儿子是太不像话，自你来我家只看望过你一次……"

"这三个孽子，那次来是跟我索要银子！"

"张家姐姐，三个侄儿不孝顺，有我这个吃穿不愁的妹妹呢，你长住在我府上帮忙好了！"

"夫人待我比亲姐妹还要好，四个少爷见面张妈妈不离嘴，有啥好吃的都悄悄先给我品尝，强似我那三个孽子百倍哩！特别是汝愚少爷，比老身亲生儿子都孝顺！"

"汝愚这孩子像他父亲，最孝顺懂事！"

"夫人，这叫作龙生龙，凤生凤！听说老爷当年在江西老家做的是武官，人夸文武双全奇男子，夫人出身名门闺秀，描龙绣凤样样精通，琴棋书画件件皆能。你们生的孩子不聪明不孝顺才怪哩！"

晁夫人笑道："瞧张姐姐说的。如今老太爷和老爷在这里过隐居生活，没了宦海风波的忧虑，一家人过着平平安安的舒心日子。唉，我还是那句老话，事事称心，就缺个闺女！"

张妈用手指着闺楼道："老爷前日从青墩镇带回来的玉莲姑娘，不但模样儿长得天仙一般，且温柔贤淑，乖巧懂事，对夫人老爷日日早请安晚问候，孝顺体贴胜过亲生女儿。"

晁夫人笑道："这姑娘是不错，说人品百里挑一，论模样无可挑剔，人又聪明贤惠，就差没读书……"

张妈笑道："这事容易，学馆是你们赵家开的，老爷又是执教先生，让玉莲姑娘进馆读书。她人这么聪明，读书肯定不比男孩子差！"

晁夫人道："我也是这么想，可学馆里都是男孩子，只她一个姑娘家，男女授受不亲，怕老爷不允许……"

"母亲，玉莲做梦也想进学馆和孩儿一道读书。爹爹不答应有母亲你呢。爹爹平时对母亲的话言听计从，您若跟爹爹说他定会答应的。"

晁夫人循声一看，原来是大儿子汝愚！

这几天赵汝愚正为如何设法让李玉莲进学馆读书的事操心,和父亲当面请求怕遭到拒绝,况且又不便开口,故赶来央求,见母亲正和张妈议论什么,就躲在屏风后偷听。听到母亲正与张妈议论此事,心里一焦急,就走到母亲面前恳求说:"孩儿从不恳求母亲,母亲就答应孩儿这一回吧!"

晁夫人忙说:"汝愚儿,为娘跟你爹说就是。"

赵汝愚开心得不得了,忙躬身施礼道:"多谢母亲!孩儿和弟弟们温习功课去了。"走了几步又回来叮咛道,"母亲别忘了跟爹爹说!"说完红着脸一溜烟儿走了。

晁夫人望着儿子远去的背影,若有所思……

张妈笑道:"夫人,你看,汝愚少爷从不这样恳求夫人,今日为了让玉莲进学馆读书向你恳求。夫人一答应跟老爷去说,他就红着脸高兴成这副样子。看来大少爷喜欢上玉莲姑娘了,他两人要是配成一对,真正称得上天生一对,地造一双哩!"

晁夫人道:"我何尝不这样想呢。可汝愚儿喜欢她,这不过是一厢情愿而已,不知这丫头心里怎么想?"

张妈笑道:"古书上不是说,窈窕淑女,君子好逑。你们赵家,要不是金兵入侵,南渡避难,是赫赫有名的太宗皇帝后裔,名副其实的帝皇后代,多少皇亲国戚的名门千金做梦都想嫁给汝愚大少爷哩!这玉莲姑娘父母双亡是个孤女,除了模样儿长得好看,门不当户不对的,哪里配得上汝愚大少爷啊!大少爷喜欢她,是她前世修来的福气。这姑娘若是老身的女儿,我睡梦里头也会笑醒哩!你看我只顾说话,把替少爷们买新鲜鱼的事给忘了!"说罢忙起身拎了篮子匆匆出门。

张妈刚走,赵善应就兴冲冲进来,见夫人满脸笑容,就笑着问道:"夫人这么开心,在想什么呢?"

晁夫人笑道:"为妻刚才跟张妈说起我们生了四个儿子,就缺个闺女。你猜张妈怎么说来着?"

"她怎么说?"

"她说老爷从青墩镇带回个人见人爱天仙般的美女,胜过自家的亲闺女。"

"这姑娘是不错,可她是同窗好友李苏卿的独生女儿。"

"如今她父母都不在了,老爷救她回来,收留在身边朝夕相处,她异常感恩,对我们如此孝顺,不就是胜过亲闺女吗?"

"夫人说的是。"

"刚才汝愚儿来求我呢。"

"汝愚这孩子从不轻易求人,今天破天荒求你,可见他对这件事有多重视。他求你什么事?"

"请我恳求你让玉莲姑娘到学馆读书。"

"学馆里全是男学生,她一个女孩儿家诸多不便。再说,我若开了这个先例,人家都把宝贝女儿送来学馆读书,怎么办?"

"这事容易,学馆是我赵家开的,他们都是寄读生,有什么资格看样学样,再说你是先生,让玉莲读书还不是一句话的事?"

"玉莲毕竟不是亲闺女……"

"她虽不是亲闺女,可是你我的干女儿啊!自家开学馆让干女儿读书难道不能优先照顾吗?这叫近水楼台先得月!"

"夫人说得不错,赵家的学馆赵家有权做主。更何况玉莲姑娘锦心绣口,绝顶聪明,相貌又这么好,可惜因逃难中父母双亡,耽误了学业——要是她上过学馆该有多好!"

"张妈也这么说,学馆是自家开的,只要老爷答应,周先生绝不会有啥异议。老爷,你只要事先和周先生说明,学馆破例只收我家一个干女儿,其余一概不收就是了。至于读书,这孩子这么聪明,老爷更用不着担心了!"

"咳咳……看来不光汝愚这孩子喜欢玉莲,咳咳……夫人你也疼爱得不得了呀!"

"老爷,你的哮喘病又发作了,快请个郎中来瞧瞧!"

"没事,为夫近日为门生批阅文稿接连熬夜受了风寒……咳咳……"

"你咳嗽得这么厉害还说没事!我马上吩咐赵兴去延请郎中!"

"夫人别兴师动众,若让赵兴去延请郎中来府上诊治,被汝愚这几个孩子知道了要为我熬药服侍,会影响他们功课的。我今天上午没课,自己去县城诊斋诊治诊治算了。"

"不行,我叫赵兴陪你去!"

"好,千万别让汝愚他们知晓!"

"我悄悄去吩咐,你放心好了。"

"多谢夫人!"

三

才巳时时分,学馆已坐满了人,有的在聊天,有的在和学友一起分享从家里带来的好吃的水果糕点,有的在埋头抓紧温习功课,还有的三五一组在讨论着如何修改昨天周先生布置的命题文章……

这时候,周耀祖背了书包懒洋洋地走进门来,没精打采地把书包往课桌上一扔,坐在座位里只顾吃自己喜爱的零食。同桌金小宝嘴馋,一见就走过去套近乎:"耀祖学哥,你今天怎么这个时候才来?"

周耀祖愁眉苦脸地说:"昨天先生布置的文章我没写好,挨了爹爹一顿臭骂,天刚蒙蒙亮就在家里补写呢!"说着将一大把零食递给同桌品尝。

金小宝吃了一会儿零食,笑问道:"学哥往日开开心心的,今朝怎么如此愁眉苦脸,没精打采?"

"气死我了!"周耀祖把拳头握得紧紧地在课桌上狠狠一击道,"被倒霉的事给气的!"

金小宝抓了一大把零食问道:"什么倒霉事把你气成这样?"

周耀祖气呼呼地说:"我爹说,今日学馆内要来一个女学生。我一听很不是滋味,就问我哥,我们学馆向来只收男生,不收女生,是清一色的'和尚班',怎么这次收起'尼姑''师太'来?我哥说,学馆是人家开的,人家要收我们无权干涉!"

"我倒有个好法子,管叫她今天报到,明天就溜之大吉!"

"是甚法子这么管用?快说给本少爷听听。"

"你附耳过来。此事只要你我配合默契,如此如此这般这般……"

"好,我听你的。嘘,做好准备,那'小尼姑'来了!"

金小宝抬头朝馆外一看,只见赵汝鲁领着一个妙龄美女笑盈盈走进学馆大门,他赶紧搬了只凳子在必经通道上坐好,待前面的赵汝鲁走过,那陌生女孩子出现在面前时悄悄飞速把脚朝外一伸,向上猛力一钩,"啪嗒"

一声那漂亮女孩跌倒在地,羞得粉脸儿红到了脖子边。她爬起来一看,见有人捉弄自己,"嗖"地一脚把金小宝踢了个仰面朝天。

金小宝疼痛难忍,做梦想不到那新来的"小尼姑"如此厉害。咬咬牙爬起来破口大骂:"我们学馆从不养狗,今日哪儿来的雌狗发情用脚踢我?!"

学友们听了先是一愣,循声一瞧,都忍不住"哈哈哈"捧腹大笑。

赵汝鲁见金小宝竟然在众目睽睽之下用脚使绊子让义姐摔跤出洋相,又讽刺嘲笑,气得满脸通红,勃然大怒,心想,好你个矮胖子金小宝,学馆是我家开的,我爹因你父亲苦苦哀求才让你这小子免费做寄读生,谁知你不但不知恩图报,还当众欺侮我义姐,我岂肯饶你!他把双眼一瞪,悄悄疾步飞奔过来,从背后揪住金小宝猛力一拖一拉,金小宝"啊呀"一声惊叫跌了个仰面朝天!抬头见是赵汝鲁,眼睛一瞪破口大骂:"好你个赵汝鲁,吃了熊心豹子胆,竟敢欺侮我金大少爷!"他挣扎着爬起还没站稳,"呼"的一下又被对方飞来一脚踢倒在地,跌得疼痛难忍。金小宝自出娘胎从未吃过哑巴亏,如何咽得下这口恶气,恨得牙齿咬得咯咯响,大叫一声:"赵汝鲁,本少爷跟你拼了!"攥紧拳头朝赵汝鲁猛扑过去。

"我叫你无端欺侮我姐姐!"赵汝鲁边骂边攥紧拳头"呼呼呼"雨点般朝金小宝身上猛揍。金小宝被揍得鼻青脸肿,遍体鳞伤,心想,今朝冤家遇着个死对头,我在众学友面前坍台,今后如何在学馆混日子?想到此,他用吃奶的力气"嗖嗖嗖"举拳对准对方胸口连揍三大拳。谁知赵汝鲁灵活得像个猴子,居然左躲右闪汗毛未伤一根!金小宝一拳打了个空,因用力太猛"啪嗒"一下又跌了个"饿狗吃屎",还被重重踩上一脚动弹不得,痛得"哇哇哇"杀猪般号叫!

李玉莲见如此闹下去非出事不可,就顾不得男女有别,慌忙过去劝说赵汝鲁:"三弟,别打别闹了,爹爹他们来了……"

李玉莲话还没说完,赵善应早已出现在门口道:"谁在胡闹?"

见赵先生来了,大家都耷拉着脑袋争先恐后坐好,吓得大气也不敢出。

众人循声望去,只见满脸怒容的赵善应带了汝愚、汝拙、汝口正气呼呼地站在面前,急忙吐吐舌头坐好看热闹。

赵善应走到汝鲁面前，厉声斥道："好你个赵汝鲁，如此不争气，一早来学馆不好好温习功课，和金小宝胡闹打架，那还了得！"伸手揪住老三，举拳猛打，"我叫你再胡闹！我叫你再胡闹！"

赵汝愚急忙上前劝解："爹爹息怒，三弟从不和人打架，今日必有缘故，问清楚了再打不迟。"

赵善应想想大儿子说得也对，老三汝鲁一向在学馆循规蹈矩，从没和学友吵架红过脸，今日如此怒冲冲猛揍金小宝，定是受了什么委屈。想到此，他气呼呼地问道："汝鲁，你为何欺侮学友金小宝？"

赵汝鲁急忙申辩道："我陪姐姐来学馆读书，金小宝故意当众用脚绊倒她，让她出丑，引得大家哄堂大笑，我忍无可忍才教训他……"

赵善应问道："金小宝欺侮玉莲是缺德，你动手打他对吗？"

赵汝鲁低着头道："孩儿知错了。"

赵善应回头质问金小宝："人家新同学第一天来学馆报到，循规蹈矩，碍你甚事，为何搞恶作剧欺侮她？"

"我……"金小宝耷拉着脑袋话到唇边又咽了回去。周耀祖忙用脚悄悄对他一踢，又朝他使劲眨眼睛，示意同桌大胆说出原委，金小宝就犹豫了一下斗胆说道，"是她自己不小心踩了我的脚，才跌倒的……"

李玉莲余怒未息，见对方如此说谎忍无可忍怒斥道："你胡说，你见奴家走过故意扬起脚，突然钩我摔跤！"

赵善应冷笑道："金小宝，铁证如山，你还想抵赖？"

赵汝鲁有理不让人："金小宝，我姐姐初来乍到，你为何要搞恶作剧欺负她？"

金小宝理屈词穷，低着头说："我们学馆全是男学友，今朝来了个女学生……我最讨厌女学生，行动举止扭扭捏捏，说话羞羞答答、婆婆妈妈，才用脚……"

赵善应见金小宝低着头不再言语，就朝他笑笑问道："你从没见过这位女学友，怎么知道她行动举止扭扭捏捏，说话羞羞答答、婆婆妈妈？再说，你凭什么最讨厌女学友？"

金小宝轻声嘟囔说："学馆读书是男孩子们的事，女孩儿在家不好好做针线活，来学馆瞎凑什么热闹？你们大人不是常说，男女有别，男女授受不亲。今天学馆来了个女学友，日后要注意礼节，事事避嫌讲规矩……我、我不欢迎！"

杨锡虎点点头说："小宝学友说得不错，往后天天这样麻烦死了，我也不欢迎！"

赵善应笑道："金小宝、杨锡虎，你俩都是寄读生，管得是不是太宽了？"

金小宝急忙分辩说："我……不喜欢姑娘家……"

杨锡虎低着头说："我也讨厌女学友！"

赵善应两眼朝金小宝、杨锡虎狠狠瞪了一眼，大声问道："金小宝，杨锡虎，你俩一唱一和，一个说不喜欢姑娘家，一个说讨厌女学友，是不是有点太霸道了？"

"这……"杨锡虎想分辩一时想不出好理由。

"我是说……"金小宝面对严师厉声质问心里发慌，朝周耀祖投去求援的眼神，见他用手使劲指自己的头脑，早明白其意思，灵机一动低声说，"我们男孩子在学馆读书这么长时间了，她一个姑娘家今日才来，要是脑子不好使，日后跟不上大家，会丢您先生脸的。"

杨锡虎听后犹如捞到了救命稻草，立即附和说："我也是这个原因！"

赵善应用严厉的目光扫了周耀祖一下，回过头来用手指指自己的面孔对金小宝、杨锡虎说："你俩担心丢先生的脸，说得好冠冕堂皇！谢谢你们时时刻刻为先生着想！我很纳闷，你们从未见过李玉莲，怎么晓得她学业跟不上大家？女同学也是人，你俩凭什么剥夺她读书的权利？告诉你，先生这张老脸皮厚得很，不怕丢人，倒是你们自己留心点，日后要是学业不及新来的女学友才矮人三尺丢脸呢！"

"这……"杨锡虎理屈词穷。

"我……哼……"金小宝昂首挺胸不服气。

赵善应见金小宝不服气，走到他面前意味深长地说："男孩子与女孩子谁聪明谁能干，不是你金小宝、杨锡虎说了算。俗话说，事实胜于雄辩。不服气是不是？那好，在座同学眼睛都雪亮，请大家做监考官，到时看谁交金卷，谁交银卷、铜卷。我不说了，接下去上课。今天请大家说说，本朝有哪几个爱国爱民的巾帼英雄？"

周光宗不假思索率先举手答话:"杨家将的穆桂英。"

赵汝愚站起来说:"击鼓战金山的梁红玉。"

李玉莲举手道:"破西夏的杨门女将。"

金小宝见新来的李玉莲竟然胆子这么大,第一天就抢在自己前面举手回答,见赵汝鲁又朝他投来得意自豪的目光,心中顿时燃起熊熊妒火,面孔涨得火红,急忙站起来答道:"还有替父从军的花木兰……"

没等说完,大家"哈哈哈"捧腹大笑。

杨锡虎站起来张嘴想说,见学友受到嘲笑很尴尬,心一虚话到唇边咽了回去,赶紧坐下。

金小宝很不服气,大声质问:"你们笑什么笑?花木兰女扮男装替父从军,杀得敌人屁滚尿流,闻风丧胆,从此不敢侵犯我们中原,这是记载史册铁的事实,难道花木兰称不上巾帼英雄吗?自己孤陋寡闻,还自作聪明嘲笑别人!"

赵汝鲁忍不住冷笑道:"自作聪明的是你金小宝。花木兰明明是北魏太武帝年间,大漠的柔然国起兵犯境,花父因年事已高不能出征,花木兰女扮男装替父从军,击退敌军。你张冠李戴瞎说是我朝发生的故事,请问金大学问家,你不懂装懂,脸红不脸红?"

"你……这……"金小宝羞得无地自容,耷拉着脑袋悄无声息。

赵善应频频点头道:"赵汝鲁说得对,我们以后对自己不太清楚的历史人物或有关知识,不要急于发言,应先仔细查查史料或请教别人,搞清楚了再说,免得闹笑话。下面,请刚才发言的学生再讲讲你所说的巾帼英雄的故事好吗?"

一向瞧不起女性的周耀祖笑道:"赵先生,我从小崇拜男英雄男将军,不喜欢女英雄女将军,故事我听大人说过,可我不感兴趣不想讲。"

杨锡虎听好友周耀祖大胆说出自己的心里话,异常感激,连忙附和:"我也知道好多女英雄,因丝毫不感兴趣,也不想说!"

赵汝鲁朝李玉莲使劲使眼色,示意她先讲,谁知义姐连连摇头,他就站起来推荐说:"我姐姐人称'故事大王',大家欢迎她先讲,好不好?"

众学友齐声鼓掌道:"对对对,欢迎新学友李玉莲先讲《杨门女将破西夏》的故事。"

赵汝愚朝李玉莲接连投去鼓励的目光。李玉莲点点头,"嗖"的一下站起来朝大家把手一拱说:"学友们如此信任我,那我就抛砖引玉了。这个故事说的是我朝仁宗年间,西夏王文兴兵犯境,三关总兵杨宗保出征御敌,中埋伏不幸中毒箭以身殉国。三关无将,焦赞、孟良进京搬兵。老令公杨业和七个儿子不是战死沙场,就是失落番邦杳无音信,遁入空门做和尚。杨家只剩下几个寡妇,闻讯西夏大军乘胜长驱直入,眼看京城汴梁危在旦夕,朝中无大将挂帅出征,仁宗急得忙召集满朝文武百官商议退兵之策。众大臣山呼万岁后,仁宗问道,不想西夏贼兵如此猖獗,众位爱卿速速为寡人出谋划策!王辉出班奏道:'臣奏万岁,我朝连年征战,兵微将寡,国库空虚,纵然再战,未必取胜。依臣之见,不如暂时求和,以保万全。'仁宗皇帝听了犹豫未决。寇准丞相一听急忙出班奏道:'万岁呀,苟且偷安,乃误国之道,万万使不得啊!'仁宗皇帝问道:'那依卿之见如何?'寇准奏道:'依臣之见,速发大兵,解边关之围。'王辉见仁宗拿不定主意,赶紧奏道:'臣启奏万岁,如今贼兵锐气方张,难于力敌,倘若一败再败,大局不可收拾矣!'寇准当即反驳道:'万岁休听王大人一派误国之言。我朝自有挂帅领兵之将,万岁速速下圣旨一道,我愿领旨替陛下招来!'仁宗皇帝大喜,立即拟写圣旨交于寇丞相速去寻访挂帅之将。

"却说寇准丞相带了祭品和王辉前去杨府代皇帝祭奠杨宗保亡灵。柴郡主和老太君佘赛花以国家利益、百姓安危为重,毅然答应挂帅出征。

"主和派王辉贼心不死,撺掇仁宗皇帝校场比武决定挂帅之人,皇上准奏。王辉命儿子王翔前往校场抢夺帅印,结果被杨文广一刀劈死!宋仁宗命佘太君挂帅率领大军出征御敌。于是年已百岁的佘太君率领十二寡妇和女儿杨金花、孙子杨文广和烧火丫头杨排风挂帅出征。王辉为报杨文广刀劈儿子之仇,私通西夏,欲借王文之手使杨门女将全军覆没……

"佘太君率领杨门女将首战告捷后,王文凭借葫芦谷天堑坚守不战,妄图用拖延之计使宋军粮尽兵乏时,再突然出击全歼宋军。佘太君识破敌人诡计,黉夜巡视,见飞龙山峰高万丈直插云天,葫芦谷陡峭悬崖难于登攀,经采药老人指点,从后山攀登栈道,出奇兵袭击西夏王驻地,火烧葫芦谷,大败西夏贼寇。班师回朝之时,佘太君用铁的事实揭露王辉里通外国的卖国罪行。仁宗勃然大怒,当即严惩吃里扒外的奸贼王辉,重赏佘太君等杨门女将。"

"讲得好！"

"说得妙！"

李玉莲声情并茂的《杨门女将破西夏》故事，赢得在座学友齐声喝彩。

周光宗忍不住竖起大拇指夸道："李玉莲学友简直像个说书的先生，你这本领是跟谁学的？也教我一招如何？"

赵汝鲁自豪地说："我姐姐跟她爷爷学的。"

周光宗惊讶地问："李玉莲爷爷会说评书？"

赵汝鲁笑道："这你就不知道了。我姐姐出身评话世家，她爷爷当年在老家余干说评书，超过'金嗓子'楼少波哩！"

此时的周光宗，对新来的李玉莲简直佩服得五体投地，刮目相看。但对赵汝鲁用充满自豪口气介绍义姐出身评话世家很反感，忍不住讥讽道："赵汝鲁，你姐姐李玉莲讲故事如此本事了得，你也大沾其光，我向你祝贺。可我很纳闷，你出生在洲钱，怎么晓得你义姐的爷爷说评话超过江西'金嗓子'楼少波呢？是未卜先知吗？"

"哼！"赵汝鲁气得咬牙咧嘴。

"你……"李玉莲羞得满脸绯红。

赵善应见此情景，站起来朝周光宗笑笑说："周光宗，你不相信也不能用讥讽的语气对学友说话，这没礼貌。在老家发生的事你们年纪小都不知道，让先生来告诉你们吧。当年李玉莲的祖父，和我爹爹是同窗好友，又是楼少波的得意门生，人称评话界'五虎大将之首'！"

周光宗吐吐舌头道："原来如此，怪不得李玉莲故事讲得如此绘声绘色！"

赵金贵也肃然起敬，站起来笑道："我们大家向楼少波再传弟子的玄孙女学习！"

众人一齐鼓掌。

见大家对新学友李玉莲刮目相看，赵汝鲁很得意，站起来大着嗓门说："我姐姐不但故事讲得有声有色，还琴棋书画样样精通哩！不信，请她弹一曲给大家饱饱耳福！"说完招呼大哥搬来一张瑶琴，走到李玉莲面前把手一摊，笑道，"请姐姐替学友们弹一曲我朝苏轼大诗人的《念奴娇·赤壁怀古》。"

有人建议说："光弹琴太单调了，汝愚学哥天生有个好嗓子，擅长歌咏，何不请他吟唱这首词凑热闹？"

周光宗点点头，"霍"的一下站起来大声说："大家用热烈的掌声欢迎李玉莲学妹操琴，赵汝愚学弟吟唱！"

众学友一齐使劲鼓掌邀请。

李玉莲盛情难却，搬了只椅子坐在琴前，伸出纤纤玉指抚弄起琴弦来。赵汝愚说声"献丑了"，把袖子一卷唱了起来：

大江东去，浪淘尽，千古风流人物。故垒西边，人道是，三国周郎赤壁。乱石穿空，惊涛拍岸，卷起千堆雪。江山如画，一时多少豪杰。

遥想公瑾当年，小乔初嫁了，雄姿英发。羽扇纶巾，谈笑间，樯橹灰飞烟灭。故国神游，多情应笑我，早生华发。人生如梦，一尊还酹江月。

倾听那歌声，时而雄浑洒脱，悦耳动听；时而高亢激昂，鼓舞斗志；时而气势磅礴，震撼人心……欣赏这琴韵，时而犹如滚滚波涛，气势澎湃，奔腾向前；时而宛若惊涛骇浪，搏击江岸，轰鸣声震耳欲聋；时而仿佛山涧溪水，叮叮咚咚，缓缓流淌；时而活像悬崖瀑布，飞流直下，一泻千里……

学友们欣赏罢歌咏和琴声，一个个如醉如痴，沉浸在美妙的意境之中，都报以雷鸣般的掌声。

周耀祖也陶醉在歌琴的意境中，竖起大拇指赞不绝口："想不到李玉莲学姐瑶琴弹得如此高超绝伦，简直妙极；汝愚学哥的歌也唱得悦耳动听，沁人心脾！"

赵金贵惊讶道："我原以为新学友李玉莲容貌超群，琴技平平，想不到她多才多艺，故事讲得这样精彩绝伦，瑶琴又弹得如此悦耳动听，真是海水不可斗量，女孩儿居然超过我们堂堂男学生！"

赵善应笑道:"赵金贵说得对,今天我们听李玉莲讲故事和欣赏她操琴的事有力地说明:女孩子不比男孩子差,当今世上有很多女孩子在某些方面甚至超过我们男子汉。古代有个名人曾经说过:'堂堂须眉不及裙衩。'可能在座的有人要问,那么自古以来,女孩儿为何不能和男孩子一起读书?一起上京赴考?为何不能在朝为官?又为何不能从戎打仗呢?先生告诉你们:这都是几千年历朝重男轻女的缘故。我们可不能有这样的错误想法。在学馆内男女学友要一视同仁,平等友爱!"

李玉莲一进学馆读书,学业就出类拔萃,赵金花、赵银花和周婵玉知道后羡慕得要命,天天缠着父母要来和玉莲姐姐一道读书,可父母坚决反对,说什么自古以来只有男孩子才可上学读书,女孩儿只能在家学针线刺绣!赵金花表姐妹三个见父母反对进学馆读书就联合起来对抗,天天茶不思饭不吃,把自己关在房中装病。赵聚春和周明德见女儿一天比一天容颜消瘦,万般无奈,只好到赵善应家来登门求助。赵聚春一坐下就说:"贤弟,你侄女金花、银花和婵玉,吵闹着非来学馆读书不可,我们不答应就茶饭不吃把自己锁在闺楼。为了救她们性命,贱内和妹妹日日求我俩来请求。当初玉莲侄女进学馆读书,犬子和两个内侄捉弄她大闹学馆,我们自知理亏,原无脸来求助大哥……"

周明德红着脸低着头说:"我是执教先生,本不该来请求,可是舅嫂和贱内日日在我耳边嘀咕纠缠不清,被逼无奈才……"

赵善应笑道:"两位贤弟别不好意思了。我赵家学馆收女孩子既然开了先例,只要坐得下,再收几个不碍事。更何况是两位要好贤弟的千金,哪有不给方便之理?再说金花、银花、婵玉三位侄女进了学馆,玉莲有女学伴了,我父女俩正求之不得哩!"

赵聚春赶紧躬身致谢:"贤弟真是菩萨心肠,我先替小女说声多谢!"

周明德也一躬到底说:"赵贤弟的大恩大德,我周、赵两家铭刻肺腑,和小女来世做牛做马也要报答!"

赵善应笑道:"你是执教先生,自己女儿进学馆读书岂有不照顾之理?我三家情同手足,区区小事何言报答二字?"

赵、周姐夫郎舅异常开心,回归府邸把赵善应一口答应之事告诉了家人,大家都开心得不得了。赵金花姐妹俩能和表妹婵玉一起读书了,兴奋得一夜没合眼。

次日一早，赵金花、赵银花姐妹俩背了书包来周家叫表妹婵玉，说说笑笑去学馆报到。

李玉莲也开心得不得了，和赵金花、赵银花、周婵玉天天在一起读书，一起切磋武艺。李玉莲爱使梅花枪，骑白马；赵金花爱耍錾金枪，骑白花马；赵银花喜用秀鸾刀，骑桃花马；周婵玉酷爱梨花枪，骑枣红马。赵、周三位佳人，容貌天姿国色，人绝顶聪慧，进学馆虽比李玉莲晚了一载，因聪颖过人领悟快，加上求学心切发奋努力，在学姐的悉心指导下，争分夺秒练武数月，不但学业好得出奇，且武功练得也不错，枪法精通，弓马娴熟。

收纳女学生一开口子，洲钱几十家街坊邻居的女孩都请父母来请求入馆读书习武，赵善应都一一接收，把她们落下的功课，学文交给大儿子赵汝愚悉心补习，练武则交给义女认真指导。

李玉莲如教官一般严格要求新学友，利用一切课余时间悉心教练。新学友因学姐不辞辛劳，认真指导，异常感激，个个勤学苦练，进步都很快。罢课归来各自在家利用晨昏片刻空闲抓紧习武。没多久，俱刀法精通，弓马娴熟。一向对义姐异常敬佩的赵汝鲁，得知后按捺不住内心的狂喜，在一次请安时将这一喜讯告诉了父亲。赵善应开心得合不拢嘴，但细细一琢磨，笑容顿失紧皱眉头，心想，这新来的十多个姑娘天赋寻常，学武只短短两个月竟有如此长进，老夫在江西任兵马都监多年，教练过各种有天赋的男子不计其数，几曾见过这般一学就会的优秀门生？莫非汝鲁偏爱义姐故意哄骗我……想到此怒形于色，朝儿子狠狠瞪了一眼。善于察言观色的赵汝鲁，见此情景忙借故拱手告辞，满腹委屈回到自己书房内寻思一计，悄悄去敲开义姐房门，和李玉莲一番耳语后乐得拍手叫绝……次日明月高挂时，赵善应正在书房内研读兵书，突然听到震耳欲聋的喧闹声，异常蹊跷，忙掩上书卷走出书房，循声来到后院。只见梅花亭畔的梅树上挂着十多盏明晃晃的灯笼，下面围了一大圈凑热闹的街坊邻居，中间站着一身戎装的义女李玉莲，把小红旗一挥，"表演刀枪开始"！一声喊，姑娘们都披挂上阵，"呼呼呼"耍弄起自己心爱的武器来。顿时金蛇飞舞，银光闪耀。"好！好！好！"围观者一齐喝彩。

姑娘们舞弄罢刀枪，李玉莲道："接下去表演骑射！"一声令下，树丛后走出一位肩背弓箭的妙龄佳人，只见赵金花替她牵着一匹高头大白马，有人认得是赵家闺女赵桂英。那赵桂英接过学友手中的马缰绳，朝围观的人群双手一拱说声："本姑娘献丑了！"纵身飞上马背，扬起鞭子一抽，大白马"嘚嘚嘚"扬起四蹄朝院子四周飞奔。绕了三圈后，那姑娘"吁"一声喝住座下马，左手持弓，右手取箭，对准大梅树上的小白圆环"嗖嗖嗖"连发三箭。"不得了，箭箭穿过环孔！""好！好！好！"围观者齐声喝彩。接着，金美娟、李杏花、沈玉英、张月娥依次轮番上场，骑射功夫一个比一个了得。最后一个出场的是身材瘦小名叫赵丽萍的文弱姑娘。人群中有人窃窃私语："听说这姑娘因她母亲南渡时动了胎气早产先天不足，从小体弱多病，人称'病秧子'，今晚也来参演？"围观者听了都替她捏一把汗。躲在暗处正瞪大眼睛喜滋滋观看的赵善应，暗暗替她揪心：玉莲今晚怎么啦，居然让一个"病秧子"参加表演？要是摔伤了我如何向她父母交代？想着急忙挤出人群，伸开双臂准备随时救护……只见赵丽萍飞身跃上马背，熟练地驾驭座下枣红马绕院子三圈后，"吁"一声在亭前喝住马，一手紧握宝雕弓，一手从背后取出数支雁翎箭，"嗖嗖嗖嗖"连发四箭，居然支支穿过环孔！在场观众惊讶之后鼓起雷鸣般的掌声。赵善应开心得把手掌都拍麻了，以为自己看错了，揉揉双目仔细辨认，丝毫不错，正是自己才收不到一个月的新门生赵丽萍！

"请诸位让一让！"周永泉使劲挤出人群，疾步来到赵善应面前拱手笑道，"做梦想不到赵春龙自幼体弱多病的小女儿，如今一进赵先生学馆就变成骑射高手，真是名师出高徒，祝贺！祝贺！"

"周店主谬夸了，自古天道酬勤，我学馆今晚展演喜获成功，是我义女玉莲指导有方，这几个新门生勤学苦练之结果！"

周永泉急忙摇手道："赵先生休得过谦，周某当年经商走南闯北阅人无数，若无你这样善于教诲的名师，纵然有天资聪颖的门生，也不可能都成为如此优秀的高徒！你好友聚春、明德两家的公子不是最好的例证吗？"

"永泉侄儿说得对，赵先生你太谦虚了！"一位满头银发拄着拐杖的张长根老汉，在一位妙龄少女搀扶下颤巍巍来到赵善应面前，把双手一拱笑道，"赵先生，老朽有话不知当讲不当讲？"

赵善应忙说:"张老前辈有甚教诲快请讲,晚生洗耳恭听!"

张长根用手指着身旁的妙龄少女说:"我女儿远嫁无锡,十多年前遭金兵所杀,除这位外孙女儿被一勇士救护外,无一人幸免!老朽把她接来收养在身边。如今她已长大懂事,做梦都想进学馆习武,替含冤九泉的亲人报仇雪恨,请赵先生收下这可怜的孩子!"说着就要下跪。

赵善应急忙搀扶起张长根老汉说:"俗话说,父母之仇不共戴天。您外孙女儿有此孝心志气,我岂有不收之理?请老前辈明天一早送她来我学馆就是!"

张老汉感动得热泪盈眶,忙和外孙女儿一齐躬身施礼道谢:"谢谢赵先生!""谢谢赵先生!"

四

转眼已是盛夏,火辣辣的太阳像个大火球炙烤着大地。孩子们口渴难熬,有的吃带来的水果,有的一下课就"咕咚咕咚"忙喝茶水,有的干脆去河埠头喝生水……

老太爷赵不求,因儿子无意中搭救了孙女李玉莲,又让她进学馆读书,四个孙子学业大有长进,在馆内出类拔萃,一开心,身体也好多了。一日突发奇想,拄了拐杖来客厅对儿子说:"善应儿,为父见汝愚、汝拙、汝鲁、汝口四个孙子读书一个比一个用功,一麟和玉莲又异常聪明努力,为爹我心里比得了万两黄金还要开心,想在有生之年为孩子们做点事。"

赵善应忙劝说道:"爹您上了年纪,还是颐养天年多享清福吧。教育孩子有我和周明德呢!"

赵不求听了很生气,用拐杖使劲敲打着地坪砖:"你开口颐养天年,闭口多享清福,嫌为父年纪大不中用了是不是?老古话,饭后百步走,能活九十九。你爹还想看到玄孙哩!我一天到晚闲得慌,享清福享清福,迟早'享'出病来!"

赵善应解释道:"爹爹身体才康复不久,孩儿怕您一劳累会旧病复发……"

赵不求异常生气,大声说:"会旧病复发?你想咒死爹?"

"老爷，你怎么如此跟爹爹说话，太目无尊长了！"晁夫人手托茶盘出来，赶紧数落丈夫，笑着耐心劝道，"公公的脾气，一旦决定要去做的事，你即使用十头牛也拉不回来。依妾身之见，还是依了公公吧。若再固执，他老人家病体刚康复，禁不起这么气恼的！"

晁夫人见赵善应不吭声，连忙转身对赵不求笑道："请爹爹喝茶消消气，您想替孩子们做点什么好商量……"

赵不求接过茶碗转怒为喜道："还是儿媳妇孝顺，晓得爹的心思。"

赵善应忙起身赔笑道："是孩儿太任性了，好好好，就依爹爹。不过，爹爹您别太劳累了，费力气的活让赵兴去干。"

赵不求喜道："这话中听，好，就一言为定！"

从那天起，不管烈日炎炎的盛夏，寒风呼啸的深秋，还是雪花纷飞的严冬，赵不求只要自己身体健康状况许可，就坚持待在学馆里转悠。有时趁孩子们下课到外面玩耍去了，赶紧翻阅他们的文稿，读到精彩处忍不住拍案叫绝，眉开眼笑，忙提笔在文后写上几句鼓励的话。若瞧见下笔千言离题万里的劣文，就频频摇头皱眉，嘴里不住嘀咕："这样下去可不行，孩子们将来都要参加童子试、乡试、会试、殿试四关，不会作文、赋诗、对对联，怎么能取得功名呢？"当晚再三要求儿子让他给孩子们补补如何写文章、作诗、对对联的知识。

赵不求做事雷厉风行速战速决，儿子一默许，第二天就去学馆给孩子们讲课。

这天上午，赵不求教孩子们如何对对联。为了证明自己身体硬朗，故意不用拐杖步行到学馆。几个孙子要搀扶他，他唬着脸说："爷爷身体好着呢，别来瞎掺和！"

见爷爷迈着矫健的步履走上讲台，赵汝拙等带头使劲鼓掌。

只见赵不求用手捋捋胡子，笑道："听赵、周两位先生说，你们学文习武都很用功，学文比谁勤奋，个个聚精会神听先生讲课，学业都日见长进，罢课回家，做到珍惜寸阴，博览群书。有的文章写得很不错，可对对联就不像话。你们今后参加童子试、乡试、会试、殿试，都要考对子，因此非学会不可！俗话说，有备无患！"

"今天，我和大家一起切磋怎样对对联。我们来个竞赛，看男门生对得好,还是女门生对得妙!"

男孩子听说赵不求老先生要传授对对联的学问,且进行男女生比赛,异常感兴趣,个个摩拳擦掌,暗暗发誓非超过女学友不可。赵银花见此情景甚是着急,连忙凑过头去压低声音对表妹说:"男学友联合起来要打败我们,我们人少怎么办?"

周婵玉笑道:"赵老太爷刚才说,比哪一方对联对得好对得妙,又不是比人多,表姐你慌什么?"

赵银花点点头:"表妹说得对,老话说'打仗不在于兵马多,在于参战者智勇双全!'"

李玉莲听了,朝她俩投去赞许的目光。三位女学友的举动被赵金贵瞧了个一清二楚。他走到妹妹面前故意问道:"妹妹你们在嘀咕什么?想联合起来让我们男学友灰溜溜下不了台,是不是?"

赵银花急忙分辩说:"我是说,你们人多,又都是才子智囊,我们哪敢跟你们比呀,我们只有洗耳恭听呗!"

赵金贵用手指指二妹的鼻子笑道:"鬼丫头,我是你哥哥,你的花花肠子有几个弯我还不清楚?"

赵银花也不示弱,冷笑道:"你既然知道得这么清楚还问我,是不是心虚害怕了?"

赵金贵把双拳一举冷笑道:"我们都是堂堂男子汉,怕你们鬼丫头是小狗!"

"肃静!请大家肃静!"赵老太爷喝了几口茶朝门生扫视了一下,清清喉咙说道,"所谓对联,俗称对子,雅称楹联、楹帖,起初是悬挂或张贴在客厅墙壁和楹柱上的联语。用生动简洁的语言文字描摹人间的客观事物,表达思想、情趣和爱憎等的一种特殊的艺术形式。我们中国的文字字形方正,音节优美,声调和谐,能形成两两相对和形式工整协调的对子。对联,它常常用古典艺术语言和修辞手法,甚是典雅、精辟、优美。表现手法也多种多样:有的抒情寓意,有的咏物言志,有的扬善抑恶,有的状物写景,将传统的书法糅合到一起,二者交相辉映,使其更显得神采飞扬,引人入胜……

"下面我来讲如何拟写对联。写对联有它特殊的要求,就是体现在一

个'对'字上。一副对联,都由上下两个句子或两组句子组成,右边的为上联,左边的为下联。对对联有以下几个讲究:

上下联必须句数、字数相等,节奏一致。

如我朝苏轼与黄庭坚对的对联:

松下围棋,松子每随棋子落。
柳边垂钓,柳丝常伴钩丝悬。

要平仄相合,音调和谐。
如苏东坡的巧对:

三光日月星,
四诗风雅颂。

要词性相对,句式相同。
如落款佚名的对子对道:

蝉以翼鸣,不啻若自其口出。
龙将角听,谓其不足于耳欤。

还要内容相关,上下衔接。
如一位无名氏的对子:

鹊噪乌鸦,并立枝头谈祸福。
燕来雁往,相逢路上话春秋。

"下面考考你们,我出上联,你们对下联,看谁才思敏捷,妙句惊人。"说毕转身命赵汝愚磨墨。拿起笔来在纸上"沙沙沙"一挥,挂在讲台上方墙上。众人抬头看时,只见上联写道:

松声、竹声、钟磬声，声声自在。

　　仔细揣摩，乃写景之叠字联，续写下联难度颇高。门生个个低头沉思，整个学馆静得连轻微的呼吸声都能听见。正在此时，只见赵汝愚灵机一动，"霍"的一下站起来从容对道：

　　山色、水色、烟霞色，色色皆空。

　　赵不求听罢频频点头，心想，吾的上联写一处佛寺的环境，宝贝孙子对的对子，紧扣吾的上联，景色突出山中佛寺的特征，其意境更胜吾一筹，堪称佳句天成妙手偶得也！心里一高兴，精神一振，略一思索又拿起笔来一挥而就，伸手将上联挂在墙上。

　　弟子们抬头看时，只见上联拟的是：

　　雨打沙滩，成一渚，沉一渚。

　　大家正在苦思冥想，李玉莲起身说出下联：

　　风吹蜡烛，流半边，留半边。

　　赵不求当众点评道："李玉莲的下联于风吹蜡烛之形，刻画至微至精，允为巧对。李玉莲进学馆才寥寥数月，能对出此下联，可见其文学功底本来不浅，真不愧李丞相之后！"说毕朝李玉莲笑笑又出一联，云：

　　晚霞遍布，无烟野火却烧天。

　　周婵玉听了，不假思索站起来对道：

　　新月初悬，没线银钩能钓海。

赵不求异常满意，竖起大拇指夸道："老朽出的上联，景本寻常，构思却不赖。周婵玉对的下联，将新月比作银钩，平时若不仔细观察没有丰富的想象力，绝不能对得如此精妙。这丫头进学馆才一月，能对出这样好的下联，真令人刮目相看！"

周婵玉听了，嘴里虽说："老先生谬夸了，门生要加倍向您的孙女学习哩！"心里却开心得比吃蜜糖还甜，得到赵老太爷的夸奖，说明自己进步很快！

要强好胜的赵银花，见同桌才思敏捷，得到赵老太爷的赞赏青睐，多么荣幸！妒忌得要命，心想，我是她表姐，若一次都对不出岂不羞愧煞人！日后如何在众学友面前做人……对，非超过她不可！见金小龙用小指头点点她嘴巴，指指自己肚皮，又搔搔面孔，意思是你赵银花平时要强逞能喜欢议论别人，自己在关键时刻却做缩头乌龟，真是嘴尖皮厚腹中空，齐整面孔木肚肠……赵银花顿时气得两眼冒火，浑身发抖，心里思忖：要不是大庭广众之下，本姑娘早已飞奔过去挥拳打他个鼻青脸肿！赵金花见了，朝妹妹使劲摇手。赵银花装作没瞧见，低头侧耳倾听，手托香腮苦苦思索。

赵不求朝周婵玉满意地笑笑，眼睛一滴溜又出一上联：

刻烛刻龙，龙脑烛，烛尽龙飞。

赵银花搜肠刮肚脑子里仍是一片空白，急得额角上直冒虚汗。李玉莲见了于心不忍，悄悄朝她努努嘴，用手指指自己脚上穿的绣花鞋。赵银花恍然大悟，朝学姐投去感激的目光，"霍"的一下站起来对道：

绣鞋绣凤，凤头鞋，鞋行凤舞。

赵不求拍手道："老朽出的是顶针对，赵银花的下联源于平常生活，对得巧妙自然，胜吾一筹，佩服，佩服！"

坐在左首的周婵玉把大拇指朝表姐一竖，乐得赵银花心花怒放，秀脸笑得更灿烂。

赵不求见三位女门生个个都是锦心绣口,心里甜津津的,心想,不枉老朽一番苦心!喜滋滋又出上联:

北斗七星,水底连天十四点。

周光宗听罢,当即举手对道:

南天孤雁,月中带影一双飞。

赵不求听了嘴上不说,心里暗暗称奇,这周光宗才思敏捷不亚于吾大孙子。老朽三年前应好友之邀前往京都,两人相约夜游西湖,仰望北斗星倒映湖中,今朝才能出此上联。这小子未欣赏过西湖夜景,能对得如此精妙?走到他面前问道:"周光宗,你这下联是怎么对出来的?"

周光宗站起来答道:"回赵老太公,弟子去年秋天跟家父去临安,欣赏过西湖月景。"

赵不求摆摆手说:"你才思敏捷,对得精妙,你仰望空中孤雁,与吾的北斗星俱倒影湖中,相映成趣,妙极妙极!"夸罢满脸堆笑又出一联:

秀秀明明,处处山山水水。

学友们搜肠刮肚苦苦思索,一筹莫展,一个个急得抓耳挠腮,直冒冷汗。赵汝愚略一思索,挺胸站起来道:

奇奇好好,时时雨雨晴晴。

这个联语,写西湖景之叠字联,赵不求仿苏轼《饮湖上初晴后雨》诗"水光潋滟晴方好,山色空蒙雨亦奇"而作叠字上联,模仿得恰到好处。

赵不求品味后一笑,点赞道:"吾仿苏大诗人'水光潋滟晴方好,山色空蒙雨亦奇'出上联,尚称妥善,而赵汝愚对'奇奇好好,时时雨雨晴晴'回文比吾更佳。古人云:'文章本天成,妙句偶得之也。'对得妙极！"

周光宗听赵老太爷的点评，连连点头道："汝愚学友才思敏捷，下联对得高妙绝伦！"

此时，站在窗口窥视的赵善应见时候不早，父亲仍饶有兴趣孜孜不倦地在想上联，忙用手指指天上的太阳，摇摇手。赵不求会意，朝儿子点点头，转身总结说："今朝大家学对对联俱开动脑筋，已基本掌握技巧。按才思敏捷比，赵汝愚荣获第一名；照构思巧妙论，非李玉莲、周光宗莫属。全学馆男门生有三十六位之多，女门生只有四位，听了赵老太爷讲课当场能对下联的只有六位，而女门生居然人人都会，且一半对一半，应了古人说的'堂堂须眉不及裙钗'！"

金小龙很不服气，"呼"的一下站起来大声说："赵老太爷，刚才我看见赵银花急得搔耳挠腮额角冒汗，李玉莲学姐用手朝她一暗示下联就对出来了，这不算数！老太爷你的'堂堂须眉不及裙钗'结论是不是下得太早了，男女学友谁胜谁负下定论还不到时候。因此得重新比过！"

众男学友一齐嚷嚷："对对对，要重新比过！"

赵不求用手指指西边夕阳："今天已夕阳西下，即将夜幕降临，男门生不服气明天再比。今日就到此为止。"

第二日天气突变，朔风凛冽，纷纷扬扬下起鹅毛大雪来。因天气恶劣，赵善应劝父亲别去讲课了。谁知赵不求坚持要去，只好命汝拙、汝鲁搀扶着爷爷冒雪去学馆。

赵不求因连续授课劳累过度，加上天气骤冷受了风寒，不久就病倒了。赵善应忙延请郎中前来医治，无奈父亲年老体衰，药石无治，病势一天比一天沉重。赵善应只好告了假，和夫人一同嘘寒问暖，煎药熬汤，晨昏悉心服侍，寸步不离卧室。赵不求拖至大年三十深夜撒手仙逝！

赵善应想起爹爹南渡避难受尽风霜惊吓之苦，来洲钱定居后没过多少安逸日子，不顾年老有病坚持给孩子们讲课，终于熬成重疾抛下儿孙而去，哭得昏倒在地。众亲友好言相劝，都说生老病死乃人生必然规律，谁都无法改变，人死不能复生，请节哀顺变。赵善应夫妇点点头，只好多请和尚道士做功德超度父亲。秀州觉海寺的慧明禅师给外公做七七四十九天水陆道场。丧事毕，赵善应将父亲的遗体暂时安葬在院子后面的翠竹林里。

因连日劳累，赵善应的哮喘病又犯了，咳嗽得厉害。赵汝愚知道后，异常揪心，赶紧和赵兴雇了船去县城仁和堂延请来陈先生。诊断后开了两张方子。赵兴按方配来几十帖药，赵汝愚为父亲请了半个月假，亲自为其熬煎，晨昏悉心服侍。赵善应服了一个多月药，病情才好转，继续去学馆上课。

五

自那日听李玉莲讲故事、操琴后，全学馆的学友对才貌超群锦心绣口的李玉莲刮目相看。周婵玉和赵银花暗暗发誓，定加倍努力学习，像学姐李玉莲那样做个人见人爱的好女子。男学友不仅异常敬佩，有的还对李玉莲产生了爱慕之情，时常有事无事设法接近套近乎。人称"情痴"的周光宗和赵金贵，居然对李玉莲爱得死去活来，一日不见，如隔三秋。赵汝鲁暗暗替大哥捏把汗，生怕未来的嫂嫂被他人夺去，多长了个心眼设法偷偷盯梢。

两个"情痴"发现李玉莲每天第一个到学馆温习功课，也天蒙蒙亮胡乱吃了点东西就赶来报到，装着温习功课，偷偷饱览佳人秀色。二人在赵、周二先生讲课时心不在焉想入非非，头脑里全是李玉莲的芳容倩影。一下课等学友们离去，就迫不及待地跟李玉莲献殷勤，不是替她辅导作业，就是给她品尝好吃的。李玉莲甚是斯文规矩，低着头目不斜视，专心致志温习功课。两人见美人近在咫尺自己却束手无策，急得似万爪挠心乱糟糟，几次欲张口表明自己爱意，见人家如此端庄稳重，话到唇边只好咽回去……

转眼已是八月十五中秋佳节。周光宗心想，时间过得真快，眼睛一眨今日已是团圆节，几个表兄表姐早已订婚的订婚，成亲的成亲，来看望时都出双入对，可自己因爹爹只关心门生的学业，丝毫不把儿子的婚事放在心上！怨天怨地有何用？还是主动出击去争取吧！可是天天和心爱的美人在一起，自己却不敢说半句掏心窝的话……人家女孩子即使爱你爱得神魂颠倒，有哪个主动向心仪的男孩表明爱意的？漂亮的女孩子人见人爱，而我如此前怕狼后怕虎的，要是被别的学友托媒说亲抢走了，特别是被美男子赵汝愚爱上了——人家近水楼台先得月，李玉莲没爹没娘，婚事全凭干爹干娘做主，他只要早晚对父母一说，婚事立马就成；而自己爹娘唠叨的除了向汝愚弟那样用功读书就别无话说。俗话说，错过这个村就没那个店，机会一旦失去就再也没有了！别再犹豫啦，该出手时就出手，趁今朝中秋节千载难逢好机会，大胆主动出击，非把美人追到手不可……对，就是这个主意！周光宗好不容易熬到先生讲罢课放学，假装背了书包回家，在外面转悠等待时机……

那赵金贵读书智商虽不甚高，学业平平，但情商高得出奇。自从李玉莲第一天到学馆就一眼看中，暗暗下决心非把李大美人追到手不可！因自己各方面比别人矮了半截，人家才貌出众，先得创造个好条件再动手才有把握追到手，因此发奋读书，努力提升自身条件。近日来发现周光宗也暗恋着李大美人，心里一慌，就日夜盘算早日出手。突然发现竞争情敌要动手了，急得他如热锅上的蚂蚁——团团转，眉头一皱急中生智，装模作样温习功课，待在学馆内不走。

赵金贵把烧饼使劲一掰分为两半，把一半悄悄放在心爱的人面前，一边自己大口大口地吃着，一边两眼一眨不眨地注视着漂亮女学友，见对方全神贯注地温习着功课，灵机一动把她的课本抢在手中举得高高的，哀求道："玉莲，你做作业又温习功课，忙了一个多时辰了，我的芝麻烧饼松脆，又甜又香，快歇歇尝尝吧！"

李玉莲摇摇手笑道："金贵，请你别吵别闹，我刚才说过，不想吃。"

赵金贵眉头一皱，又心生一计，笑道："赵不求老太爷喜欢种梅花、桂树，汝愚哥哥家桂花盛开了，正香气扑鼻呢！今晚是中秋佳节，我陪你去他家院中桂花亭赏月观花如何？"

李玉莲一听对方醉翁之意不在酒，就假装没听见，对赵金贵抿嘴一笑，低着头只顾忙温习功课不言语。

赵金贵心想，女孩子大多对心动的男人羞羞答答不便表明心意，我得主动出击！想到此美滋滋地往外走，一跨出学馆门又回头瞧瞧大美人极不放心起来，人家李大美人口头不表态，我凭什么相信她心里答应我的请求呢？我来个临走再三关照，敲钉转脚才放心……想到此满脸堆笑甜甜地说："李大美人，我有事不陪你啦。今晚是一年一度的中秋佳节，天气又特别晴好，到时月明如昼，桂花馨香扑鼻，景色美如图画，好机会你千万别错过啊！记住今夜桂花亭见！"李玉莲见这呆子去而复回又唠唠叨叨没完没了，纠缠不清，怕被人瞧见产生误会，为了早点把他打发走，就回眸一笑点点头。赵金贵见美人嫣然一笑百媚生，心中狂喜，浑身骨软筋酥，那颗心"扑通扑通"快要跳到喉咙口了，忙把身子一躬到底甜甜地笑道，"李大美人，那……天黑桂花亭见，别忘了不见不散！"说毕走三步一回头，恋恋不舍地走了。

"哥哥，我和姐姐到处找你，原来你待在这里。"赵银花放学回家用罢晚餐不见哥哥的人影，和姐姐到处寻找，做梦想不到会在学馆门口遇到，早已夕阳西下了，他还一步三回头嘀咕着朝馆内张望，难道是天天在学馆读书还嫌待得不够，舍不得离开？走到门口朝内一瞧，一切都明白了，忍不住冷笑道，"今日太阳从西边出来了，我以为哥哥访友去了，原来在学馆内如此'用功'啊！"

赵金贵嬉皮笑脸道："嘻嘻嘻，二妹，你哥在忙着写先生留的文章……"

赵银花挖苦道："哥哥如此用功，将来定蟾宫折桂，我这个做妹妹的要大沾其光了！"

"妹妹你不能如此嘲讽哥哥！"赵金花转身对赵金贵笑笑说，"哥哥急起直追发奋用功，也不能饿着肚子不顾身体，刻苦用功靠日日月月，不靠一朝一夕！"

"还是大妹子说话中听，有规矩有道理，听了心里舒服。"赵金贵转身对赵银花说，"数你嘴巴尖刻，讲闲话指桑骂槐。自己天天念叨着要以玉莲姐为榜样，却不准我以汝愚弟作表率，小心回家找你算账！"

赵银花做个鬼脸笑道："我才不怕你算账哩！美其名曰'以汝愚弟作表率'，我看你醉翁之意不在酒，癞蛤蟆想吃天鹅肉！"

"你——"赵金贵被二妹一顿挖苦嘲笑气得浑身发抖，握紧拳头欲猛揍她。

"你打，你打！"赵银花昂首挺胸让哥哥打，见他把高高举起的拳头慢慢放下，冷笑道，"谅你也不敢打！"

"你再神气，我非打烂你的臭嘴不可！"赵金贵气得怒瞪双眼，朝赵银花厉声狂吼。

赵金花急忙走至赵银花面前佯装生气埋怨道:"妹妹,你今朝太任性太放肆了,说话如此尖刻充满火药味,难怪哥哥要生气。"转身拉着赵金贵的手笑道,"妹妹替二妹向哥哥赔礼道歉了,你宰相肚里好撑船,大量有大财,将来好运来!肚子饿瘪了吧,跟我们快回家用餐去!"说罢牵了赵金贵的手就走。赵银花自知理亏,在姐姐后面再也不好意思出声。

周光宗兜了一圈回来,远远瞧见赵金贵随两位妹妹匆匆离去,急忙飞也似的来到馆内,把一串又鲜甜又好看的水晶葡萄轻轻放在李玉莲面前笑道:"女秀才,忙碌大半天了该休息休息啦,吃几颗鲜葡萄吧。"

李玉莲见葡萄圆溜溜亮晶晶,散发出诱人的甜味,伸手扒了一颗往嘴里轻轻一嚼,果真鲜甜可口,简直甜到了心坎里。吃了几颗问道:"这葡萄甜津津味道不错,是你家栽的,还是街上买来的?"

周光宗笑道:"当然是我家栽的,买来的哪有这么新鲜!你若爱吃,我天天给你摘!"

李玉莲瞧瞧乐得脸如桃花的周光宗笑道:"不喜欢,偶尔尝尝而已。"

周光宗大失所望,不甘心又说道:"我家后院除了葡萄,还有黄澄澄好吃的柿子,红艳艳酸溜溜的石榴……"

李玉莲朝对方嫣然一笑,低着头道:"这些我也偶尔尝尝。干爹前几天每样买了十多斤,我早吃腻了……"

周光宗指着天空笑道:"今朝是中秋佳节,碧空万里,夜晚一定月光皎洁,景色如画。到时来请你到我家后院共赏明月、分享佳果如何?"

李玉莲笑道:"我干娘家的梅花阁、桂花亭景色才美如图画哩。"

周光宗笑道:"那……夜幕一降临我到你干娘家桂花亭,和你一起赏月观花如何?"

李玉莲朝对方莞尔一笑,埋头忙做作业。

周光宗抑制不住内心的狂喜,浑身上下暖烘烘胜似炭火,胸口那颗心"扑通扑通"直跳,急忙拱手朝碧空那轮明月虔诚作揖,默默祷告:值此花好月圆中秋佳节,月老助我遂了梦中夙愿,洞房花烛之夜定给您多烧几炉好香!正甜蜜蜜美滋滋俯身欲将心上人揽在怀中倾诉衷肠时,突然被"玉莲姐"一声惊叫吓得缩回了手,抬头定睛一看,原来是学弟赵汝鲁!

第六章　狂痴闹馆亭

"阖府人都在用膳了，母亲不见姐姐，命我赶来叫你！"赵汝鲁说毕伸手牵了李玉莲胳膊就走。

周光宗犹如被当头浇了一桶冰水，顿时从头顶冷到了脚背！心想，做梦想不到紧要关头会杀出个程咬金，把自己即将成功的美姻缘给搅成了泡影！这下糟了，千载难逢的机会一失去，就再也没自己的份儿了……眉头一皱计上心来，"噔噔噔"双脚鬼使神差般朝门外飞奔……

赵汝鲁听见脚步声回头一瞧，周光宗正呆呆地追来，气不打一处来："我和姐姐去用膳，你跟踪我们干吗？"

周光宗闻声一惊，面孔红到了脖子边，恨不得下面有个地洞飞速往内钻："你姐姐……忘拿本子了！"

李玉莲忙说："多谢学兄提醒，今晚不用，明天来取。"瞧见周光宗失魂落魄两眼发呆，心里"咯噔"了一下，想道，人家如此痴情，可自己……学兄你真是傻得既可爱又可怜！想到此朝他抿嘴一笑……

周光宗心里一阵狂热，望着李玉莲远去的倩影想入非非，抬头望望那轮皎洁明月，飞速进内把书囊往腋下一夹，美滋滋地迈开大步离开学馆。

待那轮大玉盘似的圆月高悬中天，乳白色的月辉洒满大地，把洲钱的一切染成一片银白色。赵家后院的梅枝倩影、桂花芳容，在阵阵秋风的吹拂下微微摇曳，更显得娇媚无比，馨香扑鼻，变幻莫测，格外诱人。

随着月洞门"呀"的一声开启，赵汝愚和李玉莲悄悄来到桂花亭内，坐在石凳上依偎着，说着悄悄话。英俊少男抬起头来朝万里苍穹望望，甜甜一笑道："时间过得真快，又是一年一度的中秋节了！"

李玉莲朝赵汝愚抿嘴一笑，异常温柔地说："是啊，我到你家快一年啦。"

"今夜天气真好，万里长空月明如昼，景色若画。"

"中秋佳节月色美，你府上的院子更美！别处不说，就说这桂花亭畔，枝叶碧绿绿，桂花金灿灿，柿子红艳艳，金橘黄澄澄……坐在亭内仿佛置身在瑶池仙境一般。"

"那边的梅花阁才名副其实呢，真正堪称'人在梅亭内，置身花海中'！一到寒冬腊月纷纷扬扬漫天飞雪时，举目大地百花凋谢，唯独梅花霜欺雪压不弯枝，迎风怒放花万朵，红太阳里笑迎春！"

"一说起梅花你诗兴大发,一定特爱梅花吧?"

"是的。我祖父一生酷爱梅花,在老家到处栽种,南渡来此定居,在这园中栽了十多株。受爷爷影响,我从小也爱傲雪盛开的梅花,作诗也爱咏梅。"

"你爱写咏梅诗,何不背一首给我听听!"

"好,你别见笑!"赵汝愚双手朝李玉莲深深一拱,摇头晃脑背了起来:

> 后院有梅花矗矗,
> 平生爱之看不足。
> 故人爱我如爱梅,
> 来共寒窗伴幽独。
> 纷纷俗子何足云,
> 眼看桃李醉红裙。
> 酒狂耳热仰天笑,
> 不特恶我乃憎君。
> 但令栽梅绕书屋,
> 梅里扶疏万竿竹。
> 相逢岁晚两依依,
> 好友冰清我如玉。

李玉莲听了笑容可掬,连声夸道:"好诗,好诗!字里行间洋溢着爱梅敬友之情!"

赵汝愚笑得更甜,朝心上人躬身一礼央求道:"玉莲,我背你赋,咱俩凑成一对如何?"

李玉莲眉眼笑得灿若明星:"那我班门弄斧了!"略一思索,吟道:

> 白絮漫天飞上空,
> 彻寒长夜静苍穹。
> 百花凋谢无觅处,

观月亭前独姣容。
　　雪压霜侵枝未屈,
　　巍然屹立郁葱葱。
　　昂扬怒放万千朵,
　　冷艳迎春傲朔风。

　　赵汝愚拊掌笑道:"我背诵一首陈词滥调,却引来一首绝妙好诗,真是抛砖引玉也!"

　　李玉莲粉脸绯红,娇嗔道:"我被逼无奈才信口胡撰几句顺口溜应付,你居然也夸好诗,如此嘲笑我不缺德吗?你看,连广寒宫的嫦娥仙子也躲进云层里去了!"

　　赵汝愚笑道:"那是嫦娥觉得没你美,才躲进云层的!"

　　李玉莲仰望长空笑得比迎春梅花还好看:"你说话如此夸张,连月宫中的嫦娥仙子也在嘲笑你呢!"

　　赵汝愚瞧瞧西边的梅花阁,笑道:"我一看见梅花阁的梅林,就想起邀学友来我书房以梅花为题比赛作诗的事。说起以梅花为题的诗,我父亲才写得好呢,他的《次韵李长卿》也是写梅花的。"

　　李玉莲道:"那你背来听听。"

　　赵汝愚笑道:"那我背给你听:

　　一别芳洲不计年,
　　旧时攀折柳依然。
　　故人似欲撩计兴,
　　剩折梅花向酒边。

　　李玉莲夸道:"好诗!赵家真是书香门第,能入赵家门庭那真是太有幸了!"

　　赵汝愚听了一股暖流顿时涌遍全身,按捺不住内心的狂喜,伸手将美人揽在怀中。突然远处传来"啪嗒"一声响,吓得李玉莲急忙依偎在心爱的男人怀内,用手指着远处荷花池畔轻声说道:"汝愚,听声音好像那边有人摔倒了……"

赵汝愚朝李玉莲指的方向仔细一观察，笑道："玉莲，别怕，是我三弟汝鲁。"

"那我们到梅花阁去赏月吧。"

"好！"

赵汝愚连忙牵了李玉莲的手，飞速离开桂花亭朝梅花阁走去。

少顷，随着一阵轻轻的脚步声，一个中等身材的年轻男子和一位高个子美貌少年穿戴一新、兴致勃勃从不同方向蹑手蹑足来到桂花亭畔。朝四下望望，亭外月光皎洁，如同白昼；亭内桂花树遮天蔽月，除了近处草丛里的唧唧虫鸣声，远处传来的呱呱蛙叫声，别无声响。中等身材的年轻男子悄悄探头朝桂花亭内一瞧，只见斑斑点点花荫下，石凳上坐着一个身材苗条的佳人，正左顾右盼在等候自己，这真是皇天不负有心人，望眼欲穿的好机会终于盼来啦，不由得心中狂喜，胸口那颗心"嗵嗵嗵"快跳到嗓子眼了，该出手时就出手，别顾什么斯文体面，面孔涨得火红滚烫，急忙伸开双臂飞奔过去把佳人紧紧地搂在怀里不放，一张嘴使劲地去吻那粉嘟嘟白嫩嫩的俊脸蛋儿……

那美人不挣扎也不言语，默默地任凭男子狂吻，见他得寸进尺胆大妄为，才用力把那双不规矩的手使劲推开，用脚乱踢。

那中等身材的年轻男子气喘吁吁地说："美人，俗话说打是亲骂是爱，心爱的你越如此，小生越喜欢你这朵带刺的玫瑰！"说着嘴、手更放肆地上下乱动起来。突然，正在得意的中等身材年轻男子"啪"的一下被飞来一拳打得脑袋疼痛难忍，嗡嗡直响，忍着疼嘻嘻笑道，"美人，您的巴掌打在小生的脸上怪舒服的，好好，您越打小生越开心！"

美人不言语，只是用拳头猛揍……

"我刚才说过，打是亲骂是爱……美人，你怎么如此狠心，舍得用拳头重打自己心爱的男人？"

"啪"的一下又飞来一拳狠狠地揍在脸上麻辣辣的，只听得一个瓮声瓮气的声音轻轻说道："你左一个美人，右一个心爱的，叫得多肉麻、多恶心，叫你认得我是谁？"说着又"噗"的一下狠狠飞来一脚，把那中等身材年轻男子"啪嗒"一下踢飞出亭外。中等身材的年轻男子挣扎着迅速爬

第六章　狂痴闹馆亭

起,用手摸摸嘴,黏乎乎的,暗忖,美人往日娇滴滴何等温柔,今晚为何如此野蛮粗暴?莫非她嫌我行为举止太粗鲁?莫非美人爱我太深,恨之太切,怪我姗姗来迟?待我动作轻柔斯文些,对她赔个不是……急忙朝美人躬身到底,深深一礼:"亲爱的,其实小生恨不得天没黑就来跟您相会,怕被人瞧见才……"

只听得美人甜甜地嗔怪道:"一个大男人怕什么呀?没良心的,叫奴家在此孤零零地好等……"

中等身材男子听了异常心疼,忙说:"是小生不好,怕……赵汝鲁搅了我俩的好事……"边说边朝美人一个劲地施礼,见美人不再言语,就竭力克制,小心翼翼异常温柔地用手轻轻地去抚摩……谁知又"呼"的一下飞来一脚,把双手踢得疼痛难忍!心想,不对呀,往日美人的手好柔软好柔软,她那三寸金莲走不动裙,怎么今朝会如此厉害?再说凭她的性格为人,既然爱上小生,决不会如此啊……越想越觉得今晚事情异常蹊跷,莫非……慌忙借月光瞪大眼睛凝神朝亭内仔细一瞧,我的妈呀,果然发现一高一矮两个人影,心里一切都明白了:原来如此,怪不得……他气得两眼冒火,顿时怒从心中起,恶向胆边生,忍着脑袋和双手的剧痛,飞扑进亭内,攥紧铁锤般两个拳头朝高个子人影使劲猛揍。高个子人影眼疾手快,"呼呼呼"飞来雨点般铁拳,将中等身材的年轻男子打翻在地,不解恨,又拳打脚踢!中等身材的年轻男子被打得疼痛难熬,动弹不得,躺在地上声嘶力竭地大叫"救命"!

正在此时,院门口射来耀眼的亮光,照见一位四五十岁的男子飞奔而来——原来是管家赵兴巡视时发现院内有动静,以为盗贼闯入府中行劫,手持灯笼赶来桂花亭查看,仔细一瞧惊呆了:那高个子年轻男子原来是周光宗!羞得周光宗面孔红到了脖子边,忙用衣袖遮掩着脸一溜烟儿走了!再看躺在地上中等身材的年轻男子,满脸鲜血淋淋,瞧模样挺熟悉的,用灯笼一照,认得是赵金贵!赵金贵羞得无地自容,急忙挣扎着爬起,一瘸一拐地走了。

赵兴回头埋怨那妙龄佳人道:"你是谁家姑娘?如此不懂规矩,夜闯我赵府花园,勾引漂亮男子,上演刚才那出不堪入目的闹剧,若传扬出去,你今后怎么做人?又如何嫁郎?"

那妙龄美女用手掩着脸"扑哧"一笑，张嘴想分辩又咽了回去……

赵兴连连摇头道："如今兵荒马乱世风日下，一个未出阁的姑娘做了这等越轨之事，居然还有脸笑得出声？！真是令人不可思议！"

"赵兴叔叔，你仔细瞧瞧，我是谁？"

赵兴举起灯笼朝美女一照，惊讶得呆若木鸡："做梦也想不到，原来是玉莲小姐！"

"你再仔细瞧瞧，我到底是谁？"妙龄美女忍不住笑出声来。

赵兴气呼呼地厉声质问："玉莲小姐，你出身相门大家闺秀，平日里端庄稳重，文雅温柔，走不动裙笑不露牙，想不到今晚你如此放肆不检点！"

那妙龄美女见对方还是认不出自己，朝他笑笑伸手取下头上云鬓，露出庐山真面目。

赵兴瞪大眼睛仔细一瞧，我的妈呀，原来是三少爷赵汝鲁！

"赵兴伯伯，做梦想不到吧？"

"你呀你……"赵兴像观赏西洋镜那样瞪大双眼凝视着赵汝鲁，忍不住啧啧赞叹，"瞧你这般苗条身材，这身穿戴打扮，一举手一投足，声音又这么娇滴滴甜蜜蜜，活脱脱像李玉莲的孪生姊妹，同站在面前，即便是亲爹娘也一时分辨不出真假！"

"连老管家也认不出来，可见我'赵美人'名副其实吧！"得到赵兴的夸奖，赵汝鲁异常得意。

"你别高兴得太早！"赵兴佯装生气，怒瞪双眼厉声训斥道，"三少爷，你今夜太放肆太荒唐了，若被老爷夫人知晓，那还了得……"

赵汝鲁自己想想也觉得太荒唐太过分，忙抢先解释道："赵兴伯伯，你先听我说，我今晚之所以突发奇想假扮姐姐，是因为……"

赵兴气得直吹胡子，抢过话头吼道："你别瞎编故事了，无论如何也不能如此放肆！"

"赵伯伯你听我解释！"

"快说，是何原因？"

"我近来发现这两个花痴对姐姐垂涎三尺，大哥又不便出面干预。故今朝放学后躲在学馆窗外偷听，果然不出我所料，赵金贵、周光宗这两个花痴不怀好意，厚着脸皮约姐姐今晚到我家桂花亭私会！我情急之下才出此下策：先上街买来女人的假发，又偷了姐姐的衣裤鞋子，扮作她模样来亭中教训这两个癞蛤蟆想吃天鹅肉的花痴！"

赵兴听了忙不迭地埋怨："亏得我及时赶来，要不然闹出人命来，闯泼天大祸啦！"

赵汝鲁气呼呼地说："我被逼无奈才……谁叫他们跟我大哥抢我未来的嫂嫂？这是咎由自取！"

赵兴哭笑不得，指着赵汝鲁大声指责："还咎由自取，杀人要偿命的！三少爷越说越不像话！"

赵汝鲁听了开心得嘻嘻地笑着。

"做了这等荒唐事还笑？"赵兴越说越气愤，"今晚之事，我非告诉你爹娘和姐姐不可！"

"赵兴伯伯，我方才说过，是万不得已才出此下策，今后再也不敢做这种荒唐事了，求求你别告诉我爹娘、姐姐好吗？"

"要我不告诉他们可以，但要依我一个条件。"

"别说一个，就是百个千个我都依你！"

"那下不为例！"

"绝无二次！"

第七章　连中三魁首

一

　　一日，周明德给门生讲《科举史》："科举为隋朝以后皇家设科考试选拔官吏的制度，由于分科取士而得名。魏晋南北朝时，实行九品中正制，各州均设中正官员负责品评当地人物才华的高低，将其分为上上、上中直到下下等九品。这种制度本是为了品评人才的优劣，以便选人授予不同官职。但后来因为'中正'都是由望族大姓们担任，以至于'上品无寒门，下品无士族'，所谓九品，实际上成为门第高低的标志了。"

　　门生们一听，都嚷了起来："这太不公平了！"

　　"那不是误了国家的选才之道吗？"

　　周明德点了点头说："大家说对了，所以隋朝立国后，隋文帝废除了九品中正制，于开皇七年（587）设科取士，才有了比较平等的选拔人才的制度。隋朝设置进士、明经开科取士。唐朝时，仍袭隋制，并增设明法、明字、明算诸科，但仍以进士、明经二科为主。进士科重文字，明经科重经术。唐朝自高宗和武皇以后，进士科最为社会所重，参加进士科考试被认为是出人头地、光宗耀祖、报效国家的重要途径。进士科以考诗赋为主，诗赋的题目和用韵都有一定的规律……"

　　"啊！"听到此赵金贵忍不住问道，"还有规定？"

　　周明德道："没有规定，那不乱了套！"

　　赵金贵还要说什么，赵汝愚道："金贵学友，你让先生说吧！"

　　周明德道："唐代取士由地方举送朝廷，朝廷主持科举考试的机构为礼部，考官通常由礼部侍郎担任。考试及第后，还要参加吏部的'博学宏词'或者'拔萃'的考试，取中后才授予官职。"

　　赵金贵伸了伸舌头："原来这么难啊！"

杨金虎不赞同赵金贵的观点："有困难不可怕，周先生不是对我们说过，世上无难事，只怕有心人！"

"金虎学友说得对！"赵汝愚转身对周明德说："先生，请您给我们讲讲本朝的考试制度！"

周明德点了点头，说："我朝最初也以进士、明经科取士，后在神宗皇帝时，宰相王安石废明经等科，只保留进士科，礼部考试合格后，再由皇帝殿试复审，然后分五甲，也就是五等放榜，再授予官职。"

见大家听得津津有味，周明德道："要走科举之路，也不容易，我朝科举分为三级：解试，即州试；省试，由礼部举行；殿试，由皇帝亲自主持。解试通过的举人方可进京参加省试。省试在贡院内进行，连考三天，为了防止作弊，考官均为临时委派，并由多人担任。考官获任后要立即奔赴贡院，不得与外界往来，考生到贡院后，要对号入座，同考官一样不得离场。试卷要糊名、誊录，并由多人阅卷。而殿试则在宫内举行，由皇帝出题并定出名次。取中的称进士，第一名称状元，第二名称榜眼，第三名称探花。解试第一名称解元，省试第一名称会元。若州试、省试、殿试都取得第一名，称为'连中三元'！"

赵金贵吓得连连摇手道："科举考试这么严格，我学文肯定不行，专门练武，就不能考状元啦！"

周明德朝他笑笑，道："你啊，科举当然还有武举，自唐武皇开始，还设有武举人，当然也有武状元！"

要强好胜喜欢逞能的赵金贵，听到这里异常激动，忍不住对同桌夸口说："我们现在抓紧练武，力争考个武状元，将来做个大将军！"

周光宗也非常兴奋，拍拍胸脯笑道："有志气，我将来州试、省试、殿试都荣得个第一名，来个连中三元！"

周明德很高兴，站起来目光扫视了一下众门生，翘翘大拇指笑道："赵金贵和周光宗人小志气大，奋发向上精神可嘉！大家只有勤奋学习，将来才能在考场上出类拔萃，才有资格进翰林院做官。当然一定得勤学苦练才是！"

孩子们听了异常开心，都交头接耳议论起来，学馆内顿时人声鼎沸，像炸开了锅，只有赵汝愚，看着兴高采烈的学友，一句话也没说。

二

碧空繁星闪闪，皓月高挂中天，星月交辉，煞是好看。

室外，四下里"唧唧唧"的虫叫声，"呱呱呱"的蛙鸣声，汇成一首大自然的交响曲。

赵家书房内，明晃晃的烛光，映照得五位勤学少年的脸颊更加红润可爱。赵汝愚读了一会儿书，朝弟弟和义弟瞧瞧，灵机一动起身从书桌上取来文房四宝，赵汝口见了急忙走过去磨墨。赵汝愚朝他笑笑，分给弟弟们每人一张白纸："请弟弟们用笔写上'刻苦攻读勇闯四关'八个大字作为座右铭，贴在自己的书房内，到时我们比谁先蟾宫折桂！"

从那天起，赵汝愚四弟兄和金一麟学馆罢学归来，一头钻进自己的书房仿效当年苏秦发愤寒窗苦读。别人一年四季只想着吃喝玩乐，他和弟弟们觉得春夏秋冬都是读书的最好时机。阳春三月，学友们见天气晴好，风和日丽，都说春眠不觉晓，一看书昏昏欲睡，就三五成群相约去郊外春游、踏青、放风筝，赵家四兄弟和义弟则不然，在书房抓紧阅读诸子百家经典著作。炎炎夏日，骄阳如火，热浪滚滚，同窗好友都说盛夏书斋热得如同蒸笼一般，大汗淋漓酷暑难熬，不宜做功课，都相邀出游，不是去河港里游泳、捉鱼虾、摸河蚌，就是躲在树林里纳凉弈棋，赵家五个孩子则在自家院内树荫下，手不释卷，专心致志刻苦攻读。一到天高气爽的秋天，别人因为秋天多蚊虫叮咬，不是做学问的理想时间，都三三两两溜出去逛街访友、游山玩水，上酒楼豪饮聊天，而赵汝愚和弟弟们则坐在书房内，将双脚伸进陶甏中或用旧衣服遮掩腿脚埋头啃自己的书本。严冬腊月大雪纷飞，学友们都怪怨天气太寒冷，书房里冷得像冰窖，夜晚读书怕冻伤了手脚冷坏了身子，也不愿用功，而赵家兄弟却以为，冬夜漫长是一年中最佳的读书时机，因此穿得暖暖的，孜孜不倦地挑灯夜读……

赵善应见四个儿子和金一麟侄儿放学归来闭门不出，日日抓紧在书房发愤苦读，连义女李玉莲也异常用功，秉烛夜读，日见长进，心里高兴得比吃蜜糖还甜。

此事不久传到周明德耳朵里，忙带了光宗、耀祖悄悄来赵府现场取经。

周家兄弟观后大吃一惊，立马回府急起直追，一个个挑灯夜读。周明德见儿子都像变了个人似的，第二天在馆内馆外读书也非常用功，一早起来晨读。不由得心里暗喜：如此才不枉为父晨昏教诲，希冀他们像自己的名字一样，将来能光宗耀祖，出人头地。更使他欣慰的是，好友赵善应四个儿子和义女、义子的学业在馆内俱出类拔萃，暗暗庆幸自己做学馆先生一生，虽称不上"伯乐"，也培养了几个令自己满意的门生，将来若有一人能成为"千里马"，大慰平生之愿不说，也不枉我谆谆教诲他们一场⋯⋯

转眼已是州试时间。赵汝愚和汝拙、汝鲁、汝口、金一麟忙准备行装，在爹爹和周先生的陪同下，和赵金贵、周光宗、周耀祖、金小宝、杨家三兄弟一道坐船前去赴考。结果赵、周、杨、金五家十二个孩子都得中举人。赵汝愚荣获第一名，轰动全县，各地参加童子试的儒童都慕名前来拜访取经。

第二年是三年一次的省试。赵善应因自己哮喘病大有好转，见孩子们日夜忙着复习功课应试，又忙着替孩子们张罗赴试行囊，还准备送他们进京赴试。汝愚因父亲有哮喘病，怕劳累了复发，说什么也不让他陪同，赵善应这才作罢。

是日，周、赵、杨、金五家共十二位考生仍坐船赴临安应试。到京城天色已晚，赵汝愚和学友们住宿在河坊街李崇贤招商客店内，第二天用罢早餐拎了考篮进贡院按名单找座位参加考试。三天考试虽很紧张，但异常顺利。结果赵汝愚得中第一名"会元"，三个弟弟、一个义弟和周、杨两家三位学友都被省试录取，得中"进士"。赵金贵、杨银虎、杨锡虎和金小宝因考试时心情过分紧张，答错了好几道题，都名落孙山！

赵聚春夫妇气得三天闭门不出，阖府人十多天没笑容。金小宝爷娘气得卧病在床无脸见人。

赵善应得知后，赶紧前去赵、金两家劝慰："贤侄应试和军人打仗一样，胜败乃兵家常事。一次落第不要紧，可怕的是丧失信心，从此一蹶不振⋯⋯不妨事，大哥和嫂嫂只要给贤侄经常敲敲警钟，提醒他吸取教训，抓紧温习功课。亡羊补牢不为晚，金贵、小宝还年轻，今后有的是机会！"

周明德也到舅兄家劝说。

赵聚春夫人陈氏眼泪汪汪道:"请善应贤弟看在你我两家亲如一家、胜过同胞手足的面上,今后多来指点指点我那不争气的儿子。明德姐夫也请常来开导开导他,若下科得中,让你舅兄开心,这栽培之恩我母子定当涌泉相报!"

周明德宽慰道:"舅嫂不必如此说,我这做姑丈的不关心他谁关心他?我凶他指责他,是恨铁不成钢!请舅嫂、舅兄日后严加管教孩子,好好配合学馆。"

陈氏听了,连连点头称是。

赵善应临走再三安慰赵聚春夫妇道:"请大哥、嫂嫂放心,日后若金贵学习上遇到困难需要帮忙的话,课外可随时带他到我们两家来。我有事先走啦,请哥哥嫂嫂早点休息。"说罢起身告辞。

赵金贵吃一堑长一智,果然发奋苦读,加上赵周两位先生的悉心辅导,经三次州试终于得中举人。

古人云:"芸窗读尽五车书,何愁蟾宫折桂枝。" 乾道二年(1166),赵汝愚和汝拙等三个胞弟,义弟金一麟,同窗学友周光宗、周耀祖、赵金贵、杨家三兄弟,终于盼来殿试。于是,周、赵、杨家一名会元九名举人喜滋滋提前三天告别家人,整理行囊坐船进京赴考。见离殿试还有两天时间,赵汝鲁吵着要去游览京城。赵汝愚也梦寐以求,但担心不认得路。一位连考三次落第、今科得中的四川人罗明虎,异常热心,毛遂自荐做向导,带他们去逛京城。

路上,罗明虎拱拱手对大家说:"诸位贤弟,我有个建议,古诗云,欲穷千里目,更上一层楼,我们先登上凤凰山远眺皇城如何?"

赵汝愚笑道:"我们都听罗兄的。好,大家先去游凤凰山。"

大家随罗明虎攀登凤凰山,在半山腰歇脚俯视,只见临安城尽收眼底。已游览数次的罗明虎俨然是个称职的向导,朝每个方位指指点点,逐一详细介绍:"我们攀登的这座凤凰山,因峰峦起伏,形如一只跃跃欲飞的凤凰,展翅引颈,巍峨壮观,故得此名。那山麓下密密麻麻的漂亮建筑,就是大宋朝的大内皇宫。这是垂拱殿,那是射殿、天章阁……

"那片碧绿的,是御花园:南有聚景、真珠、南屏,北有集芳、延祥、玉壶,俯瞰西湖,高挹两峰,亭馆台榭,藏歌储舞……"

众人放眼远眺，只见皇城金钉朱户，画栋雕甍，巍峨壮丽，光耀夺目。再看高宗皇帝当年的德寿宫，亭台错落，回廊曲折，碧池假山，峥嵘奇特……

回首东眺西湖，但见"独东偏无山，乃有鳞鳞万瓦，屋宇充满"，居民住宅高森，接栋连檐，寸尺无空巷陌壅塞；再瞧西子湖畔，"一色楼台三十里，不知何处觅孤山"。

继续向上攀登，林荫中隐约瞧见一角红墙，众人步入林内抬头一看，原来是座大寺院，山门上悬有仁宗御赐所题"崇圣寺"三个大字的金匾。对面照壁上写有王安石题的诗，其诗曰：

  登高见山水，
  身在水中央。
  下视楼台处，
  空多树木苍。
  浮云连海气，
  落日动湖光。

一行人踏进山门，早惊动惠然大师的高徒至臻禅师，率众徒弟出来迎接。赵汝愚、周光宗等走进天王殿，俱各拈香朝拜。随喜毕，步出禅寺，登上顶峰，对面玉皇山风光旖旎。朝南远眺，只见密林中曲径蜿蜒，地势平坦，一块巨石上镌刻着"点将台"三个大字。赵汝愚拱拱手请教罗明虎道："罗兄，此点将台是何人所用？"

罗明虎指着巨石笑道："当年方腊造反围攻杭州城时，他妹妹百花公主在此调兵遣将，有人遂将此处称为'点将台'。"

登上最高峰朝下俯视，脚下是碧波滔滔的钱塘江，向南遥望，萧山一览无余，景色秀丽；往东眺望西湖，碧波晶莹，宛若明珠。

游罢点将台，已是夕阳西下近黄昏，众人顿觉饥肠辘辘，虽游兴仍浓，但无奈天色已晚，只好恋恋不舍而归。

用罢晚餐，赵汝鲁突发奇想，央求赵汝愚道："大哥，人言'西湖美景甲天下'，到了京都临安，不游西湖乃人生一大遗憾。今晚月朗星稀，正好夜游西湖。听人言月夜西湖景更美，求大哥今晚陪小弟夜游西湖如何？"

赵汝愚笑道："我晚上欲待在客栈里看书，不想出去。游西湖今后机会有的是。"

赵汝鲁苦苦哀求道："西湖夜景太美了，我做梦都想月下畅游西湖哩。这次好不容易来京城，大哥就陪我游一次。"

杨金虎也拱拱手笑道："汝愚学哥陪我们游一次好吗？"

周光宗笑道："汝鲁和金虎学弟既然对夜游西湖如此梦寐以求，你这做学哥的就陪他们去观光观光，让他俩圆了这个夙愿吧。"

赵汝愚见周光宗替弟弟、金虎恳求，就笑道："看在周学哥求情的分上，好，就陪你们去游一次西湖，但得答应我一个要求。"

赵汝鲁开心得直拍手，忙说："只要大哥今晚肯陪我俩去游西湖，别说一个要求，就是十个百个我俩都依你！"

赵汝愚笑道："你们说话算数？"

赵汝鲁把拳头一举道："君子一言，驷马难追！"

赵汝愚笑道："那好，我权当一回主考官，你俩做一回考生，咱们来个我问你们答！"

赵汝鲁忧心忡忡地问："你做考官考我们？"

杨金虎也为难地说："要是我们答不出来……"

赵汝愚笑道："回来每人罚写一篇游记！"

赵汝鲁异常忧虑，把双手一拱说："我以为……原来你存心要为难我们——大哥学识渊博，见多识广，我和金虎哥才疏学浅，孤陋寡闻，这次输定了！求大哥换一个要求好吗？"

"不行！"赵汝愚把手一摊，佯装生气道，"京城会试你俩都丝毫不紧张，一听到吾要随便考问几句就害怕，还夸口说十个百个也答应，眼睛一眨就变卦，那么吾也反悔啰！"

赵汝鲁急忙苦苦哀求："求大哥高抬贵手，放我们一马……"

杨金虎也恳求说："请汝愚哥手下留情！"

周光宗见状觉得好笑，悄悄对赵汝鲁附耳道："汝鲁学弟慌什么，到时学哥助你们一臂之力……"

赵汝鲁忙把双手一拱到底道："多谢光宗学哥！"

赵汝愚故意笑问道："你俩在嘀咕什么？"

赵汝鲁忙说："光宗学哥说月夜西湖景更美，要谢谢我……"

赵汝愚用手遥指长空道："万里碧空明月高挂，我们马上出发！"转身跟店家交代几句，带了赵汝鲁、周光宗几个立即动身。

没多时一行人来到赏月最佳的位置——三潭印月景区，果然名不虚传，只见皓月当空如同白昼，那轮皎洁圆月倒映湖中，碧波荡漾着万点银光。远眺湖心亭、阮公墩，在月光下朦朦胧胧，神秘莫测，煞是好看。沿湖赏月观景者人山人海，欢声笑语犹如潮鸣……

正观赏时，赵汝愚突然笑问道："汝鲁三弟，你先听好了：本朝大诗人苏东坡用'天下西湖三十六，就中最好是杭州'的佳句来讴歌西湖，请问这西湖形成于何朝何代？"

赵汝鲁笑道："大哥，这个考题难不倒我，我上个月跟周先生借阅过《汉书·地理志》。该书说，杭州西湖形成于秦汉时期，距今有一千多年了。秦朝前，西湖还是钱塘江的一部分，由于泥沙的长期淤积，在西湖南北两山——吴山和宝石山山麓逐渐形成沙嘴。此后这两个沙嘴逐渐靠拢，最终毗连在一起成为沙洲，在沙洲西侧形成了一个内湖，那就是西湖。"

赵汝愚笑道："说得不错。第二个考题金虎学弟听好了：当年，西湖因好长时间不整治，被葑草湮塞，占据了湖面的一半。是谁上书宋哲宗疏浚西湖？"

杨金虎笑道："这个考题也难不倒我！"

赵汝愚冷笑道："既然夸下海口，那你快说，是谁？"

杨金虎答道："我朝大诗人苏轼——苏东坡。"

赵汝愚又问道："在何年？他上了何疏？"

杨金虎急得抓耳挠腮，一时嗯嗯啊啊答不上来。周光宗见状赶紧附耳秘授机宜。赵金虎仰首挺胸笑笑，答道："元祐五年（1090）苏东坡在杭州做知州时，看到这个情况立马向宋哲宗上《乞开杭州西湖状》，同年四月动员二十万民工疏浚西湖，并用挖出来的葑草和淤泥堆筑起自南向北的长堤，还在堤上建了六座石拱桥。后人为了纪念他，将这条长堤称为'苏堤'。"

赵汝愚笑道："答得不错。苏东坡为西湖写了两首脍炙人口的好诗，这两首诗你会背诵吗？"

杨金虎笑道:"我只能背其中一首……"

赵汝愚笑道:"一首就一首。快背来听听。"

杨金虎略一思索,摇头晃脑背道:

> 游人脚底一声雷,
> 满座顽云拨不开。
> 天外黑风吹海立,
> 浙东飞雨过江来。
> 十分潋滟金樽凸,
> 千杖敲铿羯鼓催。
> 唤起谪仙泉洒面,
> 倒倾鲛室泻琼瑰。

赵汝愚连连摇头道:"这首《有美堂暴雨》虽是苏东坡所写,但不是最有名的。"

杨金虎急忙摇头道:"我只知晓这一首,最有名的背不出来。"

赵汝愚用手指着站在杨金虎身旁的周光宗道:"那这两首最有名的诗罚光宗学哥代背啰!"

周光宗笑道:"汝愚学弟,当考生的是你弟弟和杨金虎,却为何罚我代背?"

赵汝愚笑道:"因你帮他们忙,立了大功,故而奖赏你。"

周光宗冷笑道:"罚就罚,小菜一碟,考官大人听好了!"说毕也摇头晃脑背了起来:

> 饮湖上初晴后雨
>
> 水光潋滟晴方好,
> 山色空蒙雨亦奇。
> 欲把西湖比西子,
> 淡妆浓抹总相宜。

夜泛西湖
菰蒲无边水茫茫，
荷花夜开风露香。
渐见灯明出远寺，
更待月黑看湖光。

周光宗背罢，用手指着赵汝愚笑道："愚兄也以牙还牙，奖赏你以西湖为题作诗一首！"

赵汝愚笑道："这有何难，我即兴赋一首便是！"说毕略一思索，信口吟来：

柳梢青　西湖
水月光中，烟霞影里，涌出楼台。
空外笙箫，云间笑语，身在蓬莱。
天香暗逐风回。
正十里、荷花盛开。
买个小舟，山南游遍，北山归来。

众人听了一齐喝彩："好诗，真乃好诗也！"

到了殿试那天，孝宗亲自主考，命众贡士金殿献策。于是，众贡士俱按名单落座，手持羊毫笔又一次紧张笔试。赵汝愚沉思片刻，拿起笔来"沙沙沙"一挥而就，将文稿交给内侍。内侍呈上龙案，孝宗皇帝接过展开一看，眼前一亮，满纸笔走龙蛇，字字胜过珠玑。只见写道：

古先圣王所以攘外之道，其本不在威强而在德业，其备不在边境而在朝廷，其具不在兵食而在纪纲。愿开纳谏诤，黜远邪佞，杜塞幸门，安固邦本。四者为先务之急，庶几形势自强而恢复可冀矣……

孝宗览毕，龙心大悦，和丞相洪适悄悄商议："这位赵汝愚满腹经纶，胸怀治国韬略，真难得英才也！寡人本欲钦点他为一甲一名——头名状元，怎奈……此事如何处置最妥？"

原来，当年太祖皇帝曾有规矩载之太庙，凡本朝皇室宗亲科举不能为第一，孝宗虽爱才，但也不敢违背先皇遗制。

洪丞相奏道："陛下所虑极是，先皇的规矩不能随意更改。近年宗室学子发愤读书，这是个好兆头。前几年也有几位赵家子弟殿试喜获进士一甲，满朝文武都说是奇迹。今科赵汝愚竟然连中三元，更是'瞻前无邻'！但依本朝的老规矩，凡殿试排次序，在同等条件下，寒门弟子要往前排，有官位的退居其次。依微臣之见，将赵汝愚改为第三，点萧国梁为今科头名状元如何？"

孝宗连连点头："朕依爱卿所奏，姑循前朝故事。"

乾道二年（1166）这一科，萧国梁以下四百九十三人及第、出身。赐一甲及第者三人，榜首赵汝愚，因太祖皇帝有遗训降居第三探花，萧国梁为状元，周光宗为榜眼。赵汝拙、赵汝鲁、赵汝口和金一麟等俱得中进士。

赵汝愚、萧国梁和周光宗高居一甲，头戴双插金花乌纱帽，身穿大红袍，骑了高头大白马，引领同科鼎甲游览皇城，好不威风荣耀！满城百姓踮脚翘首争相观看，个个称羡。游览结束，驾前复命。孝宗皇帝钦赐琼林御宴，翰林院奉旨陪侍。这正是：十年窗下无人问，一举成名天下知！

三

第二天上午，赵汝愚、萧国梁和周光宗至相府参拜主考恩师左丞相洪适。洪丞相因赵汝愚、萧国梁、周光宗三位门生高居一甲，被皇上钦点为状元、榜眼、探花"三鼎甲"，今日前来参拜自己，心中大喜，打开正门出迎。

赵汝愚和萧国梁、周光宗一见恩师，急忙大礼参拜，命书童献上谢礼。

洪丞相赶紧上前用双手搀扶起门生："三位元契不必行此大礼，快快请起。洪福，快替元契们开座上茶。"

赵汝愚、萧国梁和周光宗躬身道谢，入座品茶。

洪丞相双目注视赵汝愚，良久道："赵贤契名列榜首，怎奈太祖皇帝有训，宗室不能为状元，如今屈居探花郎，可惜了啊！"

赵汝愚急忙起身施礼答道："回恩师，为国出力，何必在乎名次。"

洪丞相连连点头，笑道："不知贤契祖籍哪里？"

赵汝愚道："门生祖居江西余干赵家岭，家父随先皇南渡迁居秀州崇德县洲钱。"

洪丞相又问道："令尊大人叫何名字？曾任甚职？"

赵汝愚禀道："家父赵善应，曾任修武郎、江西兵马都监等职。"

洪丞相笑道："原来令尊大人是赵都监，怪不得你如此谈吐不凡，文才出众！"

赵汝愚忙起身施礼道谢："承蒙恩师夸奖！"

洪丞相见赵汝愚眉清目秀，威武英俊，甚是喜爱，想起大女儿洪美凤已到谈婚论嫁年龄，因择夫百般挑剔，高不成低不就，至今仍待字闺中，若嫁得此乘龙佳婿，也了却老夫一片爱女之心。可女儿异常任性挑剔，若她不喜爱，为父的一厢情愿也是枉然！想到此处，话到唇边又咽了回去。

谈话间已是午时时分，赵汝愚、萧国梁、周光宗忙起身告辞。洪丞相再三挽留，命儿子洪云飞和老管家在鸳鸯厅设宴，盛情款待三位殿元公。

席间，洪丞相频频举杯，大家开怀畅饮。酒过三巡菜上九道，洪丞相已醉眼朦胧，脚步踉跄，忽见女儿贴身侍女紫莺在门口朝他使劲招手，赶紧起身说："老夫有事失陪一下！"吩咐身旁的儿子道，"云飞，替为父好好招待三位殿元公，为父去去就来！"洪丞相不一会儿进来拱拱手对宾客笑道，"老夫有话要单独与赵贤契谈谈，请两位殿元公慢饮！"说罢挽了赵汝愚手离开鸳鸯厅来到自己的书房内品茶。

洪丞相喝了几口茶，满面春风地对赵汝愚笑道："赵贤契，老夫有话不知当讲不当讲。"

赵汝愚笑道："恩师有话尽管说。"

洪丞相压低声音道："老夫有一子两女，云飞儿早已成婚。大女儿洪美凤，小女儿洪美鸾。大女儿美凤虽称不上天姿国色，花容月貌，倒也端庄娴淑，品貌过人。因从小被贱内宠坏了，选夫婿十分挑剔，至今仍待字闺中。今日得知三位贤契前来，久慕大名，美凤方才带了侍女在屏风后窥视，见贤契才貌双全，甚是喜爱，故命侍女紫莺转告老夫，一厢情愿欲与你结百年之好，不知贤契意下如何？"

赵汝愚慌忙起身回禀道："多蒙美凤小姐抬爱，门生感到无比荣幸。只可惜……"

洪丞相见赵汝愚欲言又止，甚是诧异，忙起身问道："只可惜什么？此地只你我二人，贤契不妨直说。"

赵汝愚急忙解释道："门生三年前由父母做主与李玉莲已有婚约，望恩师见谅！"

洪丞相笑道："贤契与李玉莲小姐只是订婚，尚未成亲，不妨事，解除婚约即可……"

赵汝愚慌忙俯伏在地，叩首道："恩师，恕门生直言，当年古人宋弘，功成名就后对糟糠之妻不离不弃，门生若一大登科就抛弃玉莲作负情郎，岂不被天下人指着脊梁骨骂我攀龙附凤，贪图荣华富贵？！"

洪丞相听罢一惊酒醒，后悔自己不该爱女心切，说此有失身份的话——洪相国书房内藏有一册《后汉书·宋弘传》，睡前时常翻阅，对这个"糟糠之妻不下堂"的典故早已烂熟于心。

"糟糠之妻不下堂"的典故说的是东汉初年的故事。西汉末年，外戚王莽用鸩酒毒死汉平帝刘衎后篡位改制。汉高祖九世孙刘秀潜逃在外，王莽为了消除后患，派重兵到处追杀他。时任侍中的宋弘舍命保刘秀，自己身负重伤，逃到饶阳（在今河北省东南部冀中平原）在一户郑姓人家养伤。为了报恩，宋弘伤好后与悉心服侍他的郑家女结为夫妇。光武帝的姐姐湖阳公主刘黄，早年嫁给胡珍。胡珍英年早逝，湖阳公主三十几岁就独守空房。光武帝刘秀万事称心，只差皇姐婚事不如意，一直耿耿于怀。

一日，刘秀与湖阳公主共论朝臣。湖阳公主笑道："宋公威容德器，群臣莫及。"

刘秀听了很高兴，立马召见宋弘，让姐姐在屏风后观听。

刘秀寒暄几句后对宋弘言道："谚言贵易交，富易妻，人情乎？"

宋弘何等聪明，一听就明白圣上召见他的用意，笑笑答道："臣闻贫贱之知不可忘，糟糠之妻不下堂。"

光武帝听了一愣，旋即故意大声说："事不谐矣。"

姐姐的婚事没撮合成，光武帝刘秀却并未怪罪宋弘，而是愈加敬重他的为人。建武二年（公元 26 年），宋弘官拜大司马，封枹邑侯。

洪丞相想到这里自己也觉得滑稽可笑，红着脸说："贤契说的极是，老夫方才所言有欠思量，当我未曾说过。"

赵汝愚在和洪丞相闲谈中得知，洪小姐喜爱自己也爱慕周光宗时，就主动对洪丞相说："若丞相和令嫒真的喜爱吾学友周光宗，门生愿意作伐！"

洪丞相大喜道："贤契愿帮忙，老夫求之不得。少顷命云飞儿先告知他妹妹美凤、美鸾，再去园内观月楼赏花，请赵贤契陪周光宗也去游园，若彼此有意，老夫请贤契作媒如何？"

赵汝愚躬身说道："如此甚好，就依恩师吩咐。"说毕起身离开书房，带了萧国梁、周光宗前去园中观月楼赏花。

赵汝愚和萧国梁、周光宗兴冲冲来到花园，一看，当朝一品宰相府，花园果然不同寻常家，但见亭台楼阁甚是壮观，举目奇花盛开香气满园。一行三人来到莲花池畔观月楼，周光宗、萧国梁瞧见观月台上两位绝色佳人和美貌侍女正在倚栏赏景，惊喜异常，四只眼睛一眨不眨地凝视上面。赵汝愚见此情景悄悄走过去轻轻地问周光宗："周仁兄，台上两位佳人品貌如何？"问了几声见毫无反应，就走过去用脚猛踢萧、周的脚背。

周光宗绯红着脸悄声回道："两位洪小姐太漂亮了，美得用'闭月羞花之貌，沉鱼落雁之容'来形容也不为过！个子稍高的那位更是美如天仙，愚兄无法形容……"

赵汝愚指指楼上左边那位佳人笑道："这是大小姐洪美凤，仁兄若喜爱，小弟立马替你作媒如何？"

周光宗急忙俯身下跪，抱拳致谢。萧国梁见了开玩笑说："瞧周仁兄既俯身下拜，又抱拳施礼，好不春风得意。能得此天仙般相国千金，别说下跪致谢，就是长跪不起也值得，可惜小弟无缘！"

赵汝愚忙拉拉萧国梁的衣袖笑道："萧贤弟若有意相国千金的话，洪丞相有两个宝贝女儿——喏，那右首靠栏朝你微笑的就是二小姐洪美鸾，若中意你就朝我点点头，不中意就摇摇头。"

萧国梁红着脸使劲摇头……

赵汝愚笑道:"既然萧贤弟无意,那就当我没说过!"

萧国梁急忙低头悄声道:"小弟……方才是太激动……搞颠倒了……"

赵汝愚指着对方的鼻子笑道:"原来是开心过了头,行行!"

"多谢仁兄玉成!"

"不行,不行!终身大事非同儿戏,更何况人家是相国千金,非同小可,我这个大媒人今朝马马虎虎草率从事,日后若有甚闪失,恩师面前我如何交代?!又如何取信于人,在朝为官?"赵汝愚佯装虎着脸要走。

萧国梁急得手足无措,见周光宗使劲朝他点头暗示,绯红了脸疾步走到赵汝愚面前使劲儿点头,见赵汝愚佯装没看见不言语,急得连忙双膝跪倒在地,频频叩首作揖……

赵汝愚见了忍不住"扑哧"笑出声来,忙俯身搀扶道:"仁兄行此大礼,折煞小弟了。小弟早知你深爱着二小姐,方才是故意跟你开玩笑!既然两位仁兄都有意洪家小姐,我这就去作伐。"说罢,转身急匆匆离开花园去找洪丞相。

这里萧国梁和周光宗继续赏花说笑。不多时,见赵汝愚满面春风归来,一齐拱手前迎:"贤弟,事情如何?"

赵汝愚把大拇指一翘笑道:"不是我夸口,我这月下老人要么不开口,一开口就马到成功!"

"多谢贤弟,多谢贤弟!"周光宗、萧国梁大登科又即将小登科,喜不自胜。赶紧抱拳躬身酬谢大媒人。

原来洪美凤和妹妹洪美鸾,在观月楼上见周光宗、萧国梁面如宋玉,貌若潘安,早一见钟情,赵汝愚一说,她们都红着脸点头应允。

萧国梁、周光宗在赵汝愚的陪同下,立即去参拜未来岳丈,乐得洪丞相合不拢嘴,当晚又设宴款待乘龙快婿和大媒人。

第二日一早,赵汝愚、周光宗、萧国梁拱手告辞离开洪相府。带了礼品参拜右丞相史浩。史丞相盛情款待三位天子门生,三人至晚方返回招商客店。

第三日用罢早餐,赵汝愚和三个胞弟、义弟金一麟、学兄周光宗骑马回到洲钱省亲。一时间,洲钱集市鞭炮震天,居民欢笑声不绝,小小洲钱,竟有如此多出类拔萃的人才!

当晚,赵汝愚、周光宗等一起拜访赵善应和周明德两位恩师。

赵汝愚紧握周明德双手不放,再三致谢道:"若非家父和周先生两位恩师悉心栽培,门生焉有今日?一日为师终身为父,更何况恩师数载教诲,恩深如海,学生铭刻肺腑!"

周光宗亦言道:"赵师弟说得对极了,赵伯父和家父栽培之恩没齿难忘!"

周明德连连摇手道:"非也,非也,两位贤契有今日之荣耀,乃自己十数载寒窗刻苦用功之故也。"说罢,忙吩咐老管家,"周福,快给大家开座,上茶!"

"遵命!"周福忙替两位殿元公开座奉茶。

茶喝三开,寒暄数句,赵善应起身和周明德一番耳语后,意味深长地说:"在座的各位即将步入翰林为官,为师和周先生要啰唆几句,不是你们未上任为师先说扫兴话,实是肺腑之言,供你我师生共勉:第一句,精忠报国,把国家社稷时刻放在心上;第二句,为官坦荡,不做宵小之事;第三句,为官清廉,文不贪财,武不惜死……"

周明德竖起三个指头道:"方才你们赵善应恩师的三句话,是出自内心的肺腑之言,望在座门生今后无论在哪里为官,都要把它作为座右铭,时常对照,三省己身。"

赵汝愚等忙起身致谢:"牢记恩师教诲,念念不忘。祝恩师福如东海长流水,寿比南山不老松!"说罢,大家各自回府看望家人。

赵汝愚连中三元,千古少有。周光宗得中榜眼,惊动乡亲。

赵、周两家的亲朋好友俱来庆贺,左邻右舍也来凑热闹。这下乐坏了赵善应和周明德,俱在府中大摆酒宴盛情款待来宾,请京城的"龙凤舞台"前来助兴,热闹了三天三夜。

四

洪丞相知道赵汝愚文才出众,人才难得,异常喜爱,心想,老夫和他不能成为翁婿,把他继作螟蛉成为父子又有何不可?当面一提,赵汝愚满口答应。洪丞相为了感谢赵汝愚成全两个爱女的美满姻缘作媒之恩，在第二日早朝时出班奏道："陛下，赵汝愚与前朝李文正丞相后裔李玉莲早有婚约，微臣的两个女儿已许配给今科状元萧国梁、榜眼周光宗，特禀告陛下知晓。"

孝宗龙心大悦，当即金殿赐婚，封李玉莲、洪美凤、洪美鸾为诰命夫人，即日完婚。

洪丞相、萧国梁、赵汝愚和周光宗连忙下跪谢恩："吾皇万岁万岁万万岁！"

八月十五是黄道吉日，赵汝愚和周光宗回洲钱奉旨完婚。萧国梁也在萧山举行婚礼。

是日，周、赵两家奉旨完婚，上大红灯笼高挂，下红毡毯铺地。门前停满车马，贵宾盈门，热闹非凡。

辰时，赵兴急匆匆进来禀报："老爷，皇上派李公公前来祝贺！"赵善应急忙出外迎接，在客厅盛情款待李公公。

傧相宣布："良辰吉时已到，燃放鞭炮，奏乐！新郎新娘参拜天地！"

只听得"噼噼啪啪"的鞭炮声震耳欲聋，悦耳动听的鼓乐声齐奏。众嘉宾一齐挤进喜堂观看热闹。只见伴娘赵金花、赵银花搀扶着头戴凤冠、身穿百鸟朝凤大红喜服的新娘，伴郎金一麟挽着头戴乌纱帽、身穿大红袍的新郎款款走上堂来。在傧相"一拜天地、二拜高堂、夫妻对拜、送入洞房"的赞礼声中，新郎牵着鲜红的同心结将新娘引入洞房。

新房内，朝南墙上贴着鲜艳夺目的大红双喜字，两旁挂有大儒朱熹送来的金字贺联。其联云：

巧借花容添月色，
欣逢秋夜作春宵。

只见楠木雕花床前喜桌上，龙凤烛高烧暖融融，一对新人床沿坐。耳听门外已打二更，侍女碧云笑道："姑爷，时间已不早，你瞧新娘的红盖头还盖着呢，良宵一刻值千金，请姑爷挑了小姐的红盖头早些安睡！"说毕笑盈盈退了出去。

新郎喜滋滋起身一手端了龙凤烛，一手拿了如意棒轻轻走到新娘面前挑起红盖头，只见新娘面如带雨桃花，眉若弯弯新月，一双凤目水汪汪更加妩媚，笑道："我与娘子前世有缘，想当初在青墩镇去接一麟母亲时巧遇花痴强抢，将你接回府中，朝夕相处，青梅竹马，如今有情人终成眷属。今夜娘子越发娇媚了……"

新娘一听羞红了脸，嫣然一笑道："官人是我的救命恩人，为妻是个落难孤女，得嫁才貌双全的夫君，我爹娘可含笑九泉了！"

新郎笑道："为夫得娶李丞相之后、貌若天仙又如此贤惠的娘子为妻，是祖上积德，是为夫前世修来的好福气！"说罢与新娘喝交杯酒。

正在此时，赵金贵悄悄溜进来大声说道："大家快来看，新郎新娘在喝交杯酒！"

赵金贵这一声喊，金小宝、金一麟、周耀祖等几个同窗学友疾步闯进来闹起新房来。周耀祖笑道："今日大哥大嫂洞房花烛之夜，不闹新房，新郎新娘闷坐床沿都没趣，我等来闹新房助兴如何？"

众人齐声笑道："好，我们来凑凑热闹！"

嘉宾们听说小伙子们要闹洞房，都醉醺醺挤进来观看。

只听得赵金贵笑道："我等不像新郎新娘那样满腹文才，文绉绉擅长即兴表演节目，一介武夫只能使枪弄棍瞎凑热闹以博新郎新娘一笑！"说罢拍手三下，进来杨金虎、杨银虎、杨锡虎、赵颖、吴大龙五个俊小伙，和原先的三个人按四人一组排成两行，前面的各持银枪，后面的俱握金刀。赵金贵说声："开始！"大伙都"乒乒乓乓"舞弄起来。只见银光闪耀，呼呼风响，仿佛身临战场两军对峙一般。虽不甚文雅，却也耐看。

赵金贵等耍罢刀枪，笑道："我们几个滥竽充数以博大家一笑。新郎文武全才，又有天生一副好嗓子，新娘琴棋诗书画件件皆能，善抚瑶琴。大家请新郎新娘弹唱一曲苏东坡的《蝶恋花》好不好？"

"好！好！"众人一起欢呼。在雷鸣般的掌声中，新娘伸出纤纤玉指抚弄瑶琴，新郎清清喉咙唱了起来。只听得弹唱道：

记得画屏初会遇。好梦惊回，望断高唐路。燕子双飞来又去。纱窗几度春光暮。

那日绣帘相见处。低眼伴行，笑整香云缕。敛尽春山羞不语。人前深意难轻诉。

新郎新娘一曲唱罢，"好""精彩"喝彩声不绝。

"下面，我们特邀京城名伶为大家表演歌舞！"赵金贵说罢又朝外拍手三下，只见八个穿戴华丽、楚楚动人的妙龄少女鱼贯而入，挥舞五彩扇子，扭动柳腰跳起扇子舞来——一个个能歌善舞，嗓音甜润，犹如柳林中黄莺啼鸣一般煞是好听。众人"啪啪啪"一齐鼓掌。

歌舞一结束，妙龄女郎们低头悄悄退出。赵金贵再朝外拍手三下，进来一男一女两个姑苏年轻评弹名伶，那女的提着琵琶，男的手持三弦，笑容可掬地在太师椅上就座。女的轻轻拨弄丝弦，男的起身笑道："在下应赵金贵先生邀请，为新郎新娘献演一曲周光宗先生新编的《英雄儿女》助兴！"说罢，与那妙龄女郎用吴侬软语弹唱起来。只听得唱道：

胡笳声声震天响，
烽烟滚滚遮艳阳，
金兵入侵燃战火，
攻克都城北宋亡。
好儿女誓死不做亡国奴，
保康王杀出重围离汴梁。
在黄河联络两岸众义士，
举刀枪群起反抗杀豺狼。
九殿下应天称帝继大宋，
立大志抗金复国声势壮！
金太宗勃然大怒率铁骑，
四太子挂帅追剿胜虎狼。
宋高宗渡江南逃抵临安，
韩世忠夫妇抗金战长江。
金兀术带领骑兵穷追杀，
我江南美好河山受创伤。

李苏卿丞相后裔好儿郎，
携家眷练武抗金在溧阳，
生娇女视作明珠擅教养，
十六载长大变成金凤凰。
喜女儿文武双全人聪慧，
俱称赞江南才女非寻常。
谁知晓，一个月黑风雪夜，
金兵偷袭来溧阳，
所到之处烧杀抢，
惨无人道丧天良……
李苏卿和女儿并肩杀豺狼，
众徒弟，奋勇善战敌胆丧。
杀死百金兵，
活捉九大将，
鲜血染征袍，
庆功笑声朗。
兀术发大兵，
报复围溧阳，
敌众因我寡，
英雄刀下亡！
玉莲娘临危救夫郎，
被乱刀砍死血泊躺……
众乡勇舍命救孤女，
含泪把尸体全埋葬。
李家女，随乡亲逃难到南浔，
替人干活做衣裳；
飞针走线手艺精，
人人夸耀美名扬。
高员外母亲顾夫人，
做寿衣请她到府上。

一日三餐好招待，
疼爱有加慈母样。
祸起萧墙寿诞日，
诸亲百眷闹寿堂。
顾夫人侄儿顾慕蓉，
一见李家女心花放，
哀求姑妈做大媒，
屡遭坚拒动手抢，
吩咐下人布置新房，
明天和美人拜花堂。
李家女，早知顾公子是色狼，
虽有武功草包样，
家有四房姨太太，
拈花惹草称"色王"。
我本是，冰清玉洁官家后，
岂肯与禽兽同罗帐？
眉头一皱计上心：
"先答应三件大事后拜堂！"
顾公子，忙说"美人若答应做新娘，
件件依你好商量。
良宵一刻值千金，
是哪三件快明讲？"
李家女，强忍怒火笑开腔：
"你竖起耳朵听清爽：
第一件，把抢来姑娘都释放，
让她们，和亲人团聚回门墙；
第二件，眼下战乱闹饥荒，
快布施穷人送米粮；
第三件，新婚先饮交杯酒，
我和你，恩恩爱爱入洞房！"

顾慕蓉乐得心花放：
"我人称'顾太白'是海量，
老酒能喝一小氅，
和美女，若能成亲同眠床，
一醉方休到天亮！"
说罢当天放姑娘，
开仓放粮救灾荒；
抓紧准备办喜酒，
鸣炮奏乐和李家姑娘拜花堂。
你看他喜滋滋手牵同心结，
笑嘻嘻拉美人进洞房。
新娘是，含情脉脉把酒敬，
新郎他，端起大碗喝精光。
不一会儿，舌头打结步跟跄：
"来来来，和美人宽衣解带效鸳鸯……"
话未说完烂醉如泥瘫在床，
鼾声如雷入梦乡。
李家女飞速脱下新衣裳，
手持利刃欲杀色狼，
听得门外有声响，
飞速跳窗走匆忙。
月夜雇船到青镇，
靠做针线度时光。
顾慕蓉酒醒心不死，
带狐兄狗弟又来抢。
千钧一发遇英雄，
拔刀相助斗恶狼：
呼呼呼，铁拳飞舞断手臂，
嗖嗖嗖，铜棍乱飞腰骨伤。
顾慕蓉，见同伙个个是狗熊，

恼羞成怒办法想，
肩背美女奔河旁，
妄想逃脱躲船舱。
英雄眼尖速度快，
飞步上前忙阻挡。
顾慕蓉，放下美女用剑刺，
被英雄，打翻在地叫嚷嚷。
那色狼，眉头一皱使毒招，
突然间，飞起脚尖踢裤裆。
好英雄，胆大心细早提防，
动作快，把色鬼一棍打飞河中央……
若问英雄名和姓，
听我一一说端详：
一个是连中三元夺魁首，
一个是勇冠七军称虎将，
哥名汝愚弟一麟，
侠肝义胆好儿郎。
那美女就是新娘李玉莲，
与恩人今夜完婚入洞房。
这就是新编开篇《英雄儿女》，
谱写了人间真善美新华章！

一曲唱罢，全场掌声雷动。闹洞房在"再表演一个"的喊声中继续进行。

五

待众好友悄悄离去后，新郎新娘卸下婚装，携手同入罗帐，你敬我爱异常温存……

突然门外传来"窸窸窣窣"的响声，新娘大吃一惊，悄声对新郎道：

"官人，外面天井里好像有人……"

"嘘……"新郎赶紧用手示意新娘切莫出声，起身轻轻走出罗帐将龙凤烛"噗"的一下吹灭，洞房内顿时一片漆黑。

新郎蹑手蹑足走至花窗边屏住呼吸侧耳倾听，外面果然有轻微的脚步声，借射进来的月光凝目窥视，见天井里有一高一矮两个蒙面的魁梧人影，在缓缓向新房门前移动，"咯噔"一下不由得绷紧了心弦，新郎眉头一皱计上心来，悄悄回到新床上坐下。新娘悄声问道："官人，天井里有人？"

新郎附耳对新娘如此这般一说，新娘不再言语。新郎大声笑道："娘子，外面有几只猫儿打架，没事，没事！"说罢"哇哇哇"呕吐起来。

新娘忙用浴盆接，只听得娇滴滴埋怨道："官人你酒量小就别贪杯，看你醉成这个样子……要是喝出胃病如何是好？"

新郎舌头打结，说话结巴："娘……娘子……我没醉……"

新娘嗔怪道："官人醉成这样还说没醉？！你那几个学友俱是'酒太白'，你敬一杯，他倒一盏，不将官人灌醉才怪呢！下次别再和他们'一醉方休'了！"

新郎笑道："请……请娘子……放心……我下次……决不贪杯……"说着又"哇哇哇"呕吐不止。

新娘劝道："官人你吐得差不多了，我扶你上床安睡吧。"

新郎说话声越来越轻："好……好……你扶我……上床……安睡……"不一会儿就鼾声如雷……

突然，堂窗门"呀"的一声被风轻轻吹开，新娘自言自语道："刚才送叔叔们出去时我忘了关门……官人酣睡成这副样子，叫我好害怕！"瞧见黑影一闪进了新房，新娘悄悄定睛一看，见床前站着一个高大黑影，惊慌失措地问："你、你是谁？！快出去！"

黑影压低声音道："美人切莫声张，你男人喝醉了酒只顾自己酣睡，把你晾在一边，多寂寞呀，今朝是你洞房花烛之夜，良宵一刻值千金，让本大爷来好好陪你……"

新娘心慌意乱忙摇手道："你别过来，别乱来……再过来我打得你们手臂断裂！"

黑影笑道："美人，你怎么如此狠心？我身强力壮，床上功夫比你那文绉绉的小白脸丈夫厉害十倍，让你快活得直哼哼！"

新娘骂道："你这个不要脸的淫贼，好色的衣冠禽兽，快滚出去！"

此时，另一高个子蒙面黑影一闪溜了进来，在床前笑道："我虽不及那小白脸英俊风流潇洒，却也相貌堂堂特温柔，有好多标致姑娘想跟着我，我一个都看不上眼，心里只有你！"

新娘大声警告道："凭你这副熊样也癞蛤蟆想吃天鹅肉，难道不怕我一刀宰了你？！"

"美人，别嚷嚷，我相貌虽不及你那小白脸，床上功夫却强他百倍哩，你一刀宰了我，今晚洞房花烛夜谁跟你效于飞之乐呀？"

新娘厉声骂道："你这个衣冠禽兽，别白日做梦！"

高个子黑影压低声音威胁道："不知好歹的贱人，你再大声辱骂本好汉，先用刀把你男人胯下之物割去，叫你一辈子享不成艳福守活寡！"

新娘一听声音异常熟悉："你们是'冷面金刚'丁一宽、'铁头罗汉'徐飞虎？"

高个子黑影把亮闪闪的腰刀在新娘面前一晃，威胁道："你知道我们的厉害，快乖乖地顺从了吧！"

矮胖子黑影恨恨地道："美人，上次青墩镇我大哥为你差点葬身鱼腹，可怜他回南浔后为你得了相思病，天天叨念着你的芳名，如今瘦得皮包骨头只剩下一口气了！"

高个子黑影恨得咬牙切齿道："我们被你这狐狸精害得够惨，我脸上留下个大伤疤，马二哥被你折磨成断了手脚的废人……我们好不容易打听到你的下落，合计好了趁你和小白脸在洞房花烛之夜前来报仇雪恨！"

矮胖子黑影耐着性子劝道："李大美人，如今我拜高人为师，武功不比以前。你若顺从我，往日恩怨一笔勾销，我们三人共享于飞之乐，如若执迷不悟，把你折腾成残花败柳，丢在荒山喂虎！"

新娘冷笑一声质问道："把我丢在荒山喂虎？！矮胖贼，你吹牛上嘴唇顶着天、下嘴唇碰着地了吧！"

高个子黑影埋怨道："三弟还跟这贱人瞎啰唆什么？你想快活就快上床，没兴趣就一刀将这贱人砍了！"说着就要动手。

矮胖子黑影急忙上前阻拦："二哥别乱来，你若一刀砍了这美人，用什么医治大哥的相思病，再说你我还未尝鲜，把她弄死了会后悔一辈子的！"

高个子黑影笑道："三弟说得不错，放着天仙般的美人不享受多可惜！对，我们趁她的臭男人烂醉熟睡，先睡她个飘飘欲仙，玩腻了再杀她臭男人不迟！"

矮胖子黑影淫笑道："二哥这话中听，事不宜迟，我们先一刀砍了小白脸，省得快活时碍手碍脚，也好叫那臭婆娘死心塌地顺从我们！"说毕"嗖"的一下举起亮闪闪钢刀对准高耸的锦被往下猛砍。只听得"哎呀"一声惨叫，那矮胖子黑影用手抚摩着下身蹲倒在地……

高个子黑影见同伙遭人暗算，忙挥舞钢刀猛扑新娘……只听得"呀"一声惨叫，手掌被割断，双脚乱跳！正在此时，"呼呼呼"飞出三个黑影，异常利索地把高个子绑了个严严实实动弹不得。待几个黑影押了不速之客，另两个黑影搀扶起新娘走进新房点燃明晃晃的龙凤烛时，烛光下照见矮胖子被新郎用绳索捆绑成火肉粽子一般，耷拉着脑袋怒目圆睁……

原来汝愚发觉门外有动静，至堂窗门边借月光仔细观察，早明白一切，为了保护好玉莲，稳住不速之客，假装烂醉如泥呼呼酣睡，悄悄将锦被和枕头弄高，轻轻躲在新床背后。待新娘用脚猛踢矮胖子裤裆痛得他蹲倒在地惨叫，高个子黑影背了新娘飞速破门而逃时，被李玉莲用布带捆了个动弹不得。发现金一麟和赵汝拙、赵汝鲁、赵汝口已将他捉住，赵汝愚进内把正要跳窗溜走的矮胖淫贼抓住双脚用力拉下，一顿拳打脚踢后用绳索将其牢牢捆住……

等学友赵金贵、周光宗兄弟俩闻讯赶来时，天已大亮，见新郎、新娘皮毛未伤，一场虚惊，心上的石头都落了地，赵、周二人自告奋勇把两个歹徒火速押送崇德县城……

六

婚后，赵汝愚和李玉莲甚是恩爱，相敬如宾。

是年冬天，李玉莲得知舅舅华林芳一家在安吉州定居，想起金一麟已经二十二岁了，表妹华碧莲尚未出阁，为了报答金一麟母子对夫君历年来一片忠诚之恩，欲将天生丽质的表妹许配他为妻。一日对赵汝愚笑道："夫君，昨晚婶婶跟我眼泪汪汪地说，若他夫君金永德在世的话，一麟早已成家，她抱孙子多年了。为妻听了心里很过意不去。想一麟跟随我们这么多年，婶婶一直为我府上里里外外操心费力，比亲婶婶还要好。俗话说，滴水之恩，当涌泉相报，我们做哥哥嫂嫂的，早该替他物色妻房，才对得起九泉之下的金永德叔叔，对他母子也算做了点报答。"

赵汝愚正因为如此，一直对一麟母子心存内疚，日夜想报答，见夫人今又说起，异常愧疚地说："为夫何偿时刻不这样想，可心有余力不足啊！一麟贤弟人称洲钱'小潘安'，且文武双全人品超群，择偶的要求很苛刻，我曾替他物色过不少品貌端庄的姑娘，可他一个都看不上眼！婶婶为此日夜忧虑，多次劝他别好高骛远，可一麟总是说，'没称心的我宁愿一辈子不成家'！他这个人如此倔强，我这个当哥哥的除了干着急，别无办法呀！"

李玉莲神秘兮兮地笑道："为妻替他找到意中人了！"

"夫人找到他的意中人了？！"赵汝愚喜出望外，忙拱手追问，"夫人，快说是哪家的千金？她姓甚名谁？品貌如何？家在哪里？贤惠不贤惠？"

"你一口气问这么多，叫我先回答什么呀？"

"夫人你快说呀！"

"你先猜猜看。"

"我心急如火，你却这么悠闲……"

"瞧你急的！"李玉莲朝丈夫笑笑一字一顿地说，"我表妹华碧莲！"

"你表妹华碧莲？"

"她才貌双全，人称江南美女，和一麟正是天生一对，地造一双。"

"真的？"赵汝愚异常惊喜，猛然想起华家已失散十多年，一直不知下落，连忙摇头，"你舅舅一家至今杳无音信，人海茫茫，到哪里去寻找你那江南美女表妹华碧莲？娘子说的是'水中月''镜中花'，你这画饼充饥岂不越充越饥？"

李玉莲笑道："官人说颠倒了，该改为'案上花''囊中玉'才对！"

赵汝愚听了非常惊诧，上前一把使劲握住娇妻的纤纤玉手笑道："娘子如此说，弦外之音是你表妹华碧莲有下落了？"

李玉莲的左手被丈夫握得疼痛难忍，用力挣脱嗔怪道："看官人高兴成这副样子！告诉你，为妻这个大媒人这次做定了。"

赵汝愚疑惑不解地问："夫人这么有把握，你表妹一家现在何处？既已知晓你为何不告诉我？"

李玉莲笑道："给你个意外惊喜呀！其实，为妻昨天才知晓，和侍女上街买绣花丝线时，碰到舅舅在此做山货生意……"

赵汝愚一听抢过话头埋怨道："那夫人为何不请你舅舅来家里住几天？为夫好当面跟他说这件事！"

"我何尝不再三邀请他，可说破了嘴皮子请不动舅舅大驾，有什么办法呢？"

"你舅舅还在洲钱吗？"

"他早走了。"

"娘子，你说舅舅一家现住在安吉州？"

"对。"

"为夫与娘子立马雇船前去登门拜访如何？"

"好啊，你准备何时动身？"

"明日一早。"

"好，一言为定！"

第二天，天刚蒙蒙亮，赵汝愚夫妇上街买了许多贵重礼品，命赵兴雇了一艘体面客船悄悄前往安吉州。

第四天夜幕降临时，赵汝愚、李玉莲和赵兴果然满载而归，不仅携带来大包小包鲜笋、笋干、山核桃之类的安吉州土特产，还悄悄邀请来一位天仙般的美人。

是夜正值腊月十五，一轮大玉盘似的圆月高悬头顶，万里碧空明如白昼，到处撒满银辉。

一更天时，赵汝愚满面春风邀请玉麟母子来后花园赏月观花。一踏进花园月洞门，一阵阵清香扑鼻而来。当他们兴冲冲来到梅花阁时，芳香扑鼻，不由得心旷神怡。只见各色梅花早已盛开，五彩缤纷煞是好看！他们几人不由得驻足观赏起来。

在皎洁的月光下，阁旁的白梅花更吸引人，一朵朵洁白如霜，"沙沙沙"几阵风吹来，那花瓣儿翩翩落下，纷纷扬扬如飞雪一般。

再欣赏稍远处的红梅花，红得异常艳丽，远瞧活像一片片云霞，近看一簇簇红艳艳的，美得孤傲而冷艳，美得与众不同，别具一格，美得使人眼前一亮异常惊喜，观赏者都翘起了大拇指赞不绝口！

东边的黄梅花，艳丽得甚是耀眼。月光下，一株株向人们绽开了笑脸，一簇簇花朵和一条条枝叶，在寒风中轻轻摇曳，发出"沙沙沙"的声音，仿佛在欢迎嘉宾们的到来。

西边的几株腊梅，花团锦簇，更是艳丽无比，近处的娇艳夺目，妩媚动人，稍远处的更加异香扑鼻，沁人心脾……远观宛若一顶顶艳丽的花冠，近瞧犹如一张张绽开的笑脸，娇美得甚至有点妖艳，仿佛为了吸引主人瞩目欣赏她们与众不同的艳丽，正使劲散发着一股股特别浓郁诱人的香味，展示着自己满园群芳唯其独秀的无穷魅力！

金一麟越观赏越喜欢，竟然舍不得离开，踮脚翘首瞧个不够，越看越觉得此处的黄梅花，比别的品种更高一筹。一株株金黄得使人异常舒服，百看不厌，一簇簇妩媚得让人顿生爱慕之情，忍不住用手轻轻去抚摩一下，一朵朵如此艳丽温馨，更显得异常高雅，简直美得令人陶醉……

赵汝愚见此情景，暗暗欢喜，悄悄和一麟娘耳语……

金一麟美滋滋地观赏了一会儿，见阁内桌凳早已摆放齐备，石凳上堆满了各式水果糕点，就招呼母亲和汝愚哥坐下，边品尝水果边欣赏梅花。

正在此时，只听得月洞门方向传来甜甜的笑声："你们看，汝愚、一麟陪秀珠婶婶早在赏花观月了！"

金一麟循声望去，只见张妈提着一盏明晃晃的大灯笼，照见李玉莲嫂嫂挽扶着一位天仙般的美女正轻移莲步款款朝梅花阁走来，忍不住悄悄起身仔细窥视，那月光下的美人儿，满头墨黑墨黑的头发，弯弯的柳叶眉，雪白粉嫩的瓜子脸，不大不小恰到好处的樱桃嘴，亭亭玉立的好身材，杨柳腰走不动裙笑不露牙，一双纤纤玉手嫩如春笋，两只水汪汪秀眼会说话……那妙龄美女，简直美得令一轮圆月羞得躲进云层，让满园梅花顿时逊色！

一麟娘见儿子两只眼睛一眨不眨地注视着李玉莲身边的漂亮姑娘直发呆，嘴巴乐得像敲开的木鱼合不拢。赵汝愚见了喜不自胜，悄悄和婶婶耳语,一麟娘开心得赶紧起身双手朝他使劲作揖。

这时,李玉莲开心得一副俏脸蛋像绽开的白梅花,附耳和身旁的姑娘说悄悄话,羞得那妙龄佳人抿嘴甜甜地笑着低下了头……

第二天一早,一麟娘穿戴一新来客厅请赵汝愚替儿子做媒。赵汝愚一口答应,笑笑说:"请婶婶一百二十个放心,一麟贤弟和碧莲表妹天生一对地造一双,他俩互相爱慕着呢,我这个大媒人喜酒喝定了!"

一麟娘感激万分,连声说:"谢谢!谢谢!此事若成,你婶婶了却一桩心事!一麟他爹知道了,定含笑九泉哩!"

事情果真如赵汝愚所说那样,夫妇俩三日后去安吉州与舅舅舅妈一说起亲事,夫妇两人满口答应。真是踏破铁鞋无觅处,得来全不费工夫。一麟娘得了个漂亮贤惠的好媳妇,又是李玉莲的亲表妹,儿子爱得无话可说,开心得不得了,她立马选个黄道吉日替儿子办了订婚酒宴,定下来年正月十八黄道吉日,替儿子操办新婚酒宴。金一麟得了个如花似玉天仙般的美人,开心得日日绽开笑脸,做梦盼望成婚喜期早日来临。

一眨眼已是正月十八黄道吉日,赵汝愚夫妇体体面面、风风光光替义弟金一麟和表妹华碧莲大办新婚酒宴。

是日,赵府门前车水马龙,宾客盈门,人声鼎沸,异常热闹。金一麟与天仙般的美女华碧莲拜堂成亲,成就千古美姻缘。金一麟的学友赵金贵、周耀祖等应邀前来赴宴。赵金贵闹洞房欣赏罢新娘芳容羡慕死了,即兴哼了一段顺口溜表示自己的无限感慨。只听他朗声吟道:

  俊男美女配佳偶,
  羡煞同窗众学友。
  慨叹人生遗憾多,
  不如意事常八九。
  有缘千里喜相逢,
  无缘咫尺恨悠悠。
  天涯有情成眷属,
  近邻无意莫强求……

数月后，赵汝愚央求弟媳华碧莲替赵金贵、周耀祖赴安吉州物色了两位如意佳人，这下遂了两个花痴的心愿，喜煞赵聚春、周明德阖府老少，逢人夸耀赵汝愚的善良恩德。

　　一载后，李玉莲身怀六甲，十月足满生下一男孩，赵汝愚为心爱的儿子起名赵崇宪。其表妹华碧莲，生下一对龙凤胎，金一麟夫妇替宝贝儿子起名金小龙，心爱的女儿起名叫金小凤。乐坏了一麟娘吕秀珠，一手一个抱了逢人夸耀赵汝愚夫妇的恩德……

　　从此，李玉莲和表妹华碧莲在家悉心教子女读书。小崇宪和金小龙俱天资聪颖，过目不忘。李玉莲表姐妹俩说不出的开心，晨昏加紧督促儿子发奋苦读。

　　一日，晁夫人在张妈的陪同下来桂花楼看望大儿媳妇。李玉莲得知连忙下楼迎接，泡茶热情招待。

　　闲聊一会儿后，晁夫人忧心忡忡地说："我那老二、老三已老大不小了，早该成家啦！可是这两个不知天高地厚的孩子，择媳要求高得离谱，耽误了自己终身大事却优哉游哉、若无其事，急得我们做爹娘的，白天吃不下饭，晚上睡不着觉。唉，真是可怜天下父母心！"

　　张妈深有体会地说："我生了一肚皮不争气的儿子，左邻右舍的姐姐妹妹都抱孙子了，我这儿媳妇全无动静，叫我怎能不操心？"

　　晁夫人两眼湿润，握着张妈的手说："我们姐妹同病相怜，姐姐你生了三个不孝子，我养了三个小傻瓜！"

　　张妈见夫人伤心落泪，赶紧强颜欢笑安慰道："我日日替妹妹高兴，生了个人见人爱的麒麟贵子，如今做了天子门生。媳妇又是李宰相的后代，锦心绣口，如此贤惠人见人爱，我要是贤妹的话，睡梦里头也笑醒哩！老古话说，知足长乐，延年益寿。"

　　晁夫人听了破涕为笑："姐姐说的是，儿女婚事讲缘分，做爹娘是心急不得的。"

　　张妈笑道："话虽这么说，但做爹娘的谁不盼望儿女早日成家立业，早抱孙子早享福。贤妹，愚姐有个想法，不知当讲不当讲？"

　　晁夫人笑道："你我好姐妹无话不说，有话别卖关子，我正要听你的高见呢！"

"高见不敢当，有事同商量。"张妈异常感激地说，"愚姐自从进你们赵府以来，阖府人把我当作亲人一般看待。特别是四位少爷，一个比一个孝顺，早问安、晚看望，老远亲亲热热叫我娘，有什么好吃的总是请我先品尝，强过我那亲生儿子百倍！你们赵家的大恩大德我正日夜思量着报答，这次请贤妹给我一个机会吧！"

晁夫人笑道："给你一个什么机会？"

张妈用手指着河对岸笑道："那边的赵聚春老爷和他姐夫周明德，正为自己的宝贝女儿待字闺中着急呢。大小姐金花，温柔文雅，端庄稳重，身材苗条模样儿特好。二小姐银花虽性情豪爽泼辣，但品行模样好得无可挑剔，都说是朵带刺的玫瑰。周家的婵玉小姐更是百里挑一，人称'赛西施'，且文武双全聪明绝顶，斯文温柔人见人爱。夫人看中哪个姑娘快告诉我，愚姐马上去给两位少爷撮合撮合……"

晁夫人乐得满脸堆笑抢过话头道："姐姐若撮合成功，老二老三得娶金花、银花、婵玉任何一位为妻，都是前世修来的好福气。"

"贤妹如此说，愚姐这大媒人做定了！"张妈异常开心，"我有个想法，二少爷配赵金花，三少爷配赵银花，四少爷配周婵玉，你说般配不般配？"

晁夫人笑道："若能如此那当然好啰，可这是你月下老人一厢情愿，不知我儿和姑娘们乐意不乐意？"

"要两厢情愿也容易，今朝正巧是黄道吉日，愚姐先去周家替二少爷做媒。"

"乳娘先别走，耐心听我说！"正在阅读儿女们文章的李玉莲，听见此话忙起身阻拦，"方才我娘说得对，儿女婚事要讲两厢情愿，不能包办代替乱点鸳鸯谱。汝鲁弟英俊潇洒风流倜傥，自尊心极强，周家婵玉妹妹看上去虽斯文温柔，却胸有城府心比天高，他俩才是天生一对。麻烦乳娘先去传唤汝鲁弟来此桂花楼，我要与他好好谈谈。请母亲到儿媳妇书房内喝茶稍等。"

张妈笑道："玉莲少夫人主意不错，我听你的。"说毕匆匆下楼去请三少爷。

少顷，听得"噔噔噔"楼梯响，只见赵汝鲁满面春风走上楼来。李玉莲忙起身出迎。赵汝鲁一进房间笑问道:"小弟正和大哥二哥在后院练武,嫂嫂唤我有什么事?"

李玉莲笑道:"汝鲁,嫂嫂请你来是想讨一杯喜酒喝。"

赵汝鲁红着脸道:"小弟婚事尚未有着落,何来喜酒?"

李玉莲笑道:"你早有意中人,嫂嫂喜酒喝定了,别装作若无其事一般。"

赵汝鲁摊摊手说:"嫂嫂越说越离谱,我哪儿来的意中人?"

李玉莲开玩笑说:"你嫂嫂学过相术,能看相未卜先知,你虽城府深,我却早知你腹中心事。"

赵汝鲁冷笑道:"嫂嫂休得夸口,早知我腹中心事?告诉你,除非蓬莱岛老仙师!"

李玉莲笑道:"嫂嫂一不傻二不痴,虽不是蓬莱岛老仙师,却尽知你腹中心事。"

赵汝鲁笑道:"既然嫂嫂夸海口,那快说来听听。"

李玉莲朝他笑笑说:"你一直深爱着周婵玉,而周小姐也暗恋着你。因叔叔当年中秋之夜扮我的模样在桂花亭捉弄了周光宗,周伯母一直耿耿于怀,从中作梗硬拆鹊桥。周小姐是个孝顺女儿,只好将一片情义深埋心底。如今周小姐非你不嫁,周夫人才后悔莫及。她想起自己的大儿子,幸亏你大哥做月下老人才得娶相国千金,如今酬谢报答还来不及,绝不会再作梗反对了。故嫂嫂才敢夸此海口。"

"嫂嫂真厉害!"赵汝鲁佩服得五体投地,见四下无人,赶紧施礼恳求道,"委屈'蓬莱岛仙师',做一回月下老人疗治愚弟相思之疾……"

李玉莲笑道:"你坐等佳音吧,嫂嫂去去就来!"说毕匆匆下楼去周家作伐。

果然不出李玉莲所料,到周家寒暄一番说明来意,周氏夫妇就一口答应女儿婚事。回到桂花楼一讲,把个赵汝鲁乐得心花怒放,抱拳连连作揖。

张妈那日到赵聚春老爷家求亲,二小姐推说自己还小,要在娘家侍奉双亲。大小姐朝张妈抿嘴笑笑,低着头说了句"本小姐全凭父母和张妈做主"就转身回到自己闺楼。赵汝拙练武归来知道后,开心得手舞足蹈哼山歌，当晚拉了张妈和嫂嫂去洲钱杏花楼畅饮作谢，喝得酩酊大醉才归来安睡。

一月后的黄道吉日，赵善应夫妇开开心心替老二、老三大办订婚酒宴，两赵一周遂成为儿女亲家。

第二年正月初八，赵善应又张罗着替老二操办婚事。赵汝拙和赵金花洞房花烛，成了百年好姻缘。

赵汝鲁望穿双眼盼到是年腊月黄道吉日，高高兴兴和心上人周婵玉举行婚礼，有情人终成眷属。

淳熙四年（1169）深秋的一天，慧明禅师带了滋补品乘船来洲钱看望舅舅舅母，见赵善应面色红润，异常开心，闲聊时告诉舅舅："昨天一个夫人娘家在秀州的将军，因打了胜仗受到朝廷嘉奖，携了夫人来秀州看望岳父岳母，顺便到我觉海寺烧香还愿，在方丈室喝茶时告诉我师傅，河南南阳、邓州、信阳等沦陷区的百姓，因受够了金国的残暴统治，乡勇们纷纷起来反抗，在我大宋官兵的里应外合下，经多次鏖战终于全歼沦陷区金兵，杀死衙门狗官，夺回失地过上了安居乐业的好日子。若我们家乡江西余干也仿效河南群起反抗，定能早日砸碎异族的沉重镣铐，驱散乌云重见天日！"

赵善应听罢大喜，命赵兴、张妈准备酒席，和外甥在梅花厅饮酒庆贺。席间，娘舅外甥你敬一盏我敬一杯开怀畅饮，喝得酩酊大醉。赵善应乘着酒兴，命赵兴磨墨，略思片刻提起笔来，在宣纸上"沙沙沙"疾书，一首《闻虏归我河南地喜而作》七律瞬间立成。慧明禅师俯身仔细一看，连夸好诗，不禁读出声来：

> 几年流落在天涯，
> 忽报邮音豁两眉。
> 神武赫临无血刃，
> 腥臊涤尽抚疮痍。
> 遗黎每恨平燕策，
> 今日还欣见汉仪。
> 更展白沟归旧界，

皇家重建太平基。

赵善应送走外甥后,见辰光还早,因特别开心,带了孙子们去后院舞剑弄刀练习武功。不料得了风寒,哮喘病发作。赵汝愚得知后急忙告假赶回洲钱,遍请名医为父救治。无奈赵善应年事已高,加上近几年为学馆授徒操劳过度,肺病引起各种并发症,已病入膏肓非药石可治,拖至次年正月便撒手人寰。

赵汝愚夫妇悲恸欲绝,汝拙、汝鲁、汝口等伤心不已。阖府举哀。秀州觉海寺的慧明禅师,带了徒弟前来哀悼,为舅舅做七七四十九天水陆道场超度亡灵。

第八章　除霸显身手

一

淳熙九年（1182）五月，赵汝愚奉诏以集英殿修撰身份知福州（今福建福州市）兼福州安抚使，带了家眷和金一麟前去赴任。为了不打草惊蛇，便于铲恶锄奸，新知州一不鸣锣喝道，二不用车马仪仗，只雇用几艘木橹加桨的快船从水路悄悄进入闽地……

那几艘快船昼夜兼程，没几日就抵达福州城内。到码头上岸，赵汝愚命贴身侍卫金一麟、赵金贵加倍付了船家的辛苦银子后，吩咐汝拙、汝鲁、汝口三个弟弟负责护送家眷和行李后行，自己带了随从火速来到州衙。

大门口正在闲聊的衙役，突然瞧见几个有身份的不速之客，慌忙进内禀报，少顷，出来十多个满脸堆笑的州官，一见门口站着许多陌生人，一齐抱拳躬身施礼笑容可掬道："卑职等不知大人大驾光临，迎接来迟，罪该万死！"

赵汝愚摆摆手道："本官这次来福州，一不用车仗仪队，二不鸣锣喝道，只登舟悄悄而来，别说你们州衙官员，就是沿途百姓也无人知晓。俗话说不知者无罪。更何况本官不喜兴师动众骚扰百姓，悄悄而来，悄悄而去，大家无甚负担一身轻松，岂不妙哉！"

一位中等身材的州官急忙俯身道："大人您处处为地方百姓着想，是卑职等的楷模！"

赵汝愚朝人群瞧瞧，突然问道："为何不见你们的知州高大人？"

那位中等身材的州官慌忙回话："高大人办要事刚坐轿出去……大人们不远千里来到我们福州，旅途劳顿，请先到公堂歇息。卑职立即命马侍卫飞骑去找高大人！"

二

马侍卫一路扬鞭疾驰,眨眼间来到一豪宅前翻身下马,来不及通报直闯客厅,只见高进财正和一位瘦高个老头坐在太师椅上窃窃私语。高进财见贴身侍卫突然到来,知有特殊情况忙招呼他先坐下歇息喝茶,待他办完"公务"再行禀报。马侍卫深知上司的脾气,若在办"要紧公务"时,即便有天大的事也不准打扰他。前任几个侍卫因不谙事务,都被炒了鱿鱼,只好耐着性子等待。只见瘦高个老头惊恐不安地朝年轻侍卫瞧瞧,又朝顶头上司使劲眨眨眼睛。高进财会意,指着年轻侍卫笑道:"不碍事,这位是我夫人表哥的儿子,又是我的保镖兼贴身侍卫马飞!"

瘦高个老头一场虚惊忙用手帕擦拭额上虚汗,从衣兜内掏出一张银票双手交给高知州:"一点小意思不成敬意,请高大人笑纳!"

高进财接过银票一瞧,双眉紧锁,脸露不悦之色,将银票退还给对方道:"大哥眼下建房正急需银子,你我要好弟兄不急不急,来日方长……"

瘦高个老头见高知州不收银票,心里"咯噔"一下,略一思索忙赔笑脸道:"承蒙高大人鼎力相助,愚兄才如愿以偿买下这块风水宝地,造起称心如意的宅院,区区薄礼,不成敬意略表寸心。下次滴水之恩定涌泉相报!"

高进财一听立马阴转晴天,一对糖泡眼笑成了一条缝儿,忙说:"仁兄既如此说,那愚弟就恭敬不如从命了。以后要小弟帮忙的话尽管吩咐!"

马侍卫见高大人事已办妥坐下喝茶,忙起身禀报:"高大人,大事不好!"

高进财大吃一惊问道:"马侍卫,何事这般惊慌?"

马侍卫浑身颤抖着说道:"刚才州衙来了十多个朝廷命官,姚同知已把他们迎至公堂待茶……"

高进财吓得手中茶碗落地,"啪嗒"一声摔了个粉碎,埋怨道:"既是朝廷命官突然到来,为何不早点禀告我?"

马侍卫战战兢兢道:"小的见大人在办要事……不敢……"

高进财神色慌张地说:"别说了,快备马……速速带本州去州衙!"

"是!"马侍卫急忙起身至外面牵马,搀扶高知州上马后,纵身一跃飞上马背。

瘦高个追出来喊道:"高大人,您的银票?"

高进财不耐烦地说:"这你还用问,替本官暂时收着!"说罢急忙爬上马背坐好。

马侍卫"嘚嘚嘚"扬鞭策马飞奔州衙而去。一下马,高知州慌忙疾步飞奔州衙大堂。

高进财一见朝廷命官,"扑通"一声跪倒在地,不停地磕头请罪:"卑职不知大人今日大驾光临我福州,不然早带了手下到接官亭恭迎您大驾!"

赵汝愚把手一摆,笑道:"高知州快快请起!到接官亭恭迎倒不必……方才高大人在何处忙,办什么要事?"

高知州急忙回禀道:"因福州屡遭洪涝之灾,卑职……在下面细察民情……"

赵汝愚双手一拱施礼道:"高知州念念不忘百姓灾后安抚,深入民间了解灾情,精神可嘉!本官替福州百姓说声多谢!"说罢深深一鞠躬。

高知州忙摇手道:"卑职身为福州父母官,理应关心百姓疾苦,深入了解灾情……"

赵汝愚笑道:"如此说来,高大人对福州灾情是了如指掌了?"

高知州忙摇头道:"了如指掌不敢当,只是有所了解而已。"

赵汝愚问道:"高知州,本官听说你们福州连降二十多天大雨,灾情甚是严重,可是真的?"

高知州连连摇头道:"非也,非也!大人所言是道听途说的一些传言而已,其实本州灾情并不严重,百姓尚可安居乐业!"

赵汝愚虽不拿话当场揭穿他谎报灾情,心里却恨得咬牙切齿。心想:好你个狗官高进财,灾情如此严重,百姓都背井离乡逃难了还如此粉饰太平,掩盖自己失职之罪,妄想蒙混过关,圣上早已下旨,看你如何交代……他冷笑一声加重语气问道:"那么高大人所言是据实禀报的啰?"

高知州先是一惊,转而心想,这姓赵的刚到福州,怎知真实底细,我几句话将他打发走就没事了,想到此笑道:"卑职在此知州多年,情况不敢说了如指掌,却也略知一二,这灾情方才已据实禀报,请大人放心!"

赵汝愚笑道:"若如此本官多虑了!"

高进财朝身旁的徐文远使劲使眼色，笑道："大人若不信，可问同知徐文远……"

徐文远急忙躬身回禀道："高大人所言句句属实，这里虽有灾情，但委实不甚严重。"

赵汝愚笑道："本官以为……原来民众尚可安居乐业，虚惊一场！"

徐文远忙不迭地说："对对对，民众尚可安居乐业，尚可安居乐业！"

赵汝愚故意大着嗓门说道："高大人治州有方，徐同知协治有力，政绩显赫，本官当奏明圣上。"

徐文远抑制不住内心的狂喜，连忙笑道："对对对，请大人替高知州在皇上面前美言几句……"

赵汝愚故意一字一顿提高嗓音道："高大人能做到为官一任造福一方，本官自然要赶写奏章禀明圣上论功嘉奖，让高大人加官晋爵！"

高进财受宠若惊，赶紧跪地谢恩："大人如此关怀下属，卑职感激不尽，铭刻肺腑，定当涌泉相报！"

"据实向圣上反映地方官政绩，是本官分内之事，高大人不必言报！"

"知恩图报应该的，应该的！"高知州转身悄悄吩咐徐文远，"徐同知，快吩咐厨师，抓紧准备盛大州宴，隆重款待赵大人……"

赵汝愚忙起身摇手道："本官一到州衙就对徐同知说过，福州遭洪涝欲赈济灾民，州衙一切事务开支能省则省，接待官员便菜便饭即可，徐同知难道忘了？"

徐文远忙说："卑职记得，记得！"

高知州拍马屁拍在马脚上，心里很不是滋味，忙指着徐同知脑袋厉声埋怨："徐文远，你年事不高，这次怎么如此糊涂……"

赵汝愚朝徐文远笑笑说："徐同知，官职不论大小，都是百姓的父母官，民众的眼睛雪亮着呢，脑袋可不能犯糊涂，否则，晚节难保啊！"

高知州、徐同知品品对方话中滋味，酸中有辣，且辣中带刺，心里"咯噔"一下不寒而栗……

赵汝愚的贴身侍卫大声说道："高大人，赵大人携旨前来，还不快摆香案接旨！"

高进财一听吓得浑身发抖，急忙跪倒在地连声吩咐："徐……徐文远……快……快备香案接旨！"

只听得赵汝愚朗声宣读圣旨：

> 奉天承运皇帝诏曰，高进财身为福州父母官，不替百姓办事造福，疯狂敛财肥私，勾结土豪劣绅狼狈为奸，擅自堰塞名胜西湖，助长劣绅霸田占地歪风，酿成旱涝灾害，致使赤地千里，灾民外逃，有负朕望。即刻押送来京，听候发落。
>
> 现赵汝愚奉诏前来赴任，望州衙官员竭力协助整治福州，安抚赈济灾民。钦此。

高进财忙叩首谢恩："吾皇万岁万岁万万岁！"

赵汝愚厉声说道："赵汝拙、赵金贵何在？"

"在！"赵汝拙、赵金贵急忙应声出列。

赵汝愚虎着脸宣布道："高知州犯有不可饶恕的罪行，快把他拿下，除去乌纱官服，立即押送京城听候发落，不得有误！"

赵汝拙、赵金贵齐声道："遵命！"转身将高知州的乌纱官服除下，当即用木船秘密押送临安。

同知徐文远吓得瘫倒在地，不省人事，通判邹明慌忙将州衙牌印、花名册和公文等交付给新知州赵大人。

交接完毕，赵汝愚命邹通判通知教授陆绍龙、训导陆永明、州判黄永祥等火速至州衙议事。

待红日西沉、皓月当空时，赵汝愚命厨师在后堂摆上酒宴，衙役掌灯，吩咐徐同知、邹通判等据实汇报灾后情形，声言若虚报搪塞，定从严处置。邹通判等战战兢兢忙如实禀报……

赵汝愚听着听着脸上堆满愁云，心情异常沉重，良久对在座属下坦言道："福州灾情如此严重，高知州却粉饰太平，竭力敷衍搪塞，如此贪赃枉法的狗官，福州百姓焉能不背井离乡？！兵法云：知己知彼，百战不殆。本州到任后要办的第一件事就是彻底查清高知州如何勾结地方豪强劣绅狼狈为奸，堰塞西湖为田，霸占田地、私造豪宅、鱼肉百姓之罪行。本知州今奉圣上旨意，对首恶者从严惩处，胁从者从宽处置，悔过自新者立功有奖。在座诸位，本州既往不咎，但丑话必须说在前头，如若再犯，新老账目一起清算。望诸位好好配合本州。从今日起请诸位住宿在州衙，书面陈述自己到任以来如何立足本职治理福州等业绩，七天后方能回府。如若不听劝告阳奉阴违，休怪本州翻脸无情！"

众人面面相觑，噤若寒蝉。

金一麟见此情景故意高声问道："诸位大人默不作声，莫非想抗命不遵？"

徐文远急忙大声说道："赵大人，金侍卫……卑职等哪敢抗命不遵？……只是……没带换替衣衫……故而发愁……"

金一麟笑道："我忘了事先告诉你，赵大人早已命衙役分别到你们府上去取了。徐大人还有何话说？"

徐文远使劲摇手道："赵大人替我们考虑得如此周到，卑职无话可说！没事，没事！"

众人一起附和道："我们也没事！"

金一麟笑道："既然大家都没事，那就安心在州衙写陈述吧。"

众人异口同声道："我等当即就写！"

赵汝愚把手一拱笑道："谢谢诸位的默契配合。想必诸位已很疲乏，今天时间也不早了，请大家早点回房休息。"

众人不解地问："那我们的陈述？"

赵汝愚笑道："明日再写不迟。"

徐同知忙起身拱手道："多谢赵大人如此关心属下，卑职等告退！"说罢和邹通判、陆教授、吴训导、黄州判去下榻处歇息。

赵汝愚回到后堂，点起明晃晃蜡烛，时而翻阅福州《州志》，时而手托下巴陷入沉思，时而拿出文房四宝挥笔疾书。

赵汝愚如此连续三天挑灯夜战，夫人李玉莲不放心前来陪同。一天深夜，李夫人带了衣衫提着灯笼悄悄过来看望。见丈夫在灯下埋头伏案写着什么，窗户敞开着，晚风习习寒气袭人，忙将衣衫替夫君披上，轻轻关好窗户。走至汝愚身边埋怨道："严冬腊月如此寒冷，夫君不关窗，要是得了什么病……夫君刚上任身体若有什么闪失，如何对得起福州百姓？这失职

第八章 除霸显身手

之罪为妻也担当不起。再说夫君初到福州，要办的事千头万绪。俗话说，心急吃不了烫粥。身体是爱民之本，公务再繁忙也不能不顾啊！"

赵汝愚望望爱妻，异常感激地说："谢谢夫人提醒，孩子们都睡了吗？"

李夫人用手指指楼上灯光道："崇范还在用功读书，楷儿连续熬夜，被我数落了一顿，都睡了。夫君连日疲劳过度，两眼布满血丝，快早点安睡吧。"

赵汝愚指指案桌上一大叠簿册、资料苦笑说："福州灾情如此严重，百姓背井离乡苦不堪言，我这个刚到任的父母官如何睡得着？夫人终日操劳也够辛苦的，请先回房安睡吧！"

李夫人笑道："夫君不休息，为妻哪有睡意？夫君打算如何整治福州呢？"

赵汝愚将刚写好的《整治草案》双手交给李玉莲，笑道："人人夸我贤夫人是'江南才女'，才华胜过堂堂须眉。夫人就帮我看看吧！"

李玉莲嫣然一笑，含羞道："为妻不在其位不谋其政，夫君休得取笑！"

赵汝愚笑道："你我已是老夫老妻了，还彼此过谦什么？福州百废待兴，为夫重任在肩，看在苦不堪言的百姓面上，夫人高抬贵手助我一臂之力吧！"

李夫人笑道："我方才是开玩笑，你急成如此模样，为妻哪有坐视不助之理？"说毕接过《草案》仔细翻阅，边看边指指点点："老爷，这几条措施考虑得甚是周到合理，异常管用。这些内容尚须斟酌修改，这几个地方建议再咨询一下当地有经验的老农……"

三

遥望鼓山林木葱茏，风景秀丽，绿树丛中，巍峨古刹时隐时现。新知州赵汝愚和金一麟徒步上山，只见涌泉寺建筑雄伟，气势恢宏。登上山顶，居高朝西北眺望，福州城尽收眼底：只见乌山、干山和屏山鼎足而立，郁郁葱葱，甚是雄伟壮丽；朝北望，洪塘江心石岩小阜的金山寺，在茫茫的江波中宛若一颗漂浮着的巨大的"金印";再往西看,那与京城临安西子湖媲美的西湖,已被堰塞得不成样子,除了少得可怜的粼粼碧波,俱被田地、豪宅覆盖!低头俯视鼓山脚下,田园荒芜,人烟稀少,异常萧条。赵汝愚忍不住频频皱眉,昔日的米粮川不复存在,映入眼帘的是光秃秃的石头山,长满杂草的野田地,又低又矮的破草房,衣衫褴褛的求乞者……

赵汝愚连连摇头叹息道:"昔日榕城美如画图,如今百姓苦不堪言!"

金一麟也异常惋惜道:"汝愚大哥,福州乃我朝六大名城之一,科举文教重地,人称'儒学名城',想不到如今被贪官污吏和地方豪强糟蹋成这副样子,实在令人痛心!"

"一麟贤弟说得对,这里已到非整治不可的时候了。圣上命愚兄知州福州,深感千斤重担压肩头啊!"赵汝愚说完紧锁双眉,愁云笼罩。

金一麟宽慰道:"大哥,有皇上圣旨在手,又有百姓做坚强后盾,高知州已押往京城,那几个豪强劣绅如沟渠中小小泥鳅,纵然一时猖狂,也掀不起滔天巨浪了!大哥赶紧写道奏章,请圣上早日批复,我们好立即动手疏浚西湖!"

赵汝愚笑道:"贤弟说得极是。可你别低估了这些小小泥鳅,说不定还会猖獗一时哩!俗话说强龙不压地头蛇。我们初来乍到,人地生疏,得时时刻刻小心谨慎才好!"

金一麟频频点头道:"大哥说的是,小弟记下了。"

两人沿着盘旋而下的山道,来到山脚下几间草房前,见一对满头银发的老夫妻正坐在门首闲聊。赵汝愚忙上前拱手施礼道:"老伯伯,老妈妈请了!"

满头银发的老丈忙起身还礼道:"客官请了!"

赵汝愚笑道:"我们因贪赶路程,口渴难熬,望老伯伯给我们一碗水解渴。"

老丈笑道:"如今这年头,要粥饭一口也没有,要水喝这里依山傍水有的是山泉溪水!"转身进内取水。少顷,用葫芦瓢舀出一大瓢洁净泉水给他们解渴。

赵汝愚接过葫芦瓢一饮而尽,用手帕抹抹嘴问道:"老伯伯,你们的儿女呢?"

老丈听了朝四下张望，指指屋内。赵汝愚会意，忙起身随老丈进屋。老丈急忙搬凳，赵汝愚告坐。

赵汝愚再三询问，老丈满腹惆怅，张了张嘴把话咽了回去。

金一麟见此情景估摸必有难言隐情，便悄悄对老丈说："在下金一麟，这位是我大哥赵汝愚，是皇上派来你们福州的新知州。我们已奉旨将狗官高进财秘密押送进京，福州现是老百姓的天下了，老伯伯有话放心说吧！"

老丈慌忙拉老伴双膝跪倒在地，嘴里不住地说："我们不知赵大人大驾光临，多有怠慢，罪该万死！"

赵汝愚搀扶起两位老人道："本知州是你们的父母官，奉圣上旨意前来帮你们整治福州！"

老丈破涕为笑，急忙拱手作揖道："苍天有眼，皇上派青天大老爷拯救我们穷苦百姓来了！"坐下用沙哑的嗓音诉说五年前发生的事。

原来老丈姓王，名叫王崇德，祖祖辈辈居住在西湖边上，有两个儿子，大儿子王阿强，小儿子王阿刚。王崇德早年在海外经商，四十岁上在西湖边买了块地皮造了一座体面庄院，替儿子娶了貌如天仙、端庄贤惠的李月娥为妻。李小姐才貌出众，聪明贤淑，人见人爱；王阿强英俊潇洒，勤劳善良。见小两口天生一对，地造一双，乐得王崇德夫妇合不拢嘴，样样称心如意，就差小儿子阿刚尚无意中人。谁知去年春天祸从天降，好端端一户人家弄得妻离子散，家破人亡！

早在政和年间，鼓山脚下迁徙来一户富豪人家。主人姓邱名聚鑫，夫人陈氏，生下两个儿子，大儿子名叫邱金虎、小儿子名叫邱金豹。不久，邱聚鑫夫妇相继去世。兄弟俩娶妻成家后分居。因富而不仁，兄弟二人从小善于溜须拍马，人称"马屁精"。大马屁精邱金虎用金银财宝贿赂爱财如命的高知州，成了他家的座上宾。从此，邱家弟兄和高知州狼狈为奸，不顾父老乡亲竭力反对，强行开山堰塞西湖，造田地，建豪宅。因风水先生周铁嘴说王家宅居是块风水宝地，若买下做坟地，将来邱家有三斗三升芝麻官，后辈享不尽荣华富贵。邱家兄弟信以为真，几次设法到王崇德家纠缠强买。谁知邱金虎、邱金豹磨破了嘴皮，王崇德就是咬紧牙关不肯出卖。

为此，邱、王两家结仇。

一日上午，高知州派衙役突然来王家捉拿王阿强，罪名是王家父子煽动民众反对高知州堰塞西湖。半个月后，邱金虎坐轿来王家拜访，说自己愿意用银票到州衙出面做担保，让含冤受屈的王阿强无罪释放。王崇德感激不尽，要给他银子，他说什么也不肯收，方才作罢。当晚王阿强果然获释，方开开心心归来与家人团聚。

一年后寒冬腊月的一天，王阿刚一早带了猎枪上山打猎去了。王阿强因母亲卧病在床，和妻子熬汤送药服侍。晌午时分，邱金虎和邱金豹突然气势汹汹带了一班豪奴闯进王家，索要保释银，连本带利两万两！

王阿强惊讶之余，据理力争："邱老爷，当初你说替我家垫付一万两保释银时说，分五年归还，还不出可延长期限，再三说明利银分文不收。今日突然索要两万两……我家一时拿不出这么多银子！"

邱金虎摊摊手道："邱某因造寒舍急需付材料银、工匠银、办乔迁酒银……你不能用'实在拿不出'把我打发走！"

王崇德闻声出来拱手恳求道："两位邱少爷，我们实在拿不出这么多银子。先付一半，另一半明年冬天付清好吗？"

邱金豹气势汹汹虎着脸，厉声吼道："王崇德，亏你是个有头有脸有名望的人，这种话也说得出口？我大哥菩萨心肠，借银子保你儿子出狱，老话讲，有借有还再借不难！你晓得不晓得？"

王崇德苦苦哀求道："晓得，晓得！邱二少爷，你大哥菩萨心肠广做善事，老朽铭刻肺腑，可是我家实在拿不出这许多银子……"

邱金豹把豹眼一瞪，双手往腰里一叉厉声说道："姓王的，说好话顶个屁用，拿不出银子用你儿媳妇做抵押！"

王崇德一听气得浑身发抖，忍不住厉声质问："用我儿媳妇做抵押？邱二少爷，你大哥去年主动用银子保释我儿子原来是不怀好意……自古借物还物，借银还银，你别打我儿媳妇的歪主意！"

邱金豹一听暴跳如雷，破口大骂："老不死的少啰唆，拿不出银子非用人抵押不可！"

王崇德肺都气炸了，呼哧呼哧直吹胡子，半晌道："邱二少爷，你别翻转面孔不认人，不讲道理蛮法三千，乡里乡亲抬头不见低头见，别把事情做绝。咱们有事坐下来好好商量！"

邱金豹两眼冒火厉声吼道："跟你这个老东西商量顶个屁用！"

王崇德气得直摇头，冷笑道："原来你们算计好了存心坑害我王家，朗朗乾坤，你们有没有王法？"

邱金豹用手一拍胸脯仰天大笑："王法？借银子还不出用人抵押就是我们邱家的王法！"

王阿强忍无可忍勃然大怒，用手指着邱金豹鼻子骂道："姓邱的，你们如此无法无天，我……我要到州衙去控告你们！"

邱金豹瞪着豹眼"嘿嘿嘿"仰天狂笑："去州衙告我们？好啊，知州高大人是我大哥的结拜弟兄、儿女亲家——告诉你，白天白告，黑夜黑告！"说毕"哐当"一下将古董架上一只雕花搪瓷瓶砸了个粉碎！

王崇德气得面孔铁青，浑身发抖："你、你、你这个衣冠禽兽，摔坏我传家宝瓶，老朽揍死你个蛮不讲理的畜生！"说罢举起拐杖朝邱金豹头上狠狠揍去。

邱金豹恼羞成怒，伸手夺过拐杖"咔嚓"一下折为两截扔在地上，揪住王崇德劈头盖脸一顿毒打。王阿强见父亲被打得遍体鳞伤昏倒在地，脱下外衣上前揪住邱金豹一顿狠揍，不解恨，又一脚将他踢翻在地。邱金豹被打得鼻青脸肿浑身是血，声嘶力竭大叫："弟兄们，快给我狠揍这臭小子！"

"是！"五六个彪形大汉应声一起上，被王阿强举起铁锤似的两个拳头，打得断手折臂，瘸足伤腿，躺在地上"哎哟！哎哟！"直叫唤。邱金豹见此情景，悄悄从靴子中拔出亮闪闪利器，飞速朝对方胸口猛力一刀，随着"啊——"的惨叫，王阿强心窝鲜血直冒，"扑通"一声栽倒在血泊中……

邱金豹见此情景，"快抓人"一声喊，狐群狗党从地上爬起冲进室内，抢了李月娥就走。邱家兄弟见美人已到手，带了手下淫笑着扬长而去。

待在山上打猎的王阿刚闻讯赶来，大哥已惨死在客厅，爹爹躺在床上"哎哟哎哟"直叫，母亲哭得昏倒在地，嫂嫂被邱家弟兄抢走……听众邻居将事情经过一诉说，王阿刚气得浑身发抖，双脚乱跳，拿了一把钢刀要去邱家救回嫂嫂替哥哥报仇。

众乡亲一齐苦苦劝说道:"阿刚,邱家兄弟凶如虎狼,又养有一大帮走狗,你手持钢刀,青天白日去邱家必定吃亏。还是等夜深人静再去救你嫂嫂报仇为好!"

王阿刚点点头,强按怒火,含泪坐等夜幕降临……

是夜狂风怒号,大雪纷飞,王阿刚靴中暗藏明晃晃钢刀悄悄潜入邱家,摸黑找到暗室,见关押在那里的嫂嫂已死,就用刀撬开东边的楼门,进内将躺在床上痛得直哼哼的邱金豹一刀砍死,还觉得不解恨,用刀把他砍成肉酱,回到暗室背了嫂嫂尸体逃回家来。

原来性情刚烈、洁身自好的李月娥被抢进邱府,邱金豹威逼她当夜拜堂成亲做其三姨太。李月娥誓死不从,被关押在暗室内。三更时分,邱金豹几杯烈性酒下肚淫性大发,踉踉跄跄来暗室告诉李月娥王阿强已死,脱下衣裤实施强奸。李月娥用锋利的剪刀"咔嚓"一声齐根剪下他的胯下之物。邱金豹痛得满地乱滚,大叫救命,狐群狗党听得呼救声赶来敲门。李月娥举起利刀对准自己胸口猛力一刀,"啪嗒"一下栽倒在地……

王阿刚回家欲带了堂上双亲逃往他乡避祸,因父母不愿离开故土才作罢,带了银两趁天色未明逃出福州城,乘海船去琉求岛(元朝时改称"琉球",今中国台湾省)……

第二天一早,邱金虎带了家奴闯入王家捉拿王阿刚为弟弟报仇,找遍所有房间不见王阿刚人影,命人放火焚烧王家庄院……

王家的庄院被烧成一片瓦砾场后,只好去鼓楼山下安身。王崇德在众乡亲的帮助下治好了伤痛和疾病,盖了三间草房,和老伴相依为命、苦度光阴……

因堰塞了西湖,灾难接踵而来:第一年春天,老天爷下了二十多天雨,福州东南一带低田变成一片汪洋,结果颗粒无收;第二年夏天,火辣辣的太阳烤得大地直冒烟,这样的日子持续了一个多月,湖水干涸见底,西北一带高田得不到水灌溉,庄稼全都枯死……老百姓只好吃糠咽菜,外出要饭,官府不管死活,苛捐杂税照收不误……

王崇德诉说完上述心酸往事,哭得老泪纵横。赵汝愚和金一麟恨得咬牙切齿,忙拿话劝慰王老伯夫妇……

三

日上三竿时，一高一中两个老年男子在湖滨道上默默行走着。一路上，秋风习习扑面而来，他俩备感凉爽。抬头望望，万里苍穹无一丝云彩，福州属于亚热带，却丝毫不像金秋季节，沿途看到的是龟裂的田地，干死的早稻，枯黄的树木，耷拉着脑袋的野草……

高个子老汉边走边摇头，嘴里喃喃地说着："我朝六大名城之一的福州，风景秀丽的西湖，被糟蹋成这副样子，真是做梦也想不到啊！"

中等身材的老汉见前面三三两两的行人迎面走来，忙扯扯同伴衣角。同伴会意，说话声戛然而止。走着走着，突然从西边传来惊天动地的炮竹炸响声。高个子老汉朝一位步履蹒跚拄着拐杖的白发老翁拱拱手问道："老先生，眼下一不逢年二不过节，你们这里为何燃放这么大的鞭炮？看样子气派大得很，这鞭炮声简直把老朽的耳朵快炸聋了！"

白发老翁朝高个子老汉笑笑说："足下是北方人吧？"

高个子老汉点点头说："老朽祖居江北，从小走南闯北经商，就是没到过你们福州。如今老家被金兵占领，到贵地来做点鱼鲜生意。"

白发老翁朝高个子老汉连连摇头道："你们做鱼鲜生意找错地方了。如今我们这里的西湖被堰塞成田地，哪里还有什么鱼鲜？还是到舟山去吧，那里有的是海鲜！"

高个子老汉笑道："生意没做成，银子却被强人抢光了，一双空手做不成买卖。我们囊中羞涩，想到那户喜庆人家凑凑热闹，顺便饱饱口福……"

"想饱口福你们找对人家了。"白发老翁用手指向湖上豪宅道，"这户人家是福州首富，金银当水用，不过……"

高个子老汉很诧异，不解地问："既是金银当水用的首富，为何老哥还说不过？"

白发老翁笑道："你们外地人不知道，这户人家的主人富而不仁，怕瞧不起你们外地人……你们听，那地下响的是旋炮，天上飞的是钻天老鼠……今朝邱大财主大办乔迁豪宅酒宴，请的都是官亲官眷和高朋贵友……"

高个子老汉忙拱拱手笑道:"谢谢老哥实言相告。我们既已到此,那就饱饱眼福吧!"

那中等身材的老汉笑道:"大哥且住,让小弟先去见见世面!"

白发老翁笑道:"两位老哥要见世面请随我来。"说罢在前面领路,朝湖中豪宅走去。

拐弯抹角来到豪宅前,只见地上全是香烛旋炮,天上飞的是钻天老鼠、大炮竹,在鲜艳夺目的大红灯笼下,门楣上的"红盖头"裹罩着匾额。

匾额下,几十个富商豪客、达官贵人,簇拥着豪宅的主人。

"邱仁兄,该揭匾了!"

"对!快揭匾,快揭匾。"

两个好事又颇有头脸的乡绅抓过绸带,塞给主人。

细观那主人,早过不惑之年,一副书生模样,白净脸皮,精瘦个子,一双鹰眼炯炯有神,脸上神采飞扬。他瞧瞧匾额,伸出的手又缩了回来:"还是……再等等。"

人们听主人说再等等,四下里窃窃私语起来。

"再等等?"

"等谁?"

"那当然是高知州高大人啰!"

"高大人以往随请随到,今朝怎么姗姗来迟?都快正午了,还不见他人影!"

"按高大人的为人和脾气,今日情况不对呀!"

"有什么大惊小怪的,人家高大人是一州之长,日理万机忙得很哩,哪像我们除了吃喝玩乐,终日无所事事……"

"说得不错,我们再耐心等等。"

"听说朝廷派来一位赵大人要督查我们福州……"

"这消息是谁告诉你的?"

"嘘,切莫声张,切莫声张!我嘛,自然是消息灵通人士告诉的啰。"

"如此说来,主人莫非在等那位朝廷命官?"

"他?哈哈!书稿写到边——不够格!"

众贺客听了面面相觑道:"当今皇上派来的赵汝愚赵大人,听说当年连中三元,当朝翰林大学士,连他都……不够格?"

主人听众宾客如此议论,不免心虚起来,一对鹰钩眼不住地朝门前四处张望……

这时候,高个子老汉身披披风已到大门口。一位俊俏书生模样的年轻男子四下望望,见没人注意他,急忙飞速挤到主人身边,凑过脑袋去与他悄悄耳语……

主人顿时脸色大变,额角上直冒虚汗,朝身旁穿黑衣服的嘀咕了几句。穿黑衣服的立即飞速进内,少顷,涌出十多个凶神恶煞的彪形大汉,一齐拱手问道:"老爷有何吩咐?"

主人手指一高一中两个陌生老人厉声说道:"邱某奉高知州密令,快将这两个金国奸细拿下!"

"遵命!"彪形大汉一拥而上,飞速将两个陌生老汉团团围住。

只见高个子老汉泰然自若,将披风一脱丢在地上,袖子一卷握紧两个铁锤般的拳头,"呼呼呼"将前面的三个彪形大汉打翻在地,后面的人吓得浑身发抖像筛糠一样,你看看我,我瞧瞧你,都不敢动手。

书生模样的主人见此情景勃然大怒:"你们这些饭桶,还不快与我拿下奸细!"

见主人下死命令了,正在颤抖发呆的黑脸大汉只好硬着头皮上前,卷卷袖子握紧拳头,一个"黑虎偷心"朝高个子老汉胸脯猛击过来。高个子老汉面无惧色,轻轻一闪躲过。黑脸大汉打了个空,破口大骂:"老东西,你的死期到了,还不束手就擒!"骂着又一拳猛打过来,又被高个子老汉飞起一脚踢了个一丈多远,"扑通"一声摔在门前的莲花池中,溅起一丈多高的浪花!

矮胖子大汉"嗖"的一下纵身飞到高个子面前轻轻落下,突然飞起一脚朝他裤裆命根处使劲踢去……高个子老汉听得"呼呼"风响,一个"白鹤展翅"早飞在他背后落下,只听得"啊"一声惨叫,矮胖子大汉早被踢飞到前面的假山上,顿时脑浆四溅,死于非命……

那些彪形大汉见了,吓得两腿发软,浑身瑟瑟发抖像筛糠,谁还敢动手?有几个胆大的大叫一声:"你杀我们大哥,岂肯饶你!"手持钢刀一起扑向高个子老汉。

　　高个子老汉伸手抓住冲在前面那个光脑袋斗鸡眼，将他提起来朝前面莲花池使劲一扔，"扑通"一声溅起两三丈高的水花，在水中探头探脑拼命挣扎……后面的人吓得魂飞天外，魄散九霄。高个子一声呼哨，四五个陌生大汉立马飞似的挤出人群，将站在那里发呆的彪形大汉一个个生擒活捉，绳捆索绑……

　　高个子老汉用手扯下脸上胡须，脱下外衣——众人一看傻了眼，原来是英俊潇洒的年轻男子！那年轻男子从招文袋里取出一卷黄布，朝大家一展示，大声说道："我乃新知州赵大人的贴身侍卫金一麟。赵大人奉皇上旨意，来你们福州为民除害。狗官高进财已被押送进京。现赵大人奉旨前来捉拿邱金虎……"

　　突然听得有人惊叫："邱金虎、徐小龙逃跑了！"

　　金一麟用手朝西边一指，笑道："他们逃不了！"

　　人们朝金一麟手指的方向一看，只见两个年轻小伙押了垂头丧气的邱金虎、徐小龙推推搡搡走来。赵汝鲁用手指着耷拉着脑袋的邱金虎、徐小龙跟金一麟禀报说："金大哥，邱金虎这只老狐狸想从后花园假山下的暗道里逃走，被我逮个正着。这徐小龙是徐文远的儿子，替他老子通风报信后正欲出东门溜走，被守候在那里的二哥赵汝拙一把揪住！"

　　金一麟朝赵汝鲁弟兄俩伸伸大拇指，转身朝宾客们拱拱手，至大榕树下替那位中等身材的老汉扯去下巴上的胡子介绍说："这位就是奉圣上旨意来你们福州赴任的新知州赵汝愚赵大人！"

　　众人听了大吃一惊，"扑通"一声都双膝跪倒在地，异口同声说："我等不知青天大人已到福州，有失远迎，罪该万死！"

　　赵汝愚急忙摇手道："为了锄奸除霸，本官秘密来到福州。不知者无罪，诸位父老乡亲快快请起！"

　　众人感激万分，齐声说："多谢赵大人！"

　　一位白发老翁步履蹒跚地挤出人群，双手合一朝京城方向连连作揖："皇上派来青天赵大人替我们除恶锄奸，皇恩浩荡！"

　　老翁身后满头银发的老妇人，急忙上前朝赵大人双手合一使劲作揖说："菩萨保佑，苍天有眼，我们福州百姓终于盼来青天大人，熬出苦海啦！"

　　王崇德老汉搀扶着老伴，步履蹒跚地来到赵汝愚面前，双膝跪倒在地请求说："那姓邱的倚仗狗官高知州称王称霸，打死我儿子，抢走害死我儿媳妇，还一把火烧了我王府庄院，害得我王家死的死、走的走，我和老伴孤苦伶仃，度日如年，幸亏你赵大人微服私访拯救我们于水火之中。老朽请求赵大人为民除害，将为富不仁、为虎作伥的恶霸邱金虎就地严惩，替我们报仇雪恨！"

　　赵汝愚连忙将两位老人扶起。

　　训导陆永明挤出人群，拱拱手对赵汝愚恳求道："徐文远与高知州狼狈为奸作恶多端，你赵大人本着首恶严惩，胁从者不问的原则仍信任重用于他，谁知他口是心非、继续作恶，指使儿子徐小龙悄悄来邱府报信，恳求赵大人将他严惩！"

　　赵汝愚点头说道："王老先生、陆训导，本官答应你们的请求，立即将内奸徐文远父子就地正法！"

　　在场看热闹的老百姓齐声说："这些狗官恶霸吃我们种的粮食，穿我们纺织的衣服，欺压剥削我们，今日终于遭到了报应！"

　　有人大声疾呼："严惩为富不仁的邱金虎，就地正法仗势欺人、鱼肉百姓的徐家父子！"

第九章　疏湖救灾民

一

淳熙十年（1183）四月的一天，黑压压的乌云布满苍穹，大地仿佛被扣上了一只巨大无比的铁锅，黑得伸手不见五指。眨眼间，"呼啦呼啦"狂风怒号，黄豆般的雨点"叭叭叭"劈头盖脸下了起来。风越刮越猛，像饿狼悲嚎，令人毛骨悚然，如坐针毡；如山豹怒吼，让人心惊胆寒，瑟瑟发抖；若猛虎狂啸，其声震荡山谷，威慑力巨大。那雨越下越大，像瓜瓢泼浇，使行人睁不开眼睛；如木桶兜舀，来势异常凶猛，把人们折腾成落汤鸡；若瓷盆倾倒，破坏力极大，其威力使所有动物躲避不及。这样的狂风，只短短刮了几个时辰就偃旗息鼓，销声匿迹；而那样的暴雨，却一下整整五天五夜还不肯罢休，仍在继续。

无法东流入海的滔滔洪水，汇合在一起兴风作浪——把一片片肥田沃地瞬间吞没，一幢幢豪宅新楼只露出房脊屋顶；将一座座青山翠峰的崖坡冲垮，滚滚泥石飞速朝低洼处倾泻，刹那间所有民宅和建筑物被掩没得无影无踪……

雨幕中，一艘大木船率领着几十艘小木船，劈风斩浪奋勇向前。为首的大木船上，赵汝愚头戴斗笠，身披雨衣，两眼一眨不眨地注视着前方。当他看到水面上到处漂浮着被洪水冲垮的门窗、桌凳和家具之类的物体，到处是家禽家畜及人的尸体时，心痛犹如刀绞，两行泪水夺眶而出，立马命手下抓紧巡视搜索。一听到呼救声，就火速指挥官兵千方百计进行抢救……

当搜救船队来到鼓山脚下时，那依山傍水的山村民宅早已荡然无存，只听得远处山林中传来阵阵催人泪下的哭声，抬头循声望去，不计其数的逃难灾民挤在那里，正在朝他们使劲招手大喊救命。赵汝愚火速带领属下奋不顾身地爬上山顶，把难民一个个背下山来，护送到船上。他忽然想起什么，立即派人到各艘船上逐个仔细辨认，找不到王崇德夫妇的影子，立马开船到别处搜救。船队来到一座被洪水包围的"孤岛"，突然发现有两个熟悉的身影依偎在一起抱头痛哭，赵汝愚急忙命手下用竹篙一起使劲撑，木船一靠近"孤岛"，他就不顾一切地跳下水去，跌跌撞撞爬上"孤岛"，走近仔细一看，果然是王崇德夫妇！姚大娘用衣袖抹抹泪水，揉揉眼睛，做梦也想不到拯救他们的恩人又是新来的赵知州，连忙伸出长满老茧的双手紧紧抱住赵汝愚不放，用颤抖的声音说："赵大人，您这次又使我们绝处逢生！"

赵汝愚异常开心道："我到处搜索找不到你们，原来被困在这里！"说罢蹲下身去把大娘利索地背上大木船。

"我老伴快不行了，请恩人先救他！"姚大娘指着老伴大声求救。金一麟听见了，飞似的跑过去，赶紧俯下身子将奄奄一息的王崇德老汉背在身上，如箭离弦般离开"孤岛"。

归来的途中，训导陆永明在大木船上向人们诉说着，今朝他亲眼瞧见新知州赵大人，如何想灾民所想，急灾民所急，四更时分就起床叫醒州衙所有人员，如何带头冒着滂沱大雨组织船队出发搜救，直到现在雨过天晴、晚霞满天才拖着疲惫的身子返回。

有人粗略地统计，这天他们用船把数百户人家转移到了安全地带，抢救了上万名灾民。

接着，赵汝愚连续好几天带领所有官员进行搜救灾民送返家园等工作……

待二十多天后洪水退去时，西湖四周一片狼藉，损失惨重！赵汝愚带了州衙全体职员挨家挨户动员灾民再次播种、插秧。因辛勤劳作，悉心管理，数月后庄稼长势喜人，到处稻浪滚滚，一片碧绿。

谁知一到夏天，日日晴好天气，万里无云，炎炎烈日犹如一个大火球烘烤着大地。这样的天气持续了整整两个多月，田地被炙烤得冒了烟，裂开手指宽的缝儿，禾苗全都枯死！庄户人家万般无奈，成群结队到龙王庙磕头烧香求雨。可是老龙王偏偏与苦难的老百姓作对，居然几个月不下一滴雨，结果到秋天颗粒无收。灾民揭不开锅了，只好啃树皮吃草根，再次外出要饭……

赵汝愚带了随从下去访贫问苦,了解灾情,劝说他们返乡重建家园。

赵汝愚当晚拖着疲惫不堪的身子归来,发动手下书写安民告示,直忙到公鸡报晓,旭日临窗。

第三天,赵汝愚设法派人弄来一船船粮食和生活用品,带了州衙所有官员和衙役,按名册给灾民发放粮米和衣物,劝说大家返回原籍安心生产。忙碌了三天后,赵汝愚召集州衙人员开紧急会议,商议对策。

训导陆永明气呼呼地说:"福州自古以来风调雨顺,很少发生洪涝灾害。如今因堰塞了西湖,才造成旱涝灾害频发。陆某请大人将上述情况奏明圣上,下诏疏浚西湖!"

金一麟笑道:"陆训导所言极是,西湖不疏浚,洪涝灾害就无法根除!请赵大人立即起草奏章,上奏朝廷请求拨银疏湖抗灾。"

赵汝愚频频点头道:"你们说得对,福州酿成旱涝灾害的罪魁祸首是淤塞西湖变田!"

当晚,赵汝愚在书房点燃了明晃晃的蜡烛,挥笔书写奏章:

> 福州因前任知州高进财与当地豪强劣绅狼狈为奸,堰塞西湖为田,高价转卖,中饱私囊。富裕人家建造豪宅,作威作福……酿成特大旱涝灾害,穷苦百姓为了活命,只好携儿带女背乡离井……长此下去,福州危矣!微臣建议立即拨银疏浚西湖、闽江,拯救灾民于水深火热之中。特拟此疏请旨定夺。

写毕,赵汝愚将奏章交给金一麟,命他星夜飞骑进京。数日后,金一麟返回州衙禀报说:"小弟当晚将奏章送到京城王相府。王丞相第二天早朝递交圣上。皇上阅此奏章大惊,当即挥笔写御谕。王丞相下朝归来命小弟火速飞骑返回。"说罢将皇上御谕双手交给赵汝愚。

赵汝愚接过一看,只见圣上批复"同意疏浚西湖"六个字,心中大喜,当即对金一麟道:"贤弟连日奔波辛苦,本州放你三天假。"

金一麟摇手道:"眼下疏湖正急需人手,谢大哥体恤关怀,可小弟绝不休息,要为疏浚西湖多出一点力!"

赵汝愚拍拍金一麟的肩膀拿出一张告示说:"贤弟放弃休息连续作战,精神可嘉,大哥先替福州百姓说声谢谢!请贤弟多派人将此告示到处张贴,晓谕民众:这次疏湖,本州作为一大战役,将每日进展情况详细记录在案,俟竣工后论功嘉奖!"赵汝愚命金一麟从州库中提银数百缗,派人购买疏湖器材,组织数十万民工,即日开浚西湖、闽江。

二

炎炎烈日,把一座福州城炙烤得活像一只巨形蒸笼,使人透不过气来。滚滚热浪,折腾得树木耷拉着脑袋奄奄一息。以往聒噪不休的鸟雀和金蝉,早已悄无声息……

然而,疏湖工地车来人往,热火朝天,人声鼎沸。头顶烈日用铁锹挖泥的,一个个挥汗如雨,舞动着双臂,浑身是劲儿;汗流浃背用竹筐担土的,用毛巾擦拭一下额角上的汗珠,渴了喝几口山泉水,继续大干,来去如飞;推木轮车的,疲乏饥饿了饮食自备的溪水、干粮,稍微歇一歇,把淤泥堆得像个巨型大馒头,把车轮推得"咯吱咯吱"有节奏地来回欢叫着……

一棵枝稠叶茂的大榕树下,满头银发、饱经风霜的王崇德老汉,正在熟练地用柳条编织着泥筐,脸上挂满了汗珠。不远处,姚大娘坐在一座土灶前,双手不停地往灶内添柴禾烧开水,旺旺的火焰把她布满皱纹的脸膛映得红红的,满脸汗珠顾不得擦一擦

赵汝愚头戴草帽,身穿布衣,脚着草鞋,和金一麟、赵汝鲁慰问工地上干活的人,一眼瞧见王崇德夫妇,赶紧走过去躬身问道:"王老伯,姚大娘,你们设法把远在琉求的儿子找回来参加疏湖,够尽心的了,这么热的天,都一大把年纪还头顶烈日在工地帮忙,快歇一会儿吧,别累坏了身子!"

王崇德拭一把脸上汗珠,笑道:"赵大人一个外乡人,一到任就下村巡视访贫问苦,除恶锄霸、严惩劣绅;这次为了疏浚西湖,你天天亲自指挥,住宿在工地……"

赵汝愚笑道:"王老伯,我是朝廷命官,做的是分内之事……"

金一麟笑道："王老伯，我大哥为了求得圣上同意疏湖，白天深入民间调查摸底，归来挑灯夜战拟写奏章，命我星夜进京上达皇上……你看他两眼布满血丝，身上掉了几十斤肉……"

赵汝愚用手使劲拉金一麟的衣角："贤弟别瞎说！"

金一麟心疼地说："小弟实话实说，大哥你为了筹备疏湖工程，天天睡半夜起五更，不顾身体，常挑灯夜战起草计划书，通宵设计图纸……"

王崇德感动得热泪盈眶："赵大人，你是我王家的救命恩人，为了拯救我们福州广大灾民，疏浚西湖，连自己的身体都不顾……我们这些喝西湖水长大的福州人，能不为疏浚西湖多出一把力吗？我一把老骨头了，不能挖土担泥，只能在树荫下编织柳条筐，出点绵薄之力。"

姚大娘用蒲扇使劲地扇着风，指着土灶说："我一个上了年纪的妇道人家，干不动力气活，叫老头子垒这土灶烧烧开水！"边说边用一只大碗替赵汝愚舀了一碗凉开水，"赵大人，您一早来工地忙碌，够辛苦的了，快喝碗水解解渴吧。"

赵汝愚双手接过姚大娘递过来的凉开水，"咕咚咕咚"一饮而尽，抹抹嘴笑道："姚大娘，民工们喉咙渴得冒烟时喝一口您烧的凉开水，胜过人参汤，干起活来浑身上下添力量，犹如猛虎下山岗！"

姚大娘笑道："瞧赵大人，把一碗凉开水说得那么管用！"

王崇德指着川流不息的人群笑道："狗官高进财来我们福州八年，心里只想着如何多捞一些银子，霸占土地建造豪宅，勾结恶霸劣绅，把晋太康三年郡守严高筑子城时为民造福凿的西湖堰塞，弄得旱涝频发，把个米粮仓糟蹋成讨饭窝。您赵大人一到我们福州，做梦想的是如何使我们灾民早日能餐餐吃上白米饭，干的是为福州百姓子孙后代造福之事！"

赵汝愚连连摇手道："你们刚才说过，我是皇上派来的朝廷命官，吃着你们种的粮食，穿着你们纺织的衣服，身为一州之长，能熟视无睹袖手不管吗？"

姚大娘伸手紧握住赵汝愚的双手不放："像您这样的父母官，早来我们福州该有多好啊！"

王崇德笑道："赵大人刚来我们福州，福州面貌就大变样。再过几年，我们福州不知要变成啥模样哩！"

姚大娘一听心里甜津津的,眉毛眼睛笑成了一朵花:"福州大变样,我家老二马上娶新娘,老太婆好抱孙子做娘娘!"

王崇德笑道:"老朽做梦也想老二早日成家立业呢!娶了媳妇一生孩子,我们可以安度晚年享清福啦!"

姚大娘眼泪汪汪道:"可怜我老大两口子,被狗官恶霸活活害死……"

王崇德忙劝慰道:"老太婆,赵大人已替我们屈死的儿子儿媳妇报仇雪恨了,他们知道一定会含笑九泉的!"

姚大娘破涕为笑:"对对对,狗官已坐牢,恶霸邱金虎已伏法,我们该开心才是!"

赵汝愚安慰道:"大伯大娘好心有好报,好日子马上就来到!"

姚大娘笑道:"依赵大人金口!"

三

第二年八月,福州上空乌云密布,阴雨绵绵,十数天后洪水暴涨。这雨一下就是一个多月,因疏浚了西湖、闽江,滔滔洪水畅通无阻,一泻千里东流入海。闽县、侯官、怀安三县一万四千四百余亩民田丝毫未受损失。百姓个个奔走相告,互相庆贺。

赵汝愚见疏浚西湖立见成效,异常开心,因前几年大量灾民外流,几千亩农田无人耕种,他采纳当地老农的建议,立即发给粮米,劝谕外逃灾民返乡,并对自愿来福州安家的外地户籍给予优惠奖励政策。此举果然成效显著,一方面扩大了在籍人户,使之安居;另一方面又以粮米赈济穷人,使之乐业,达到促进农业迅速发展的目的。

此时,在福州东山书院授徒讲学的朱熹,得知这一消息异常开心,立即写信给赵汝愚表示赞赏。

朱熹何许人也?为什么对赵汝愚的疏湖之举如此关切,大加赞赏?

原来南宋时的理学大家朱熹,是赵汝愚的致密挚友。早在淳熙五年(1178),朱熹在冠山东山书院讲学时,就与赵汝愚成为莫逆之交。两人志同道合,相见恨晚,都立志弘扬理学,期盼"得君行道",同声相求,灵犀相通。

建炎四年（1130），理学大家朱熹生于福建南建（今南平市）尤溪县城外郑氏馆舍。朱熹祖上出自"吴郡朱氏"一支，是江南有名的世家大族。到祖父朱森、父亲朱松时，已家道中落。俗话说"瘦死的骆驼比马大"，从外表看，朱家依然高墙深院朱漆大门，日子过得风风光光，只不过辞退了几个老妈子和丫鬟。其时，天真烂漫、聪慧过人的小朱熹，天天由书童陪着上学馆快快乐乐地读书习文。

朱熹读书非常用功，自幼胸怀大志发誓长大要做个圣人。朱松对儿子疼爱有加，关怀备至，常在人前夸耀儿子绝非池中之物，加以悉心培养，将来定能光大门庭。朱松在赴临安做官时把宝贝儿子带在身边，随时教诲，为他日后建立自己的理学思想体系打下了坚实的基础。

父亲死后，朱熹离开家乡外出求学，强烈的求知欲使他遍访名师，对禅、道、文章、诗词、兵法时时留心。十六岁时，他在刘子翚处见到一僧人，和他聊了一会儿，大受启发，从此开始了对佛学的研究。绍兴十六年（1146），名师刘勉之对才华横溢、品貌超群的朱熹备加青睐，把宝贝女儿许配于他。第二年，朱熹告别未来岳父和心上人踏上科举考试的征途，在绍兴十八年（1148）得中进士。朱熹步入仕途后，对自己的学习要求更加严格，慕名专程拜著名理学家、佛学大家李侗为师。因他涉猎广泛，禅道、文章、诗词、兵法兼学，这促使他融儒释道三家之长而建立起自己致广大而尽精微的理学体系。

一日天气晴好，风和日丽，朱熹趁休院的片刻空闲，约了林择之、姚宏甫至福州州衙专程看望挚友。赵汝愚喜出望外，命夫人端来纸墨笔砚，写手谕一张，命金一麟持谕前往涌泉寺请来方丈元嗣禅师。寒暄几句后，赵汝愚和元嗣禅师带了挚友朱熹、林择之、姚宏甫游览福州城。只见西湖经疏浚后比原先更加风光秀丽，四周栽满榕树、垂柳，到处绿树掩映。原来的田园和豪宅早已荡然无存，湖面更加宽阔，波光粼粼，游船如织，蓝天白云倒映其中，美如图画。更使人开心的是，福州虽遇百年未有的大涝灾，因疏浚了西湖、闽江，滔滔洪水一泻千里东流入海，丝毫瞧不见大涝后的迹象。闽县、侯官、怀安三县，一万多亩稻田长势喜人，正是稻浪滚滚迎风舞，遥望金海接蓝天。

朱熹喜出望外，诗兴大发，命姚宏甫磨墨，卷起袖子挥毫泼墨，当

第九章 疏湖救灾民

即写下《次赵汝愚开西湖》二首，对赵汝愚疏浚西湖大加赞赏。其中一首云：

> 百年地辟有奇功，
> 创建犹惊鹤发翁。
> 共喜安车迎国老，
> 更传佳句走邮童。
> 闲来且看潮头入，
> 乐事宁忧酒盏空。
> 会见台星与卿月，
> 交光齐照广寒宫。

另一首曰：

> 越王城下水溶溶，
> 此乐从今与众同。
> 满眼芰荷方永日，
> 转头乐黍便西风。
> 湖光尽处天容阔，
> 潮信来时海气通。
> 酬唱不夸风物好，
> 一心忧国愿年丰。

中午，赵汝愚邀请朱熹等人在福州迎宾楼用膳。午后，朱熹游兴仍浓，赵汝愚雇了一艘体面游船，请大家登舟观赏西湖全景。只见船行碧波上，人在画中游，别有一番情趣。当游船来到"登澜阁"时，赵汝愚命船家将游船停泊在河埠头，请众人上岸，登阁眺望西湖。朱熹心旷神怡，满面春风，命姚宏甫磨墨，提笔在墙上题拟"西湖八景"：

　　仙桥柳色　　刘海钓蟾　　湖心春雨　　古堞斜阳

湖天竞渡　八仙登岩　玉笋奇峰　蟠桃仙林

红日即将西沉时，元嗣禅师再三邀请朱熹等嘉宾去涌泉寺用斋，众人盛情难却，只得随他而去。用罢晚餐，元嗣禅师的大徒弟智能和尚手提灯笼拱手邀请众人去东禅房下榻。至第二天日高三丈时，因朱熹等人归心似箭，赵汝愚和元嗣禅师无奈只好放行。

时隔不久，赵汝愚得知朱熹在武夷山筑"武夷精舍"继续讲学传授理学，立即派二弟赵汝鲁送去自己的俸禄和贵重药材，给予资助。朱熹万分感激，两人的感情更加深厚。

淳熙十二年（1185）十二月，孝宗将造福福州的赵汝愚召回京城。

四年后的绍熙元年十一月，赵汝愚奉诏以敷文阁学士、中奉大夫再知福州。赵汝愚虽离开福州只短短四年，但异常挂念，正好圣上给了他梦寐以求的机会。

金秋季节的一天，故友朱熹、林择之、姚宏甫又来福州拜访，挚友相见，赵汝愚非常高兴，设筵盛情款待。午后，赵汝拙、赵汝鲁和赵汝口见天高云淡，秋风送爽，便游兴大发，央求大哥带他们游览鼓山。赵汝愚欣然应允，当即邀请三位好友，和夫人、弟媳、金一麟夫妇、孩子们去游览。

旧地重游，备感亲切。一到鼓山，俯视山下梯田层层，金浪滚滚，炊烟袅袅，歌声阵阵；仰望山上，林木葱茏，山涧泉水叮咚，林中鸟鸣声声；涌泉寺钟声阵阵，松涛轰鸣……

王崇德夫妇满脸堆笑赶来作陪。赵汝拙、赵汝鲁和赵汝口，带了妻儿和侄儿们如飞出笼中的鸟儿，你追我赶飞奔而去。李夫人望着孩子们开心地到处乱跑的欢快身影，一股幸福的暖流涌上心头，卷拢了手掌朝笑声传来方向大声喊道："小心被岩石、藤蔓绊脚！"见叔叔和孩子们的背影已消失在枝叶丛中，就转身和丈夫、贵宾们向主峰攀登。

不一会儿来到主峰屴崱峰上，举目遥望远处，峰峦叠嶂，云雾缭绕，景色诱人。

王崇德手指四周一一介绍："鼓山东有回龙阁、灵源洞，南有罗汉台、香炉峰，北有大顶峰、白云洞……诸位若有雅兴，多逗留几天，老朽和赵大人轮流陪大家到各处一游！"

姚宏甫笑道："好好好，我们既来之则安之，趁机尽兴一游。只是王崇德伯父年事已高，鼓山山高路滑，就不好意思打扰了。"

赵汝愚点点头，笑道："姚贤弟说得不错，王大伯这么大年纪了，陪同都由我来担当吧！"

姚宏甫连忙拱手致谢道："汝愚兄在百忙中抽时间全程陪同，我等深感内疚，多谢，多谢！"

赵汝愚忙摇手道："愚兄尽地主之谊，难得陪好友游鼓山一次，何言'多谢'二字？"

林择之虽游兴甚浓，异常开心，但考虑到挚友身为知州肩担重任，一直忙于公务身心俱疲，若全程陪游恐体力不支，忙说："听说鼓山有四十多处胜景，数日才能游遍，今日已是晌午，先欣赏回龙阁、灵源洞，其余佳景留待下次再游览吧！"

赵汝愚笑道："那我们先游览东边的回龙阁、灵源洞。"

一行人来到灵源洞，走进洞内，只见到处景色奇异，岩石造型奇特，有的像蟠桃林，有的如玉笋峰，有的似八仙过海，有的若刘海钓蟾……千姿百态，栩栩如生。

姚宏甫忍不住啧啧赞叹："灵源洞名副其实，光奇形怪状的花岗石就目不暇接，真乃人间仙境也！"

林择之也赞不绝口："我久慕鼓山灵源洞洞天福地之大名，今日观之果然名不虚传，堪称人间仙境！"

朱熹笑笑，话中有话道："鼓山能成为人间仙境，乃千百年来'大自然'造化之功也！"

众人心领神会，齐声道："对对对，全赖'大自然'造化之功！"

谈笑间来到观潮亭前，林择之手指观潮亭笑道："汝愚兄知福州数年，造福福州，当地百姓感你之恩，筹资建造这座亭子，名为观潮亭！"

赵汝愚摇头道："惭愧，知一州，造一地福，乃为官本分也！"

众人观赏了一会儿碧波滔滔的闽江，遥望远处天水相接处湛蓝的大海，忽然觉得身子有点疲乏，便在亭中找个洁净的石凳坐下吃水果、糕点。

赵汝愚起身遥望远方，思念挚友，想起圆寂的元嗣禅师，音容笑貌仍在眼前。自己到处奔波,如今已过不惑之年雪染双鬓,壮志未酬,不由得心情惆怅,无限伤感,从公文包内取出文房四宝,命夫人磨墨,手持羊毫在石凳上疾书起来。遂成《同林择之姚宏甫游鼓山》,写毕请众人批评。姚宏甫接过一看,文笔流畅,情感洋溢,字里行间对师友充满思念之情,读到"江月不随流水去,天风直送海涛来"一联时,忍不住夸道:"真乃好诗,堪称千古绝唱也!"接着轻轻吟颂起全诗来:

几年奔走厌尘埃,
此日登临亦快哉!
江月不随流水去,
天风直送海涛来。
故人契阔情何厚,
禅客飘零事已灰。
堪叹人生只如此,
危栏独倚更徘徊。

朱熹在一边也来了兴趣,便也挥笔疾书,取赵汝愚诗中"天风"和"海涛"大书四字"天风海涛"。

后人遂将朱熹所书"天风海涛"四字刻石,改"观潮亭"为"天风海涛亭",成为福州胜迹。

第十章 平寇建奇功

一

淳熙十二年（1185），孝宗把赵汝愚从福州召回京城，代理吏部侍郎，兼太子侍讲。赵汝愚带了家眷进京赴任。第二年寒冬，母亲晁老夫人一病不起，赵汝愚上表朝廷告假，孝宗恩准。赵汝愚承蒙圣上隆恩，告假回到洲钱，请郎中医治母病，谁知总不见好转。一边设法延请江南名医，务必救愈慈母，一边和夫人晨昏悉心服侍，端茶送药不辞辛劳。无奈药石无效，晁老夫人病势日见沉重，在弥留之际，最放心不下的是四个宝贝儿子，特别是大儿子赵汝愚，担心他禁不起宦海风波的种种打击。

一日早朝，孝宗阅读奏章得知，这几年羌寇骚扰四川为患，百姓深受其害，纷纷外逃，大吃一惊，忙对宰执王淮言道："王丞相，成都告急，派甚人做知府为好？"

王淮奏道："吏部侍郎赵汝愚堪当此任。"

孝宗笑道："朕亦思之，赵爱卿文武双全，处事又不偏不倚，此任非其莫属。"

王淮笑道："微臣与圣上不谋而合，看来赵汝愚是最佳人选也！"

孝宗欲命赵汝愚出任军帅前去平寇，但想起这位为朝廷屡建奇功难得的赵家宗室功臣，如今已在吏部任职，欲让他远征有些舍不得，于是拿话试探道："赵爱卿，四川寇猖獗作乱，汝有何良策治之？"

赵汝愚出班奏道："陛下，致使四川羌寇猖獗，乃吴氏渎职之故也。"

孝宗问道："赵爱卿何以见得？"

赵汝愚禀奏道："微臣早闻人言，吴玠、吴璘、吴挺、吴曦世代武将相继执掌四川兵权，朝中大臣早有'吴氏世袭兵权，号为吴家军，不知有朝廷'的议论。若不及时处置，必酿成大患！"

孝宗问道："依卿之见如何处置？"

赵汝愚奏道："吴氏四世专蜀兵，非国家之利，请陛下降旨一道，以渎职之罪削去其兵权，调为他用。"

孝宗连连点头，笑道："赵爱卿所言极是，朕立即拟旨！"

洲钱赵府。

一天晌午，管家赵兴急匆匆进来禀报："报老爷，顾公公带了校尉前来宣旨。"

赵汝愚慌忙吩咐赵兴："快打开正门陪我出迎！"

赵汝愚把顾公公迎至客厅："顾公公风尘仆仆至寒舍，下官迎接来迟，望公公见谅！"

顾公公道："赵大人不必客气，快接旨！"

赵汝愚忙吩咐赵兴："快备香案！"见已摆好香案，忙俯伏在地接旨。

顾公公宣读圣旨：

奉天承运皇帝诏曰，四川地大物博，资源极其丰富，自古以来乃天然粮仓。近来蕃寇与羌蛮勾结作乱，十分猖獗，掠夺屠杀，当地百姓苦不堪言。而吴家父子与知府玩忽职守，酿成大患。朕已将此等庸才调作他用。卿乃汉恭宪王赵元佐之后，文武兼备，我朝之栋梁也。特授卿进直学士，为四川制置使兼成都知府，全权治理川地一切事宜，周光宗、金一麟文武双全，可同往辅佐。希卿等勿负朕望。钦此。

赵汝愚高呼："吾皇万岁万岁万万岁！"

寒暄几句后，赵汝愚命管家在客厅设宴款待顾公公。

顾公公忙摇手道："咱家皇命在身，不敢久留，就此告辞！"说罢带了校尉匆匆离去。

赵汝愚手捧圣旨来到母亲卧室道："母亲，圣上命孩儿出任四川制置使兼成都知府，本想带母亲一道前去，见您病成这样才打消了念头。俗话说，君命诏不俟驾而行。恕孩儿皇命在身，不能晨昏侍奉了。"说毕下跪请罪。

第十章　平寇建奇功

晁老夫人忙叫张妈搀扶起儿子，喘息一会儿叮嘱道："汝愚儿，自从你爹爹病逝后，为娘因思念过度，得病卧床不起，全赖你到处延医诊治，和你两个弟媳妇早晚端汤送药悉心服侍，才活到今天。自古忠孝不能两全……你能为我赵家光宗耀祖出人头地……为娘心愿足矣！最放心不下的是你四弟汝口，年纪轻不懂事，婚事高不成低不就。你媳妇带了汝口去安吉州相亲回来了没有？"

赵汝愚起身回道："禀母亲，今日已是第五天了，想必该回来啦。"

说曹操曹操到，老管家急匆匆进来禀报："禀老夫人，四少爷和两位少夫人回来了！"

晁老夫人忙挣扎起身吩咐："赵管家，快叫他们来我这里回话！"

"老夫人，老奴这就去传唤！"赵兴转身出去。

少顷，赵汝口和两位嫂嫂满面春风进来。晁老夫人一见老四急忙伸手握住他双手不放，赵汝口满脸堆笑禀道："母亲，孩儿此番和两位嫂嫂去安吉州相亲，托您老人家的福，甚是顺利！"

晁老夫人迫不及待地问："口儿，那你看到金家小姐了？听碧莲说，她表妹金秀英长得亭亭玉立，才貌双全，这次你总称心满意了吧？"

赵汝口红着脸说："孩儿谨记母亲教诲，全凭两位嫂嫂做主。"

"如此甚好，为娘放心了！"晁老夫人心上悬着的石头终于落了地。

华碧莲走至床榻边，张妈忙搬椅子请她坐下。华碧莲握着晁老夫人的手说："禀婆母，女儿此番和表姐、四叔去安吉州金家湾做媒，我姑妈一见汝口，应了'丈母娘看女婿越看越欢喜'的俗语，说选日不如撞日，今朝是好日子，就把小表妹金秀英的年庚八字给了我们，请婆母过目收藏。"说毕呈上大红封袋。

晁老夫人接过封袋拆开，抽出年庚八字观看，良久对李玉莲道："这下……为娘能瞑目了。我走之后，长嫂为母，就由你替老四择吉日操办婚事。汝愚儿……你过来，为娘有几句话要……叮嘱于你……"

赵汝愚急忙双膝跪倒在床榻前："母亲，孩儿聆听教诲！"

晁老夫人紧握着老大的手说："长兄为父，你对三个弟弟要多加关照。我有话望孩儿们都谨记毋忘……"

赵汝愚忙叫三位弟弟跪在母亲床前聆听遗嘱，四人泪流满面道："母亲有什么话尽管说，孩儿们牢记就是！"

晁老夫人咳嗽了一阵儿，有气无力地叮嘱道："你们今后若为官务必廉洁清正，忠君爱国……无论在地方或朝中，望你们都做到爱民如子，精忠报国……切记切记……"说罢就咽了气。

赵汝愚与夫人、弟弟、弟媳和汝口跪在床前哭得泪如雨下。街坊邻居得知晁老夫人驾鹤仙逝，都来吊唁。

赵汝愚和弟弟们守灵七天，料理好母亲丧事，第八天晚上带了二弟汝拙、三弟汝鲁去和街坊邻居、亲朋好友一一告别。归来时已鼓打三更，各自回房安歇。

赵汝愚在桂花楼叮嘱夫人道："为夫皇命在身，明日一早要和二弟、三弟奉旨去成都征剿蛮寇，几个儿女尚年幼，管教之事有劳夫人费心了。"

李玉莲笑道："夫君，为妻有个请求，不知你可否应允？"

赵汝愚笑道："夫人有何请求，快说来听听。"

李玉莲忧心忡忡道："夫君这次奉旨挂帅出征，非比寻常，敌手是野蛮毒辣残暴成性的西凉羌寇和吐蕃恶贼，为妻放心不下，想随夫君出征助一臂之力……"

"为夫有一班本领高强的男学友助阵杀敌，夫人出身相国名门之后，虽在学馆跟为夫练就一身武艺，但此去平寇，两军鏖战凶多吉少，为夫舍不得你去。再说，自古出兵打仗，非死即伤，更何况杀敌报国是男人们的事，你照料教诲几个儿女责任重大，随我出征就不必了。"

李玉莲佯装生气道："夫君此言差矣，什么此去平寇两军鏖战凶多吉少，自古上阵交战是男人们的事，做梦想不到你也会说出这等话？当年花木兰替父从军为国立功，本朝杨门女将平西辽报国之先例，难道夫君都忘怀了？"

赵汝愚急忙解释："为夫俱牢记在心，只是怕你随我平寇有什么闪失，膝下儿女都需要你这位慈母教养，一刻也离不开你！"

李玉莲听了俏脸蛋上立马晴转多云，嗔怪道："为妻文武双全虽不及梁红玉，但也胸怀报国壮志。昔日韩世忠挂帅允许夫人随他出征抗金，夫君却如此婆婆妈妈？照管儿女我已嘱托两个弟妹，你尽管放心！"

赵汝愚笑道："夫人有此雄心壮志精神可嘉！家中之事你既已嘱托两个

弟妹费心，我顾虑全消，那你就随为夫出征吧！"

李玉莲得遂心愿心花怒放，连忙俯身致谢。

"姐姐随夫君出征，我们表姐妹三个也去凑凑热闹，一则学了文武艺趁机去展示展示，二则随你们平寇为国立功！"赵银花拉了周婵玉的手大声嚷嚷着来找赵汝愚。赵金花尾随而来，站在一旁微笑不语。

赵汝愚笑道："若是你们夫君都应允，我这个做大哥的自然无话可说。"

周婵玉笑道："你三弟巴不得我去。大哥这么说，是答应让我们随你出征啰？"

赵汝愚朝弟媳点了点头。

"多谢元帅大哥，多谢元帅大哥！"赵金花急忙躬身万福，忙不迭地致谢。

赵银花乐得拍手道："元帅大哥平日里一言九鼎，这次说话定算数！"

赵金花笑道："那我赶紧去请示夫君！"

"娘子不用请示！"只见赵汝拙、赵汝鲁一溜烟赶来，异口同声地说，"元帅大哥已恩准，我们焉有不成全之理？"

赵汝愚笑笑说："二弟、三弟既然这么表态了，我这个元帅大哥就无话可说啦！李玉莲、赵金花、周婵玉，你们三妯娌快去整理行装，好立即随大军出征！"

赵银花急得直跺脚，大着嗓门嚷嚷："婵玉妹妹比我小也去，元帅出征只带她们几个，本姑娘骑射打仗比她们强多了，不让我去太不公平了！"

赵汝愚笑道："二小姐刀法精通，武艺高强，本帅要点你女先锋哩，哪有不让你去的道理！"

"原来这样啊，我以为……"赵银花喜出望外，摩拳擦掌，拉了姐姐的手就欲去准备行装。

正在此时，门外传来争吵声："我们什么都会，也要去参战！"

"这次成都平寇，赵家姐姐都去，为什么不让我们去？！"

"我们都是他的学友，能文能武能打仗，元帅大哥为什么不通知我们？"

"这次太偏心了，我们找他评理去！"

众人循声一看，了不得，学友金美娟带了李杏花、沈玉英、张月娥、杨丽萍等十多位姑娘闻讯赶来找赵元帅评理。

赵汝愚急忙摇手："你们别大声嚷嚷，先听我解释……"

金美娟纵身跳上一块大石头，率先气呼呼地质问："元帅大哥，你当初在学馆对每个学友都很关心友好，大家都很尊敬你；这次当了元帅说变就变，挂帅出征丢下我们不管，气得我们都快发了昏！"

"我们都气糊涂了，来讨个说法！"

"对对对，请元帅大哥给我们个说法！"

"你们别吵别闹！"赵汝愚使劲朝姑娘们摇手，"因你们都是父母的掌上明珠，有的还是独生宝贝千金，大哥怕你们爹娘舍不得，所以没告诉你们！"

"怕我们爹娘舍不得，说得好漂亮！"金美娟急得大喊大叫，"实话告诉你，这次去成都征剿蛮寇的事我们爹娘都蒙在鼓里不晓得，你凭什么说爹娘都舍不得我们去？"

吴玉凤肺都气炸了："汝愚大哥，我爹爹答应让我随你出征，你为什么不通知我去？"

赵汝愚急忙朝姑娘们摆手说："你们爹娘同意的话，我都带你们去。不过大哥把丑话说在前面，这次出征打仗，不是当初在学馆学文练武，不是在家学针线、刺绣，两军交战非死即伤，不是闹着玩的！"

金美娟把袖子一卷举举拳头说："我骑马射箭、沙场杀敌什么都不怕！"

杨丽萍把双手往腰里一叉，大声说："我杨丽萍也毫不畏惧！"

姑娘们七嘴八舌地说："对对对，我们都不怕打仗！"

金美娟跳下石头，走到李玉莲身边恳求道："玉莲姐，请你替我们跟元帅大哥求个情，让我们都去吧！"

姑娘们一起躬身恳求："对对对，玉莲姐，你快跟元帅大哥说说，让我们都随你出征吧！"

"请各位妹妹放心，只要你们父母都同意，我夫君绝不会丢下你们的！"李玉莲转身对赵汝愚恳求道："夫君，我们四个女将随你出征，手下正缺女兵，既然他们的父母都同意，就让姑娘们都随我们出征吧！"

赵汝愚笑道："让她们都随你出征可以，此番皇上命我挂帅赴成都平寇，

第十章 平寇建奇功

非同寻常，须经校场阅兵——考核通过方可！"

金美娟把袖子一卷，胸脯一拍大声道："考核就考核，本姑娘弓马娴熟，枪法精通，又熟读兵书，何惧之有！"

赵汝愚故意开玩笑说："你别开心得太早，即使考核通过，本帅只调遣男将军，不指挥你们女士兵！"

金美娟气得面孔铁青，朝闺蜜们说："你们都听见了，元帅大哥瞧不起我们女裙钗，我们还瞧不起他们男同胞呢，你们说是不是？"

姑娘们一起大声嚷嚷："对对对，元帅大哥当初曾当着众学友的面说，堂堂须眉不及裙钗，如今一当官就瞧不起我们，姐妹们随我进京去恳求皇上，请他封李玉莲姐姐为元帅，女元帅定收我们女兵！"

众姑娘一起说："对对对，我们去恳求皇上！"

赵汝愚急忙朝大家摆摆手说："本帅方才跟你们开玩笑！你们的玉莲姐姐随军出征，我请圣上封她为征西大将军，女英豪都听她指挥。"

金美娟乐得手舞足蹈："元帅大哥此话当真？"

赵汝愚笑道："当真！"

金美娟用手指着赵汝愚鼻子道："你说话算数？"

赵汝愚拍拍胸脯笑道："君子一言，驷马难追！"

"多谢元帅大哥！"众姑娘欢呼雀跃，一起"啪啪啪"鼓掌。

二

孝宗获悉赵元帅帐下有不少女将女兵，其夫人李玉莲文武双全精通韬略，遂封李玉莲为征西大将军，率领女兵随赵元帅出征。赵汝愚夫妇金殿谢恩后，至校场点兵，设坛祭旗，率领三十万大军浩浩荡荡奔赴成都征剿蛮寇。

一日上午进入四川境内，见沿途百姓肩挑行李扶老携幼纷纷向外逃亡，举目田园荒芜，一片凄凉景象。

当大队人马来到成都东门外时，接官亭内人头攒动，知府蔡仁义率领顾同知、李通判、金教授、朱训导、张州判等早在那里恭迎剿寇大军。蔡仁义瞧见前面帅字旗下一威风凛凛大将，急忙率领手下跪地迎接："赵元帅奉旨来我成都剿寇,忠君爱民之心可嘉,本府率属下恭迎多时,以表万分感激之情意!"赵汝愚慌忙滚鞍下马,俯身搀扶起蔡知府。

蔡知府飞身上马在前领路,先将剿寇大军迎至成都日前抢搭的帐篷安置,接着准备大摆酒宴为赵元帅夫妇接风洗尘。赵汝愚得知赶到府衙再三谢绝,捧出皇上圣旨宣读,命其立即办移交手续。蔡知府吓出一身冷汗,慌忙吩咐顾同知、李通判把牌印、公文和花名册等交付给新知府。

蔡知府交割完毕,即日带了家眷在两位年轻京官监押下离开成都赴京请罪。

赵汝愚招呼顾同知、李通判、金教授、朱训导、张州判各自坐下,双手一拱说:"圣上命本府权知成都府事,挂帅征剿蛮寇。在座诸位都是本帅的左膀右臂,成都的'智囊团''活地图'。本帅初来乍到,人地生疏,望诸位与本帅同心协力治理好成都,以报答圣上重用之恩。前任知府所作所为圣上已都知晓,在座诸位过去之事本帅都既往不咎,从今日起本帅亲自点卯并做详细记载,务必做到赏罚分明,望在座诸位恪守其职,尽力而为,若再玩忽职守,定严惩不贷!"

众人肃然起敬,起身一起道:"元帅英明,卑职等愿听候元帅调遣,竭尽全力做好本职公务,将功赎罪!"

赵汝愚点点头,问身旁的顾同知道:"顾同知来成都多久了?"

顾同知赶紧躬身回道:"卑职一十八岁那年奉上司派遣来成都供职,至今屈指算来已有三十多个年头了。"

赵汝愚笑道:"如此说来,顾同知堪称名副其实成都'活地图''智囊团'了!"

顾同知连忙摇手道:"元帅谬赞了,卑职差得远!"

赵汝愚又转身问李通判道:"请李通判将吴家父子和前任蔡知府任职期间羌寇骚扰情况作简要汇报。"

李通判忙回道:"卑职到任比顾同知晚了八载,以前的事已调查过十多位白发老翁,高宗时,吐蕃(在今青藏高原)青羌与黎州(今四川省汉源县北)知州宇文绍直为马价争执结下仇怨开始作乱。吴璘、吴挺父子只是派能言善辩之人前去调解安抚,并罢免了宇文绍直知州之职。不久青羌奴儿结趁来黎州卖马之机大肆进行掳掠,被我和顾同知发觉抓获没收。吴

第十章　平寇建奇功

挺将军却以安抚为主，采用将金帛遣还处置。宣抚使虞允文指责吴挺光抚不究，贪功邀赏，恐其他部落效仿，遂发兵征剿。后十月间，黎州吐蕃又聚众犯境，攻打虎掌寨。皇上诏令四川宣抚司调成都府兵马三千余人驻守黎州御敌。从此战火不息。直到我朝淳熙九年，留正奉诏代为成都制置使，率军征剿用计擒杀，尽歼其党，才平息边患。留知府升迁进京后，新任蔡知府和吴曦将军只顾疯狂敛财，玩忽职守，不管边境安危之事，致使奴儿结胆大妄为，野心勃勃，与西凉（今甘肃省武威市凉州区一带）羌蛮马占山、庞金豹、孙飞虎、花振芳、朱彪结盟，兴兵前来侵扰，酿成大患，百姓死伤无数，纷纷外逃求生……"

赵汝愚问道："贼首奴儿结和他弟弟三开本帅早听说过。这西凉羌寇马占山、庞金豹、孙飞虎、花振芳、朱彪何许人也？"

李通判答道："这马占山，自称是东汉末年三国时刘玄德刘皇叔的五虎上将马超后裔，此人手持两柄混铁锤，甚是骁勇了得。庞金豹长得虎背熊腰，豹头环眼，面如锅底，手持一柄宣花斧，力大无穷，人称'黑蛮龙'，是三国时'抬榇决死战'的庞德庞令明之后。花振芳乃当年水泊梁山'小李广花荣'之后，弓马娴熟，人称'神箭手'。花振芳手下有一班弟兄，个个精通骑射，异常厉害。但此人有一大缺点——贪美好色。因宋江受了朝廷招安，花荣随梁山众好汉北征辽国，南剿方腊，活着的班师回朝后被徽宗昏君、奸臣蔡京等屈害致死。其孙子花振芳随叔父逃往西凉。马占山久慕花家军大名，亲自登门请他辅佐，成其得力助手。孙飞虎和朱彪乃野马岭绿林强盗，因专干打家劫舍骚扰百姓勾当，被前任留知府率兵剿灭，两人侥幸逃脱。因孙飞虎与西凉贼首马占山有八拜之交，情同手足，便带了朱彪前去西凉投靠了他。马占山见朱彪熟读兵书，足智多谋，遂拜他为军师。如今奴儿结与这五个贼首歃血为盟，纠合四十万之众，扬言要踏平成都，来势甚是凶猛，卧龙关早已失守……"

李通判正在详细禀告时，忽听得府门外传来"嘚嘚嘚"急促的马蹄声。众人循声朝府门外望去，只见一顶盔贯甲将军飞骑而来。那将军至府衙滴水檐前翻身下马，飞步直奔帅堂，双手一抱拳躬身说道："末将张应龙参见元帅，吐蕃贼首奴儿结和胞弟三开，联结西凉蛮首马占山、庞金豹、孙飞虎、花振芳、朱彪，率领二十万蛮兵前来侵扰。末将兵少粮缺，抵挡不住，赶来求援。请元帅速发大兵征剿！"

赵汝愚用手一指旁边座位道："张将军一路辛苦，本帅有话要问，请将军先坐下喝茶。"

张应龙手一拱说："谢元帅。"

赵汝愚问道："听说张将军手下有九万之众，粮草充足，为何不能阻止蛮寇入侵？"

张应龙慌忙跪地申诉道："末将未能驱逐蛮寇，罪大恶及，愿听从元帅发落，将功赎罪。但兵败原因不在末将，是前任蔡知府贪财克扣军饷所致。不信可问李通判。"

李通判立即起身作证道："张将军所言句句属实，蔡知府与张将军有仇，故意克扣军饷，致使军心涣散，这才一败涂地。"

赵汝愚摆摆手道："原成都知府贪财渎职，本帅早已知晓，张将军御寇不力之事既往不咎，本帅准你戴罪立功，将功补过！"转身对站立两旁的将军们说，"诸位将军，圣上命本府挂帅征剿蛮寇，权知府事。如何御敌诸位有甚良策？"

张应龙起身说道："眼下吐蕃青羌奴儿结结盟西凉羌寇，贼众势大。我府兵少粮缺，不宜贸然出击，应避其锋芒拖延时日。蛮寇远涉山川而来，粮草日久必然不济，故宜于急战。我们坚守不出，日子一久蛮寇必乱，到那时全军出击，一举剿灭蛮寇！"

川将陆云飞冷笑道："张将军所言长贼寇威风，灭自己志气。据末将所知，这些羌人俱有勇无谋，虽人多势众，彪悍勇猛，不足虑也。我们若坚守不出，定助长贼寇嚣张气焰，疯狂攻城，后悔莫及……"

李玉莲出列献计道："元帅，羌寇和吐蕃人联盟作乱，勇猛有余而智谋不足，我们不能力敌，只能智取！"

赵汝愚频频点头道："征西大将军所言极是，与吾不谋而合。本帅计划四面出击，用巧计分散他们的兵力，然后逐个瓦解围而歼之。"

顾同知、李通判齐声夸赞道："元帅此计甚妙！"

赵汝愚忙回帅堂升帐，调兵遣将："陆将军听令！"

陆云飞急忙拱手施礼道："末将在。"

赵汝愚手持令箭道："本帅命你率领本部人马出东门抵御贼寇，记住以智取为上！"

陆云飞接过令箭一声"得令"，疾步走出府衙，率本部人马飞速出发。

赵汝愚又命令道："张将军祖居成都，又是将门出身，骁勇善战。以往在无用知府帐下埋没人才，这次你展示才华建功立业的机会到了。本帅命你率领本部人马，出南门抵御奴儿结弟兄，让顾同知率六万人马协助你，切记以智取为高！"

"得令！"张应龙接了令箭离开帅堂，率领手下弟兄与顾同知前去御敌。

赵汝愚又命令道："周光宗、周耀祖听令！"

"末将在！"周光宗、周耀祖应声出列。

赵汝愚吩咐道："本帅命周光宗为左先锋，和你弟率领两万人马去北门外五十里处黑龙山埋伏，待贼寇来时突然出击，务必全歼，不得有误！"

"得令！"周光宗、周耀祖接过令箭飞身上马而去。

赵汝愚朝身旁的夫人说道："征西大将军过来听令！"

李玉莲躬身道："末将在！"

赵汝愚手持令牌道："命汝率领赵金花、赵银花、周婵玉等女将和众女兵去北门外桃花山，如何进行埋伏活捉寇首花振芳汝已有妙计，本帅不再赘说。手下如有不听将令者自行处置！"

李玉莲双手接过令牌大声道："请元帅放心，末将早已成竹在胸！"说毕带了赵金花、赵银花、周婵玉等女将飞身上马，率领众女兵立马前往桃花山安营驻扎。

赵汝愚又大声命令："金一麟将军听令！"

金一麟连忙出列："末将在！"

赵汝愚叮嘱道："本帅任命你为右先锋，率领两万人马前去城西四十里外金牛山埋伏，待贼兵到来放他们过去，若贼寇败逃经过时进行拦击，不得有误！"

金一麟双手一拱："末将遵命！"

赵汝愚又点将道："赵汝拙、赵汝鲁听令！"

赵汝拙、赵汝鲁齐声说："末将在！"

赵汝愚招手和两位胞弟附耳秘授计策叮咛道："你俩在绝龙岭埋伏，相机行事,不得有误!"

赵汝拙、赵汝鲁面露喜色,手一拱异口同声道:"请元帅放心,我俩照计行事!"飞身上马各领五千精兵火速出发。

竖起耳朵聆听多时的赵金贵,见大家都有任务了,元帅还未点他和猛虎队的将,急得抓耳挠腮嘀嘀咕咕:"今朝元帅怎么啦,连女将女兵都点名发令箭了,怎么还没轮到我们猛虎队?是不是把我们忘了?"正在探头探脑焦躁不安时,猛听得赵汝愚大声喊道:"赵金贵快来听令!"

赵金贵异常惊喜,急忙飞速出列至帅案前躬身施礼:"在!末将翘首等候多时,请元帅给我们猛虎队最危险最重大的任务,猛虎队保证活捉贼首,使元帅满意!"

"猛虎队?队长有哪几个?总指挥是谁?"赵汝愚大声问道。

赵金贵对答如流:"队长有杨金虎、杨银虎、杨锡虎和金小宝。总指挥是末将赵金贵!"

赵汝愚点点头,把大拇指一翘说:"好,希望你们名副其实,这次剿寇多立战功!"

赵金贵拍拍胸脯得意地说:"猛虎队个个人如其名,都是勇猛无比的虎将,多立战功小菜一碟!"

赵汝愚皱皱眉头,提醒道:"赵金贵你记住了,自古骄兵必败,羌寇不是脓包,个个骁勇善战,这次成都剿寇,不是学馆纸上谈兵!"

赵金贵使劲点头说:"末将知道!"

赵汝愚手持令箭严肃地说:"你知道就好,本帅命你率领猛虎队埋伏在黑虎岭,待贼兵到来将其团团围住彻底歼灭之!"

赵金贵大声说:"请元帅放心,我们猛虎队立即去黑虎岭埋伏,羌寇若经过黑虎岭,我一声号令,把贼寇打得屁滚尿流,全军覆没!"说罢接过令箭走出大营,纵身跨上战马,带了猛虎队将士朝黑虎岭方向飞奔而去。

赵汝愚转身对李通判说:"请李通判率一队人马作为机动,随时听候调遣,增援各处。"

李通判躬身施礼:"卑职遵命!"说罢领兵离去。

赵汝愚调拨定当,自领八千精兵悄悄埋伏在飞龙山指挥三军。

第二天拂晓,听得远处传来"嘚嘚嘚"的马蹄声,赵汝愚忙手搭凉棚朝山下俯视，只见大队羌兵结队而来，中间有一辆马车。为首五个贼寇，有认识的告诉赵汝愚，中间那个瘦高个，白脸白马白盔甲的是贼首马占山；左边身材魁梧，黑脸黑马黑盔甲者，是庞金豹，诨号"黑蛮龙"；右边那个矮胖子，黄脸黄甲座下黄骠马的，便是孙飞虎；后边那个骑大红马，身披黄金锁子甲的就是花振芳；骑枣红马，手持鎏金锏的是狗头军师朱彪……赵汝愚听了陷入沉思，盘算着如何智剿这伙贼寇

三

金牛岭大峡谷。四周危峰兀立，悬崖峭壁，瀑布飞溅，云雾弥漫。中间峡谷宽阔十余里，古木参天，猿猴声声，松涛阵阵。突然，"扑扑扑"受惊的鸟儿扑翅乱飞，野兔獐鹿撒腿狂奔。只见溪边山道上飘出五六杆金黄牙旗，涌出黑压压大队人马来。为首的马占山，进入谷口勒住马头朝前方仔细观望，只见四周山峰高耸入云，怪石嶙峋，古木参天，异常险峻，忙拱拱手对身旁的四位弟兄道："蛮龙、振芳、飞虎、朱彪四位贤弟，我们此番前去成都，不同往常，前任蔡知府乃混账狗官，只知拼命搜刮民脂民膏，中饱私囊，不懂用兵打仗之道，我们几次经过这里从无埋伏。这次却不同，赵眘小子派一位叫赵汝愚的任成都知府兼四川制置使，挂帅与我们为敌，听说此人文武兼备足智多谋，我们得多长几个心眼，步步小心才好！"

花振芳频频点头，双手一拱笑道："大哥所言极是，我们牢记教诲！"

黑蛮龙不以为然，忍不住哈哈大笑道："马大哥别被传言吓破了胆，风声鹤唳草木皆兵。据蛮龙所知，那赵眘小子因朝中无能征惯战之将，只好派一个文弱书生为帅，和他的婆娘领兵前来。这种人只会舞文弄墨写文章，不会调兵遣将打大仗，和这样的官兵做敌手，不足为惧！"

马占山连连摇手道："蛮龙贤弟别小瞧这位赵汝愚，此人的父亲生前连任兵马都监之职，精通韬略，善会用兵。赵汝愚深得其父传授，足智多谋。曾对你讲过的《火烧连营》故事怎么忘得一干二净？西蜀昭烈帝刘备，因瞧不起任东吴水陆大都督的文弱书生陆逊，结果被火烧连营八百里，落得个惨败死在白帝城的下场！"

黑蛮龙竖起大拇指冷笑道："你二弟是西凉赫赫有名的大将，不是那个

徒有虚名遇到劲敌只会哭鼻子的刘备！马大哥如此夸奖赵汝愚，太长他人志气灭自己威风！据我所知，这赵汝愚只不过是个进士，穿开裆裤时他老子教这臭小子学了点狗屁本事，不足为虑。那陆逊是东吴名副其实的年轻有为的大将，只有他才堪称足智多谋。赵汝愚虽为元帅，却对调兵遣将打仗之事狗屁不通！你我都是西凉赫赫有名的大将，这次与文弱书生赵汝愚做敌手，我好有一比……"

马占山频频皱眉，忍不住抢过话头问道："你比作什么？"

黑蛮龙用手遥指前面山道上正在吃草的山羊冷笑道："猛虎与山羊耳。"

马占山两只大眼一瞪厉声喝道："黑蛮龙，你太高傲了！"

黑蛮龙哈哈大笑道："大哥说我高傲，我笑你胆小如鼠！"

马占山肺都气炸了："你……想不到你越来越不像话，我是你大哥，堂堂三军主帅，你竟敢当众嘲笑我！"

黑蛮龙冷笑道："我不是嘲笑你，而是忠言逆耳提醒你！大哥人称西凉无敌大将，却这般胆小。这次出兵成都，你身为三军主帅，如此畏首畏尾，长他人志气，灭自己威风，太令弟兄们失望了！"

"你！"马占山勃然大怒，"黑蛮龙，你跟随我多年丝毫没有长进不说，还如此狂妄自大、屡教不改，出兵打仗只知逞能蛮干瞎吹牛皮，不懂山外有山天外有天！你狂妄自大、无法无天、目无尊长，这还了得，赵虎、李豹快与我拿下这厮！"

"遵命！"赵、李两位彪形大汉应声出列，将黑蛮龙使劲拉下马来。

马占山用马鞭指着黑蛮龙脑袋骂道："我平时待你不薄，把你当亲兄弟看待，白天同桌吃饭，夜里同床睡觉。想不到你这厮如此忘恩负义，目无大哥！你忘了自己是西凉赫赫名将庞德之后！想当年你的先祖是何等讲义气守信用，为报答曹操知遇重用之恩，抬榇与关云长决一死战，以身殉国报答大恩……想不到堂堂庞大将军之后竟如此窝囊！与其骄傲轻敌死于宋军之手，不如先将你关在囚车中随军反省，免得到时出丑让众弟兄受辱！赵虎、李豹，快替我将这厮用绳索绑了！"

"是！"赵虎、李豹立马上前用绳索把黑蛮龙捆了个动弹不得。

黑蛮龙仰天大笑："想不到人称'马超转世'、忠义化身的堂堂马占山，原来是个忘恩负义徒有虚名的胆小鬼，我真是瞎了眼！"

花振芳急忙滚鞍下马跪地求情："马大哥，蛮龙二哥虽性情暴躁，高傲轻敌，但他对大哥忠心耿耿，当年大哥被宋兵围困危在旦夕，是蛮龙二哥闻讯夤夜率众弟兄杀入重围舍命救你。看在这个情分上，请大哥高抬贵手，别让他蹲囚车？"

马占山听了心有所动，但一想到黑蛮龙我行我素、屡教不改的本性，就急忙摇头道："花贤弟你一番感人肺腑之言，大哥我即使是铁石心肠也动情！俗话说江山易改，本性难移，与其纵容他一味蛮干损兵折将，坏我大事，不如狠心趁早将其囚禁免遭意外。"

朱彪拱手劝说道："这次蛮龙贤弟教训深刻，谅他再也不敢狂妄任性了！"

马占山摇手道："军师，我对黑蛮龙的为人比你了解得多，这厮逞能蛮干，屡教不改，太使我失望了。这次出兵前，再三叮嘱他，我以为……唉，谁知今日我好意提醒他，反当众顶撞辱骂我，如此无法无天，不将他严惩，定坏我们大事！若不严惩，我今后如何号令众弟兄？如何实现霸业？"

朱彪见马占山决意严惩黑蛮龙，忙拱手施礼道："请马大哥暂息雷霆之怒，听在下一句肺腑之言。庞将军目空一切不听劝告违反军纪，影响极坏，为整肃军纪理该严惩，但尚未交战先囚禁大将于军不利。眼下正是用人之际，看在他跟随大哥多年没有功劳也有苦劳的情分上，请求大哥给他个改过自新的机会！"

"朱军师言之有理，请大哥网开一面，手下留情，给庞二哥一个将功赎罪的机会！"众弟兄一起下跪替黑蛮龙求情。

马占山见此情景忙改换口气道："诸位弟兄快快请起，我答应你们的请求！"转身对黑蛮龙厉声说道，"黑蛮龙，这次看在众弟兄和军师求情的面上，免你蹲囚车之罚，给你个戴罪立功的机会。赵虎、李豹，替他松绑！"

"是！"赵虎、李豹立马替黑蛮龙解去绳索。

黑蛮龙忙下跪致谢："谢大哥不囚之恩！"

朱彪边扶黑蛮龙上马边叮咛道："俗话说亡羊补牢不为晚。愿庞二哥牢记教训痛改前非，这次去成都听从马大哥指挥，将功赎罪！"

黑蛮龙感激万分，连连朝朱彪拱手致谢："请军师放心，蛮龙向你保证，下不为例……"

马占山提醒道："黑蛮龙，你的'下不为例'我耳朵都听起茧了。你上次出兵也信誓旦旦说什么下不为例，可一到成都就骄傲轻敌误中宋兵诱敌之计惨遭围困，险些全军覆没，若不是朱军师舍命相救，你能有今天吗？"

黑蛮龙羞得满脸通红，无地自容："大哥说的是，愚弟这次定痛改前非，听军师教诲！"

朱彪笑道："庞将军，人非圣贤孰能无过，牢记吃一堑长一智，下次别再犯糊涂！"

黑蛮龙忙双手朝朱军师深深一拱道："蛮龙向军师保证，今后绝不再犯！"

马占山听了，用马鞭指着黑蛮龙鼻子道："这次来成都，我最不放心的就是你，我要指挥众弟兄与宋军作战，无暇顾及，我命你寸步不离军师左右，一切行动听他指挥，你可愿意？"

黑蛮龙双手一拱大声说道："小弟遵命！"

马占山转身对众弟兄拱拱手厉声说道："诸位弟兄，这次我们与奴儿结歃血为盟，血洗成都，两家事先约定：奴儿结和他弟弟率领本部人马攻打东、南二门，我们攻打西、北二门，若大功告成，论功分配地盘钱财。大家须抱成一团、抢得头功，不然被那奴儿结耻笑看轻，分得地盘钱物多少事小，被人藐视受辱事大。此去成都奋勇杀敌立大功者，得胜归来我重重有赏！"

众羌兵齐声答道："我等齐心合力拼命奋战，为大哥争光！"

马占山大喜："弟兄们，自古兵贵神速，花家军弓马娴熟，花贤弟率领本部人马攻打北门，其余弟兄随我猛攻西门！"

"遵命！"花振芳率领手下弟兄飞速直奔北门而去。

马占山和孙飞虎、朱彪、黑蛮龙，带领众羌兵推着马车飞奔西门。黑蛮龙和朱彪毛遂自荐请缨做先锋攻打头阵，马占山再三叮嘱朱彪务必步步小心。朱彪说声"遵命"，和黑蛮龙带领手下往成都西门火速进发。

不一会儿来到一宽阔去处，朱彪勒住马缰绳举目远眺，只见前面一马平川好大一个山谷,长满一人多高茅草,四周重重叠叠山峦,云雾缭绕,慌忙命手下停止前进。

黑蛮龙问道:"军师为何下令停止前进?"

朱彪用马鞭朝前一指道:"庞二哥,此地环境险恶,恐有伏兵。"

黑蛮龙纵马向前仔细观察,见四下里毫无动静,回头高喊道:"军师,前面并无伏兵!"

朱彪用鞭子猛抽座下马追上,告诫道:"庞二哥,此地一马平川,茅草丛生,四周崇山峻岭,伏兵不可不防,庞二哥切莫粗心大意!"

"切莫粗心大意?"黑蛮龙忍不住哈哈大笑,"军师真是草木皆兵,风声鹤唳!我笑赵汝愚无谋,若在此埋下伏兵,你我进退无路、有来无回矣!"

朱彪厉声喝道:"庞二哥,马大哥教训你的话还在我耳边回响,你就骄傲轻敌,说这不吉利的话,什么进退无路有来无回?快与我闭上臭嘴!"

黑蛮龙见军师动怒,急忙拱手赔礼道:"请军师息怒,我立马闭嘴就是!"

正在此时,四下里"冲啊""杀啊"喊杀声惊天动地。黑蛮龙抬头一看,漫山遍野都是宋兵,摇旗呐喊从东、南、北三方冲杀过来……

朱彪大惊,慌忙下令:"弟兄们,我们中了赵汝愚三面埋伏之计,快按原路撤退!"话音刚落,只见东南北三方黑压压的官兵如潮水般涌来。西凉羌寇吓得魂飞天外,魄散九霄,恨爷娘少生两只脚,拼命往西逃窜。

马占山见前面队伍大乱,朱彪的手下只顾争先恐后逃命,溃不成军,急忙策马上前大声喊话:"弟兄们,有我和孙二哥为你们断后掩护,别慌!"

朱彪、黑蛮龙与马占山、孙飞虎合兵一起,往西奔跑了一阵,见后面毫无动静,拨转马头朝成都方向仔细观望,并无一兵一卒追赶,这才惊魂稍安。见前面已是黑虎岭,马占山忙对正在行进的弟兄命令:"快传话下去,前面就是金牛岭,我们到那里休息,埋锅烧饭,让大家饱餐一顿继续前进!"

众羌寇早已跑得气喘吁吁疲惫不堪,两腿酸痛,肚子饥饿,一听此命令,立马鼓足精神朝前赶路。

待拼命赶到金牛岭在林中休息,火头军烧好饭菜正准备用餐时,突然听得北面山上"轰轰轰"三声炮响，林中飘出一杆绣有"金"字的大旗，为首高头大白马上一员银盔银甲白脸大将，手持方天画戟气势汹汹杀来。黑蛮龙手持宣花斧纵马接住抵敌。白脸大将厉声喝道："来将通名，本将军不杀无名之辈！"

黑蛮龙高举宣花斧厉声说道："南蛮听着，你爷爷姓庞名金豹，乃三国时北魏曹丞相手下庞德大将的后裔，人称'黑蛮龙'的便是！"

白脸大将哈哈大笑道："什么黑蛮龙、白蛮龙，本将军以为汝三头六臂，原来是只荒山野岭黑猪猡！黑猪猡，本大将奉赵元帅将令在此恭候你多时，快下马投降饶你狗命，若执迷不悟负隅顽抗，叫汝立马身首异处！"

黑蛮龙大声喝道："你是何人，竟敢口出狂言，辱骂我西凉赫赫无敌大将黑蛮龙？"

白脸大将冷笑道："黑猪猡，竖起你那猪耳朵听清楚了，本将军乃赵元帅麾下右先锋金一麟是也！"

黑蛮龙听罢"嘿嘿嘿"冷笑道："原来是无名小卒，什么金一麟，银二麟，黑爷爷一斧送你上西天！"说着挥舞宣花斧朝金一麟头上狠狠劈去。

金一麟浑身是胆，手持方天画戟朝黑脸贼猛刺。黑蛮龙挥舞宣花斧犹如一轮明月，"嗖嗖嗖"万道寒光闪耀。金一麟手持方天戟，"呼呼呼"宛若千尾银蛇飞舞。两马相交，斧劈戟砍，战到八十多个回合，金一麟卖个破绽策马往山道上奔跑。黑蛮龙哈哈大笑："白脸贼往哪里逃！"策马朝林间小道紧追不舍。

在后面观战的朱彪急忙高声大喊："蛮龙二哥，穷寇莫追，谨防前面林中伏兵！"

正在拼命追赶的黑蛮龙听见后猛然醒悟，正欲拨转马头往回撤，突然脑后"轰轰轰"三声炮响，林中飘出两杆写有斗大"金"字的军旗，两员宋将率领数千精兵气势汹汹杀来。为首的白袍大将金一麟边追边厉声喝道："黑猪猡，这回你逃不了啦，快下马投降吧！"

黑蛮龙大惊，慌忙用双腿使劲猛夹马肚往北飞奔。

此时，朱彪正带了手下一千多弟兄飞速赶来救援，和黑蛮龙合兵一起，改道往西奔跑。

行不到半里多路，突然两边高山上喊杀声震天。路北山林中杀出一虎背熊腰红袍大将，手持金背大砍刀拦住去路。黑蛮龙丝毫不把红袍大将放在眼里，两只牛眼一瞪挥舞宣花斧厉声大骂："狗屁红袍官兵，胆敢截住黑爷爷去路，活得不耐烦了，叫你死无葬身之地！"举起宣花斧朝红袍大将猛砍。周光宗忙举起大砍刀招架。斧劈刀砍，"叮当"作响，两将战有九十多个回合不分胜负。周光宗虚晃一刀，拨转马头朝山林中疾走。黑蛮龙见了哈哈大笑："我以为你这红袍贼是甚狗屁大将，原来是个不禁打的脓包狗熊，黑爷爷叫你做斧下无头之鬼！"说罢持斧纵马追赶。

朱彪见了厉声大叫："庞二哥莫追！这红袍宋将勇猛狡诈，要的是诱敌深入之计，别中他圈套！"

黑蛮龙边追边大声回话："军师，这穿红袍的没什么鸟本事，你让我活捉了他，叫大哥长长见识，别再瞧不起本将军！"

朱彪见此情景大惊失色，忙用鞭子猛抽马背拼命朝前追赶。

黑蛮龙正得意扬扬策马朝前猛追，"嗖"的一下冷不防被对方突然回马大刀对准自己脑袋猛力砍来，吓得面孔变色，浑身直冒冷汗……

正在这千钧一发之际，"呼"的一下飞来一道亮闪闪白光。黑蛮龙以为这下完了，吓得魂飞魄散，慌忙后退，用手摸摸脑袋完好无损，朝前一看，只见一柄银光闪闪鎏金锏将大砍刀牢牢挡住——原来朱军师又在自己生命垂危之际奋力赶来相救！黑蛮龙心里异常感激，拨转马头上前举斧助战。战到五十个回合，周光宗虚晃一刀拨转马头朝林中小道上跑了。

黑蛮龙也不追赶，和朱彪回原路四下寻找手下弟兄，却只有一百余人了，见红日即将西沉，率领手下往西奔逃。正行走时，突然两旁林中传来"黑脸贼，这次你逃不了啦，快下马投降吧"的喊声，黑蛮龙循声回头一看，只见白马白袍大将手持方天画戟，一红袍大将跃马横枪朝自己杀来，忙和朱彪拨转马头招架。于是四员大将捉对儿厮杀。战有近百个回合，难分胜负。白袍大将金一麟和红袍大将周耀祖正当青春年华，血气方刚，越战越勇。黑蛮龙和朱彪一路疲于奔命，人困马乏，渐渐招架不住。只听得头部"呼呼"风响，昂首一看，一道白光正朝他咽喉刺来，慌忙飞速来个马背藏身躲过。冷不防又"呼"地飞来一道白光，把头一偏，"叭嗒"一声头盔落地，黑蛮龙吓得魂飞天外，慌忙招呼朱彪拨转马头朝原路没命逃窜。

"黑炭贼,哪里逃!"金一麟和周耀祖策马紧追不舍。

黑蛮龙、朱彪用鞭子"啪啪啪"猛抽坐骑朝前狂奔。突然前面山林中传来"黑猪猡,你逃不了啦""快下马投降吧"的叫喊声。黑蛮龙抬头一看前有伏兵,后有追兵,猛然发现西南方向有一崎岖山道可通往西凉,使劲鞭打马屁股,"嘚嘚嘚"往西南方向逃命。手下弟兄跑得慢的被追兵杀死,动作快的跟随黑蛮龙、朱军师狼狈往西南逃窜……

逃了一阵儿,悄悄回头见追兵已渺无踪影。黑蛮龙清点手下,只有寥寥数十人。见前面山路越来越狭窄,两旁山势高耸逼窄,且怪石嶙峋,古木参天。抬头仰望,只见高空仅两三丈宽阔,雾蒙蒙,阴森森,忍不住哈哈大笑。朱彪听了哑然失笑,拱拱手故意问道:"庞二哥又因何发笑?"

黑蛮龙用马鞭指着四周山势笑道:"我笑赵汝愚不会用兵,若在此设下伏兵,你我插翅难逃!"

朱彪勒住马头朝前仔细观察,只见山势高耸入云,远处野狼嚎叫声声,见环境如此险恶,吓得大惊失色,厉声埋怨道:"庞二哥,如此险恶环境,你还笑得出声?"

正在此时,一个瘦高个弟兄气喘吁吁来报:"军师……前面山壁上……凿有三个大字,不知这里……唤作何地名?"

朱彪打马到那里一看,见山崖上凿着"绝龙岭"三个大字,吓出一身冷汗,慌忙朝后大声喊叫:"庞将军,此地名唤'绝龙岭',对你甚是不利,快撤!快撤!"

黑蛮龙听了不以为然,笑道:"军师乃满肚皮墨水之人,也如此迷信,一见'绝龙岭'三字吓成这个样子,我黑蛮龙不信那一套!"话音刚落,突然两边树林中"嗖嗖嗖"乱箭齐发!黑蛮龙慌忙用鞭子猛抽乌骓马飞速后退。

此时,山上箭如飞蝗。黑蛮龙见此情景方信军师所言,吓得手足无措。朱彪厉声命令:"弟兄们,我们中计啦,快撤!"

可怜那些西凉羌寇一时无处躲藏,俱被乱箭射死。黑蛮龙忙用手中家伙挡箭,谁知箭如飞蝗,哪里遮挡得住?身中数箭疼痛难熬,那匹黑马被射成"箭马",直立惨叫,挣扎着倒地死去。

朱彪见了急忙飞身跳下马来,搀扶起黑蛮龙催促道:"庞二哥,你骑了我的战马快逃走吧！"

黑蛮龙连连摇手道："军师，看来我命该死在这里！你舍命救我多次，今生今世无法偿还了，来世再报答大恩……"话未说完，被"嗖嗖嗖"乱箭射成刺猬，一命呜呼！

朱彪连中数箭，忍痛用宝剑"呼呼呼"拼命挥舞挡箭，也终于抵挡不住被乱箭活活射死……

随着"噔噔噔"的脚步声，金一麟从树林中飞速钻出，拔出腰间佩剑将黑蛮龙、朱彪两颗人头割下，掏出绳索串起挂在马脖颈下，跃上马背飞速来至飞龙山大营献上首级报功。赵汝愚大喜道："金贤弟杀死二贼，本帅给你记头功！金贤弟，还有马占山、花振芳、孙飞虎尚未擒获，快传本帅将令，命弟兄们一起出击，谁捉得三贼首，其功不小！"

"末将即去晓谕三军！"金一麟接过令箭飞身上马，带了弓弩手下山前去捉拿贼首。

四

攻打北门的"神箭手"花振芳，率领手下浩浩荡荡向前挺进，听得前面传来"嗒嗒嗒"急促的马蹄声，抬头一看，一探马飞骑来报："花将军，前面十里处有一桃花山，山上山下俱是绝色女将女兵把守！"

花振芳喜出望外，笑道："陈将军打探有功，本将军替你记下了。再去打探，得胜之日重重嘉奖！"

"遵命！"陈探子得到花将军嘉奖受宠若惊，扬鞭策马而去。

花振芳笑眯着双眼对手下道："诸位弟兄，前面桃花山上俱是漂亮女将女兵，用弓箭将她们射伤射死岂不可惜，能设法将其生擒活捉者重重有赏！"

其中一好色胆大骑红马的小头领嬉笑着问道："花大哥，我按你吩咐办事，重赏我什么？"

花振芳笑道："朱云卿贤弟，大哥自然重赏你天姿国色妙龄女将为妻啰！"

朱云卿开心地在马上连连拱手作揖："多谢大哥，小弟感激不尽！"

花振芳把手一扬大声对弟兄们说:"我刚才对朱云卿说的话大家都听到了,去桃花山遇到年轻漂亮女兵,不能用弓箭射,只能想办法把她们活捉,大哥都奖给你们做婆娘要不要?"

"要要要!"弟兄们听了一个个欢呼雀跃,摩拳擦掌,"大哥如此恩赐,我等竭尽全力拼命报答!"

花振芳笑道:"诸位弟兄既然都喜欢,那就听我将令,加快速度随我前往桃花山!"

众弟兄一起拼命朝前飞奔,眨眼间见前面有一山峰,放眼远眺一片红霞,近观是花的海洋,景色果然与别处不同,山崖上镌刻着"桃花山"三个篆字。花振芳勒住马缰绳朝前细观,只见漫山遍野满是桃树,粉红色花朵开得正艳。正观赏时,猛听得一声炮响,桃林里杀出一队年轻女兵,为首女将头戴珍珠嵌宝凤盔,上插两根雉鸡翎,身穿柳叶铠甲,骑一匹红艳艳桃花马,手持一柄亮闪闪秀鸾刀,面如带雨桃花,微启朱唇喝道:"本将不杀无名之辈,贼寇快把名姓报来!"

花振芳见是位天姿国色妙龄佳人,开心地眯了双眼笑成一条缝儿,两手一拱笑道:"美人,本将说出大名,你别吓破了胆,我乃梁山'小李广'花荣之孙,人称'神箭手'花振芳便是!"

女将冷笑道:"你原来就是色鬼花振芳。身为我朝梁山好汉'小李广'花荣之后,却叛国投靠西凉贼首马占山,多次侵犯我成都残害百姓,血债累累,恶贯满盈,本将奉李大将军将令前来捉拿于你,不下马受缚请罪,还大言不惭吹嘘什么'神箭手',真是死到临头顽固不化,脸皮比石臼还厚!"

花振芳听了笑道:"美人好一张利嘴,把我骂得一佛出世,有口难言。嘻嘻嘻,老话说骂是爱,打是疼,你我在此相遇,说明前世有缘,我喜欢你这朵带刺的玫瑰,人称我是'潘安转世',和你天生一对!"

女将厉声喝道:"好个不知羞耻的花色鬼,汝空有一副好皮囊,中看不中用,本将军不稀罕,吃我一刀!"

花振芳用錾金枪架住对方秀鸾刀满脸堆笑道:"美人听我诉说苦衷,其实花某冤枉得很。祖父花荣,听从及时雨宋公明规劝,接受朝廷招安报效国家。谁知昏君徽宗听蔡京、童贯等奸臣谗言,将祖父、家父诬陷致死,还抄没家产。幸亏叔父救我逃往西凉。古语云，杀父之仇不共戴天，我杀昏君狗官有什么错？夺回我花家应得的财产有什么过？"

女将冷笑一声骂道："住口，昏君狗官屈害你祖父、父亲，已遭报应，你却投靠羌寇卖国求荣，侵犯我疆土，抢劫我百姓财物，还有脸质问有什么错，有什么过？！不知天下有羞耻二字的叛国贼，本将军叫你做刀下之鬼！"说罢举刀对准花振芳头颅猛砍。

花振芳慌忙用枪奋力招架，笑道："美人未报芳名就举刀乱砍心上人，太狠心太绝情了吧？花某有怜香惜玉之意，美人该怀爱郎疼夫之心！"

女将厉声骂道："花贼你竖起两只狗耳朵听清楚了：我乃平西大将军李玉莲手下赫赫有名的赵银花是也！"

花振芳将大拇指一翘笑道："原来你就是大名鼎鼎的赵银花小姐，果然人如其名天姿国色，只可惜英武泼辣有余，温柔妩媚不足，泼辣尖刻有余，开口花贼，闭口狗耳，地地道道一朵带刺玫瑰！"

赵银花粉脸儿羞得红到了脖子里，厉声骂道："好一个厚颜无耻花言巧语的色鬼，我发誓将你刺个粉身碎骨！"说毕举刀朝对方脑袋狠狠砍去。花振芳见女将来势凶猛，慌忙举枪招架。枪刺刀砍叮当作响，两将战有七八十个回合不分胜负。花振芳用枪使劲架住赵银花的秀鸾刀笑道："美人，你我何必这样打打杀杀，你若遂了我的心愿，本将军立马弃暗投明归顺你们大宋，和你并肩剿寇立功，岂不是一大美事！"

赵银花嫣然一笑不再言语，将秀鸾刀放在鞍桥上，在马上双手一拱含笑施礼道："能和花将军成为一对鸳鸯鸟，是本将军前世修来的好福气！"

花振芳喜出望外，一股暖流顿时涌遍全身，骨软筋酥，笑眯双眼……正狂喜得忘乎所以时，"嗖"的一下，冷不防飞来一道白光，幸亏他眼疾手快，在千钧一发之际火速把脑袋一低，只齐根砍掉头盔上的雉鸡翎。花振芳恼羞成怒，厉声大骂："不知好歹的贱人，竟敢糊弄暗算我，你既无情，我岂有义，一枪送你去见阎王！"骂毕挺枪朝对方咽喉猛刺，赵银花慌忙举刀猛力招架。战不到三五个回合，赵银花虚晃一刀，一声"众姐妹火速撤退"，即率领手下飞速打马钻进桃林。花振芳哪里肯放，急忙跃马横枪奋力追赶："不知好歹的贱人，你纵然躲进花海，我也要将你生擒活捉！"

花振芳纵马紧追不舍，小道两旁所过之处"咔嚓咔嚓"枝折花落，一片狼藉。听得前面传来"嘻嘻哈哈"的女人笑声，花振芳扬鞭策马拼命追赶，只听得一声炮响，桃林中飘出一杆绣旗，上写斗大一个"周"字，枣红马上一身披柳叶铠甲女将，两眉弯弯若月牙，一双秀眼勾人魂魄，貌若天仙胜似嫦娥，体态窈窕赛过西施。花振芳看得呆了，眯缝了一双色眼一眨不眨，心想：今朝本将军交桃花运，宋军女将一个比一个美貌标致，待本将军都生擒活捉了去逍遥快活！想到此乐得心花怒放，呆呆地忘记了通名交锋，"啪"的一下被美貌女将飞来一枪刺中大腿，疼痛难忍，忙将錾金枪挂于鞍桥扣上，咬咬牙手持宝雕弓欲抽出雁翎箭对准美人咽喉射击时，猛想起，若将此举世无双美人儿一箭射死，到哪里去寻找这般绝色佳人？心一软把弓箭放回背后，双眼色眯眯呆视着对方。只听得"嗖"的一声一枪飞来，头盔已被女将挑落马下，露出圆溜溜的脑袋、黑乎乎的头发。众女兵见了大笑道："哈哈哈，婵玉小姐好厉害，一枪把花色鬼变成秃脑袋！"

花振芳勃然大怒，厉声骂道："好你个贼婆娘，本将军有怜香惜玉之意，谁知你心狠手辣暗算我，岂肯饶你！"手持錾金枪猛力朝美女将军刺去。周婵玉虚晃一枪率领众女兵飞速钻进花海，眨眼间渺无踪影。

花振芳用鞭子猛抽马背拼命追赶，突然一声炮响，花海里飘出一杆写有斗大"赵"字绣旗，为首一女将面如玉芙蓉，眼若黑葡萄，身骑桃花马，手持梅花枪。花振芳心想：如此绝色佳人，花某自娘肚子里出来从没见过。花振芳正看得发呆，只听得女将厉声喝道："花色鬼癞蛤蟆想吃天鹅肉，白日做梦，吃我一枪！"花振芳被娇滴滴黄莺般喊声惊醒，急忙挺枪招架。战有百多个回合难分胜负，女将虚晃一枪拨转马头带领女兵就走。花振芳心想，如此绝色美人，花某如何舍得放弃？赶紧纵马火速猛追。只听得"啪嗒"一声，连人带马掉进陷阱里。正使劲挣扎往上爬时，人已被五六个挠钩钩上坑来，身子被绳索捆了个动弹不得。先前那位绝色女将"将这花贼押往大营"一声喊，四五个女兵将他推推搡搡押往后山而去。

花振芳手下弟兄见头儿被美人活捉，这才从美梦中幡然惊醒，大叫："弟兄们，我们中了南蛮婆的'美人计'啦，快一起放箭，快一起放箭！"但为时已晚，刚拿起弓箭欲射击时，厄运早已降临到头上——有的被树上飞速荡下的绳索牢牢扣住脖子，双脚悬在半空中拼命挣扎；有的被大网罩住，乖乖做了俘虏；有的掉在陷阱里被女兵生擒活捉……

五

马占山和孙飞虎率领手下残兵败将，保护着马车杀开一条血路，夺路飞速往西南方向逃窜。来到绝龙岭，见黑蛮龙、朱军师已被乱箭射死，其手下弟兄全部惨死，气得暴跳如雷，"哇呀呀"大叫："我马占山不替二弟、军师报枭首之仇誓不为人！"说罢放声大哭。

孙飞虎忙上前劝道："大哥，盛怒伤身，请节哀顺变。二哥死于粗心大意，军师救他遇害，你我引以为戒，步步小心。绝龙岭乃险恶之地，我们快杀回原路为妙。绕道正南小路五十里处黑龙山，往西可通我们西凉。回去招兵买马，重振旗鼓再来报仇雪耻不迟！"

马占山点点头说："孙贤弟所言极是，下次我们东山再起，非血洗成都不可！眼下到处都是追兵，看来只有依你所言走这条险路了。弟兄们，快跟我立即离开此地！"

不一会儿来到黑龙山，见两旁山势越来越险峻，高耸入云，猿猴声声，松涛阵阵，不由得毛骨悚然。马占山正在抬头观望，忽听得四下里喊杀声震天，两边山林里杀出无数人马。"嘚嘚嘚"马蹄响处，一员金盔金甲红马大将，手持金背大砍刀威风凛凛截住去路。马占山用混铁锤指着红袍大将问道："你是何人，胆敢挡住本大王去路？"

红袍大将厉声喝道："马占山你竖起狗耳听清楚了，我乃赵元帅帐下左先锋周光宗是也，奉命在此恭候你多时！"

马占山勃然大怒，挥舞两个混铁锤直扑红袍大将。周光宗手举大刀猛砍，越战越勇。

孙飞虎正策马朝西南方向奔逃，一声炮响，飞来一黄马红袍大将挡住去路，忙在马上躬身施礼："这位将军，我和你无冤无仇，何苦作对挡住我去路！"

周耀祖厉声喝道："孙飞虎，你和马占山聚众抢劫作恶多端，残害我成都百姓，恶贯满盈，这下无路可逃，快下马投降方可饶你狗命！"

孙飞虎恼羞成怒，厉声骂道："好你个不知天高地厚的白毛娃娃，竟敢不听本将军规劝口出狂言，吃我一叉！"手持三股托天叉猛刺周耀祖。周耀祖也不示弱，手举银枪朝孙飞虎脑袋猛刺。孙飞虎挥舞托天叉风声呼呼，寒星乱飞；周耀祖用枪猛挑，银光万道。两马相交，枪刺叉勾，正是棋逢敌手、将遇良才，两将鏖战七八十个回合不分胜负。

孙飞虎说声："周将军果然厉害！"拨转马头往西飞跑。周耀祖一边大叫"孙贼往哪里逃"，一边挺枪紧追不舍。孙飞虎见周耀祖渐渐逼近，悄悄把叉挂在鞍桥上，将左手一扬，飞出一道白光。周耀祖眼疾手快，将身子往马肚皮下一蹲飞速躲过，厉声骂道："好你个孙飞虎，竟敢用暗器伤人，吃我一枪！"举起银枪猛力朝孙飞虎咽喉刺去！孙飞虎慌忙用叉朝上猛力一架，"砰当"一声火星飞爆，两臂酸麻，落荒而逃！

周耀祖手持银枪策马猛追，孙飞虎回马再战。孙、周两将叉刺枪挑，又战了八十多个回合。一场鏖战，直杀得天昏地暗。

孙飞虎见自己不是白脸大将的对手，手下弟兄已被宋兵杀死不少，再厮杀下去定吃大亏……虚晃一叉拨转马头就走，率领手下往西飞奔。

听得马蹄声，循声一看，前面山道上杀来一队人马，正招呼手下准备迎敌时，只听见一个熟悉的声音高声喊道："飞虎贤弟，是我们！"

孙飞虎忙作揖道："我以为是……原来是马大哥，虚惊一场！"

马占山用手指指两支队伍说："我们人这么多，又有一辆马车，行走不便，你带了弟兄先护送马车走正西那条大道。"说完用手指着后面那辆马车说："飞虎贤弟，赵汝愚足智多谋，善于用兵，崎岖山道恐有埋伏。为安全起见，我把弟兄们冒着生命危险弄来的这车东西托付于你，从那条平坦山路先走。记住，这一车宝贝是大家豁出性命搞来的，你千万别给我弄丢了！"

孙飞虎异常感激，在马上双手一拱说："马大哥这么信任我，小弟绝不辜负你的重托！"说着拱拱手带了手下护送马车上路。

马占山目送着孙飞虎远去的背影似乎有点不放心，用鞭子猛抽战马追上孙飞虎，再三叮咛说："孙贤弟切记，不管遇到什么艰难险阻，你一定要保护好弟兄们和马车，安全到达西凉！"

孙飞虎拍拍自己的胸脯大声说："请马大哥放心，我保证人在弟兄和马车在！"

马占山点点头，朝心爱的弟兄挥挥手，笑道："有孙贤弟这句话，大哥我还有什么不放心的？咱们西凉见！"

"大哥，西凉见！"孙飞虎拨转马头，命四位心腹负责护送马车先走，见弟兄们口渴得喉咙快冒烟了，命他们到附近小河里喝溪水解渴，见大家喝得差不多了，下令加快速度赶路。

跑了一阵儿，见前面有一座高山挡住去路，孙飞虎大吃一惊，走近仔细一看，原来是黑虎岭。打马跑了一圈，观察半晌没发现丝毫动静，估计宋军没有埋伏，松了一口气，暗暗庆幸有惊无险，幸亏自己选择走这条路，若是遇到伏兵就麻烦了。心想：我护送的这辆马车，载有四大箱宝贝，要是有什么闪失，怎么跟大哥交代？！发现弟兄们没精打采有气无力，走路速度越来越慢，猛想起大家忙于赶路，大半天了只喝溪水，没吃过一点干粮，怪不得走路都耷拉着脑袋慢吞吞的，照此行速，到半夜三更也过不了野狼山哩！这怎么行啊，要是遇到宋军追杀，别说弟兄们伤亡惨重，这一车宝贝疙瘩被他们抢走……孙飞虎心想：对，我用"望梅止渴"妙计哄哄弟兄们，说不定管用，想着赶紧朝后对弟兄们大声说："大家听清楚了，过了前面的黑虎岭，再走一段路就到我们西凉地界的野狼山了，别耷拉着脑袋哭丧着脸，快鼓足精神加速赶路，一到野狼山埋锅烧饭，让大家饱餐一顿，休息半天，再奖赏每人二十两银子！"

手下听了连忙朝后面传话。队伍中立即人声鼎沸，声音响得像炸开了锅似的：

"孙大哥要奖赏我们银子啦！"

"有了银子，我们回家什么事情都好办！"

"只区区二十两银子能派什么用场？"

"用这点银子想让我们替他卖命，想得倒美！"

"我们绝不上当！"

一位胆大的弟兄挤出队伍，一路飞跑到孙飞虎身边大声问："飞虎大哥，昨天我和三个弟兄光一户大财主家就弄到五千两银子，这么多弟兄加起来，别说银子，就是金条财宝、绫罗绸缎也有五六大箱！你只给我们这点银子，是不是太小气了？"

弟兄们七张八嘴嚷嚷起来："是啊，孙大哥太小气了！"

"弟兄们冒九死一生风险来成都，糊弄我们心太狠了！"

弟兄们意见这么大，要是哗变起来，后果不堪设想！孙飞虎后悔自己方才不该许这么个承诺。心里思忖：一马车财宝反正不是我一个人的，我怎么如此糊涂？哄他们到了野狼山就大功告成到家了！想到此，大着嗓门朝后喊话："弟兄们，你们刚才听错了，不是每人二十两白银，而是二十两黄金，回去还要奖赏你们每人两根金条，三匹绫罗绸缎！没成家的，大哥设法奖你美女做老婆！"

有人大声问："孙大哥，你说话算话？"

孙飞虎用双手作喇叭状大声回答："我孙飞虎啥时骗你们了？"

有人大声说："既然孙大哥这么说，我们相信你一次！"

孙飞虎立马表态："我一言九鼎，回去马上如数发给你们！"

这充满诱惑力的承诺异常管用，偌大一支队伍顿时鸦雀无声，个个眉开眼笑，方才疲于奔命耷拉着脑袋有气无力的弟兄，眨眼间像皮球打足了气一样！孙飞虎见此情景暗暗欢喜，立马下令："弟兄们，加速前进，到了野狼山安营扎寨，休息吃饭！"

众羌兵听了个个欣喜若狂，浑身是劲儿，大步如飞朝前赶路。

此时，在黑虎岭上守候多时的赵金贵，突然听得不远处传来"嘚嘚嘚"的马蹄声和"弟兄们速度再快一点儿"的喊话声，跳上一块大石头循声一瞧，开心得不得了——为首骑高头大黄马的矮胖黄袍大将，带了黑压压一群羌兵正朝自己的黑虎岭飞奔而来！连忙对正在等待命令的金小宝、杨金虎、杨银虎、杨锡虎说："四位队长，大显身手为国立功的机会到了，快去吩咐你们的队员做好一切准备，等敌人进入伏击圈，听到我的螺号声立即出击，杀他个人仰马翻有来无回。班师回朝之时，我请元帅多给你们奖赏！"

"遵命！"四位队长回到自己的伏击地给手下一转达，队员们个个欢呼雀跃，精神抖擞，立马做好战斗准备。一听到"呜呜呜"的螺号声，一个个手持武器飞速跃出灌木丛，如猛虎一般冲向山下迎面而来的敌人。

正往前飞速赶路的羌兵猝不及防，突然遭到宋军伏兵出击个个惊慌失措，四散奔逃！头领喊破了喉咙，手下没听见似的只顾到处乱跑，队伍顿时大乱。

"弟兄们，报仇雪恨的机会到了，大家拿出猛虎队的威风来，叫贼寇有来无回！"

"对，血债用血来偿，弟兄们狠狠杀贼寇！"

"冲啊，杀啊！"

随着"啊啊啊"的惨叫声，羌兵有的被猛虎队队员用大刀砍掉了手臂，疼得双脚乱跳；有的胸脯被锋利的长矛捅了好几个窟窿，鲜血淋淋躺在草丛里痛苦地呻吟；有的被乱箭射成刺猬，在山路上挣扎；有的浑身是血，咬紧牙关跟对方搏斗……

孙飞虎见状大惊，恼怒得像个输得倾家荡产的赌鬼，"哇呀呀"一声怪叫，用鞭子狠抽马背冲向伏兵，挥舞三股托天叉逢人乱刺乱杀，鲜血染红战袍。眨眼间杀开一条血路，设法找到那辆马车和护送着急于逃命的弟兄，一起杀出重围，狼狈不堪往西逃窜。听得"孙飞虎你逃不了啦"一声喊，回头一看，一员黄马黄袍大将在前面挡住去路。只听得那大将立马横刀厉声喝道："孙飞虎，本将军在此等候你多时，这次休想侥幸逃脱，快下马缴械投降吧！"

孙飞虎走投无路恼羞成怒，厉声骂道："黄袍贼，本将军乃西凉赫赫有名大将，久经沙场百战百胜。今日鬼使神差，不幸中了你们的埋伏，是我一时疏忽大意，我孙飞虎宁战死沙场，绝不做你无名小卒的俘虏！"

黄袍大将手持大刀指着孙飞虎厉声喝道："我乃赵元帅帐下猛虎队总指挥赵金贵便是，你别硬充好汉了，识时务者为俊杰，我可怜你是大宋子民，被昏君逼上飞虎岭落草为寇，无奈才投靠西凉干出这傻事，交出马车赃物，痛改前非归顺我大宋，饶你不死！"

孙飞虎破口大骂："归顺大宋？白日做梦！大宋名为天朝，没有一个好皇帝，都是忠奸不辨、残害忠良的狗屁昏君！"

赵金贵见孙飞虎死到临头还如此执迷不悟、嚣张骄横，便勃然大怒，举起大砍刀朝他的脑袋狠狠劈去。孙飞虎急忙用三股托天叉奋力招架。两将刀砍叉刺，战有八九十个回合不分胜负。孙飞虎心里牵挂马车和弟兄，虚晃一叉拨转马头就走，追上马车，慌忙指挥手下朝前面山林中逃跑。

这里赵金贵暗暗思忖：我在元帅面前当众夸下海口，这次若不能把贼首孙飞虎生擒活捉，让他溜了，岂不被众弟兄笑落牙齿！猛然抬头瞧见杨金虎从树林里钻出来，异常惊喜，急忙招手大叫："金虎贤弟快过来，大哥有话问你！"

杨金虎立即跑奔过来，跟头领附耳一嘀咕，赵金贵高兴地说："多谢贤弟，多谢贤弟！"说罢让好友先上马，杨金虎飞身跳上马背，用鞭子猛抽心爱的坐骑朝孙飞虎逃跑方向飞速追赶。

见山路越来越狭窄，树木越来越茂密，杨金虎忙停下马，手持大砍刀下马步行。瞧见前面孙飞虎正指挥羌兵使劲儿推马车，累得气喘吁吁，忍不住哈哈大笑："孙飞虎，这次你逃不了啦，快交出马车投降吧！"

孙飞虎大惊失色，命手下保护好马车，自己手持三股托天叉朝赵金贵脑袋恶狠狠刺去。赵金贵冷笑一声举起大砍刀还击。听得"嗖嗖嗖"的声音，孙飞虎回头一看，自己的心腹爱将被乱箭射死，四五个宋军推着马车进了山林，急忙回身找到自己的黄马飞速跃上，手举三股托天叉飞奔前去抢夺。听得"啪嗒"一声响，连人带马摔倒在树林中——原来座下马被草丛里的绳索绊倒，想挣扎跳上马逃走为时已晚，早被藏在草丛中的伏兵用麻绳捆了个动弹不得。

赵金贵喜滋滋地牵了马，和杨金虎、杨银虎、杨锡虎三兄弟押着俘虏、马车，唱着山歌往飞龙山找元帅报功去了。

再说贼首马占山，在飞龙山大战周光宗，杀得天昏地暗，难解难分。

在山顶观战的赵汝愚，连忙下令三军火速将马占山团团围住。马占山挥舞双锤连杀数将，鲜血染红了战袍，见敌将越来越多，自己体力渐渐不支，里三层外三层被围得铁桶一般，大喝一声挥舞铁锤连伤数人，最后筋疲力尽拔剑自刎。

活着的羌寇，见头领被杀死的杀死，活捉的活捉，一个个吓得抱头鼠窜、仓皇逃命。贼寇队伍顿时大乱，溃不成军……

第十一章 嬗变巧周旋

一

赵汝愚率得胜之军回到帅堂时,顾同知和张应龙也率本部人马凯旋——顾、张二将照计行事,果然大获全胜,奴儿结中计被杀,其弟三开杀出重围逃往吐蕃。

赵汝愚平寇大获全胜后,派能言善辩官员前往西凉、吐蕃,晓谕抚慰各部,蛮夷势力顿时土崩瓦解。三开见自己孤立无援,东山再起无望,不久忧虑成疾而死。

赵汝愚一面着手整治四川,安抚民众,鼓励生产,对穷苦百姓实行赈济救助;离乡背井者,闻讯纷纷返回原籍,重建家园,安心生产;一面对西凉、吐蕃等少数民族广施仁政,晓谕教化,使他们安分守纪,从此不敢聚众前来骚扰。

蜀中一片安宁,赵汝愚心里异常宽慰,对众将道:"四川原本是天府之国,物产丰富,百姓本应安居乐业!"

赵汝愚兴奋之余,脱口吟道:

飕飕忽见青鸾尾,
扫遍翠崖冈上头。
昨夜月明仙子过,
玉笙吹彻万山秋。

赵汝愚平寇治川立下赫赫功勋,孝宗龙心大悦,下诏命其进京擢升为吏部尚书,征西大将军李玉莲被封为威武侯。

临离四川前,赵元帅写表上奏圣上,推荐金一麟接替其制置使兼成都知府之职,把浪子回头、将功赎罪的孙飞虎推荐给圣上,任职章安州守。将花振芳留在身边重用。

此时的花振芳,方知周婵玉已名花有主,终日闷闷不乐遂成相思之疾。赵汝愚得知后和爱妻带了礼品一起去看望,告诉他赵银花还待字闺中,虽是带刺玫瑰,却是个有情有义最体贴男人的好姑娘。花振芳既然得不到周婵玉,自然另觅称心佳偶,立即下床跪谢恩人。赵汝愚大喜,立马命夫人到赵聚春家作伐,将那位平寇立下赫赫战功的带刺玫瑰许配给花振芳为妻,二人成为一对举世无双的好鸳鸯。

因皇命在身,赵汝愚忙整理行装准备赴京。当地百姓知赵元帅将离蜀回京,纷纷前来送行,齐声说:"赵大人知成都帅蜀地,使四川百姓得以安居乐业,百姓深感大人之恩,新建云锦楼以纪念大人之功,听说大人要回京,赶来请赵大人为云锦楼留下墨迹。"

赵汝愚推辞不过,只得提笔为云锦楼题词:

早晚扁舟会东下,莫占衡岳问归程。

但做梦也想不到,赵汝愚日后果真被奸臣陷害,贬至永州,一叶扁舟漂泊衡州成为迁客。这无意之题,竟应了"扁舟""衡岳"之谶。故后人以"扁舟衡岳"为忏,一时题跋甚多。其中高焘书诗云:

九鼎重安国势牢,
功名易办谤难逃。
手扶日月扫云雾,
身向江湖直羽毛。
雪锦诗成如谶兆,
金縢书启见勤劳。
纷纷论定知忠定,
不负朝廷两字褒。

赵汝愚班师回京,当晚写表举荐花振芳夫妇出任越州(今浙江省绍兴市）州守，孙飞虎出任昆州州守，周光宗任明州州守。孝宗一一准奏。

赵汝愚至吏部赴任后，时时刻刻以身作则，两袖清风，一身正气，尽心尽职，兢兢业业，不到一载，把个吏部治理得井井有条，面貌焕然一新。因政绩卓著，丞相留正奏明圣上，嘉奖赵汝愚，见清明节即将来临，赏其半月假回家探亲，祭祖扫墓。

赵汝愚到洲钱第一件大事，是把父母的遗骨雇船运回老家江西余干赵家岭安葬，请秀州觉海寺的表哥——慧明禅师带了徒弟前来做功德超度父母。命老管家赵兴和义弟金一麟远赴漳州请来好友理学大师朱熹，为父镌刻《墓碣铭》云：

……于是，赵公嗣子汝愚方以敷文阁待制知福州、充福建路安抚使，涕泣手疏，使人奉其书及故荆州牧张侯栻、鄂州守罗君愿所序行实若状，两通致之新安朱熹，曰：请得铭而刻于下方。

熹窃惟念平日所闻太宗皇帝之元子汉恭宪王，实以至德高行，为宋太伯，后世虽属籍疏远，爵秩浸微，然犹多法象其贤者，盖历七世而得公，则又以孝友仁厚被服儒雅，克笃于家，而闻于邦，卓然为宗室仪表，虽士大夫之贤而有礼者，皆自以为不及，益教其子移孝为忠，对策庭中，无所讳避，天子异之，擢以为天下第一。后历馆阁侍从，奉使典州，皆以风节惠爱有闻于时，然天下不以贤其子，而曰：子直之能为此，嗟乃其父之教也。呜呼，其真可谓笃行君子者矣！陈公之目之也，岂虚也哉？是法宜铭，顾陈公书法之严，已足传世，而熹愚贱，又所不当得为，既礼辞不获命，则敬考其书，而悉次第之。……

其配令人晁氏，丞相文正公七世孙，家号"西李"……子男四人：汝愚，既为时名卿；次汝拙，承信郎；汝鲁，保义郎；汝口，未仕。女三人，长适宣教郎逢维石，次适将仕郎路希傅，季未行也。孙男十二人，女七人，而其长曰崇宪，亦举进士，中其科云……

赵汝愚安葬父母后，带了家眷返回京城临安。孝宗得知赵汝愚儿女众多，住宅拥挤不堪，下诏赐凤凰山麓十数间豪宅作为其新居。赵汝愚感激万分，急忙叩首谢恩。

赵汝愚对孝宗如此关怀自己异常感激,暗暗发誓要鞠躬尽瘁、死而后已来报答浩荡皇恩。一日想起自己虽已大登科功名成就,小登科儿女成群,但距平生宏愿甚远。光阴快如箭,岁月不饶人,如今已即将年过半百,忙用青铜镜一照,惊得发呆,已雪染双鬓,皱纹爬满额角!不由得感慨万千,浮想联翩,儿时祖父、父亲和慧明大师常说的件件朝廷往事一起涌上心头……

高宗和秦桧把精忠报国抗金的岳元帅用莫须有罪名害死后,因禁受不住来自朝野各方的压力,在绍兴三十一年(1161)岁末,紧锣密鼓一番准备,象征性地进行"御驾亲征"。因用人不当,结果大败而归。高宗派重臣与金主完颜亮求和,丢尽脸面,从此一蹶不振。高宗自皇子夭折受种种惊吓后不能生育,枉有后宫三千佳丽,难求一亲生骨肉继承皇位,无奈采用"更化"法立储。在绍兴元年从太祖后裔中选了两人入养后宫,分别改名赵玮与赵璩。但高宗此时还存着能生育皇子的侥幸心理,故而迟迟不确立谁为皇储。更化那年高宗已四十九岁,不得不面对不能生育的现实,才用此无奈之计。

一日,这个好色的皇帝别出心裁用美女来试探自己的皇位继承人,给赵玮、赵璩各赐十名有沉鱼落雁之容、闭月羞花之貌的妙龄少女。

赵玮已有两个心爱的王妃,对高宗又赏赐他十名美女感到惊诧,当日请教恩师道:"今日父皇突然赏给本王十名美女,百思不得其意,请恩师指点迷津。"

时为赵玮侍讲的王府教授史浩笑道:"自古无功不受禄。据老夫所知,殿下进宫后对朝廷并无寸功,今圣上却突然赐汝美女,必有缘故……"

赵玮大惊,起身问道:"恩师请讲,父皇有何用意?"

史浩笑道:"殿下聪慧过人,这次圣上一反常态,不赏赐汝金银珠宝,却赠送绝色美女,其意图已显而易见,殿下还不觉察?"

赵玮心有灵犀一点通,急忙躬身致谢:"多谢恩师指点迷津,本王茅塞顿开,铭刻肺腑。"

果然不出所料,一个月后,宫中派四名女太医前来体检。结果赐给赵玮的十名美女,经检验依旧娇艳如初,个个完璧归赵;而赐给赵璩的十名美女,则早已被其采尽秀色,俱成残花败柳!

绍兴三十二年（1162）三月，高宗将赵璩改称皇侄，册立赵玮为东宫太子，并更名赵昚，晋封为建王。一年后高宗下诏宣布禅位，对左右丞相说："朕今老且病，久欲退闲。"

其实高宗是年只有五十六岁，健康状况尚好，但精神状态已萎靡不振，经深思熟虑才做出这一决策，让一个言听计从的继承人早点替自己治理朝政，既省得为朝事烦心，又能进一步换取他的知恩图报，自己可安享尊荣，在适当时以太上皇身份左右大局，自思禅让无疑是最明智的选择。于是在绍兴三十二年（1162）六月，高宗禅位于太子赵昚，是为孝宗。

谁知事与愿违，高宗大失所望。

原来赵昚初登大宝时，正值青春年华，血气方刚，发誓要有所作为，彻底改变父皇屈辱求和的国策，决意北伐，光复河山，这才对得起身陷敌国的子民！他时刻这么想也这么做：先为岳飞平反，追封其为鄂国公，谥号"武穆王"，并削去秦桧官号，为含冤受屈长眠地下的保国英魂歌功颂德；接着召见主战派将领张浚等，赐座，下龙座抚慰道："朕久闻爱卿大名，为国立下不朽战功，先皇有负爱卿。朕在朝廷多事之秋继位，忧心如焚。如今百废待兴，急需像卿一样的贤臣辅佐朕！可如今武将所恃唯卿耳。如何抗金治国，愿闻良策。"

张浚感激涕零，忙躬身奏道："陛下如此信任末将，虽肝脑涂地未能报答皇上恩宠之万一。恕微臣斗胆直言：凡人主之学，以心为本，一心合天，何事不济？所谓天者，天下之公理而已。必兢业自持，使清明在躬，则赏罚举措，无有不当，人心自归，敌仇自服。"

孝宗频频点头，笑道："爱卿所言极是，朕当铭记。"

当下封张浚为少傅、江淮东西路宣抚使，进封魏国公。

张浚为报答皇上重用之恩，立即发兵江干和泗州（今江苏省临淮镇东），准备北伐。

谁知参知政事史浩贪功妒忌，对张浚的作战计划阳奉阴违。张浚察觉后好言相劝，无奈史浩当面唯唯诺诺，背后又另搞一套。本当按军法从严处置，考虑到自己刚复出就大开杀戒，于己于国不利，遂作罢。只是立马推荐陈俊卿为宣抚判官取而代之。史浩手中没了权柄，恨得咬牙切齿，暗暗发誓设法伺机报复……

孝宗得知后，当夜在寝宫召见陈俊卿，询问道："陈爱卿，魏国公近来动静、饮食和身体健康状况如何？"

陈俊卿奏道："张将军为报答陛下重用之恩，整日忙于筹备抗金事务，身心俱疲，饮食起居大不如前……"

孝宗听了甚是忧虑，叮嘱道："朕倚魏公如长城，不容浮言摇夺。请爱卿回去转达朕意。魏国公疲惫不堪，身体状况不佳，请爱卿代朕多加关怀，设法减轻其负担，劝他多保重身体！"

陈俊卿急忙跪在金阶，连连叩首道："陛下如此关心体恤抗金将士，末将定当无微不至照顾魏国公的身体来报答陛下信任之恩！"

孝宗命内侍搀扶起陈俊卿，摆摆手道："朕知道爱卿一片忠君报国之心，回前线尽力去吧。"

南宋王朝重用张浚，加紧扩军备战。

早有细作将上述情形报告金主，金主大惊，当即重赏细作，命他设法派得力助手潜入宋营，不惜万金买通史浩，务必用计离间张浚与陈俊卿关系，千方百计毁其"长城"。

一月后细作来报，陈俊卿死心塌地忠实于张浚，史浩派心腹刘明用重金离间陈俊卿。陈俊卿识破其阴谋诡计，将刘明拿下亲自审问。刘明起初誓死不招，经一夜严刑拷打受不起皮肉之苦才供出幕后指使人。陈俊卿大怒，立马将史浩拿下枭首营门示众。如今宋营将士上下团结如一人，早已无懈可击……金主见离间计成了泡影，暴跳如雷，为泄心头之恨，一怒之下火速调兵遣将，三日后发兵四十万进驻河南，扬言要攻下两淮，移文索海、泗、唐、邓、商等州，发誓踏平江南！

早有探马星夜报知主帅。张浚冷笑道："此乃金主无奈玩弄诡诈之计，早在吾的意料之中，何惧之有？"

陈俊卿见张浚如此说，异常震惊，当即提醒道："元帅，此次非比寻常，金主怒极发兵，来势凶猛，理当奏明圣上，速派重兵抵御方可……"

张浚听罢哈哈大笑："金兵号称四十万，在本帅眼中是一群不堪一击的乌合之众，不足为虑！陈先锋如此胆小多虑，如何率众冲锋陷阵？"

陈俊卿苦口婆心劝说道："元帅，自古骄兵必败。你我奉旨抗金，责任重大。想不到元帅如此大意轻敌，若有什么闪失，怎对得起圣上重用的隆恩？"

张浚冷笑道："燕雀安知鸿鹄之志？汝前怕狼后畏虎，如何为先锋？"

陈俊卿大吃一惊，想不到一向用兵谨慎从不弄险的张浚，一旦为帅变得如此目中无人，心想：你看他自诩鸿鹄，把我比作燕雀，不听我苦劝，身为三军主帅这样狂妄自大骄傲轻敌，焉能不败？想起皇上如此信任重托自己，曾发誓要竭力辅佐张元帅抗金奏凯回朝报答圣上，谁知他……想到此强按怒火耐心规劝道："张元帅，自古骄兵必败。眼下金国大兵压境，将广粮足，我军兵力悬殊，元帅如此轻敌，若有闪失，如何对得起圣上？如何对得起三军将士？如何对得起江南子民？"张浚气得脸红一阵儿白一阵儿，双手紧握拳头猛拍案桌道："大胆！我军还未开战，你就先出不吉之言，老夫乃三军主帅，用兵之道难道还要请教你小小先锋不成？"

陈俊卿反唇相讥道："末将这鼠目寸光的小小燕雀顶撞了你元帅胸有大志的鸿鹄，你竟然用拳猛拍案桌来威胁手下，你如此骄傲轻敌，刚愎自用，不配为三军主帅！"

张浚勃然大怒："好你个狂妄自大目无尊长的陈俊卿，竟敢当众嘲讽本帅，惑乱军心，大闹帅堂，那还了得，来人将他绑了，拖下去重打五十军棍，革去先锋之职！"

帐下众将一起上前苦劝："请元帅息怒，眼下大战在即，若如此严惩先锋，三军将士必然寒心，动摇士气于军不利，请元帅看在陈将军一向忠于朝廷，战功显赫的情分上，从轻处置！"

张浚余怒未息，良久说道："看在诸位将军为其说情求饶的份上，暂且记下这五十军棍，若这次出战获胜，将功赎罪；若不利，罪上加罪。来人，替本帅用乱棍将陈俊卿这厮赶出大营！"

元帅一声令下，立刻涌出三个彪形大汉，用棍棒将陈俊卿驱逐出帅营。

陈俊卿回到自己营中，越想越恼火，肺都气炸了，当晚膳也不用，独自闷坐帐中，至深夜悄悄在床榻上含泪给皇上写奏章……正在此时，营外传来熟悉的脚步声，抬头一看，原来是幕僚蒋英。蒋英坐在床榻上压低声音道："蒋某睡不着，出来巡视，顺便看望陈将军。听我一句忠告：张浚乃三军统帅，陈将军何必与他较劲儿自受其辱？"

陈俊卿挣扎起来冷笑道:"蒋先生夤夜来我营中,说是探望,实是来看末将笑话……"

"陈将军消消气!"蒋英四顾无人,赶紧近前附耳悄悄说道,"依蒋某看来,日间张元帅怒责将军,是'周瑜打黄盖'……请陈先锋息怒!"边说边塞给他一张纸条,转身悄悄离去。陈俊卿在灯下展开一看,只见写道:

> 陈将军,眼下金国大兵压境,奸细千方百计刺探我军情,本帅受圣上重托深感责任重大,在帅营故意和汝争吵,意在造成本帅骄傲轻敌,我军将帅不和的假象,麻痹奸细,使金主掉以轻心……望将军见谅!

陈俊卿读罢,心上的石头落了地,听得营外有脚步声,忙将纸条和未写好的奏章俱付之一炬……"噗"的一下吹灭了灯,飞速上床佯装呼呼入睡。

数日后,张浚悄悄到处调集勤王之师,一切准备就绪后,火速进驻濠、卢等州迎敌。

早有细作将宋军主帅张浚骄傲轻敌、将帅不和大闹帅堂之事告知金主。金主大喜,笑道:"此乃天助我也,张浚如此为帅不足为虑!"金主果然中计,不把张浚放在眼里。

结果濠卢之战,张浚大败金兵,一举粉碎了金主"踏平江南"的黄粱美梦!

隆兴元年(1163),孝宗为嘉奖北伐将士,封张浚为枢密使,都督建康(今江苏省南京市)、镇江府、江州(今江西省九江市)、池州(今安徽省池州市)、江阴(今江苏省江阴市)军马;陈俊卿为枢密副使,协助张浚把守上述诸州。

金主获悉情报后,勃然大怒,命完颜不离为扫南大元帅,蒲察徒穆为开路先锋,进兵泗州等地。因蒲察徒穆骄傲轻敌,急功冒进,结果被张浚打得落花流水,几乎全军覆没。初战失利,完颜不离将蒲察徒穆推出营门,斩首示众。

孝宗为了鼓励一线抗金获胜将士，御笔大书"近日边报，中外鼓舞，十年来无此克捷"十五个大字给予表彰。

金国为报泗州之战惨败之仇，纠合六国三川五十万人马大举渡江南侵。

张浚惊悉此讯，一边赶紧写表章星夜命飞骑奏明圣上，一边火速抓紧操练人马，准备迎战来犯之敌。

不料大敌当前，平步青云的陈俊卿被胜利冲昏了头脑，冒进贪功，对张浚的作战计划阳奉阴违，轻敌激进，结果在符离（今安徽宿县北）一带中了金兵埋伏，几乎全军覆没。孝宗盛怒之下失去理智，下诏罢免张浚的元帅之职，重新起用秦桧余党，并以割地纳贡，自称侄皇帝为条件同金国签订"隆兴和议"才了事。

此后宋金处于休战状态，孝宗任用王淮为相重视发展生产，广积粮草，重用武将，准备抗金。

赵汝愚想到这里，对高宗和孝宗既敬佩又失望：敬佩他父子初登大宝胸怀复国大志，起用抗战派将相，发动军民抗金；失望的是，这两个皇帝俱畏敌如虎，不能坚持抗战到底收回失地。为此，赵汝愚对将来继承孝宗皇位的储君寄予厚望，期盼他能成为善于纳谏、重用贤臣、坚持抗金、收回失地的一代明君……

二

光阴如箭，一晃赵崇宪和金小龙都长大成人了。赵崇宪颖悟酷似其父，早将诸子百家读得烂熟于心，作文、赋诗、联对，在学友中堪称样样魁首。金小龙活像其父，作文名闻洲钱市，武艺威震崇德县。后来两人参加州试、省试、殿试，连连高中。

孝宗得知赵崇宪为赵汝愚之子，龙心大悦，问左丞相道："王爱卿，汝愚今年贵庚几何？已有子如此聪慧过人？"

王淮丞相奏道："老臣启禀陛下，赵大人生于绍兴十年，屈指算来，赵大人该四十一岁了。"

孝宗笑道："赵汝愚教子有方，赵崇宪青出于蓝胜于蓝！"

王丞相奏道："启奏陛下，赵汝愚常年在外忙于公务，无暇顾及儿女，是其贤夫人教子发奋寒窗苦读之功。"

孝宗啧啧赞叹，问赵崇宪道："赵爱卿，令堂有如此能耐，姓甚名谁？是我朝哪位大臣之后，从实奏来。"

赵崇宪急忙跪在丹墀奏道："微臣启奏陛下，家母姓李名玉莲，早年听太外公说，祖上有个叫李文正的先祖曾任左丞相之职。"

孝宗肃然起敬道："令堂原来是李文正丞相之后，怪不得如此贤惠能干。赵爱卿快快请起！"

赵崇宪急忙起身道："谢陛下夸奖！"

孝宗打量赵崇宪英俊魁梧，才貌出众，忍不住问道："赵爱卿，汝在府上排行第几？"

赵崇宪答道："回禀圣上，崇宪排行第一。"

孝宗又问道："汝有几位弟妹？"

赵崇宪奏道："禀陛下，微臣有崇范、崇楷、崇朴、崇度、崇要、崇寔、崇洁七个胞弟，音容笑貌与微臣相差无多；两个妹妹才貌超群，俱像家母。"

孝宗笑道："真是天下奇事也！赵汝愚有此八个儿子，两个女儿，个个俱像父母，朕好羡慕也！"当下命内侍传来张画师，在金殿仿照赵崇宪模样绘制《八俊图》。

张画师至赵崇宪身旁询问几句后，和内侍搬来画桌，磨墨铺纸，朝赵崇宪看看，展开想象，拿起画笔"沙沙沙"几下，一幅《八俊图》立马画成，用嘴轻轻一吹交于内侍。内侍将《八俊图》呈上御案，孝宗展开一看，龙心大悦："个个仪表不凡人品出众，栩栩如生跃然纸上，好一幅《八俊图》也。张画师妙笔生花，过来领赏！"说毕命内侍奖给他一百两银子。

张画师大喜，急忙下跪谢恩："多谢皇上赏赐！"

孝宗挥挥手笑道："张画师下殿去吧。"

"谢万岁隆恩！"张画师欢天喜地下殿而去。

孝宗道："赵爱卿，朕将《八俊图》赠送于你，拿回去好好收藏。"

赵崇宪急忙跪接，如获珍宝："谢主隆恩，吾皇万岁万岁万万岁！"

孝宗又问道："王爱卿，今科武进士金小龙何方人士？"

王丞相奏道："金小龙乃赵大人义弟金一麟之子。当年赵大人之父赵善应在青墩镇收留孤儿金一麟之后,曾亲自教习。"

孝宗听了深为赵家父子爱民如子的侠义心肠赞叹不已:"赵爱卿父子如此爱恤民众,真乃吾朝一楷模也!"

下朝归来,赵崇宪将圣上御赐《八俊图》交于父亲保管。赵汝愚夫妇看了爱不释手,把《八俊图》作为传家之宝珍藏在书楼内,并赋诗一首:

尚书天官贵,持经侍帷幄。
青冥欲无际,白首非故约。
连樯动南浦,父老望岩壑。
下车入里门,执手问欢乐。
十年几风雨,寒鸡叫屋角。
勤劳毕我分,帝赉出宠渥。
殊适奉香火,禁值连六阁。
遂令宣室思,从今问晦朔。

赵汝愚以此勉励八个儿子一旦为官,不能忘记百姓疾苦。

三日后,孝宗下诏封赵崇宪为保义郎、监饶州赡军酒库,金小龙为明州兵马都监。赵崇宪和金小龙先后告别堂上双亲,赴饶州(今江西上饶)、明州(今浙江宁波)上任。

三

接连几天下大雪后,凤凰山上白雪皑皑,亮得使人睁不开眼睛;山麓下的南宋大内,俱被积雪覆盖,粉妆玉砌,变成耀眼的白雪世界。雪后彤云迟迟不肯消失,那轮红日依然躲在云层里不露脸。凛冽的西北风"呼啦呼啦"使劲刮着,将房上、树木上、山崖上的积雪卷得到处乱飞,使严冬的临安京城更加寒气逼人,死气沉沉……

南宋王朝随着时局的急剧变化,君臣关系越来越复杂,矛盾重重,危机四伏。

凌晨，孝宗静坐寝宫，想起自己当初光复河山的决心，谁知天不遂人愿，北伐屡遭失利，金兵步步进逼，一国之君的颜面被陈俊卿这些无用之辈丢尽了！以往因全身心考虑抗金大事，把培养东宫扶植储君之事丢在脑后。想起百年之后必禅位于皇儿，至今方知立储乃有关江山社稷根本之大事，丝毫疏忽不得！想到此忙传唤左右丞相夤夜进寝宫商议。经反复权衡才决定人选，下诏立邓王赵愭为东宫太子，命赵汝愚为东宫侍讲。

原来赵愭系已故郭氏所生。郭妃共生四子，长子即太子赵愭，次子名恺，三子名惇，四子名恪。孝宗为了内禅，追封已故郭氏为皇后，封赵愭为邓王，赵恺为庆王，赵惇为恭王，赵恪为邵王，并立夏氏为继后。夏氏初为吴后阁中侍御，郭妃去世后，吴后乃以夏氏赐孝宗，册为继后。

赵汝愚任职吏部尚书后忠心耿耿为皇上尽职尽力的同时，努力侍教东宫太子赵愭，悉心教其读书，讲解各种文学典籍及治国之道，寄希望于年轻的储君。

不料在太子赵愭日见长进深得孝宗器重时，因其先天发育不良，身体异常孱弱，一次随父皇出宫狩猎得了风寒，归来卧床不起，药石无治，不久就夭折了！

赵汝愚为此伤心不已，大病了一场。

孝宗更是悲恸欲绝，为了保护三个王子，将东宫位置一直空着。后因庆王赵恺暴病身亡，才立恭王赵惇为储君。

转眼已是淳熙十四年（1187）十月，太上皇高宗驾崩。孝宗为了服丧，让太子赵惇参与朝政。

淳熙十六年二月，孝宗禅位于太子，自称太上皇，闲居重华宫，继续为高宗服丧。

赵惇继位，史称光宗，改明年为绍熙元年，大赦天下。赵惇称帝后，因不满父皇当初迟迟不立自己为储君，直到两位哥哥夭折才遂心愿，身为东宫太子后又迟迟不禅位于他。对父皇长期心存疑惧，郁郁寡欢，日久得了抑郁之症。登基后经太医悉心调治才得以康复，心里怨恨父皇日深，故迟迟不去重华宫探视，致使孝宗闷闷不乐而得病。

绍熙二年（1191）十一月，光宗因要祭天地宗庙，无奈出宿斋宫。

皇后李凤娘是个悍妒出名的醋坛子，她容不得皇上宠幸后宫其他嫔妃。

黄贵妃是高宗当年赐给皇孙赵惇的侍女，光宗继位后才被封为贵妃。黄贵妃性情温柔，亭亭玉立，体态窈窕，有沉鱼落雁之容，闭月羞花之貌，对光宗又异常体贴关心，照顾无微不至，故深得皇上宠爱。李皇后为此一直怀恨在心，久欲报复未得其便，得知皇上出宿斋宫，赶紧悄悄派心腹去诏请黄贵妃，说后宫有要事相商。李皇后是当今国母、六宫之主，黄贵妃不知是计，哪敢有丝毫怠慢？来不及梳妆赶紧随正宫侍女前来大礼朝拜。不料李皇后满脸怒容恶狠狠怒斥道："大胆妖妃，汝仗着有三分姿色，竟敢日日在枕边吹风，献媚蛊惑圣上，罪同叛逆。左右，与本宫将这妖妃拉下去重责一百杖！"

黄贵妃吓得魂飞天外，魄散九霄，满腹冤屈，急忙苦苦哀求，含泪申诉……李皇后是何等阴险残忍之人，不由分说，命人将黄贵妃立即动刑。可怜黄贵妃娇滴滴身躯，白嫩嫩皮肤，如何经得起这般狠毒摧残？杖责不到二十，已皮开肉绽，鲜血淋淋，打到四十下，早就香消玉殒，一命呜呼！

李皇后不解恨，命手下杖尸二十下将黄娘娘遗体拉出去草草殡殓，方消心头之恨。事后又封锁消息。拖延至后半夜，李皇后才派心腹报告光宗，说黄贵妃不幸暴病身亡。

光宗闻报，十分惊诧，心想，黄爱妃昨天还好好的，朕一出宿斋宫怎么就突然暴病身亡了呢？黄贵妃自先皇赐与朕以来，十多年如一日，是何等温柔体贴关心朕，其情义比山高，比海深，想着想着心痛犹如刀绞，忍不住泪如雨下……想起平日里皇后对黄爱妃甚是妒忌，将她视作眼中钉、肉中刺，今日突然暴毙内中必有蹊跷，定是皇后趁朕出宫将她活活害死……这贱人太狠毒太嚣张了，连如此善良温柔的贤妃也不放过，朕岂肯饶汝！堂堂一国之君，连心爱的人都保护不了还有何颜面？哼！将这泼妇千刀万剐方消朕心头之恨！想到此勃然大怒，"嗖"的一下拔出腰间佩剑怒冲冲欲出宫去刺死李皇后……

几个侍卫慌忙上前拦住苦劝："万岁，此事万万使不得！"

光宗怒道："这贱人胆敢无辜杀朕爱妃，按国法将她处死有何不可？"

一内侍奏道："李娘娘剽悍成性，飞扬跋扈，平日里结党营私，亲信甚多，万岁若为黄贵妃报仇将其刺死，一无人证二无物证，被其亲信说成无辜刺杀国母，事情闹大于皇上不利；再则李娘娘党羽甚众，若刺杀不成,她趁机撒泼胡闹,煽风点火聚众闹事,一旦引起宫廷哗变,后果不堪设想!"

光宗怒道:"她敢!"

内侍奏道:"如今李娘娘趁替万岁处理朝政之机遍植党羽,羽翼已成,李娘娘是什么人,万岁心里定很清楚,她野心勃勃,手段毒辣,一旦变心翻脸,不亚于当年的则天武皇,请万岁三思!"

光宗心里愤愤不平:"朕难道罢了不成?!"一侍卫劝慰道:"万岁,古语云'小不忍则乱大谋'。若仓促行事,朝中必起轩然大波!欲除李娘娘不难,万岁今后有的是机会!"说毕与皇上耳语。

光宗频频点头,权衡利弊,只好强忍哀痛暂时作罢。是夜因伤心过度,泪湿枕巾,一夜未曾合眼。

好不容易熬到天明,赶到黄贵妃寝宫,只见白幔灵堂,昔日温柔体贴的黄贵妃早已渺无踪影,一伤心抚柩痛哭,泪如雨下。百官见此情景一起规劝:"万岁,人死不能复生,请陛下节哀顺变,保重龙体要紧!"劝罢请皇上速速去宗庙祭天。

光宗含泪登辇,恋恋不舍出宫。来到宗庙下辇正要合祭天地时,忽然狂风大作,暴雨倾盆。光宗虽有黄龙麾盖,却龙袍尽湿。因风雨太大,香烛几次点燃俱被吹灭,只好边点燃边举行祭礼。待内侍摆列祭品后,光宗慌忙拜了几拜,令祝官速读祝文。祝官读到一半,光宗已头晕目眩,身体摇摇欲坠。内侍见了一起上前,扶着皇上缓缓登上龙辇,赶紧起驾回宫。

光宗因受这两次惊吓,旧病复发,终日卧在龙床上长吁短叹,愁肠百结,因思念黄贵妃伤心过度,不思饮食,面容日见消瘦……

悍妇李皇后得知,心里窃喜道:这痴情昏君如此留恋妖妃,病势日见沉重,本宫再命心腹黄太医在用药时偷偷……不消数月一驾崩,本宫就垂帘听政……想到此心花怒放,按捺不住内心的狂喜。为了掩人耳目,在众朝臣面前脸露伤感之情,掉几滴鳄鱼眼泪,说皇上病重不能上朝,她忧国忧民,只好替皇上分忧……趁机堂而皇之日日垂帘听政干预朝政,独断专行,肆无忌惮。朝中忠直大臣都敢怒不敢言……

四

赵汝愚和留正日日忧心如焚,如坐针毡,几番密议赶写奏章,设法悄悄送往重华宫正在养病的太上皇。

寿皇看了赵汝愚、留正的奏章,才得知李后干预朝政暗杀黄贵妃,致使皇儿旧病复发,勃然大怒,忙命内侍陪驾,坐了轻车赶来寝宫看望光宗。恰值李皇后上朝议政未归,孝宗怕惊动皇儿,命左右不必通报,蹑手蹑足步入殿幄。揭开帐子看时,只见光宗正在龙榻上熟睡,十分憔悴,脸有泪痕,形体消瘦,异常心疼,后悔当初不该在惜儿夭折后,为了保护三个皇儿迟迟不立他为太子,害得惇儿长期抑郁成疾,患此疯病,登基后常常复发。想到此心里一阵剧痛,后悔莫及,忍不住老泪纵横。做梦想不到这个李凤娘,出身节度使李良名门之后,原以为贤惠端庄,一册封为皇后就变得如此凶悍嚣张,心胸狭窄!如今独霸后宫,容不得皇上宠幸其他嫔妃;趁皇儿染病,日日垂帘听政,抢班夺权,难怪皇儿病势越发沉重……

寿皇正在胡思乱想,忽见光宗睡醒,呼唤内侍索要汤水,忙命内侍速去准备。不一会儿,内侍端来参汤禀报说:"万岁,太上皇前来看你,见万岁睡得正酣,不忍叫醒,已坐等多时。"

光宗大惊,挣扎着坐起,慌忙下榻跪拜:"儿臣不知父皇驾到,有失远迎,罪在不赦!"

寿皇见光宗病成这样,异常心疼,忙伸手上前搀扶:"皇儿龙体欠佳,切莫行此大礼,快快请起!李公公,快扶皇上到御榻歇息!"

少顷,寿皇问道:"皇儿,看你病得不轻,祭祀归来可曾请太医诊断调治?其余事慢慢处置,眼前保重龙体要紧。"

才说几句话,人报:"李娘娘驾到!"

原来李皇后得知寿皇突然驾临皇上寝宫,放心不下,命百官有事明日早朝再奏,急忙退朝赶来。一进寝宫见寿皇怒容满面坐在御榻前,不免心虚,忙低头行礼道:"太上皇在此,儿臣迎接来迟,罪该万死!"

寿皇一阵冷笑后说道:"迎接倒不必。朕且问你,你是六宫之主,照顾好皇帝龙体是你义不容辞的责职,如今皇帝病成如此,为何不悉心侍奉?朕方才命宫女至朝阳宫寻找不见人影,汝到哪里去了?!"

李皇后强忍心中怒火，含笑回禀道："儿臣因皇上龙体未愈，不能躬理朝政，外廷奏章堆积如山，百官又难见天颜，故帮皇上收阅奏章，阅后转达宸断。"

寿皇"哼"了一声道："我大宋有训，后宫不得干预朝政，汝难道会不知晓？告诉汝，便是德高望重的慈圣曹太后、宣仁高太后两朝，万不得已垂帘听政，也要与宰相商议，未尝专断。朕听说汝自恃才能非凡，一切政事擅作主张，满朝文武敢怒不敢言！朝中大事，自有左右丞相替皇上处置，汝何德何能，也配垂帘听政？"

寿皇一顿严厉指责，把个李皇后数落得一时无词可对，粉脸儿红到了脖子边，低着头强辩道："儿臣怎敢有此非分之想，违背祖制，只不过忧国忧民耳！皇上病重不理朝政，儿臣万不得已才临殿代办。况且所有裁决事件，仍请皇上做主，宰执裁定。"

"说得比唱戏还好听！"寿皇"嘿嘿嘿"冷笑一阵怒道，"汝以为朕退居后宫什么也不知晓？告诉汝，朕清楚得很！朕且问汝，皇上之病因何而起？！又因何日益增重？！汝身为国母，执掌六宫，贵不可言，却尚不知足，做梦想学武后！"

李皇后佯装蒙冤受屈的样子泪流满面哭道："父皇言重了。天有不测风云，人有旦夕祸福，皇上有疾，太医救治无效，儿臣不是御医，如何反责怪儿臣之过？百官难见天颜，奏章堆积如山，儿臣代为处置，折腾得身心疲惫，容颜日益消瘦无人问津，父皇却怒气冲冲前来兴师问罪，儿臣满腹委屈百口莫辩，跳进西湖也洗不清啊……"

寿皇一听怒上加怒："住口，汝好一张利嘴，将责任推卸得一干二净，说得又如此委屈！告诉汝，若要人不知，除非己莫为，汝所干之事自己心中最清楚，朕不与汝斗嘴饶舌，朕且问汝，今日皇上祭祀，突然狂风暴雨，难道不是上天震怒，有意儆敬于汝吗？！若再野心勃勃，执迷不悟一意孤行，看汝如何下场！"

李皇后被寿皇骂了个狗血喷头，恨得咬牙切齿，凤眼圆睁，七窍冒烟，但慑于太上皇的威严，满腔怒火不好发作，低着头沉默不语。

寿皇见孝宗在龙榻上紧皱双眉，不时唉声叹气，怕他病势加重，摇摇头不再言语，起身劝慰几句，赶紧拂袖出宫。

第十一章　嬗变巧周旋

光宗急忙挣扎下榻，命内侍搀扶着恭送太上皇。

寿皇一走，擅会撒泼演戏的李皇后又哭又闹，诉说自己为皇上日日治理朝政，批阅奏章操碎了心，弄得疲惫不堪，谁知出力不讨好不说，到头来反受如此辱骂，捶手顿足鸣冤叫屈不迭……

光宗被悍妇吵得异常烦恼，心里说，好你这悍妇，平日里一有机会就要强好胜干预朝政，今朝挨太上皇严厉指责诉甚苦？谁叫汝在百官面前卖弄聪明才干，骨子里却野心勃勃，巴不得朕日日患病好垂帘听政，今日却假惺惺流什么鳄鱼眼泪？在朕面前诉甚满腹委屈？咎由自取，活该，活该！今日父皇替朕出气，真是大快人心！想着躺在龙榻上佯装闭目养神，任其胡闹撒泼，不予理睬。

悍后哭闹了一阵，见光宗不理不睬，只好佯装身体极度疲乏，抽泣着命心腹宫女搀扶了悄悄去后宫歇息。

光宗经受了这两次惊吓，又被悍后一场哭闹，气恨攻心，第二天病体加重。经御医多次悉心调治，直至绍熙三年三月才痊愈，亲临金殿听政。

转眼已是寿皇诞辰之日，群臣请皇上御驾重华宫祝寿。光宗想起昔日之事余恨未消，群臣再三请求不从。寿皇因光宗多病，心里不忍，降旨免朝。

绍熙四年一日早朝，光宗因赵汝愚侍教太子、支持贡举等有功，下诏擢升他为同知枢密院事。

监察御史汪义端急忙出班奏道："陛下万万不可。微臣记得太祖曾立法载至太庙，宗室不为执政。赵汝愚在吏部就职以来，安插亲信，独断专行，同僚早有异议。微臣以为，扶植党羽沽名钓誉之人，不宜重用……"，

光宗冷笑道："据朕所知，太祖载之太庙的祖制是宗室只封王，不拜相！汝如此说，难道欲篡改我朝祖制国法不成？汝说赵汝愚扶植党羽，沽名钓誉，证据何在？"

汪义端欲捏造莫须有罪名出班再奏，见光宗满面怒容，身旁心腹同僚朝他使劲使眼色这才作罢。

汪义端下朝后躲在书房闭门谢客，悄悄叫来几个心腹大臣在密室商议。一番窃窃私语，一计不成，又生一计。第二天早朝，伙同心腹利用台谏，百般诋毁赵汝愚。不料光宗阅后满脸怒容，缄默不言。汪义端贼心不死，

又撺掇心腹数说赵汝愚发策讥讪祖宗等莫须有罪名。光宗听后仍不予理睬，将衣袖一甩宣布退朝。

赵汝愚得知后，于第二日早朝时出班奏道："微臣乃宗室之后，资历浅薄，在吏部供职后无寸功于朝廷，不宜当此执政重任，请陛下收回成命！"

侍中黄裳奏道："陛下，赵汝愚对亲孝，事君忠，居官廉，忧国忧民，设法造福。出任福州、成都，疏浚西湖，平定蛮寇，屡建奇功。此乃人人有目共睹，不容下官赘言。可汪义端不顾上述铁的事实，闭着眼睛信口雌黄，对为官一任造福一方的清官赵汝愚百般诋毁诬陷，如此嫉贤妒能之人，不可不黜！"

光宗点头道："黄爱卿所言极是，赵汝愚乃我朝难得忠臣栋梁也，朕要重用久矣！"当即下诏废黜汪义端官职调为外用，迁赵汝愚知枢密院事。

赵汝愚再三推辞道："请陛下三思，准微臣所奏！"

光宗不允，笑道："今朝中紧缺像爱卿这样有真才实学之忠良贤臣，请爱卿别再推辞！"

赵汝愚奏道："陛下如此信任微臣，不敢久辞。但微臣有一言，不知当奏不当奏。"

光宗笑道："朕赐汝无罪，大胆奏来。"

赵汝愚奏道："前微臣论及朝廷数事，陛下并未采纳一二。今陛下过重华宫，洪丞相告老还乡，命留正为相，天下幸甚。眼下金国虎视眈眈，唯武兴未除帅，臣心甚是不安。"

光宗准奏，立即下诏张诏代领武兴军。赵汝愚大喜，遂受命。

五

连日乌云密布，阴雨绵绵，凤凰山被笼罩在雨幕雾帘之中。

绍熙五年（1194）五月的一天，宫中传出消息，寿皇病重。光宗闻讯，忙唤金太医进宫加紧悉心调治，谁知太上皇病入膏肓，药石无效。在弥留之际，寿皇日夜思念，欲见光宗当面嘱托后事。日日左顾右盼，总是不见皇儿人影，想到伤心时以泪洗脸，病情愈加沉重。

赵汝愚得知这一消息，甚是忧虑，欲去寝宫规劝圣上，自己才擢升一月，恐不合时宜，更何况此是皇帝父子感情上的家事，作为臣子又不便参与顾问；若任其发展下去，皇上父子关系隔阂矛盾日益加重，满朝文武惴惴不安，朝野胡乱猜疑日甚！想想左右为难，恨自己苦无妙计调解。朝罢归来，茶饭不思、坐立不安。

夫人李玉莲发现丈夫近日上朝归来忧心忡忡，食欲锐减，面容憔悴，异常心疼。估摸夫君必是在朝中遇到了棘手难办之事，恨自己是女儿之身，徒有才女虚名，不能参与朝政助夫君一臂之力。想起自己不能直接参与，这咨询参谋又何尝不可？赶紧端了香茗悄悄到书房问安："老爷近日朝罢归来愁眉不展，长吁短叹，莫非是在朝中遇到了棘手难办之事？"

赵汝愚接过香茗喝了几口，强颜欢笑道："夫人，圣上对太上皇怨恨日深，至今未去重华宫觐见；太上皇思儿心切，病情加重。为夫欲劝圣上，奈何诸多不便，恨自己苦无良策，故异常忧虑。"

李玉莲道："妾身曾听你和同僚说过，彭龟年做过东宫侍讲，是当今皇上的恩师，便于觐见。夫君何不求他一试？"

赵汝愚一拍脑袋笑道："为夫真是聪明一世，糊涂一时，谢谢夫人提醒！夫人说得极是，彭大人是劝说皇上的最佳人选，为夫立马去登门求助！"说毕起身走出书房。

李玉莲连忙上前阻拦，笑道："请夫君用了膳再去不迟。"

赵汝愚笑道："夫人帮为夫解了燃眉之急，此事宜早不宜迟，为夫哪有心思用膳？赵兴，快备马！"

李夫人最了解自己丈夫的脾气性格，凡朝廷之事，看得比自己生命还重，一向办事速战速决不顾身体，此时若劝他用了餐再去，定是"冷水浇在鸭背心"，眉头一皱计上心来，忙陪笑脸说："夫君在此稍待片刻，为妻去去就来！"火速去厨房取来一包东西，交给赵汝愚道："孩子们吵闹着要吃这豆沙馅子的糯米馍馍，我刚蒸熟，夫君趁热在路上吃，既充了饥又不误时，一举两得！"

赵汝愚异常感激，赶紧躬身施礼道："谢谢夫人体贴关怀，想得如此周到！"

李夫人嗔怪道："你我恩爱夫妻，莫说这'关怀'二字！以我之见，此事宜早不宜迟，夫君速去彭府！"

赵汝愚开玩笑道："知我者夫人也，为夫遵命！"见赵兴已将马牵来，飞身上马，"嘚嘚嘚"扬鞭而去。

李夫人目送丈夫远去的背影，嘴里喃喃地说："真是个活脱脱的'拼命三郎'……"

听罢赵汝愚说明来意，彭龟年不敢怠慢立即照办，但声明必须赵汝愚陪他前往，否则……赵汝愚欣然应允。于是，彭龟年坐轿，赵汝愚骑马，一起进宫。

一眨眼已到光宗寝宫门前，下马的下马，出轿的出轿。彭龟年携了赵汝愚的手直奔皇上寝宫——彭龟年是皇上恩师，自然进宫不用禀报。

郭公公见了，满脸堆笑出来迎接："今天真是巧得很，皇上刚说起两位大人，你们就来了，快里边请！"

两人随郭公公走进寝宫，见光宗正伏在案桌上批阅奏章，彭龟年忙和赵汝愚下跪请安："陛下为江山社稷日夜操劳，甚是辛苦。批阅奏章固然要紧，但不能不注意保重龙体！陛下是一国之君，万乘之体，丝毫不能疏忽大意！"

光宗笑道："两位爱卿如此关心朕，朕当铭记在心。彭爱卿是朕的恩师，赵爱卿是朝廷重臣，你们两位都是朕的左膀右臂，不必行此大礼！郭公公快替朕给两位大人开座上茶！"

彭龟年告坐后直截了当地问道："陛下这几天去朝拜重华宫了没有？"

光宗用手指着案桌上一大堆奏章道："朕日夜忙于批阅奏章，无暇顾及朝觐之事……"

彭龟年忙起身笑道："陛下，批阅奏章再忙，也不能忽视朝拜重华宫之事！"

光宗笑道："恩师何出此言？"

彭龟年指着身旁的赵汝愚道："赵大人祖上孝敬长辈、纯孝父母堪称我朝之楷模。微臣曾对陛下说过，赵大人的父亲纯孝父母胜过自己的生命，其母怕听雷声，每逢雷阵雨时必披衣去卧室抚慰；母属兔，他一生不吃兔肉；其父死于肺病，他最爱吃猪肺却嘱咐家人永不食用……"

光宗道："恩师所说这些，朕都知晓。"

彭龟年一字一顿说道："陛下既然都知晓，作为一国之君就该为子民作表率，带头孝敬太上皇，可陛下至今迟迟不去朝拜重华宫，莫非对太上皇仍心存疑惧……"

光宗一听笑脸顿失，两眼冒火，厉声斥道："放肆！朕如今已是一言九鼎的皇上，何惧父皇？"

赵汝愚见光宗动怒，忙下跪提醒道："陛下，昔日唐太宗之所以创贞观之治伟业，是因为善于纳谏……"

光宗心有灵犀一点通，立马满脸堆笑道："朕一时冲动失言，望两位爱卿见谅！请彭爱卿接着说！"

彭龟年拱拱手道："如此恕微臣斗胆直言了。臣闻陛下之父寿皇，是先皇高宗的养子，当年侍奉先皇高宗，完全尽人子之道去孝敬，这是陛下目睹之事实。今太上皇病危，只有陛下一个皇儿了，其欲见陛下的恳切之心不言而喻；每逢陛下去朝拜的日子，见您迟迟不去，太上皇就不得不降旨免去陛下去重华宫的礼节，是为了替陛下开脱，使朝臣不能因此私下议论陛下，太上皇的内心并非不期盼陛下去朝拜。自古人君处理骨肉亲人间的事，都不与外臣商议；若与心怀叵测的小人商议，定搬弄是非挑拨离间，则与亲人之间的不满情绪日益加深，彼此的疑心、距离就更加增大。两宫之间千万不要出现这样的结果。微臣与赵大人所担心的是，朝中没有昔日韩琦、司马光、富弼、吕诲这样的忠臣；而小人之中，已有陈源掌握了大权，望陛下裁断、明察！"

光宗侧耳倾听，沉默不语。

彭龟年又奏道："使陛下亏损去重华宫拜见太上皇之礼仪，都是左右小人离间之过。望陛下立即驱逐陈源，改善与重华宫的关系，使江山社稷长治久安，则朝臣幸甚，子民幸甚……"

五天后，消息传到赵汝愚的耳朵里，圣上已罢免了陈源的职权，乘銮车去朝拜重华宫，皇后亦去朝拜。圣上还擢升彭龟年为起居舍人，赵汝愚心中异常高兴，在府中设筵，邀请彭龟年等知己同僚共进晚餐庆贺。席上，赵汝愚频频敬酒，大家开怀畅饮，直闹到更深夜阑才各自离去。

不知何故，有消息传出太上皇孝宗病势突然加重，危在旦夕。偏偏光宗又旧病复发，疑惧之疾重犯，加上病中惧怕李皇后，又迟迟不去朝拜。

彭龟年、赵汝愚和留丞相得知同去寝宫哭谏："陛下若再不去省视,礼仪孝心则荡然无存,倘传扬出去,一国之君威严扫地,请陛下三思!"

彭龟年双手呈上《内治圣鉴》奏道:"微臣已将记述祖宗之法的《内治圣鉴》著成,请陛下审阅。"

光宗接过《内治圣鉴》翻阅了几页笑道:"祖宗家法甚好,彭爱卿劳苦功高!"

彭龟年奏道:"微臣撰写这本书,是为了防止宦官、宫中嫔妃宠后弄权,这些人看到异常惊恐,会设法不让陛下经常御阅。"

光宗道:"彭爱卿多虑了,朕的寝宫不至于如此。"

彭龟年又奏道:"现微臣所居之官的主要职责是记述君主的言行,陛下近来迟迟不到重华宫问安,类似之事有数十次了,恐怕难以向后人交代。"

赵汝愚趁机奏道:"彭大人所言极是。陛下不尊三宫,而独自出去游宴,是不合礼仪。陛下把微臣充任嘉王侍读之职,不是想要微臣教给嘉王君臣父子之道吗?微臣听说有身教,有言教,陛下凭借身教,微臣再通过言教来教育嘉王。言教怎比得上身教有效啊!"

正在病中的光宗,见彭龟年、赵汝愚、留正轮番说教,唠唠叨叨纠缠不休,愤愤然拂袖进入内宫,吩咐内侍紧闭宫门拒绝再见。

留丞相、彭龟年和赵知院只好含泪悄悄退出。第二天率领文武百官再去寝宫,见宫门紧闭,又泪流满面而归。如此连续三次入宫哭求,光宗都无动于衷。盼至第四天,光宗命知阁门事韩侂胄传旨说:"圣上龙体欠佳,请丞相等大臣出去。"

留正、彭龟年和赵汝愚无奈,领了百官出城。

寿皇得知后日夜忧虑,病势越发沉重。拖至六月,寿皇薨逝重华宫,享寿六十八岁。

内侍先禀报留正,再往赵府通报枢密院事赵汝愚。赵汝愚猜测皇上对太上皇仍有怨气,加上李后从中作梗,才秘不发丧。待次日光宗銮驾入太庙,赶紧趁机启奏道:"请陛下速往重华宫成服。"

光宗一时无法推诿,只得随百官前往。不料守孝未到午后,早不见皇上人影,留丞相只得和赵汝愚往重华宫料理丧事。

太上皇已驾崩，光宗居然拒绝出面主丧。想起圣上父疾不侍病，父殁不成服，虽庶民之家，也无此逆伦悖理之事。一国之君的圣上却如此，焉能君临天下？留正和赵汝愚急得如热锅上的蚂蚁团团转，万般无奈齐至仁慈宫见寿成皇后。

赵汝愚奏道："臣等连日造南内请对，圣上不语。累次上疏，不得报。无奈率百官恭请，若圣上仍不出，我等恸哭宫门，恐人情骚动，为社稷忧。乞娘娘降旨，以圣上有疾，暂就宫中成服。然丧不可无主，祝文称'孝子嗣皇帝'，臣等不敢代行。请娘娘摄行祭礼！"

寿成皇后解释道："哀家自皇帝逊位后居住仁慈宫以来，不问朝事。如今先皇已殡天，两位爱卿来请主丧，卿等可曾想过，有子而令母代，乃旷古所未有。此事甚是不妥！"

留正、赵汝愚觉得寿成皇后言之有理，但事已至此别无他法，只有至慈宁宫苦苦哀求宪圣吴太后："如今太上皇驾崩，万岁托病不理朝政，金兵又时刻觊觎江南，百官哗然，朝野震惊。若金兵乘虚南侵，我朝危矣，臣等甚是忧虑。若不是非常时期，臣等岂敢妄求宪圣娘娘？思来想去，为今之计只有您太后娘娘最有威望，一言九鼎，谁敢不从？故臣等出此下策，恳求宪圣娘娘您垂帘听政，稳定动荡局势。"

宪圣吴太后在深宫也早为此事忧虑不安，见两位大臣前来恳求出面稳定局势，心有所动；但一听到"垂帘听政"四个字异常反感，脸露不悦之色埋怨道："请哀家垂帘听政？两位爱卿此言差矣，哀家这么大年纪了，可不愿背上'后宫干预朝政'的千古骂名！卿等先回去向满朝文武宣布'皇上有疾，可在南内服丧'，哀家再代行祭奠！"

于是，宪圣吴太后勉强出面，在南内暂代治理丧事。治丧期间，光宗命郭公公出面颁诏，尊宪圣吴太后为太皇太后，寿成皇后为皇太后，可他自己仍称疾不出。满朝文武闻之哗然。留正忧心如焚，寝食俱废……

第十二章 留正辞相位

一

绍熙五年（1194）六月，江南的临安都城，早已是盛夏时节，烈日当空，热浪滚滚，酷暑难熬。一日上午，天气异常闷热，不一会儿乌云密布，黑得深手不见五指。突然电闪雷鸣，狂风大作，暴雨倾盆。紧接着"乒乒乓乓"下起李子般大小的冰雹来，劈头盖脸砸得御街上的行人头疼脸肿，抱头鼠窜到处躲避。眨眼间，房上瓦片被砸得粉碎，落叶遍地，一片狼藉……

冰雹过后，宰相留正坐了轿子来到寝宫，跪倒在皇上面前哭谏请求出面主丧。光宗一脸茫然，不置可否。留正见此情景，只好起身退出。回到府中，立即夤夜通知知院赵汝愚和郎官叶适、彭龟年等大臣商议应对之策。

是夜，风雨虽停，仍乌云密布，四下里漆黑一片。留丞相夤夜宣召，定有要事相商，赵汝愚等不敢怠慢，俱提了灯笼火速赶来相府。

分宾主坐定寒暄几句后，留正长叹一声率先发话："老夫几次去寝宫面君哀求主丧，谁知圣上无动于衷，长此下去必生内乱！老夫为此揪心，请诸位大人夤夜前来商议。"

叶适忧心忡忡道："圣上如此托疾不执亲丧，将来何辞以谢天下？今嘉王年长，若早正储位，让其参决军国大事，可免目前朝野疑谤，丞相为何不趁早图之，以安民心？"

赵汝愚双手一摊："下官也早有此意，与叶大人不谋而合。可圣上执意不肯出面主丧，又不让殿下参与朝政……依微臣之见，我们只有请诸位大臣联名上疏力请圣上做出答复，如何？"

叶适立即赞同："赵大人所言极是，这样一来，圣上就无法推诿了。迟则生变，此事宜速战速决。"

留正思虑再三，长叹一声道："唉，如今别无他法，只能孤注一掷了。老夫立即写手谕，请两位分头去递送有关大臣，早做准备，免得到时手忙脚乱。"

赵汝愚点头道："丞相考虑周到，那就这么办吧。"

留正命人取来文房四宝，挥笔疾书。写毕，交与赵汝愚、叶适，临别再三叮嘱："请两位务必在今夜将吾手谕送至各位大臣手中。还有，切记此事须悄悄进行，千万别走漏半点儿风声。圣上已察觉我等在秘商此事，早派内侍随时监视我们。若被他们发现抓住把柄，招来欺君之罪事小，我们的计划化成泡影贻误社稷事大。为防万一，委屈诸位大人从后门悄悄出去秘密进行。"

赵汝愚拱拱手道："请丞相放心，我们会格外谨慎小心的。"说罢与同僚出后门悄悄离去。

留正目送赵、叶等人身影消失在茫茫夜幕中后，躲在门外大树下朝四下窥视多时，只见四周漆黑一片，并无丁点儿动静，他抬头仰望苍穹，满天繁星闪烁，心中默默祷告："苍天保佑赵、叶两位大人平安无事，但愿天遂人愿……"祷告毕飞速进内，将后门关上。

第二天四更时分，留正、赵汝愚、彭龟年等大臣起床梳洗，命家人备轿来至午门。只见辅佐大臣俱在那里等候，嘀咕几句后一起去寝宫面君。

来至寝宫门口，留丞相和赵知院对守门人悄悄说了几句，朝外拍手三下，大臣们蹑手蹑足鱼贯而进。见郭公公正坐在内宫门首打瞌睡，留丞相轻轻走到他身旁，咳嗽了几声。郭公公用手揉揉惺忪的双眼，仔细一瞧见是留丞相，忙问何事。留丞相赔笑脸塞给他一张银票，耳语了几句后，郭公公满脸堆笑道："万岁睡得正香，留丞相、赵知院随咱家悄悄进去，千万别惊动圣驾……"说着带了留丞相、赵知院和彭太学士蹑手蹑足至寝宫。

只见大病初愈的光宗，身体甚是虚弱，一脸憔悴，此时正巧睡醒，听得有轻微的脚步声，抬头见是留丞相、赵知院、彭太学士，脸露不悦之色，躺下蒙上锦被装睡，不予理睬。留正见此情景，只好耐心等候。谁知等了一个多时辰，仍不见皇上醒来，万般无奈，和赵汝愚"扑通"一声双膝跪倒在地大声奏道："臣等罪该万死，有要事等候圣驾多时。请陛下看在臣等忧国忧民情分上，恕臣等冒昧闯宫惊扰陛下之罪！"说毕连连叩首。

光宗见此情景愈加心烦，挣扎着抬起头来冷冰冰地问道："三位爱卿又来见朕，有甚要事启奏？"

留正连忙双手呈上联名奏疏，奏道："微臣等认为嘉王仁孝夙成，宜早正储位以安人心。请陛下恩准。"

光宗接过联名奏章，瞟了一眼，愣愣地放在御榻旁的龙案上，把双目一闭躺在龙榻上不言语。

赵汝愚见此情景，忙拉留丞相袖子。留正会意，与赵汝愚悄悄退出，至外面摇摇手，示意众人赶紧离去。

第三天推迟两个时辰，留正、赵汝愚和彭龟年再次率领辅佐大臣来寝宫外等候，至日上三竿时，郭公公出来使劲摇手，示意皇上仍无回复。留正只好带了赵汝愚进寝宫跪在地上复请。光宗万般无奈，懒洋洋地拿起笔来御批"甚好"二字，命郭公公交与留正、赵汝愚。赵汝愚心里思忖，光有一纸御批，并无诏书下达无济于事。至寝宫外悄悄对留正说："皇上只御书'甚好'二字，态度甚是含混，我们做臣子的又不能逼其下诏，得想个万全之策才好。"

留正急得心如火焚，沉思良久摇手道："他是一国之君，你我是臣子，圣上不表态，我们做臣子的有什么办法呢？"

赵汝愚道："我们再耐心等等。"

留正长叹一声说："早知伴君如伴虎，宦海如此险恶，老夫悔不该当初……"

赵汝愚听了异常惊讶，一脸茫然。

谁知翘首等候多时仍不见动静，见时已晌午，只好再拟疏进呈催促，务必索要答复御批，声明如此方可命学士院降诏。

一等二等，等至红日西沉夜幕降临仍不见动静。直到一轮圆月东升，皎洁银辉撒满大地时，郭公公才满脸堆笑出来，双手将御札交于留丞相。众人得知喜出望外，一起挤过来观看，虽较前批多了"历事岁久，念欲退闲"八字，却仍是光打雷不下雨。留正万般无奈，惶惶不安地来回踱步；赵汝愚忧心如焚，坐立不安……

第五日，留丞相又去寝宫面君，见宫门紧闭，无奈返回。苦苦寻思，一筹莫展,急得寝食俱废,挨至三更,派人再次召集赵汝愚等辅佐大臣至相府密商对策。

赵汝愚沉思良久,道:"欲使圣上内禅嘉王,看来非请太皇太后出面定夺不可了。"

留正权衡再三,连说:"不妥,不妥!依老夫之见,只有请太子监国,才是上策。"

赵汝愚摊摊手道:"皇上迟迟不肯授权,请太子监国形同虚设,也是枉然!"

留正无计可施,长叹一声道:"唉!太子不监国,圣上又不理朝政,任由李后独霸朝纲,长此下去,必生内乱,国将不国!我留正承蒙先帝重托,要是有什么闪失,有负先帝不说,怎对得起全国的黎民百姓?看来这千古罪臣的骂名老夫背定了!"

叶适想想也异常惊恐,愁容满脸道:"若一直无转机,京城必起狂澜,到时你我几家人头落地在劫难逃!若至此地步,无辜百姓又要枉遭内乱涂炭之苦,我大宋的半壁江山难保了!"

赵汝愚忙安慰道:"叶大人别如此悲观,若采纳我的建议,立马柳暗花明又一村!"说罢与叶适、留正耳语。

叶适喜出望外:"此计甚妙!"

留正连连摇手:"此计虽好,但太棘手,老夫担心……"

赵汝愚忍不住埋怨道:"留丞相太过于谨慎了,照圣上态度,非下一场暴风骤雨不可。我这几天睡不着翻来覆去在想,我们做臣子的,是不能逼圣上禅位。但圣上发病不理朝政,又不放权殿下监国,如此作为也太过分了。看来此事非求太皇太后出面调停不可了!"

叶适抚掌笑道:"赵大人说得极是,谁叫圣上任由李后垂帘听政,逼得我们做臣子的走投无路呢,为赵宋江山千秋大业,只有走这一步险棋了!"

留正仍在思索,再三权衡,连连摇头道:"臣子逼圣上禅位,终非良策!"

叶适摊摊手道:"丞相你这也不行,那又不可,难道坐视赵氏江山被异姓篡夺吗?"

留正苦笑着说:"你我辅佐这么个疯皇帝,纵然有天大的本事也无济于事啊!"

赵汝愚据理力争,留正仍坚持己见不敢作为。众人见时已午夜,只好告辞回府。

是夜,留正辗转反侧难以入睡,索性披衣下床,至书房反复权衡寻思:行两朝内禅,圣上不许;不立新君,圣上又诸事不管!自己已卷入这场狂澜难以抽身,若再坚持下去,非犯逼宫灭门之罪不可!想自己为赵宋王朝忠心赤胆鞠躬尽瘁了大半辈子,到头来若落个灭门之祸的下场,于心不甘!若得此结局,九泉后愧对列祖列宗不说,眼睁睁看着妻儿无辜横遭飞来之祸死不瞑目……唉,早知伴君如伴虎,宦海风波如此险恶,何必当初做梦想跻身翰林来做这弄潮儿!思来想去,三十六计走为上计!见窗外东方早已发白,一轮旭日即将喷薄而出,心里不停地警告自己:别再犹豫不决了,该当机立断啦!若再执迷不悟,必死无葬身之地……想到此急忙叫醒夫人、儿子,到书房共商对策。

从小娇生惯养的宝贝儿子留梦得,此时还哈欠连连,懒洋洋地边穿衣服边埋怨道:"爹爹,孩儿正在做好梦,这么早把我叫醒有什么天大要事?"

夫人也不迭声地埋怨:"老爷有什么天大的事情,这么着急!"

留正见妻儿埋怨不迭,气得来回踱步直嚷嚷:"大祸即将临头,你们还蒙在鼓里埋怨不休给我添乱!儿子尚年轻不懂事情有可原,夫人你一大把年纪了也如此糊涂!"

夫人不解地问:"老爷说我糊涂,为妻做错什么事了?好好好,你身为相国当今世上最聪明,为妻一介白衣顶糊涂……"

留正气得使劲跺脚道:"老夫烦死了,夫人你别添乱了好不好!"

"你说为妻添乱?"留夫人满肚子委屈,见丈夫急得眼泪汪汪,才猜知定是朝中遇到棘手难办之事,忙赔着笑脸追问,"老爷,你急成这个样子,是不是朝中有什么棘手难办之事?快说与为妻知晓,也好帮你出出主意!"

留公子见父亲仍不住来回踱步,心想,爹爹急成这样,看来事情非同小可,忙拿话试探说:"爹爹身为两朝元老,连万岁爷也敬畏三分,满朝文武巴结你都来不及,还有谁敢碰你一根毫毛?"

留正厉声说道:"当今圣上!"

留公子大吃一惊,吓得面如土色浑身发抖:"这、这……这如何是好?"

留夫人着急地催促道:"老爷,你快想个脱身之计!"

留正见妻儿吓得目瞪口呆,面面相觑,于心不忍,忙拿话安慰道:"夫人、梦得儿莫慌,天无绝人之路,三十六策走为上策。为夫决定立马辞去相位,离开这是非之地回老家颐养天年!"说罢吩咐佣人火速整理箱笼物件和值钱东西,准备明日早朝奏请皇上一恩准,立马雇车离开京城。

是夜,留相府灯火亮了一通宵,直到五更时分才熄灯安静。

二

仰望苍穹,星星在不住地眨着眼睛,四下里银霜遍地,寒气袭人。留正装作突患重病的样子,坐了八人大轿抱"疾"来到寝宫前,吩咐轿夫停轿。留正下得轿来,步履蹒跚跌跌撞撞没走多远,"啪嗒"一声"跌倒"在地挣扎不起。百官见了慌忙上前一起搀扶,围住他询问:"丞相摔坏了没有?您身体欠佳,早该告假在府上休息,还来上什么朝?"

留正用手指指身子两眶湿润道:"诸位大臣,老夫原……病得不轻,本想告假……养病。因眼下朝廷正值多事之秋,老臣身为两朝宰执,受先皇重托之恩,不敢有丝毫疏忽!故拼着这把老骨头仍来上朝……只是摔了一跤腿脚疼得厉害,没事、没事!烦李将军派人……速去通知我儿,命他骑马速来接老夫回去,请太医救治。"

"遵命,末将立马就去!"李将军不敢怠慢,纵身跃上马背飞驰而去……

不到一炷香工夫,公子留梦得骑了马急匆匆赶来。众人小心翼翼搀扶留丞相上轿,目送留丞相父子远去了,还在那里惋惜感叹不已……

第三日,留正托心腹大臣带了儿子悄悄前去寝宫,将奏疏面呈皇上。

光宗接过奏章一看,只见写道:

臣年事已高,近来老眼昏花,病魔缠身。昨日抱疾上朝,不慎摔成重伤,不能再为陛下分忧。请恩准老臣隐退归田,安度晚年。臣蒙太上皇知遇之恩，没齿难忘，日夜忧虑社稷安危，恕臣临别冒死直言：恳求陛下速回渊鉴，追悟前非，渐收人心，以江山社稷为重，个人恩怨为次，则老臣幸甚，我大宋社稷幸甚！请陛下早日主丧，让先皇含笑九泉……

光宗览毕，暗暗窃喜，心想，这老家伙平日里在朕面前晃来晃去，絮絮叨叨纠缠不休，甚是心烦。朕正寻思找个借口欲将他辞了，不料他甚是知趣……大笔一挥，御批"准卿所请"四字，交于留公子。

留公子急忙跪下叩首："谢主隆恩，吾皇万岁万岁万万岁！"

留公子欢天喜地回到相府，双手将皇上御批交给父亲。

留正接过一看，开心得合不拢嘴，已获圣上恩准，心上的石头落了地，以手加额连声说："谢天谢地！谢天谢地！"

夫人见了，也喜不自胜，立马双膝跪倒在地连连叩头："苍天有眼，祖宗显灵，菩萨保佑，老爷终于脱离苦海！"

留正听了直皱眉头，忍不住埋怨道："夫人昨晚急得差点昏倒，现在圣上恩准了还絮絮叨叨啰唆什么，此时不走更待何时？"

留夫人慌忙起身道："老爷说得对，京城乃是非之地，离开越快越好！"

待夜幕降临时，留丞相悄悄带了家眷上了车马，火速离开京城，直奔老家泉州（今福建泉州）永春而去……

第四天早朝，赵汝愚不见留丞相的人影，忙询问同僚，个个摇头。文武百官正在猜测议论纷纷时，与留丞相有宿仇探得内情的户部尚书朱龙翔，朝同僚拱拱手冷笑道："诸位大臣，身为两朝元老的留丞相，在社稷危难之际，为保身家性命，居然一走了之，太令人失望了！"

"在朝廷危难的关键时刻，堂堂两朝元老撒手不管说走就走，是太令人失望！"

"留正口口声声对人说，老夫誓为大宋王朝鞠躬尽瘁死而后已，原来是骗人的鬼话！"

满朝文武个个震惊、议论纷纷。有恩于自己的，对老丞相无奈之举深表同情，惋惜不已；对其深怀不满、有宿怨的，三五成群、窃窃私语，对冤家对头来个三里桥上骂知县——趁机泄愤出气；曾遭其排挤打击的，心

第十二章　留正辞相位

里幸灾乐祸，火上浇油，落井下石，极尽污蔑之能事……

朝堂一片哗然！

消息传到李皇后耳朵里，内心窃喜：姓留的一走障碍已除，本宫的凤愿就能早日实现！想到这里，乐得心花怒放，按捺不住内心的狂喜！见近侍用异样的目光凝视自己，把脸一沉，厉声喝道："你们看什么看？本宫昨夜做了个奇怪好梦，现在想想觉得好笑，有什么好惊讶的！"

近侍吓得急忙跪倒在地，连连磕头求饶："奴婢该死，娘娘饶命！"

李皇后见状觉得既好笑又可怜，忙拿话安慰道："你们是本宫的左膀右臂，哪里舍得处置你们。快都起来，替本宫去准备燕窝、参汤！"

"是，娘娘！"近侍听了战战兢兢起来，你朝我看看，我朝你瞧瞧，意思是大家虚惊一场，没事没事，我等日后加倍殷勤侍候主子就是……

三

是夜，乌云密布，天黑得伸手不见五指。突然，一道耀眼的闪电划破茫茫夜空，轰隆隆的炸雷响得震天动地。紧接着，狂风大作，暴雨倾盆……

门外电闪雷鸣，风雨交加，赵府书房内灯火辉煌，人头攒动，异常热闹。

李玉莲拎了茶壶穿梭般替客人泡茶。坐在角落里的侍中黄裳，端着白瓷碗边品茶边和几个同僚议论着什么。工部尚书赵彦逾，喝了几口茶起身走到赵汝愚面前拿话试探："赵知院，外面传得沸沸扬扬，说你因留丞相一走朝廷没了擎天柱，大厦将倾，欲步其后尘保身家性命一走了之。下官听到此传言甚是惊诧，丝毫不相信这是真的，定是别有用心之人趁机造谣中伤，蓄意惑乱人心，瓦解朝野斗志，达到其不可告人的目的。可却有人信以为真幸灾乐祸，到处乱说，对赵大人极尽诬蔑之能事，非常不利；有宿怨的甚至趁机信口雌黄，闭着眼睛胡说您平时似两袖清风一身正气、为圣上鞠躬尽瘁的大忠臣，如今朝廷一有惊涛骇浪就立显原形，原来也是个死保身家性命的胆小鬼……下官深知赵知院的为人，坚信这些传言纯属子虚乌有。故约了几个知己同僚冒雨前来造访，当面问个究竟。"

听到这里，吏部侍郎彭龟年坐不住了，"霍"的一下站起来对赵汝愚拱拱手言道："下官听到这些传言也异常震惊，将堂堂宗室后裔为朝廷屡建功勋的赵大人诬蔑成这样，岂有此理！为了弄清事实真相，给那些无中生有的家伙来个迎头痛击，故当面询问赵大人。此事若是真的，悬崖勒马还来得及，要是有人蓄意诬蔑，非狠狠教训他一顿不可！"

闻听此言，正在提壶续水的李玉莲吓得目瞪口呆面孔变色，双手一颤抖将开水洒在赵汝愚手上："老爷对不起，手指烫伤了没有？"

赵汝愚笑笑说："手指烫伤了不要紧，敷上药就不碍事。若中了别有用心之人的毒箭，才异常麻烦！"

李玉莲两眶湿润异常委屈："自夫君吏部任职以来，我天天祈求上苍保佑，见他容颜日渐消瘦坐立不安。做梦想不到空穴来风受此莫大诬蔑，皇上要是偏听偏信……这、这、这，这如何是好？！"

彭龟年忙安慰李玉莲道："夫人莫急，圣上还没糊涂到这个地步！若如此，我彭龟年用脑袋作担保，包你夫君决不会有事！"

在一旁静听的赵汝愚起身笑笑说："留丞相一走，朝中顿起波澜。各种谣言四起，下官早料到有人乘机公报私仇，在背后捅我刀子。诸位大臣往日下官用八乘大轿也请不来，今夜这么恶劣的天气却一起顶风冒雨前来，可见诸位对下官有多关心！知我者彭大人也，方才诸位大人所说的传言纯属子虚乌有！想我赵汝愚，乃太宗的嫡亲后裔，世世代代受皇家的恩宠，牢记'滴水之恩涌泉相报'的祖训，我赵氏子孙生是赵宋王朝的臣子，死是赵宋王朝的鬼魂。当初靖康之变，在国破家亡危急关头，我祖父和父亲尚且临危不惧，毅然跟先皇爷冒着九死一生的风险南渡至此。试问，如今大宋王朝半壁江山坚如磐石，朝廷遇到这么点小小风浪，下官会动摇步人后尘吗？"

彭龟年拍拍赵汝愚的肩膀笑道："赵大人说得好极了！堂堂太宗的后裔，朝野一致公认的宗室保国忠臣，遇到这么点小小风浪绝不会如此糊涂！只有那些心怀叵测的小人才胡编乱造得出来，没有头脑的人才相信这些骗人的鬼话！"

一向刚直不阿性情暴躁的黄裳，气得两眼冒火，紧握两个拳头"砰"的一下猛击案桌道："这种流言蜚语，定是汪义端这个老贼在外蓄意造谣诽谤，报当初金殿妒忌谎奏反遭圣上贬官之仇！"

赵彦逾问道："黄侍中这么说可有证据？"

黄裳冷笑道："下官说话从不捕风捉影、主观臆断。昨天一位知心好友特地为此事登门来告诉我，他的一位落魄亲戚在汪府做事，亲眼看见汪义端写信给同乡好友郭明，命他趁机在朝中散布谣言，造成既成事实，逼迫圣上罢免赵大人的官职，事成之后奖赏他一千两银子，还承诺把宝贝孙女嫁他孙子为妻……"

彭龟年气得吹胡子瞪眼睛，厉声骂道："郭明这王八蛋狼狈为奸、信口雌黄、陷害忠良，我明日早朝定奏明圣上，非罢了他的官职轰出京城不可！"

黄裳笑道："这个姓郭的是汪贼当初任吏部侍郎时一手提拔的，如今成了他的眼线。彭大人奏明圣上，除去赵知院的眼中钉肉中刺，省得我们大家日后提心吊胆、如履薄冰！"

赵汝愚急忙摇手道："诸位大人别如此！俗话说，身正不怕影子斜。你们若因我奏明圣上罢了郭大人的官，必遭人非议，说我心胸狭窄，蓄意报复，反留下笑柄。让他继续做汪义端的眼线信口雌黄吧，下官坚信，清者自清，浊者自浊，多行不义必自毙！"

黄裳竖起大拇指夸道："赵大人心胸宽阔如海洋，临危不惧心坦然，你们看他任凭风浪起，稳坐钓鱼船！"

彭龟年听罢转怒为喜，忍不住夸道："汝愚贤弟严于律己，宽于待人，对算计诬陷自己的小人尚如此宽容，真乃吾辈之楷模也！"

赵汝愚笑道："两位大人谬奖了！不过话得说回来，我们今后办任何事情，须牢记'谨慎'二字，严防居心叵测的小人趁机对我们背后捅刀子！"

黄裳赶紧赞同道："对对对，害人之心不可有，防人之心不可无！"

第十三章 智激韩侂胄

一

留丞相辞职离京后，朝野震惊。赵汝愚忧心如焚，度日如年。圣上的疯癫病时好时坏，任由李皇后垂帘听政不管朝政。欲重振朝纲，奈何自己势单力薄，孤掌难鸣。眼看山雨欲来风满楼，欲力挽狂澜，又心有余而力不足。若再恳求圣上禅位，想起留丞相的前车之鉴，心有余悸……一时无计可施，急得如坐针毡，寝食俱废！眼看朝廷已是"山穷水尽疑无路"，思虑再三，为今之计只有找左司郎中徐谊商议对策了。徐大人乃三朝元老，在满朝文武大臣中颇有威望，况且他又满腹韬略，定能帮自己出个两全其美的好点子……"对，我立马去登门求教，或许能柳暗花明又一村。"想到此心胸豁然开朗了许多，忙整整衣衫，不带随从不坐轿，只身徒步前往徐府。

是夜，四下里一片漆黑，不一会儿狂风大作，暴雨倾盆。赵汝愚幸亏出门时带有油布雨伞，不然定被暴雨淋成落汤鸡。顶风冒雨来到徐府，管门家丁见是知院赵大人，忙拱手相迎，进内禀报。

徐谊正在书房和儿子下棋，忽听家丁禀报说："老爷，知院赵汝愚大人求见。"

徐谊对赵汝愚一向敬佩有加，今夜冒雨来访，定有要事，忙说："外面风雨太大，快请赵大人来此书房相见。"转身对儿子道，"赵大人黉夜冒雨来访，必有要事相商，吾儿快回避！"

徐公子忙起身道："孩儿告退！"说毕离去。

徐谊忙吩咐家丁道："快打开正门，说我出接！"出得书房来至大门口，见赵汝愚正在那里立等，忙上前携了他的胳膊并肩走进书房。分宾主落座后，徐谊笑道："赵大人这等恶劣天气光临寒舍，无事不登三宝殿吧？"

赵汝愚笑道："知我者徐大人也。下官遇到棘手难办之事，特来登门求教。"

徐谊笑道："瞧赵大人两眼布满血丝，满脸憔悴，昨夜一宿未睡吧？"

赵汝愚苦笑着说："何至一宿，下官七天不曾合眼了。"

徐谊瞧瞧同僚脸色，异常心疼："啧啧啧，原来如此，怪不得赵大人面容如此憔悴消瘦！"

赵汝愚低着头说："说来真是惭愧煞人，留丞相一走，朝中群龙无首，下官孤掌难鸣，日日忧心如焚……"

徐谊异常同情，深为同僚惋惜："留正一走，你必然陷入左右为难之境地，老夫早已料到会造成这种可怕结局，俗话说不在其位不谋其政，老夫爱莫能助。赵大人来得正好！"

赵汝愚赶紧拱手道："徐大人如此说，那定然要不吝赐教啰！"

"那自然。"徐谊竖起两个指头道，"自古人臣，不外忠奸两途，为忠即忠，为奸即奸，从无半忠半奸之人，可久立朝堂者。若李皇后宫廷政变阴谋得逞，为初登大宝扫除障碍，必先拿你我等老臣开刀，除去心腹之患。老夫纵观历朝，不是东风压倒西风，就是西风压倒东风，从无调和之余地。若当断不断，必酿成内乱，赵大人为何还迟迟不动手？"

赵汝愚摊摊手道："留丞相一走，朝中干济后继乏人，下官虽欲定策安国，力挽狂澜，怎奈孤掌难鸣，无能为力！"

徐谊笑道："公既胸怀报国大志，某有一锦囊妙计，管教你心想事成，马到成功！"

赵汝愚赶紧躬身作揖，央求道："下官正苦于无策，徐大人既有安国妙计，那就快秘授于我吧！"

徐谊见状大笑，把大拇指一翘道："人言赵大人忠于大宋，忧国忧民，今日观之，果然名不虚传！说起我那锦囊妙计……"

赵汝愚见同僚欲言不语卖关子，急得连连拱手恳求："徐大人别卖关子了！眼下狂澜即将骤起，我大宋王朝危在旦夕，汝既有锦囊妙计，快授予下官及早实施！"

徐谊道："知阁门事韩侂胄，乃前朝宰相、忠献王韩琦曾孙。其祖父韩嘉彦，元祐四年娶神宗三女温国长公主为妻，是当朝驸马。其母吴诰命，是先皇高宗吴皇后胞妹。侂胄之妻又是宪圣太皇太后亲侄女。韩家世代皇亲国戚，关系非比寻常，若托韩侂胄进宫禀明太皇太后，晓谕厉害关系，太皇太后为大宋江山社稷计，必然应允，出面调停，方可保万无一失。"

赵汝愚面露难色："韩侂胄确是最佳人选，可下官与他素无来往，不便轻托……"

徐谊笑道："这有何难？下官推荐一人，管叫此事立成！"

赵汝愚转忧为喜，忙问："是谁有如此能耐？"

徐谊道："同里蔡必胜，和老夫情同手足，又与韩侂胄同在阁门。若去相求，他一定满口应允。下官今晚就去，请他转邀韩侂胄。"

赵汝愚抚掌笑道："徐大人肯竭力相助，甚好。不过，事关社稷机密大事，非同小可，若走漏半点风声，被圣上、李皇后知晓，必招来杀身之祸。"

徐谊安慰道："下官办事一向谨慎小心，请赵大人放一百二十个心好了！明晚赵大人在家坐等佳音。"

"如此就多劳徐大人了！"

"为江山社稷效劳，何言'多劳'二字？"

赵汝愚吃了定心丸，立马起身告辞。

第二天晚上，赵汝愚在书房立等消息。三更时分，徐谊果然兴冲冲前来回复说："老夫已关照蔡必胜，他一口答应。今夜已去韩府求助侂胄。东风吾已替你借到，接下去该赵大人登台唱戏了！"

赵汝愚听罢大喜，"扑通"一声跪倒在地连声说："徐大人为我赵宋王朝做了一件了不起的大事，若此次定策成功，全仗徐大人之力，下官代朝廷多谢了！"说毕连连叩首。

徐谊一见慌忙上前俯身搀扶道："赵大人行此大礼，折煞老夫了，你我同为朝廷出力，不必如此。老臣受先皇恩宠，为江山社稷理当鞠躬尽瘁，更何况是举手之劳，区区小事不必挂齿！不过……"话到唇边又咽了回去。

赵汝愚忙说："徐大人，你我至交，此地又无外人，'不过'什么？请徐大人当面赐教。"

徐谊附耳提醒道："韩侂胄和你我不是同路人，此人是响当当威赫赫的皇亲国戚，又是将门出身，一介武夫，高傲任性，倚仗祖上战功显赫，自己为朝廷立下汗马功劳，一向盛气凌人，骄横跋扈，从不把我们一班文臣看在眼里。赵大人此番求助于他，须格外小心谨慎，务必对其加倍尊重；若稍有疏忽，则功亏一篑！"

赵汝愚频频点头道："徐大人肺腑之言，下官铭记在心。"

徐谊见时已夜深，起身告辞，走了几步不放心，又返回叮嘱道："赵大人，汝这次与盛气凌人的武将打交道，切记老夫之言！"

赵汝愚笑道："下官铭刻肺腑，徐大人走好！"送至门外，四下张望没有丝毫动静，见徐谊已消失在茫茫夜幕之中，这才放心。

二

第二天晚上夜深人静后，赵汝愚悄悄备了几份厚礼坐轿前往韩府拜访。因徐谊早已打招呼，韩侂胄果然在客厅坐等，听家人禀报说："赵大人黉夜来访。"连忙出接。两人携手至书房分宾主落座。赵汝愚寒暄几句后谈及内禅相托之事，韩侂胄面有为难之色，摊摊手道："此乃皇家私事，末将是外戚，赵大人是宗亲，此事非同小可，你我局外之人干预皇家私事，弄不好招来灭族之灾！"

赵汝愚听罢心里凉了半截，做梦想不到一向叱咤风云、敢说敢干的韩侂胄也如此胆小怕事，沉思良久道："韩将军，此事关系到我大宋江山社稷千秋之大业，黎民百姓安危之大事，怎说是皇家私事？眼下已是关键时刻，你我是宗室国戚，岂能坐视不管？韩将军一向叱咤风云，遇事毫无畏惧，这次为何如此胆小？"

一向自尊心极强的韩侂胄，被赵汝愚这一连串质问，气得两眼冒火，虬须乱飞，"呼哧呼哧"直喘气……

赵汝愚见此情景顿觉失口，忙躬身赔笑施礼，连声道歉："下官一时失言，请韩将军海涵！韩将军先祖为大宋江山南征北战、东征西讨立下不世之功，朝野人人敬佩。俗话说，打江山难，守江山更难，大宋江山来之不易，国家如今多事之秋，你我是宗室国戚，不能眼睁睁坐视赵宋江山被他人易姓。将军乃将门之后，英武盖世，万民仰慕信赖之奇才，千万别袖手旁观！"

韩侂胄听此番话语异常悦耳舒服，脸上立马阴转多云，把手一摊道："说来惭愧，末将只知沙场打打杀杀，不懂治国安邦之策。此事连留丞相都感到棘手难办，末将一介武夫爱莫能助……"

赵汝愚拱拱手笑道："本院早知韩将军神通广大，是值得信赖之人，更何况韩将军之母是太皇太后胞妹，您又是太皇太后的亲侄女婿，圣上的御连襟，一向英明果断！下官久慕韩将军神通广大、办事干脆利索之大名，故夤夜前来求助！"

韩侂胄低头沉思，捋捋虬须笑道："既然赵大人如此信得过末将，那不妨试试。"

赵汝愚急忙躬身下拜道："多谢韩将军！不过此事……"

韩侂胄抢过话头笑道："赵大人，不过什么？"

赵汝愚轻声道："事关江山社稷安危，非同小可，若干，非干个马到成功不可，否则……"

韩侂胄听了脸露不悦之色，心想：和文官打交道真没劲，做事婆婆妈妈谨小慎微……把胸脯一拍说："吾皇姨妈若肯出面，此事易如反掌。赵大人不必多虑！"

赵汝愚笑道："如此甚好，不过……"

韩侂胄是个性急爽快之人，见赵汝愚办事如此谨慎多虑，异常光火，把脸一沉气呼呼地说："我们武将做事一旦决策已定，就速战速决，看不惯你们文官如此谨小慎微优柔寡断。赵大人，一次内禅别考虑得那么严重，吾皇姨妈一出面就大功告成！"

赵汝愚心想，打通太皇太后关节非韩侂胄不可，事已至此，开弓没有回头箭了，吾须耐着性子再设法激他一激，努力促成此事……满脸堆笑道："韩将军，恕下官赘言，这次内禅事关大宋江山社稷，若有丝毫疏忽，被李后抢先一步发动宫廷政变，赵宋江山易姓他人，你我难逃灭顶之灾……"

韩侂胄哈哈大笑道："赵大人真是杞人忧天，吾皇姨妈乃堂堂太皇太后，一言九鼎！李后是什么货色，只不过倚仗自己有三分姿色受圣上恩宠而已，这妖后虽觊觎皇位但胸中却无丁点儿韬略，圣上虽怕她三分，吾韩某却视她为草芥狗屎，借她一百个胆也不敢跟吾皇姨妈较劲儿！"

赵汝愚提醒道："韩将军，您别小看李皇后，据下官所知她未进宫时就胸有大志，敢说敢为，人称'女中豪杰'，如今身为国母，有圣上做靠山，垂帘听政，朝中有她诸多心腹权臣大将，再加上她娘家弟兄侄儿握有兵权，如今既有内助又有外援，别小瞧她的能耐！"

韩侂胄气得虬须乱飞："人言赵大人人中豪杰，敢作敢为，做梦想不到对区区一妇人如此畏惧！"

赵汝愚苦笑着说："下官身为知院，深受皇上恩宠，这次内禅定策非同小可，对李皇后这样的阴险妇人不得不防！有句顺口溜你我当引以为戒！"

韩侂胄忍不住仰天大笑："堂堂赵知院居然'谈妇色变'！什么狗屁顺口溜？快说来听听！"

赵汝愚轻声说道：

青竹蛇儿口，
黄蜂尾上针。
两般尚犹可，
最毒妇人心。

韩侂胄听罢仰天大笑道："吾韩侂胄乃南征北战叱咤风云大将，在万马军中取上将首级如探囊取物，李凤娘区区一妇人何惧之有？她若敢玩火，本将军立即叫她自焚！"

赵汝愚怕火候不足，再添一把柴草稳妥些，故意再三提醒道："韩将军，对这种诡计多端心狠手辣的妇人，你我不可大意……"

韩侂胄冷笑道："赵大人别长他人之志气灭自己之威风，不是本将军夸口，此乃小事一桩，不费吹灰之力，保证马到成功！"

赵汝愚双手一拱笑道："韩将军，如此说，不过……"

韩侂胄急忙打断话头道："赵大人又来了，实话告诉你吧，吾皇姨妈的近侍张宗尹，和韩某甚是要好，胜过同胞手足。此事就这么定了，本将军明晚定来报喜，赵知院在府上坐等佳音！"

赵汝愚见火候已到，双手一拱道："如此，下官就放心了，告辞！"说毕命轿夫起轿回府。不料第二天左等右等，至深夜仍不见韩侂胄人影。赵汝愚望穿双眼，如坐针毡，盼至第五日傍晚，韩侂胄才骑马前来，一到客厅志得意满地对赵汝愚说："本将军要么不出马，一出马就大功告成！"

赵汝愚大喜，双手一拱笑道："韩将军这么说，下官所托之事办妥了？"

"早已办妥！"

"请道其详！"

"一言难尽！"

三

原来韩侂胄第三日一早进宫送厚礼当面重托张宗尹后，在府上坐等佳音。不料，张宗尹第一次入奏其事，太皇太后考虑到事关重大，非同小可，沉默不语。张宗尹受挚友重托，且当着韩侂胄的面夸下海口："请韩将军放心，此事包在咱家身上！"想不到太皇太后老谋深算，处事甚是谨慎，迟迟不给他答复。这天晚上，张宗尹服侍好主子下榻就寝后，想起答应人家的事八字尚无一撇，心里着急，辗转反侧一夜没合眼。

待到早上，太皇太后发现他双眼布满血丝，面容憔悴，询问为了何事。张宗尹趁机哭奏其事。太皇太后听了不耐烦地说："你是小小内侍，别多管闲事。哀家身为太皇太后，朝中之事尚且不敢多问，想不到你居然胆大包天瞎管此事，惹出祸来哀家可救不了你！"

张宗尹听了吓得浑身直冒冷汗，急忙跪地请罪，哪里还敢再提此事？

待韩侂胄悄悄进宫打听所托之事，张宗尹连连摇头，眼泪汪汪将所赠之物悉数归还，摊摊手说："咱家无能，此事爱莫能助……"

第一枚棋子失利，韩侂胄急了，心想，韩某已在赵汝愚面前夸下海口，谁知皇姨妈如此谨小慎微，不敢参与，害我韩大将军脸面丢尽，在赵汝愚面前岂不矮了半截？这威风扫地不说，日后被那些舞文弄墨的文臣在背后说三道四，这口恶气如何咽得下？是夜翻来覆去睡不着，挨至五更突然想到另一个好友关礼。关礼为人厚道讲义气守信用，最深得皇姨妈器重，我何不找他一试！转而一想，要是关礼也靠不住，此事岂不化为泡影？一时急得坐立不安。猛然想起，自古为将者用人之道有三：其一，遣将不如激将；其二，用人不疑，疑人不用；其三，重赏之下必有勇夫……关礼是个贪图钱财之人，我花大代价赠送心爱之物，他必然竭力而为……韩侂胄出门买了几份贵重厚礼，装作去孝敬皇姨妈顺便看望挚友，远远瞧见关礼匆匆出宫办事，急忙飞步上前笑脸相迎："关公公，瞧你急匆匆外出，莫非有事？"

关礼笑道："汝皇姨妈托咱家上御街购物。"

韩侂胄笑道："本将军与关公公好久没见面了，甚是思念，今日巧极了，你我去醉仙楼喝三杯如何？"

关礼高兴地说："在宫中汝皇姨妈管得甚严，咱家一直以来滴酒不沾，喉咙正痒痒呢。"

韩侂胄笑道："那我们去喝三杯过过瘾！"说罢牵了关礼胳膊直奔御街而去。

不一会儿来到醉仙楼，店主见了满脸堆笑出来迎接："今日什么风把韩大将军和关公公给吹来了？两位快楼上请！"

韩侂胄笑道："店家，'千里香'给我们送一坛上来，把新鲜上等的白斩鸡、包头鱼、牛肉等弄几盘来！"

店主笑容可掬道："晓得了！"

韩侂胄双手一拱抱拳说："关公公请！"伸手挽了关礼的胳膊说说笑笑上了楼，拣了个靠窗临街雅座坐下。

两人刚落座，店主就笑吟吟捧了一坛上等"千里香"名酒过来，两个伙计端了白嫩嫩、香喷喷的一盘白斩鸡和色香味俱佳的一大盆豆腐煮鳙鱼、一盘红烧水牛肉，笑嘻嘻地放在桌上。

店主指着酒菜笑道："这酒是十年陈酿'千里香'；这白斩鸡是我乡下妻舅自家养的放生鸡，稚嫩新鲜；这鳙鱼，是养在河港网中活蹦乱跳的；这牛肉喷香喷香，味道美得很，两位慢用！小的再替两位去烧几个时新蔬菜来！"说罢下了楼。

关礼人称"酒太白"，从小嗜酒如命，自从进宫后，因吴娘娘平生最讨厌喝酒之人，为了讨主子欢心，在宫内滴酒不沾。今日一见如此好酒好菜，早馋得口水嗒嗒滴，浑身筋骨酥。韩侂胄见了心里暗暗欢喜，满脸堆笑说："公公，这里不是宫中，你我开怀畅饮，来个一醉方休！"捧起酒鳖"噗噗噗"替他满满倒了一大碗。

关礼喉咙早痒死了，伸手端起酒碗来"咕咚咕咚"喝了个碗底朝天。

韩侂胄见了笑道："关公公别只顾喝酒，快吃菜！快吃菜！"用筷子替他夹了些香味扑鼻的鸡腿和牛肉，又替他倒了一大碗"千里香"，笑道："关公公，今天我俩喝个痛快！"

关礼笑道："对对对，你我喝个痛快！啧啧啧，真是好酒！这菜也一碗比一碗味道鲜美！"

韩侂胄一心想着赵汝愚托付之事，为了讨好关礼，今日格外殷勤，又捧起酒坛替好友"噗噗噗"倒了满满一大碗。

醉仙楼的"千里香"又名"出门倒"，异常厉害，关礼满满三大碗下肚，早两眼飞赤，说话舌头打结："咱家好久……没喝这样的名酒了，已不胜……酒力，恐娘娘……见怪，这第四碗……就免了……"

韩侂胄笑道："太皇太后怪罪，有本将军呢。吾替汝在皇姨妈面前美言几句，没事，没事！刚才不是说你我喝个一醉方休吗？"

"好好好，一醉方休！"

待菜上九道、酒喝六碗时，关礼早已脚步踉跄，面孔火红。韩侂胄见了赶紧将厚礼悄悄放在他面前桌上。

关礼醉眼蒙眬，突然瞧见桌上有一沉甸甸的布包，悄悄打开一看，原来是名画、名帖和古董，是自己平生最喜爱的宝贝！顿时乐得一双鱼泡眼笑成了一条缝儿，忙问："韩将军，这些贵重物品……"

韩侂胄笑道："本将军孝敬公公您的，请笑纳！"

关礼惊讶得两只鱼泡眼瞪得像铜铃，结结巴巴问道："孝敬咱家？"

韩侂胄点点头道："嗯，您不喜欢？"

"喜欢！喜欢！"关礼如获无价之宝，欣赏着名画古董爱不释手，连忙说，"韩将军……有何事……托咱家办理，您尽管……开口！"

韩侂胄借替关礼敬酒时压低声音道："本将军久慕关公公讲义气够朋友之大名，有一事欲托关公公……"言毕附耳细说。

关礼笑道："此……易事耳。咱家先在……太皇太后面前……言及此事，将军系……太皇太后姨外甥，不妨再……亲自面陈面陈。"

"如此甚好！"韩侂胄大喜。

是日关礼不敢进宫，挨至傍晚酒醒才离开醉仙楼采买货物。第二天一早果然不失约，面带泪痕谒见太皇太后。

太皇太后见状甚是惊诧，盘问道："关礼，看汝脸有泪痕，莫非在外受了什么委屈？是谁如此大胆，敢欺侮哀家的内侍？"

"奴婢是太皇太后的人，没人敢欺侮咱家。"

"那你为何脸有泪痕？"

关礼哭道："今太上皇驾崩，万岁旧病复发不理朝政，留丞相告老还乡一走了之。如今满朝文武惶惶不可终日，李娘娘蠢蠢欲动，一场宫廷政变眼看即将发生，到时血雨腥风满京城，金国又虎视眈眈觊觎我大好河山，朝野惊恐不安……奴婢想起朝廷内外交困，危在旦夕，到时玉石俱焚，生灵涂炭！奴婢承蒙太皇太后厚爱，却无力报答，替您担忧，因此愧疚落泪。"

太皇太后甚是感激，道："想不到你一个小小内侍，如此忧患国家大事，对哀家一片孝心，真是难得！"

关礼泣不成声道："太皇太后读书万卷，德高望重，一言九鼎，尚且不能出面稳定局势保我大宋。留丞相一走，看来我们只有坐以待毙了……呜呜呜……"太皇太后见关礼哭得泪如雨下，长叹一声道："唉，此事并非如你所说那么简单！"

关礼哭道："太皇太后因何长吁短叹如此说话？"

太皇太后道："这……这非汝等所知。朝廷之事复杂得很，眼下看似异常平静，一有风吹草动，惊涛骇浪立马从天而降！哀家这几天如履薄冰，提心吊胆……"

关礼边拭泪边哭道："奴婢日日不离左右，早知太皇太后为此揪心，恨自己不能为您分忧，日夜愧疚自责……"

太皇太后安慰道："难得汝有这份孝心。可话又说回来，眼下这局面哀家尚且无能为力，汝一个小小内侍空怀忧国忧民之志又有何用？"

关礼长吁短叹，捶首顿足道："太皇太后如此说，奴婢越发惊恐不安了，留丞相走后，只剩赵知院一人孤掌难鸣。太皇太后您若再撒手不管，恐赵大人早晚也要溜之大吉了。"说罢又声泪俱下。

太皇太后大吃一惊，急忙问道："赵知院是皇室宗亲，情况与他人不同，乃亦欲去乎？"

关礼哭道："赵知院因是我朝本家，故尚未离去，以太皇太后为可恃耳，若定大计而不获命，势不得不去……"

"这……"太皇太后大吃一惊，不住地来回踱步，喃喃地说，"此事非同小可，让哀家再好好想想……"

关礼用手帕拭去眼泪奏道："赵知院忧国忧民，寝食不安，万般无奈，遣知阁门事韩侂胄屡次上达。您姨外甥令宗尹三次代奏，未邀俯允，赵知院有天大的本事也无济于事……"

太皇太后惊道："原来如此……汝怎知道得如此详细？"

关礼边哭边奏道："此事朝野人人知之，今丞相已去，所赖者只赵知院一人而已，原以为太皇太后……可您……这样下去，赵大人被逼无奈也不得不走！唉！大宋江山看来无人可保，奴婢恳请太皇太后三思！"说罢"扑通"一声跪倒在地，哀求不止。

太皇太后异常震惊，急忙俯身搀扶道："关礼快起来。此事关乎江山社稷安危，哀家岂能坐视不管！"

关礼感激涕零道："多谢太皇太后！多谢太皇太后！"

太皇太后问道："韩侂胄安在？"

关礼回道："奴婢嘱他在宫门口待命。"

太皇太后沉思良久，与关礼面授机宜，一番耳语笑道："既如此，那就……事顺则可，令他好自为之。"

关礼得了太皇太后懿旨，破涕为笑，立即飞奔出宫，将好消息告诉韩侂胄。

第十三章　智激韩侂胄　　259

第十四章　定策行内禅

一

赵汝愚闻报抑制不住内心的狂喜，立马转告参政事陈骙、同知院事余端礼，亲往殿帅府通知郭杲，命其立即下令步帅阎仲，火速调集所有禁军和附近州府的勤王之师，加强京城防卫以防不测。

郭杲彬彬有礼地热情款待赵知院，泡茶端水果忙个不停。赵汝愚心急如焚，恨不得郭殿帅立马付之行动，谁知他坐在虎皮交椅上优哉游哉只顾品茶沉默不语，大有天塌下来与我无关的架势，忍不住放下茶碗问道："郭殿帅，下官说了半天，您为何一言不发？"

郭杲见了笑笑问道："赵大人可有太皇太后懿旨？"

赵汝愚一愣，回道："只有太皇太后口谕。"

郭杲异常为难，喃喃地说："只有口谕并无懿旨，此事本帅甚是为难！"

赵汝愚惊讶地问："郭殿帅何出此言？"

郭杲摊摊手道："俗话说口说无凭，没有太后懿旨，光凭赵大人一面之词，本帅难以照办！"

赵汝愚心里一惊，忙厉声质问："郭殿帅想抗旨不遵？"

郭杲急忙摇手道："本帅不敢！"

赵汝愚厉声说道："既然不敢违抗太皇太后之命，那汝立马付之行动！"

郭杲笑道："本帅刚才说过，凭太皇太后一句口谕，实在难以照办。圣上旧病复发，疯癫得厉害，太子可代为监国，但圣上又不肯放手，李皇后野心勃勃垂帘听政，遍植党羽蠢蠢欲动，做梦都想攫取皇位。唯有太皇太后德高望重，可以信赖。大人却只有口谕，并无懿旨，汝叫本帅如何放心照办？眼下是非常时期，什么事随时都可能发生……"

赵汝愚异常震惊，忙问："郭殿帅此话何意？"

郭杲忧心忡忡来回踱步："这几天有人用高官厚禄收买本帅，多次用口谕命吾出动禁军包围皇城，做梦想搞宫廷政变……此事关系到大宋江山千秋万代，本帅岂能只凭一句口谕就立即照办？"

赵汝愚听罢异常感动，郭杲手握重兵精忠报国精神可嘉，可眼前十万火急时不我待！看来与其在此磨嘴皮，不如再找太皇太后索要亲笔手谕……想到此急忙说声"告辞"匆匆走出殿帅府。可走了一阵脚上朝靴沉重得如铁铸一般，怎么也挪不动步子……心想：这口谕我已费了九牛二虎之力才弄到，再去索要太皇太后懿旨比登天还难！我已求过韩侂胄了，再去索求太后懿旨我这张老脸往哪儿搁？更何况他也无能无力！正在万分焦急又无计可施时，猛然瞧见一顶熟悉的轿子正朝自己迎面而来，赵汝愚喜出望外，急忙飞速到路中央伸开双臂挡住去路。轿夫见有人挡道连忙停轿。轿帘一掀开，出来一位头戴乌纱身穿朝服的大臣厉声喝道："何人如此大胆，敢挡老夫的轿子！"

赵汝愚开玩笑道："是吃了豹子心大虫胆之人！"

那大臣定睛一看，原来是知院赵汝愚，慌忙拱手行礼，道歉说："啊呀呀，老夫以为……原来是汝愚老友，为何不坐轿？"

赵汝愚笑道："小弟心有苦衷，路上不便奉告。彦逾老兄急匆匆意欲何往？"

那大臣笑道："至贵府造访！"

赵汝愚急忙双手抱拳道："小弟有事正要登门求助，老兄不请自来，快随我到寒舍！"

赵彦逾抚掌大笑："那好，你我携手同往！"说罢命轿夫抬轿，自己和赵汝愚徒步并肩而行。

不一会儿来到赵府，至客厅分宾主坐定喝茶。赵彦逾是个急性子，喝了几口忙放下茶碗问道："老弟求吾什么事？"

赵汝愚满脸愁容道："说来话长。"忙屏退用人，压低声音把如何托韩侂胄跟太皇太后求得行禅口谕，命郭殿帅调动人马保护京城，因无太皇太后懿旨遭到婉拒因此揪心，一一述说。

第十四章　定策行内禅

赵彦逾笑道："原来为此区区小事，老弟不必担忧，愚兄自有办法解你燃眉之急！"

赵汝愚佯装糊涂，故意问道："求太皇太后？"

赵彦逾连忙摇头道："非也，非也！"

赵汝愚笑道："那老兄求郭殿帅？"

赵彦逾笑道："他握有兵权，不求他求谁？"

赵汝愚问道："吾方才找他碰了一鼻子灰，老兄去说能行？"

赵彦逾笑道："不是愚兄夸口，此事包在吾身上。"

赵汝愚笑道："没有太皇太后懿旨，老兄如此有把握？"

赵彦逾竖起大拇指笑道："愚兄和郭殿帅是师生关系非比寻常，吾的话他一向言听计从。更何况此乃关江山社稷大事，吾又亲自登门求他，你放一百二十个心好了！"

赵汝愚一番沉思觉得还不稳妥，忍不住又提醒说："如今万事俱备只欠东风，要是大哥'借'不到这'东风'……"

赵彦逾用手指指脑袋自我解嘲说："愚兄虽不是诸葛亮，但这里早有锦囊妙计！"

赵汝愚开心地拍拍赵彦逾的肩膀道："小弟先替先皇和大宋子民谢谢大哥！"

赵彦逾笑道："汝吾皆赵宋宗亲，同为江山社稷效劳，何言谢谢二字？你在此稍待，吾去去就来！"说毕命轿夫备轿，匆匆上轿而去。

等了约莫两炷香工夫，赵汝愚左顾右盼不见赵彦逾轿子的影子，正在大门口踮脚翘首观望时，突然瞧见赵彦逾的轿子飞奔而来，赶紧上前迎接。

赵彦逾一下轿就气喘吁吁地说："愚兄苦口婆心陈说厉害利弊，终于说服郭杲，答应立即行动！愚兄另有要事要办，告辞了！"

赵汝愚这下吃了定心丸，心花怒放目送赵彦逾轿子离去后，不放心又派人悄悄打探消息，殿帅郭杲果真当晚调动各处人马，将南北大内围了个水泄不通，立马通知关礼，命其姻党宣赞舍人傅昌朝，连夜秘制黄袍等物……

二

六月的临安城，天气异常炎热。白天，热浪滚滚，御花园的鹅卵石路被火辣辣的太阳炙烤得滚烫滚烫的，太湖石和假山的温度简直高得要冒烟儿了。虽到处栽满各种奇花异草、名贵花木，但都被烘蒸得耷拉着脑袋。那九曲桥畔的莲花池，荷花虽已盛开，但耐不住炎炎酷日的炙烤，其花朵娇小得可怜，花瓣儿的色泽哪有往年那样鲜艳夺目？酷爱嬉戏的鸳鸯和水鸟忍受不了烈日的折腾，早躲得渺无踪影……

一到夜晚，虽没了炎炎烈日的折腾，但四下里没有一丝风，仍闷热得像个大蒸笼。当宫内各式宫灯一点燃，明晃晃的亮得如同白昼，越发显得闷热难熬……

出身侯门养尊处优的李凤娘，此时正懒洋洋地仰躺在凤榻上闭目养神，心腹内侍忙碌不堪，有的用绢扇替她不住地扇风，有的用手轻轻揉肩捶腿，有的端着茶水参汤在一旁小心翼翼地恭候……

李皇后正在休息，忽见心腹宫女急匆匆进来禀报："娘娘，御林军袁怀礼将军命手下张彪前来求见，现在宫外候旨。"

李皇后立马振足精神迅速起身，摆摆手示意内侍退下，吩咐宫女道："请张将军来此见本宫！"

"是！"宫女转身出宫，少顷，带了一位身材魁梧的将军进来。那将军一见李皇后急忙抱拳躬身道："娘娘千岁在上，末将大礼参拜！"

李皇后笑吟吟地问："张彪你黉夜进宫，有何要事禀告本宫？"

张彪神色慌张道："娘娘，大事不好！"

李皇后惊讶地问："张将军如此惊慌，京城莫非出了什么大事？"

张彪异常惊恐地道："今日一早，郭殿帅调集所有禁军和附近州府的官兵，将京城围了个铁桶似的。现阎步帅亲自出马，到处巡视。京城内外防守甚严，袁将军不敢轻举妄动，特命末将来请示娘娘懿旨！"

李后大吃一惊道："看来我们的计划已被一帮老家伙察觉，抢先一步行动了！俗话说先下手为强，后下手遭殃，汝快去转告袁将军，命他马上指派陈、马两将军今晚午夜提前行动！"

张彪频频摇头道："发动宫廷政变……娘娘，事情已来不及了！恳请娘娘听末将一句规劝，切莫学当年武后铤而走险，到头来落得娘家九族被诛的悲惨下场……"

李后气得凤眼圆睁，柳眉倒竖："大胆！本宫的计划还没付诸行动，汝就说此不吉利的话，不怕哀家砍你脑袋吗？"

张彪泰然自若奏道："末将不敢，娘娘待末将恩重如山，没齿难忘。请娘娘恕罪，听末将一句忠告……"

李皇后厉声道："赐汝无罪，快说！"

张彪压低声音道："嘉王是娘娘的亲生骨肉，常言道虎毒不食子，娘娘若坚持按原计划行事，若有什么闪失，难逃玉石俱焚之厄运；若成功，汝母子定反目成仇……若如此，娘娘岂不是亲手杀了心爱的皇儿？依末将之见……"

李皇后沉思片刻，改换口气问道："张将军，依你之见如何？"

张彪款款奏道："扶助嘉王登基。人心都是肉长的，娘娘若如此仁慈，太子定异常感激娘娘大恩，封汝皇太后安度晚年。临走时袁将军再三叮嘱末将转告娘娘，与其冒天下之大不韪垂帘听政，不如让嘉王称帝坐享清福！末将和袁将军都以为，步武后后尘万万使不得，娘娘娘家的兵马远在千里之外，区区几十万人马杯水车薪无济于事！一旦政变惨败，遗臭万年不说，还要连累娘娘无辜家人株连九族！眼下一班辅佐大臣早已做好一切准备，防范甚严，计划之事定难成功，请娘娘三思！"

李皇后听罢吓出一身冷汗，身子一晃瘫倒在凤榻上，呆若木鸡……

正在此时，心腹杨公公惊慌失措地进来禀报："娘娘，大事不好，京城十城门紧闭，阎步帅正率领御林军到处搜查可疑之人，若张将军从前门出去被他瞧见，必遭麻烦！娘娘快命张将军从后宫门走吧！"

李皇后一时急得手足无措乱了方寸，半晌，眼泪汪汪地叹道："唉，天不从人愿也是枉然！那些老家伙手中握有重兵，又个个老谋深算久经沙场，看来此事定难成功。娘家几个侄儿此刻正奉本宫懿旨带了人马在进京路上……想火速派人去报信拦截，京城又防守得如此严密出不去……这、这、这，这如何是好？"

杨公公见李皇后急得不住地来回踱步，愈加心慌，道："娘娘，眼下京城围得铁桶似的，派人去报信比登天还难……"

李皇后吓得脸色惨白，浑身颤抖，说话舌头打结："这、这、这……若无人……去报信，我娘家弟兄侄儿……贸然进京，必然……全军覆没……"

张彪突然眼睛一亮奏道："娘娘莫慌，京城虽十城门紧闭把守甚严，水城门却无人防卫……末将有个堂兄张豹渔民出身，水上功夫十分了得，人称'混江龙'，若派他去报信万无一失！"

李皇后道："如此甚好，请张将军立马从后宫出去，火速命张豹驾驶渔船从水城门潜出，经运河星夜去本宫娘家报信，切记，路上千万小心。本宫决不亏待你，速去速回！"

"遵命！"张彪转身飞速从后宫门出去……

三

嘉王赵扩，当晚遣使来谒告赵知院："赵大人，殿下身体欠佳，这几天恐不能入朝。"

赵汝愚叮嘱来使道："明日乃是禅祭，非比寻常，事关赵宋江山大事，嘉王不可不至。"

"赵大人，小的知道了。"来使匆匆前去转达。

是日，绍熙五年（1194）甲子日，满朝文武俱到太极殿外候旨。只见嘉王赵扩，身穿白衣素服坐车辇眼泪汪汪前来。

赵汝愚忙率领百官至梓宫前，举目隐隐见太皇太后升坐珠帘之内，甚是威严。

赵汝愚急忙跪拜奏道："圣上有疾，不能执丧，臣等乞立皇子嘉王为帝，以安人心。承蒙皇上批出'甚好'二字，嗣复有'念欲退闲'御札。特请太皇太后处置。"

太皇太后道："赵大人快快请起，既有御笔，当立即奉行。"

赵汝愚躬身下拜，奏道："此事关系重大，播之天下，载之史册，不能无所指挥，请太皇太后做主。"

太皇太后道："哀家就依赵大人。"

"谢太皇太后。"赵汝愚忙将拟好的禅位诏书呈上。太皇太后接过细阅，只见写道：

> 皇帝抱恙，至今未能执丧，曾有御笔，欲自退闲。皇子嘉王扩仁孝夙成，威德兼备，可即皇帝位。尊皇帝为太上皇帝，皇后为太上皇后。

太皇太后览毕，便道："就照此施行吧。"

赵汝愚又奏请道："自今以后，臣等奏事，当取嗣皇帝进止。唯恐两宫父子，或有嫌隙等情，全仗太皇太后主张，从中调护。况上皇圣体未愈，忽闻此事，未免惊疑，乞令都知杨舜卿，提举本宫，担负责任。"

太皇太后点头称善，乃召杨舜卿至帘前，当面嘱咐道："赵大人所奏之事，请杨爱卿速速办理。"

杨舜卿躬身允诺："臣遵旨！"

太皇太后传懿旨："速诏皇子嘉王赵扩嗣位！"

赵汝愚见太后已下懿旨，就请嘉王上殿登基。只见韩侂胄和关礼挟扶太子款款走进殿来，至龙椅前驻步。

赵汝愚催促道："请嘉王就座！"

嘉王再三推辞道："卿等如此，恐害本王负不孝之名。"

赵汝愚上前谏道："天子以安社稷、定国家为孝。今朝野人人忧惧，倘有不测，将置太上皇于何地！" 说罢指挥内侍，拥嘉王入幄，改换冠服，扶出即位。见嘉王满脸愁容立而不坐，赵汝愚忙率文武百官一起跪拜，山呼万岁。

嘉王推辞再三，无奈就坐，改元庆元，史称宋宁宗。

拜毕，赵汝愚请嗣皇宁宗至灵堂哭奠尽哀，百官排班侍立殿中。宁宗衰服退出，来到东庑，内侍扶掖端坐，文武百官一起进内谨问起居。皇嗣起身行禫祭礼，礼毕退班，下诏以先皇寝殿为泰安宫，奉养上皇。

朝野闻之民心悦服，中外安然。

第二日，太皇太后下懿旨，立崇国夫人韩氏为皇后。韩皇后乃已故忠献王韩琦六世孙，当初和姐姐被先皇选入宫中服侍两宫太后，因生得花容月貌，温柔贤淑，吴太后将她送东宫侍候皇孙嘉王，始封新安郡夫人，晋封崇国夫人。其父韩同卿，系韩侂胄季父。吴太后与韩侂胄之母乃同胞姐妹，崇国夫人册封为皇后。

新皇登基，韩侂胄坐享两重皇亲国戚，异常得意。

第三日，宁宗上朝理政后回到寝宫，想起受禅之事惴惴不安，当晚召见赵汝愚、彭龟年等大臣。宁宗紧锁双眉，默坐良久说道："以前只听说朕可能被立为皇储，做梦也想不到这么快就登上皇位。朕竭力推辞未得到爱卿等同意，现在想想还心有余悸！"

彭龟年奏道："赵大人扶立陛下登基时的话，还在微臣耳边回响。这是关系到国家社稷之大事，陛下怎么能推辞呢？"

赵汝愚奏道："彭大人所言极是。太上皇重病在身不理朝政，又不肯执丧。国不能一日无君，陛下登基受百官拥护，迎合朝野民意。再说陛下是储君，太上皇重病染身，登基是早晚的事，不必过意不去。至于太上皇，陛下日后只须多尽人子之责，一片诚心侍奉父皇即可。"

宁宗点头道："两位爱卿如此说，朕忧虑顿消。"说毕，和赵、彭商议如何制定拜见泰安宫太上皇光宗的礼仪。为了表示为人子者一片纯孝之心，决定提前一天——于明日觐见父皇。

四

泰安宫的太上皇光宗，因儿子夺了他的皇位，一气恼病情更加沉重，两眼发呆，傻乎乎地瞅着宫女憨笑。清醒时，大骂扩儿不孝，未到禅让之时就夺了他的帝位，发誓绝不原谅这忤逆孽子，拒绝见宁宗；恍惚时，终日不吃不喝，疯疯癫癫胡言乱语，说自己是天上玉皇大帝下凡，来收拾大宋王朝的残局，收复被金国侵占的美好河山，迎回徽钦二帝。光宗恨煞李皇后野心勃勃干预朝政，那些主和派瘟官只顾自己升官发财，不管社稷安危，不顾百姓死活，与金主狼狈为奸，卖国求荣，害得朕壮志未酬遗恨终身，气成疯病……有时甚至满禁宫乱跑，手舞足蹈。宫女内侍见太上皇病成如此，异常尴尬：若陪同他，胡言乱语时不搭理他就勃然大怒，非打即骂；若搭理他，惧怕李太后心腹听见立即招来杀身之祸，一个个像躲瘟神似的避得远远的。待太上皇胡闹累了才一起搀扶他上龙床安睡，在背地里窃窃私语，说自己倒了八辈子霉，侍候这么个疯皇帝……

消息传到宁宗耳朵里，心痛欲绝，坐立不安，怪母后当初不该不给父皇一国之君面子，任性凶悍，吃醋霸道，独霸后宫垂帘听政已太过分，将父皇心爱的妃子一个个活活折磨死太缺德、太残忍了，害得父皇积郁成疾，如今这般年纪了还终日疯疯癫癫生不如死……每当朝罢归来，和韩皇后在寝宫说起一国之君的父皇因疯癫病常常发作，连宫女都瞧不起他时，异常伤心，泪如雨下。

韩皇后见皇上日日为此伤心忧虑，忙安慰道："太上皇久患此疾，连太医都无能为力。皇上时刻记挂也无济于事！俗话说心病要用心药医。如今太上皇的心爱之人都被母后害死，他的病看来非药石可治了。陛下忧国忧民日理万机够忙碌的，别再为太上皇多操心，保重龙体要紧！"

宁宗长叹一声道："老话说心病要用心药医，想起父皇的晚年要在这样生不如死的岁月中度过，而做晚辈的又只能眼睁睁无可奈何，朕能不伤感吗？"

韩皇后摊摊手道："陛下日日伤感又不能治愈太上皇的心病，何苦呢？还是多尽一点晚辈的孝心常去看望他！"

宁宗点头笑道："梓童所言极是，朕看来只有多尽孝多去看望他，多给他一些关怀和温暖了，让父皇感到我们对他一片孝心。今日的朝事和奏章朕都处理好了，和梓童一道去泰安宫看望父皇吧。"

韩皇后忙躬身施礼道："遵旨！"

宁宗笑道："此处是朕的寝宫，不是金殿，梓童不必如此拘礼！"

韩皇后笑道："陛下虽如此说，但家有家规，国有国法。"

宁宗笑道："梓童此言差矣，皇上、皇后也是夫妻。汝看民间夫妻多么恩爱随和，朝廷那些陈规陋矩是老祖宗传下来的，在金殿议政时非做样子不可，在这里不必用那俗套虚伪的礼节。皇后，我们立马去泰安宫！"

张公公和内侍忙准备銮舆，命御林军护驾。宁宗搀扶皇后登上龙辇凤车，众内侍一起陪同。张公公说声："起驾！"龙辇凤车缓缓启动。御林军前呼后拥，文武百官随行，一队队仪仗戒备森严，一路上鸣锣开道，好不威风热闹！

不一会儿，龙车凤辇来到泰安宫前停下。郭公公慌忙出来跪迎圣驾：

"奴婢不知万岁和娘娘驾到，有失远迎，罪该万死！"

张公公将手中拂尘一挥，笑道："郭公公快起来。今日万岁和娘娘来看望太上皇。汝速去禀报！"

郭公公急忙起身说："咱家即刻进内禀报太上皇！"飞速进内，少顷，出来俯伏在地回禀说："寝宫大门关闭，无法进内。想必太上皇身子困乏早已睡下。奴婢不敢惊动，请万岁和娘娘恕罪！"

宁宗听了，无奈只好起驾回宫。

就这样，宁宗第一次探视太上皇，和皇后无限欢喜前来，闷闷不乐而归。

第二次，宁宗和韩皇后乘坐龙车凤辇，不带随从大臣，再去朝拜泰安宫，见内宫门紧闭，无奈怏怏返回寝宫。

第三次，宁宗心里满腹委屈，气呼呼不带皇后，只乘坐龙辇，和张公公悄悄前往。谁知内宫又是大门紧闭，只好悻悻而归。

宁宗三次看望父皇俱吃闭门羹，气恨交加，加上初登大宝日理万机劳累过度，头昏目眩不能上朝理政。

赵汝愚和文武百官在金殿等候多时不见圣上到来，忧心如焚，立马和彭龟年坐轿至寝宫探视。见宁宗紧锁双眉满脸愁容，仰躺在龙床上郁郁不乐，长吁短叹。赵汝愚忙到龙榻前躬身询问："陛下龙体欠安，命太医诊治了没有？"

宁宗挣扎起身笑道："朕昨夜批阅奏章，偶冒风寒，现在好多了，不碍事。"

赵汝愚奏道："陛下若是为三次朝拜太上皇之事忧虑心烦，微臣约彭大人陪圣上再去泰安宫朝拜如何？"

宁宗异常感激，忙说："如此有劳两位爱卿！"

赵汝愚见宁宗欣然允应，心中大喜，忙和彭龟年恭请圣上起驾出宫。宁宗第四次因有赵、彭两位大臣陪同，只带两个内侍乘坐龙辇去朝拜泰安宫。

这次甚是顺利。龙辇一到泰安宫前，郭公公闻讯带了众内侍出来跪接。郭公公进内禀报出来笑道："太上皇命皇上和两位大人觐见。"

赵汝愚和彭龟年立马起身陪同宁宗进内朝拜太上皇。赵汝愚来至龙榻前,"扑通"一声跪倒在地奏道:"太上皇,万岁今日是第四次来朝拜您了。前三次未见您面,快急出病来了。圣上如此纯孝,微臣等于心不忍,故陪万岁来觐见,请太上皇恕罪!"

光宗挣扎着抬起头来,连连摆手道:"赵爱卿不必行此大礼,郭公公快替朕搀扶两位大人!"

赵汝愚起身致谢,暗示宁宗快去拜见太上皇。宁宗急忙上前跪倒在地,道:"父皇,儿臣不孝,特来请罪!"

光宗听声音异常熟悉,瞪大眼睛仔细一瞧,果然是皇儿赵扩,心里一气恼,疯癫病顿时发作,傻乎乎地问道:"汝是吾扩儿吗?"

宁宗慌忙答道:"父皇,吾是扩儿。"

光宗嘻嘻哈哈傻笑一阵儿后,命郭公公搀扶起宁宗,回头用手指着赵汝愚气呼呼道:"汝等为了谋求富贵,不先禀明,即做此事,未免太操之过急了吧?但既是我儿受禅,木已成舟,就不必说了。"

赵汝愚听太上皇如此说,顿时满腹委屈涌上心头,鼻子一酸两眶湿润,不停地顿首谢罪,因用力过猛,额角上沁满鲜血。宁宗见了心疼得犹如刀绞,几次欲张嘴替赵汝愚申诉,瞧瞧余怒未息的父皇傻乎乎一脸痴呆相,话到唇边又咽了回去。

彭龟年见此情景,"扑通"一声跪倒在龙榻前哭奏道:"太上皇,您如此说,未免太委屈皇上和赵大人了。微臣斗胆冒死进言,当初您父皇驾崩时,留丞相和赵大人多次请您出面主丧,您一再推诿……太上皇在时您不尽孝,驾崩后又拒不执丧,如此为君者千古少有!您在病中不理朝政,任由李娘娘垂帘听政,难怪先皇在病中雪上加霜!太上皇,国不能一日无君!留丞相急得束手无策才辞职一走了之。您在泰安宫养病哪里知晓,留丞相一走朝野震惊,一片慌乱!而虎视眈眈时刻觊觎我大宋半壁江山的金主却异常开心,磨刀霍霍;朝中野心勃勃胸怀叵测之人,暗暗窃喜,蠢蠢欲动……若再不立新君,我大宋王朝危在旦夕!赵大人乃宋室之后,赤胆忠心,为赵宋江山社稷日夜揪心,万般无奈才请太皇太后出面主丧,下懿旨扶立嘉王为嗣君……"

光宗听罢彭龟年声泪俱下的一番哭奏,心里一震惊,头脑也清醒了许多,嘴角激烈抖动,两眶老泪往下直掉,忙示意待在一旁的郭公公搀扶起自己慢慢走下龙榻，至宁宗、赵汝愚面前俯身一一搀扶，好言安慰……

五

次日五更三点，星星还在一闪一闪眨着眼睛时，午朝门景阳钟声早已"咚咚咚"响彻苍穹，龙凤鼓"咚咚咚"震撼四方。文武百官坐轿的坐轿，骑马的骑马，匆匆忙忙赶到金銮殿议事。

待文武百官站立两旁时，宁宗端坐在龙椅上，两眼炯炯有神扫视着两班文武大臣，目光停留在赵汝愚的脸上，朝他微微点头致意。

只听得内侍大声宣布道："万岁有旨，命赵汝愚接旨！"

赵汝愚忙出班道："微臣在！"

宁宗笑道："赵爱卿为朝廷屡建奇功，堪为满朝文武楷模。朕封汝兼权参知政事。"

赵汝愚深知留正辞相的原因，有心请他回朝，便躬身奏道："臣恳求陛下，宽恕留丞相，他在非常时期告假归田乃万不得已而为之。朝廷不能一日无宰执，请万岁下旨召回留正。"

宁宗道："准爱卿所奏，由卿拟诏立即召回留老丞相！"

赵汝愚又奏道："皇上既依微臣所奏，留正原官复任，臣乞求免去兼职。"

宁宗笑道："爱卿能在留丞相出走、满朝文武惶惶不可终日之时，不顾个人安危，挺身而出定大计于顷刻，拥扶朕登基，如此精忠报国，除前朝岳武穆外再无第二人。爱卿力保大宋社稷功勋显赫，朕破太祖载诸太庙'同姓可封王不拜相'之家规，拜汝为右丞相。"

赵汝愚吓得浑身直冒冷汗，慌忙下跪再三推辞，奏道："昔太上皇皇恩浩荡，命微臣任知院之职，尚且诚惶诚恐，时刻担心有负圣恩；今陛下给臣如此殊荣，人贵有自知之明，臣无德无能，请陛下收回成命！"

宁宗抚掌笑道："好一个人贵有自知之明！别说爱卿为我大宋屡建奇功早该重用，凭'人贵有自知之明'这句谦恭话就该拜汝为相！朕意已决，爱卿休再推辞。内侍，快授赵大人相印！"

赵汝愚力辞再三，道："微臣乃宋室宗亲，不宜为相，请陛下三思！"

宁宗不悦，道："赵爱卿若再推辞，朕要生气了！"

彭龟年赶紧出班规劝道："陛下如此信任赵大人，若再一味推辞，是为不忠了！"

众朝臣一起出班道："对对对，请赵大人快接相印！"

赵汝愚见皇上动怒，满朝文武力劝，想起大丈夫应以天下为己任，便欣然接受相印道："臣领旨，谢万岁隆恩！"

留正回朝后，赵汝愚乞求免去兼职，宋宁宗不许，仍为右丞相，与留丞相一起治理朝政。

没数月，光宗驾崩于泰安殿，举国哀悼，宁宗亲执丧事。

一日早朝，宁宗提出将太上皇暂葬木赞宫。

赵汝愚急忙出班奏道："陛下，此举不妥。微臣以为，木赞宫非永久制度，建议改葬卜陵。"

留正奏道："眼下百废待举，国事繁忙，陛下提出将太上皇暂葬木赞宫，虽是权宜之计，微臣以为未尝不妥。"

赵汝愚坚持己见，奏道："如今草草安葬，日后再移葬卜陵，对太上皇有不敬之嫌。更何况太上皇生前对陛下有成见众所周知，今如此草率，恐引起蜚语……"

宁宗见两位丞相意见不合，忙改换口气说："太上皇安葬之事，由两位丞相商议再定。"说毕宣布退朝。

下朝后，赵汝愚再到留相府商议，留正仍坚持己见，冷冷地说："圣上这个建议是根据目前国情反复考虑提出来的，虽是权宜之计，但甚有道理。赵大人不顾一切定要改葬卜陵，太不善变通了！汝在朝堂上当着满朝文武的面如此说话，害圣上有失龙颜不说，我们为臣子的是否有点太不尊重一国之君的皇上？"

赵汝愚申辩道："圣上提出建议让我们讨论，有不同意见很正常，下官认为并无对圣上不尊，反而说明圣上在努力发扬唐朝太宗皇帝善于纳谏的优良美德，值得庆贺！"

留正频频摇头，仍坚持己见："我们做臣子的，今后在朝廷处理任何事情，要尽量顺着皇上的意图去办，不能违背旨意，别出心裁另搞一套！"

赵汝愚听了大失所望，做梦想不到昔日令自己异常崇拜敬佩的留丞相，如今一下野竟然变得如此谨小慎微无所作为……心想与其再争论自讨没趣，不如回到府邸抓紧写奏章婉言劝说皇上收回成命，想到此和颜悦色地对留正道："留丞相，此事让圣上自己反复掂量做出决定吧，下官告辞了。"说罢起轿回府。

不久，朝中传出消息，韩侂胄见留、赵两位丞相不和，趁机离间留正。致使留正对赵汝愚心存猜忌，甚至怨恨结仇。宋宁宗得知异常忧虑，听从韩侂胄建议，将留正调出京城去建康（今南京）任知府之职。赵汝愚得知后惋惜不已……

第十五章 荐贤报皇恩

一

赵汝愚官居相位后,严于律己,宽以待人,学务有用,常以司马光、富弼、韩琦、范仲淹自期,竭力提倡广开言路,招纳天下贤才;下朝后常和宁宗在寝宫商讨治国之策,有时在御花园弈棋,议论晋朝陈寿的《三国志》。

一日,君臣在御花园弈棋。弈了一会儿,又谈论起《三国志》故事来。宁宗笑道:"朕昨夜读我朝名艺人霍四究的评话本《三国故事》,深受启迪,浮想联翩。东汉末年,宦官专权,灵帝昏庸,以致群雄割据,天下大乱,战争纷繁。最使朕刻骨铭心的是曹操煮酒论英雄的故事。衣带诏败露后,刘皇叔无奈行韬晦之计,日日在后院种菜。一日,曹操命许褚、张辽前去邀请刘备赴宴。酒至半酣,曹操乘着酒兴突然问道:'玄德久历四方,必知当世英雄,请试言之。'刘备曰:'备肉眼安识天下英雄!'曹操曰:'休得过谦。'刘备曰:'备叨恩庇,得仕于朝,天下英雄,委实不知。'曹操曰:'既不识其面,亦闻其名。'刘备无奈,就列举淮南袁术、河北袁绍、荆州刘表、东吴孙权和益州刘璋等。曹操鼓掌大笑曰:'此等碌碌小辈,何足挂齿!'刘备曰:'舍此之外,备实不知。'谁知曹操却说:'今天下英雄,唯使君与操耳!'刘备闻言,吓得手中匙箸失落于地。"

赵汝愚见圣上对《三国故事》里的刘皇叔甚感兴趣,就趁机借题发挥,大讲广纳人才对振兴江山社稷的重要性,灵机一动奏道:"陛下,刘备和曹操,谁更有能耐?"

宁宗笑道:"那自然是曹操!曹操虽是乱世之奸雄,却是治世之能臣,世人公认的政治家和军事家。"

赵汝愚笑道:"陛下如此说,是重曹轻刘也。微臣以为,此二人都很了不起：刘备是靠母亲贩卖草鞋、织席为生寄人篱下的寒门子弟；曹操则不然，他出身豪门，虽早已没落，开始时军力较弱，但毕竟百足之虫死而不僵，祖父辈的门生故吏遍天下。二人俱是东汉末年一代枭雄，后来三分天下各得其一。究其原因，主要靠'爱才如渴''唯才是举'这八个字。曹操用人不讲门第，唯才是用，因此帐下谋士云集，群英荟萃；刘备更是如此，他爱才如命，求贤若渴。'衣带诏事件'后，刘备被曹操一路追杀狼狈逃窜，无奈投靠荆州刘表暂居新野。司马徽向他首荐名士徐庶，再荐有经天纬地之才的诸葛亮。刘备三顾茅庐，感动孔明隆中决策，出山后帮他取得三分天下，建立蜀国。微臣纵观历朝有作为的明君，无不爱才如渴，广纳天下英才！"

宁宗听了深有感悟，笑道："朕听丞相一席话，胜读十年书！"

赵汝愚笑道："陛下过奖了。万岁乃当今英明天子，颖悟过人。不过……"

宁宗笑道："此乃御花园，丞相有话不妨直言。"

赵汝愚奏道："陛下如此器重微臣，微臣肝脑涂地唯恐不能报答陛下隆恩之万一。欲使我朝复兴，非学刘、曹广纳天下英才不可！"

宁宗笑道："爱卿所言极是，自古开创江山靠武将，治理江山赖文臣。丞相是太上皇钦点的一甲一名进士，知识渊博，阅历深广，自然广识天下英才吧？"

赵汝愚回道："圣上过奖了，微臣略知一二。"

宁宗笑道："请丞相一一道来。"

赵汝愚如数家珍，一一介绍："方今天下，文武全才的有周光宗、金一麟等，陛下早已重用。才高八斗的有张栻、吕祖谦、汪应辰、王十朋、林光朝、李焘、胡铨……"

宁宗笑道："丞相列举的这些高才，朕也听说过，即刻写手谕，请丞相替朕一一请来。但朕今日请丞相来御花园，要问的是有经天纬地之才的名士！"

赵汝愚竖起一个指头道："陛下所说的名士，微臣知道一位。"

宁宗忙问道："此人姓甚名谁，祖居何处？爱卿快告诉朕！"

赵汝愚答道："姓朱名熹，字元晦，号晦庵，乃徽州婺源人氏。"

宁宗又问道:"请问此人的家庭背景和学识如何?最擅长什么?"

赵汝愚奏道:"朱先生祖上出自'吴郡朱氏'一支,乃江南有名的世家大族。此人精通二程理学……"

宁宗大喜:"江南有此名儒,乃我朝之洪福也,朕立马拟写诏书,托赵爱卿替朕请他来京!"

赵汝愚连忙起身道:"微臣遵旨!"

二

赵汝愚回府奉旨写好名单,命赵汝拙、赵汝鲁手持御谕,照名单上的住址分别往各处一一邀请。不数日俱陆续应诏,前来辅佐新君,以报答宁宗对自己的知遇重用之浩荡隆恩。至庆元元年(1195)冬天,除朱熹借年老有病未奉诏赴任外,其余都欣然来京就职。

一日,赵汝愚在书房为好友朱熹拒不奉诏之事苦思对策。想起朱熹是个出了名的孝子,乾道五年(1169)其母祝老夫人病危时再三叮嘱儿子:"自古伴君如伴虎,吾死之后汝切勿进京为官。"故遵母训隐退乡下。后来因忧国忧民,曾分别在绍兴三十二年(1162)、淳熙十五年(1188)、淳熙十六年先后应诏给先皇孝宗上过《壬午应诏封事》《戊申封事》《己酉拟上封事》三道奏疏,谁知先皇俱未采纳,因此心灰意冷,发誓不再进京为官。如今他已六十五岁高龄,在漳州任知府,吾若前去请他出来辅佐,定遭其坚拒。想起自己已答应皇上请挚友出山,急得坐立不安,茶饭不思。挨至晌午时分,李玉莲见丈夫迟迟不来用膳,便把热腾腾香喷喷的饭菜装在精致饭匣里送到书房。一进门见丈夫在忧心忡忡来回踱步,苦思冥想一筹莫展,放下饭盒笑道:"自老爷身居相位以来,在朝日理万机,朝罢归来替皇上批阅奏章,从无片刻空闲。这几日又夜不能眠,饮食锐减,日渐消瘦,为妻看在眼里痛在心里。朝中到底出了甚棘手难办之事,快告诉为妻,若能出绵薄之力,也好为老爷分忧!"

赵汝愚紧皱双眉道:"此事不比朝中之事,异常棘手难办!"

李夫人十分诧异地问道:"此事比处理国家大事还要棘手难办,为妻却不信,请老爷详说原委。"

赵汝愚见夫人甚是关切，于心不忍，便将皇上求贤若渴，托自己请朱熹出山辅佐，谁知数次命人前去邀请，俱遭其借故推脱之事一一述说。李夫人听了用手指着赵汝愚的脑袋笑道："老爷真是聪明一世，懵懂一时！"

赵汝愚异常惊讶地问道："夫人此话何意？"

李夫人笑道："老爷日日挑灯夜读《孙子兵法》，却忘了兵法云'遣将不如激将'！"

赵汝愚心有灵犀一点通，抚掌笑道："夫人所言极是，但不知这'激将法'如何用之？请道其详！"

李夫人笑道："此事不难，老爷快附耳过来。"

李夫人如此这般一说，把个愁云笼罩的赵汝愚乐得心花怒放眉开眼笑，竖起大拇指开玩笑说："此计妙极！想不到堂堂须眉不及裙钗！"

李夫人羞红了脸，笑道："老爷又要如此取笑了。为妻见汝近日愁眉不展，茶饭不思，夜来又转辗反侧难以入眠，因此揪心。见床边案桌上有一《孙子兵法》，随手拿来翻阅，看着看着眼前一亮，一番沉思才有此想法。现难题已迎刃而解，饭菜快凉了，请老爷抓紧用膳！"

赵汝愚拿起碗筷笑道："为夫遵命！"说罢将匣中饭菜狼吞虎咽吃了个风卷残云。

赵汝愚一用好晚餐就上床呼呼酣睡。

第二天旭日临窗时，赵汝愚飞速起床梳洗。见时已不早，忙叫醒二弟汝鲁胡乱用了点早餐，备了一份厚礼急忙雇船直奔漳州（今福建漳州市）。

赵汝愚恨不得插翅顷刻飞到好友身边，好早日完成皇上交付的使命回京复旨。一路上昼夜兼程还不时催促船家用力摇橹。船老大见他如此心急，忙叫两个儿子用木桨在船舷两边使劲挥划。只听得"哗哗哗"水响，那客船如箭离弦向前飞驶。

第三日中午抵达福建南部，漳州已遥遥在望。到达目的地一靠岸，赵汝愚付了船家一笔重金后，和赵汝鲁带了礼品，忙跟过往行人打听清楚路径，大步流星飞奔朱府。至大门口呈上名帖，家丁见是主人要好的故友远道来访，急忙进内禀报。赵汝愚左顾右盼，迟迟不见好友出来迎接，想起自己因政务繁忙脱不开身，今日终于盼来机会不远千里来看望，谁知胜如同胞手足的挚友这次却如此冷淡……正在胡乱猜疑时，忽听得脚步声响，抬头循声望去，只见嫂嫂刘氏在丫鬟的搀扶下，满脸堆笑前来迎接。

刘夫人笑道："多年不见，叔叔两鬓染霜了。今日突然来访，无事不登三宝殿吧？"

赵汝愚笑道："嫂嫂，吾皇命在身，有事来请元晦出山，他人在何处？"

果然不出所料，刘夫人听罢故技重演，起身摊摊手为难地说："说来甚是抱歉。夫君自婆婆去世后，一来日夜要在坟堂守孝，二来他这几年身体每况愈下、力不从心，三来夫君对仕途甚是厌倦，欲早日退隐林下。有上述三个原因，汝大哥无意进京为官，请叔叔原谅……"

当赵汝愚问起朱熹近来病情如何时，刘夫人眼泪汪汪道："叔叔，汝是知道的，你大哥是个孝子，当初婆婆身染重病，唯恐我照料不周，延医诊治熬药端汤三餐茶饭之类的杂事他一手包揽，不让我沾边。因长期劳累过度，哮喘病复发，经常咳嗽。婆婆过世后，老爷忙于操办丧事，加上伤心太过，身体越来越差。近来咳嗽得越发厉害，竟然发展到一病不起……"

赵汝愚异常担心地问道："大哥身体如此欠佳，嫂嫂有否请郎中替他诊疗？"

刘夫人摊摊手道："为嫂遍访漳州名医，汝大哥之病却总不见愈。如今告假在家养病，我正日夜为他揪心呢！"

赵汝愚眨眨眼睛示意赵汝鲁取出礼品，然后对刘夫人笑道："这是小弟送大哥的一些滋补薄礼，不成敬意，请嫂嫂笑纳。"说罢命赵汝鲁一一交于刘夫人。

刘夫人说什么也不肯收。赵汝愚佯装生气道："京城与漳州相隔甚远，小弟公务繁忙脱不开身，自上次伯母仙逝吊唁一别，已有数载。大哥身体一直欠佳，小弟一点也不知晓。俗话说，千里送鹅毛礼轻情意重，这区区薄礼，务必请嫂嫂收下。"

刘夫人连连摇手道："叔叔送这么多贵重礼品，我怎么好意思收下！"

赵汝愚佯装生气道："嫂嫂若再不收，小弟只好跪求了……"

刘夫人见了，急忙使劲摇手，笑道："既如此，恭敬不如从命，嫂嫂代汝大哥收下就是。"

赵汝愚拱拱手请求道："小弟想去看望大哥，请嫂嫂引见。"

刘夫人笑道:"叔叔送了那么多汝大哥爱吃的滋补贵重礼品,嫂嫂转达就是,汝公务缠身,看望就不必了。"

赵汝愚笑道:"要好弟兄多年不见,到了漳州哪有不见之理?"

刘夫人不好意思地道:"为嫂忙于服侍你大哥,顾不上整理打扫,卧室脏乱不堪……"

赵汝愚笑道:"我们两家是至交,不是外人。小弟想哥哥想得好苦,求嫂嫂快替吾引见!"

刘夫人无奈在前面领路,来到卧室门口大声对内说道:"汝大哥正睡着,叔叔在此稍待,嫂嫂先去叫醒他。"说罢急忙进内。

少顷,刘夫人出来,笑道:"汝大哥已起床,请叔叔进去。"

赵汝愚、赵汝鲁随刘夫人进卧室,见里面异常洁净,不由得生出疑心:嫂嫂方才说没时间整理脏乱不堪,却洁净得如此一尘不染,莫非其中有诈……再打量整个卧室,各式家具摆放得恰到好处,各种起居用具整理得井井有条,三面靠墙俱是书架,上面摆满各种线装古籍;室内古董、名人字画应有尽有,越看越觉得事情异常蹊跷。

此时,朱熹已披衣仰躺在床上,一见阔别多年的好友突然来访,抑制不住内心的狂喜,异常激动地指指床前的太师椅示意赵汝愚快坐下喝茶,干咳了几声说:"贤弟路远迢迢来看望愚兄,还送这么多贵重礼品,真是感激不尽,多谢多谢!"

赵汝愚忙起身摇手道:"大哥病后身体虚弱,快躺下说话。小弟这几年朝事缠身没来看望,请大哥多多原谅!"边说边仔细端详朱熹,发现他虽头包白布,却掩盖不住满脸红润往外透,精神焕发好风采,叙了两个多时辰的旧,只不时干咳,却始终不见他吐一口痰,顿时一切都明白了,方才嫂嫂说大哥病重卧床,原来是演戏给吾看,怪不得一说起要来卧室看望,嫂嫂就表情特别不自然。说什么顾不上整理打扫,卧室脏乱不堪,原来是糊弄于吾,亏得我非要进来不可,才识其庐山真面目……待吾来个投石问路看他再如何伪装。想到此,忙从公文包里掏出一卷黄布,用手指指圣旨道:"小弟这次是奉圣上之命而来,这是皇上亲笔手谕,请大哥接旨!"

朱熹用手指指身子道:"恕愚兄重病在身,不能起身接旨,让你嫂嫂代接吧。"

刘夫人点点头，忙吩咐丫鬟梅香取来香烛点燃，跪接圣旨。

赵汝愚突然拍手大笑。

朱熹异常纳闷，问道："汝嫂嫂代接圣旨，贤弟为何发笑？"

赵汝愚道："我笑大哥装病骗吾，骗技不高漏洞百出……汝身体明明好好的，为何要哄骗我？"

朱熹生气道："贤弟这话就不中听了。愚兄咳嗽得如此厉害，卧病在床已有数月，说吾装病骗汝，想不到如今做了大官，说话反不如以前通情达理？真令人寒心！"

赵汝愚笑道："大哥忘了小弟曾经说过，吾祖父早年拜师学医精通医术，小弟受其熏陶也略懂医道，汝那破绽百出的装病劣技，骗得了别人，却骗不过我这双慧眼，世上哪有哮喘重症之人光干咳不吐痰？嫂嫂说汝病后身体异常虚弱，汝却脸色如此红润精神焕发，岂非欲盖弥彰弄巧成拙？大哥已不打自招，还骗小弟作甚？"

朱熹苦笑着自我解嘲道："愚兄自以为装得天衣无缝，还是逃不过汝这双精通医道的'火眼金睛'！"

刘夫人只好解释说："汝大哥厌倦了官场的尔虞我诈，惧怕宦海风波险恶，牢记慈母遗嘱，怕有朝一日被那宦海狂澜葬送了一世英名，故做梦都想及早抽身过田园生活。见叔叔远道来访，定是请他出山，故出此下策，请叔叔原谅！"

赵汝愚笑道："这次是嘉王赵扩登基，新皇礼贤下士，求贤若渴。现今非昔比，阳光灿烂，前程如锦！"

朱熹仍不断摇头："汝嫂嫂方才说，愚兄厌倦了官场的尔虞我诈，不想再卷入宦海的狂澜！"

赵汝愚见自己磨破了嘴皮好友仍不领情，想起临走时夫人所说的激将之计，便叹了一口气道："吾原以为兄长有济世之才，想不到徒有虚名，不敢出山啊！"

朱熹一听果真有点不悦道："别人说吾空有才名，情有可原，连贤弟也如此说，有点过分了吧！"

赵汝愚瞧朱熹满脸的不高兴，见自己激将之计已奏效，怕火候不到"煮夹生饭"，趁机再添几把"柴草"，佯装生气道："大哥徒有经天纬地之才，反怪我太过，而小弟千里迢迢奉诏前来请汝出山，却故意装病骗吾……"

"你……"朱熹见挚友越说越不像话，不由得恼羞成怒，"你我相处多年，我把汝作为知己挚友，谁知你……真是路遥知马力，日久见人心！"

赵汝愚听了哈哈哈大笑起来。

朱熹见状，方知中了赵汝愚的激将之计，苦笑道："看来这次愚兄是躲不过了，好在新皇登基，挚友为相，赵贤弟不远千里亲自登门来请，再不复出自己想想也过意不去了。那就再做一回弄潮儿吧！"

三

第二日早朝，赵汝愚陪朱熹在午门外候旨。宁宗闻报，忙传旨："宣朱熹上殿见驾。"

朱熹忙整整衣冠随赵汝愚上殿，跪在丹墀请罪道："陛下皇恩浩荡，微臣年迈体衰奉诏来迟，罪该万死！"

宁宗忙起身下阶搀扶道："朱爱卿身体欠佳，晚来几日何罪之有，快快请起！"

朱熹起身拱手致谢道："陛下乃年轻有为英明天子，一国之君如此礼贤下士，命赵丞相不远千里赴闽宣召，老臣感激不尽，愧疚万分！"

宁宗笑道："朱爱卿不必过谦。朕久慕汝乃江南名儒，博学多才，精通二程理学，早晚欲聆听先生教诲久矣！今爱卿奉诏来京，大慰朕平生之愿，特封汝为焕章阁待制兼侍讲！"

朱熹感激涕零，再次叩首谢恩："谢万岁！"

一日早朝罢，宁宗命内侍宣召朱熹至寝宫议事。朱熹不敢怠慢，忙备轿火速前往。君臣寒暄几句后，宁宗问道："朕今日朝罢和赵丞相去太庙祭拜列祖列宗，想起太祖开创我大宋基业，功高盖世，来之不易。不料靖康元年金国起兵南侵，掳我先皇。如今山河破碎，恢复中原之梦难圆。赵丞相等老臣在内外交困多事之秋扶助朕登基，朕深感责任重大，日夜忧虑。请教爱卿，朕如何当好一国之君使家国日益强盛，长治久安，让黎民百姓安居乐业？"

朱熹奏道："老臣昨日朝罢回府，为此事想了许久，写有一奏章，请陛下过目。"说罢呈上奏章。

宁宗接过展开一看，只见写道：

臣之辄以陛下之心为天下之大本者，何也？天下之事，千变万化，其端无穷，而无一不本于主之心者，此自然之理也。故人主之心正，则天下之事无一不出于正；人主之心不正，则天下之事无一得由于正。盖不唯其赏之所劝，刑之所威，各随所向，势有不能已者。而其观感之间，风动神速，又有甚焉。是以人主以渺然之身，居深宫之中，其心之邪正，若不可得而窥者。而其符验之著于外者，常若十目所视，十手所指，而不可掩，此大舜所以有"惟精惟一"之戒，孔子所以有"克己复礼"之云，皆所以正吾此心，而为天下万事之本也。此心既正，则视明、听聪，周旋中礼，而身无不正。是以所行无过不及，而能执其中，虽以天下之大，而无一人不归吾之仁者。

然邪正之验著于外者，莫先于家人，而次及于左右，然后有以达于朝廷而及于天下焉。若宫闱之内，端庄齐肃，后妃有关雎之德，后宫无盛色之讥，贯鱼顺序，而无一人敢恃恩私以乱典常，纳贿赂而行请谒，此则家之正也。退朝之后，从容燕息，贵戚近臣，携仆奄尹，陪侍左右，各恭其职，而上悍不恶之严，下谨戴盆之戒，无一人敢通内外，窃威福，招权市宠，以紊朝政，此则左右之正也。内自禁省，外彻朝廷，二者之间，洞然无有毫发私邪之间。然后发号施令，群听不疑，进贤退奸，众志咸服，纪纲得以振，而无侵扰之患；政事得以修，而无阿私之失。此所谓朝廷百官、六军万民，无敢不出于正而治道毕也。心一不正，则是数者，固无从而得其正；是数者一有不正，而曰心正，则亦安有是理哉？是以古先圣王，兢兢业业，持守此心，虽在纷华波动之中，幽独得肆之地，而所以精之一之，克之复之，如对神明，如临渊谷，未尝敢有须臾之息。然犹恐其隐微之间，或有差失而不自知也。是以建师保之官，以自开明；列谏诤之职，以自规正。而凡其饮食、酒浆、衣服、次舍、器用、贿赂，与夫宦官、宫妾之政，无一不领于冢宰之官，使其左右前后，一动一静，无不制以有司之法，而无纤芥之隙，瞬息之顷，得以隐其毫发之私。

　　盖虽一人之尊，深居九重之邃，而懔然常若立乎宗庙之中，朝廷之上。此先王之治，所以由内及外，自微至著，精粹纯白，无少瑕翳，而其遗风余烈，犹可以为后世法程也。陛下试以是而思之，吾之所以精一克复，而持守其心者，果尝有如此之功乎？所以修身、齐家而正其左右者，果尝有如此之效乎？宫省事禁，臣固有不得而知者，然不见其形而视其影，不睹其内而占其外，则爵赏之滥，货赂之流，闾巷窃言，久已不胜其籍籍矣。臣窃以是窥之，则陛下之所以修之家者，恐其未有以及古之圣王也。以上言修身齐家，未能出于一正。至于左右便嬖之私，恩遇过当，往者渊、觌、说、抃之徒势焰熏灼，倾动一时，今已无可言矣。独有前日臣所面奏者，虽蒙圣慈委屈开譬，然臣之愚，终窃以为此辈但当使之守门传命，供扫除之役，不当假借崇长，使得逞邪媚，作淫巧于内，以荡上心；立门庭、招权势于外，以累圣政。而其有才无才，有罪无罪，自不当论。况其有才适所以为奸，有罪而不可复用乎？且如向来主管丧事、钦奉几筵之命，远近传闻，无不窃笑。臣不知国史书之，野史记之，播于外国，传于后世，且以陛下为何如主也？纵有曲折如前日所以谕臣者，陛下亦安能家置一喙而人晓之耶？刑余小丑，不比人类，顾乃荧惑圣心，亏损圣德，以至此极，而公卿大臣，拱手熟视，无一言以救其失。臣之痛心，始者惟在于此。比至都城，则又知此曹之用事者，非独此人，而侍从之臣，盖已有出其门者。

　　宁宗览毕频频点头，龙心大悦，当即称赞道："朱爱卿的奏章说到朕心里去了，今后酌情一一对照，多加采纳。"

　　宁宗阅了奏章，为何如此夸奖朱熹？俗话说新官上任三把火。原来朱熹早洞察宁宗的宏愿。宁宗年轻有为，初登大宝雄心勃勃，决心改变前几代君皇屈辱求和的国策，发誓恢复中原，光复河山，急忙挑灯夜战拟写此奏章。赵扩一登基就重用贤士，广纳谏言，努力开创庆元之治的良好开端。作为帝皇之师的朱熹，自然异常欣慰，暗暗发誓好好引导圣上走令朝野子民满意的理想正道，让满朝文武刮目相看。朱熹一进京，南宋王朝就立马焕然一新，欣欣向荣。用事实证明，君明臣贤定能治理好国家，让黎民百姓过上幸福安乐的好日子，让朝野安然。为此，朱熹熟读司马迁的《史记》，潜心研究，总结前朝君皇的成败经验，对宁宗先提出"天下之大本者，陛下之心也"，即"君心正"的目的要求。为了达到这个基本目的，朱熹又列举了怎样做到"君心正"的五条标准。

其一，君心正，皇帝就会兼听兼信，目明耳聪，言行合乎君王的法度、礼仪、道德。其二，君心正，则宫闱之内的家人，就会"端庄齐肃"，言论、行动、仪表合乎规范、标准，后妃有美德，乐而不淫，哀而不伤；后宫没有使人可以嘲笑、讥讽的口实，不恃恩乱典。其三，君心正，左右贵戚近臣，就会尽职尽责不会因君主的威严而感到可恶，也不会使黎民百姓因"贵戚近臣"而对君主有"戴盆望天"之感，从而没有谁因与君主的关系而敢作威作福、招降纳叛、结党营私，搞乱朝政秩序。其四，君心正，朝廷之臣、衙门之官就不会有"毫发私邪"，从而君臣一体，众志咸服。贤进奸退、法制有序、赏罚得当，不营私舞弊，政治清明。其五，君心正，即有了天下大治的基础，"百官、六军万民，无敢不出于正"，即言行就有法定标准可以遵循，从而达到天下大治的局面。

宁宗对朱熹针对上述"君心正"的内容和标准，最后以古之先贤圣王的言行来检验告诫自己，并直陈朝政得失，指出"师保之官"与"谏诤之职"对于一国之君的师教和监督作用，以保证君主的言行合乎圣贤的遗训，从而随时匡失规正之说十分赞赏。从此对朱熹倍加敬重，凡遇难于决断的大事必先请教朱熹和赵汝愚。

一日，宁宗因太子赵询被心术不正的朝臣诱惑撺掇，犯了不可饶恕的罪行，想废黜他另立太子，杨贵妃夜夜在枕边哭闹，一时无计可施异常烦恼，下朝后猛然想起朱熹，忙命内侍召他来寝宫请教对付之策。

朱熹对此事早已了如指掌，等宁宗开口问计时，胸有成竹地答道："金无足赤人无完人，太子也不例外。陛下应从赵询一案吸取教训。至于立哪个王子为东宫太子，此乃皇室家事，微臣不便参与。"

宁宗道："朕和太后、皇后商量过，决定立赵询为储君。朕今后如何吸取教训，使储王不受蛊惑误入歧途，请爱卿教我！"

朱熹不假思索侃侃而谈："夫太子，天下之本，其辅翼之不可不谨，见于《保傅传》者详矣。陛下圣学高明，洞贯古今，宜不待臣言而谕。然臣尝窃怪陛下所以调护东宫者，何其疏略之甚也。由前所论而观之，岂非所以自治者，犹未免于疏略，因是亦以是为当然而不之虑耶！夫自王十朋、陈良翰之后，宫僚之选，号为得人而能称其职者，盖已鲜矣。而又时使邪佞、儇薄、阘冗、庸妄之辈，或得参错于其间，所谓讲读，闻亦姑以应文备数，而未闻其有箴规之效。至于从容朝夕，陪侍游燕者，又不过使臣宦者数辈而已。皇太子睿性夙成，阅理久熟，虽若无待于辅导，然人心难保，气习易污，习于正则正，习于邪则邪，此古之圣王教世子者，所以必选端方正直、道术博闻之士与之居处，而又使之逐去邪人，不使见恶行。盖常谨之于微，不待其有过而后规也。今三代之制虽不可考，且以唐之六典论之。东宫之官，师傅宾客既职辅导，而詹事府、两春坊，实拟天子之三省，故以詹事庶子领之，其选甚重。今则师傅宾客既不复置，而詹事庶子有名无实，其左右春坊，遂直以使臣掌之，何其轻且亵之甚耶！夫立太子而不置师傅宾客，则无以发其隆师亲友、尊德乐义之心，独使春坊使臣得侍左右，则无以防其戏慢媟狎、奇邪杂进之害此已非细事矣。至于皇孙，德性未定，闻见未广，又非皇太子之比，则其保养之具，尤不可以不严。而今日之官属尤不备，责任尤不专，岂任事者亦有所未之思耶！谓宜深诏大臣，讨论前代典故，东宫除今已置宫外，别置师傅宾客之官，使与朝夕游处，罢去春坊使臣，而使詹事庶子各复其职宫中之事，一言之人，一令之出必由于此而后通焉。又置赞善大夫，拟谏官以箴阙失，王府则宜稍放六典亲王之制，置宾友咨议，以司训导；置长史司马，以总众职。妙选耆德，不杂他材，皆置正员，不为兼职，明其职掌，以责功效，则其官属已略备矣。陛下又当以时召之，使侍燕游，从容启迪。凡古先圣王正心、修身、平治天下之要，陛下之所服行而已有效，与其勉慕而未能及，愧悔而未能免者，倾倒罗列，悉以告之，则圣子神孙，皆将有以得乎陛下心传之妙，而宗社之安，统业之固，可以垂于永久而无穷矣。此今日急务之一也。"

宁宗边听边啧啧赞叹，对朱熹强调辅翼太子对治理国家的重要性异常赞同，笑道："爱卿指出在辅翼太子问题上的种种弊端与提出革除这些弊端和辅翼太子的具体措施，乃是至理名言，特别对太子同普通人一样，近朱者赤，近墨者黑'的反复论证，提出如何辅翼太子的具体措施，朕字字熟记于心，日后施行。"

一日闲暇无事，宁宗在寝宫翻阅汉朝史学家司马迁的《史记·刘敬叔孙通传》，忽然眼前一亮忍不住读出声来：

太子天下本，本一摇天下震动。

宁宗如获珠宝，赶紧用纸笔记下，反复研读，频频点头，心想，怪不得历朝帝皇对培养储君如此重视，称太子为国本、大本，原因在此。《唐大诏令集》上说："建立储嗣，崇严国本。"唉，朕日夜忙于治理朝政，哪有这么多时间亲自去教诲皇儿啊！猛想起朱先生上次对自己曾再三强调辅翼太子对治理国家的重要性，赵爱卿说他曾多次开馆教授门生，擅长教学，桃李满天下。既然他腹中装的都是教育门生的好方法，朕何不请他来亲自调教皇儿，使其各方面有所长进，早日长成参天大树，不枉我一片爱子之心。想到此，当即命内侍去朱府密召朱熹。

朱熹见召，不敢怠慢，忙命家丁备轿赶往寝宫。行罢君臣大礼小心翼翼地问道："陛下今日宣召微臣进宫，有何要事相商？"

宁宗道："朕这几天朝罢归来翻阅《史记·刘敬叔孙通传》和《唐大诏令集》，方知朱爱卿所说乃金玉良言，辅翼太子是何等重要，朕国务繁忙，教诲太子分身无术，欲物色一位大臣兼任太子侍讲，思来想去非朱先生莫属。望朱爱卿万勿推辞！"

朱熹受宠若惊，急忙跪地谢恩："微臣对陛下知遇之恩万分感激，正恨无机会报答浩荡之隆恩！"

宁宗笑道："如此甚好，朕就把皇儿托付给爱卿，望爱卿从严教诲，有什么事及时禀报朕。"

朱熹奏道："微臣定竭尽全力做好太子侍讲，让陛下放心！"

宁宗异常开心，道："朱爱卿如此说，朕高枕无忧矣！"

第十六章　廉政拒跑官

一

宁宗初执政，重用贤士能人，君臣齐心勤于朝政，庆元年间呈现盛世气象。

宁宗大喜，下诏于正月十五元宵佳节在西湖举行龙舟赛，大放花灯，与民共乐，普天同庆。

是日，碧空万里，艳阳高照，西湖龙舟竞渡，沿湖观看者人山人海，热闹非凡。夜幕降临皓月当空时，临安府城内，凤凰山下，西湖之滨，华灯齐放，如同白昼，到处游人如织，盛况空前。

君臣开心过后，静下心来齐集永安殿商议下一步国策。

宁宗深知自己的帝位来之不易，全仗赵丞相等一班股肱大臣竭力拥戴扶助之力，才得以成为一国之君，今后治国安邦巩固帝位还得依靠这几位忠于自己的元老功臣，当即命丞相赵汝愚对参与定策者论功行赏。

这本是赏罚分明调动有功之臣积极性的大好事，谁知圣旨一下，朝中立马掀起轩然大波！

这天早朝后，工部尚书赵彦逾回到府邸暗暗得意，心想，自己在这次定策内禅中立下大功，圣上下旨命丞相犒赏功臣，官位定能大大往上提升，赶紧准备一份厚礼，坐轿带了礼品兴冲冲去相府拜访赵汝愚。呈上名帖，门人见是赵尚书，不敢怠慢，急忙进内通报。赵汝愚打开正门出接，牵了赵彦逾的手进客厅，命赵兴开座泡茶。寒暄几句后，赵彦逾送上一盒盒贵重礼品，有出自高丽国的人参、本国霍山的赤芝、云南的野生蜂蜜，还有喜马拉雅山的冬虫夏草……赵汝愚见了甚是惊诧，埋怨道："赵大人来看望下官，送这许多贵重礼品作甚？"

赵彦逾满脸堆笑道："区区薄礼不成敬意，请丞相笑纳。"

赵汝愚笑容顿失，气呼呼道："赵大人，《庄子》云，君子之交淡若水。你我同是赵姓本家，又都是知院同僚，送礼就见外了。"

赵彦逾赶紧赔笑解释道："下官见赵丞相为朝廷日理万机，身体日渐消瘦，健康状况大不如前。这些东西是亲家送给老夫的，老夫身子骨硬朗用不着，转送丞相补补身体。"

赵汝愚拍拍胸脯笑道："赵大人别看下官身子瘦弱，俗话说千金难买老来瘦，吾身体康健得很，用不着滋补，请大人悉数带回去。"

赵彦逾压低声音笑道："今日早朝圣上下旨对参与定策文武大臣论功行赏。下官自思论功劳虽不及丞相，但也竭力而为，请丞相看在你我既是本家世交，又是要好同僚的情分上，给下官擢升一个理想职位……"

赵汝愚心里甚是气愤，姓赵的带了那么多贵重礼品来看望我，原来另有所图……真是知人知面不知心，居然把我当作利欲熏心的贪官，真是岂有此理！忙起身笑道："这礼品下官决不能收，请赵大人带回去。老同僚已是二品朝廷要员，老夫加封你端明殿学士，出任昆州（今云南昆明）制置使兼昆州知府如何？"

赵彦逾一听大失所望，急忙拱手道："丞相，昆州太偏远，请您通融通融换个地方，官位再往上提升……"

赵汝愚见同僚如此贪婪，嘴上不说，心里却在严厉斥责：赵大人啊赵大人，你太贪心啦，加封你地方兼职还挑肥拣瘦如此挑剔，你是皇室宗亲，脑子里只想自己的官职往上升，怎么不考虑朝廷目前的艰难处境？吾得设法婉言说服他。把双手一拱规劝道："赵大人，这次论功行赏，圣上规定赵氏宗室除外。你我不该言功。"

"不该言功？"赵彦逾惊愕得一双鱼泡眼瞪得圆溜溜的，你已身居相位，威极群臣，除了圣上没人能和你攀比。可下官是小小工部尚书！越想越气，忍不住大声嚷嚷道，"若下官不替老兄借来浩荡东风，丞相您的'火烧赤壁之战'能一帆风顺、旗开得胜吗？若定策失败你能官居相位如此威风八面吗？丞相若不慧眼识英才，命下官凭三寸不烂之舌游说郭殿帅率兵保护京城，觊觎帝位的野心家蠢蠢欲动，若孤注一掷后果不堪设想！这次内禅兵不血刃，全是下官的功劳，可是你……"

赵汝愚耐着性子再三解释道："这次内禅，赵大人劳苦功高大家有目共睹，可眼下圣上初登大宝，朝廷百废待兴，库银异常紧缺！请赵大人以江山社稷为重，不计个人私利，暂时委屈一下，待日后国力稍有好转，下官定伺机酌情替大人再做理想升迁。"

"丞相，您太……"，赵彦逾气得呼哧呼哧直喘气，心想，这次奉旨论功行赏，又不是你赵汝愚自掏腰包支付俸银？说什么江山社稷，道什么朝廷国力，提升下官开支这点小小俸禄如牛身上拔一根毫毛而已！哼，想不到你赵汝愚对要好同僚抠得这么死？这次圣上下旨论功行赏尚且如此，谁还能指望遥遥无期的日后升迁？赵彦逾满怀希望变成泡影，憋了一肚皮怨气，嘴上虽不再分辩，心里却恨得咬牙切齿，待了一会儿起身带了礼品告辞，怒冲冲起轿回府。

赵汝愚刚目送赵彦逾的轿子消失在东御街，西边御街上又传来"嘚嘚嘚"的马蹄声。抬头循声望去，一位身材魁梧、脸飘虬须的武将骑了高头墨黑乌骓马迎面飞驰而来，定睛一看，原来是知阁门事韩侂胄，急忙满脸堆笑拱手迎上前去。韩侂胄见了连忙翻身下马，抱拳躬身施礼道："有劳丞相远迎，末将这厢有礼了！"

赵汝愚赶紧躬身还礼道："韩知阁大驾光临，寒舍蓬荜生辉！"说毕命马夫将其马牵到马房喂料，转身挽了韩侂胄的手并肩步入客厅，命赵兴看座上茶。

性情暴躁、心急口快的韩侂胄，喝了几口茶忙从公文包里取出一张银票双手塞给主人说："区区薄礼不成敬意，请丞相笑纳。"

赵汝愚展开一看，原来是一张六万两的银票！他大吃一惊，忙将银票还给对方道："这银票老夫绝不能收！"

韩侂胄笑道："这是末将的一点儿心意，请丞相赏脸收下。"

赵汝愚开玩笑说："韩知阁用银票贿赂下官意欲何为？"

韩侂胄耐着性子解释道："这次圣上下旨命丞相论功行赏，末将之事，请丞相通融通融……"

赵汝愚笑道："韩知阁定策之功显赫，下官时刻铭记在心。"

韩侂胄双手一拱道："那丞相加封末将何职？"

赵汝愚道："此事乃你我两人所为，吾是宗臣，韩将军是国戚，这次不当言功求赏。"

第十六章　廉政拒跑官

韩侂胄一听自己梦寐以求的高官厚禄顷刻间化为泡影，惊得目瞪口呆，半晌缓过神来赔笑问道："那……丞相给末将何外职啊？"

赵汝愚一番思索歉疚道："给韩知阁加迁一官，兼任汝州（今河南汝阳）防御使。朝廷目前库银入不敷出，请韩知阁多多原谅！"说毕抱拳躬身连连施礼。

韩侂胄浑身冰冷，异常愤怒，想张嘴厉声质问，见对方满脸赔笑，彬彬有礼，只能把话咽了回去。待了一会儿，起身拂袖，疾步走出相府……

赵汝愚见状忙尾随出来做工作，见韩侂胄早已骑了马飞驶而去，摇摇头回到客厅。

那韩侂胄怒气冲冲离开相府，策马飞奔来到西御街，瞧见忘年交知阁门事刘弼坐了大轿迎面而来，低着头装作没看见，使劲扬鞭策马欲猛冲过去。谁知早被刘弼瞧见，忙命家丁停轿，飞步上前伸开双臂挡住去路，朝他躬身施礼笑道："韩将军，下官失礼了！"

韩侂胄满脸怒容道："刘大人，拦我何事？"

刘弼笑容可掬问道："韩将军哪里来？"

韩侂胄气呼呼答道："相府！"

善于察言观色的刘弼，见韩侂胄满脸怒容气得七窍生烟，早猜知一切，笑眯着一对老鼠眼故意问道："韩将军定策立了大功，想必已高升理想职位？下官特来贺喜！"

韩侂胄正在气头上，见刘弼表面恭维实为讥讽，两只牛眼一瞪厉声道："本将军差点被姓赵的活活气死，你又来看我的笑话当众嘲讽，气煞我也！"

刘弼装作丈二和尚摸不着头脑，异常惊讶地问道："韩将军何出此言？"

韩侂胄紧握拳头道："一言难尽，此地不是说话之处，下次再禀告！"

刘弼忙陪笑脸道："对不起，下官是个急性子，见将军心情如此糟糕，回府必定寝食俱废，告知老夫替你出出气也好。"

韩侂胄见御街上人来人往耳目众多，有几个好事者已驻足围拢来看热闹，姓刘的还缠住自己非说不可，肺都气炸了："对不起，末将府上有急事失陪了！"把牛眼狠狠一瞪，用鞭子狠抽座下马，"嘚嘚嘚"冲出人群，一溜烟儿走了。

刘弼望着韩侂胄远去的背影，心里说，看样子姓韩的这次气得非同小可！唉，赵丞相如此廉政不善变通，论功行赏得罪了姓韩的，这下非起狂澜不可！想着不禁为赵丞相暗暗捏把汗，出于对同僚的关心，立即吩咐轿夫："起轿去相府！"

眼睛一眨来到相府门口停轿，因是常客，刘弼一下轿没通报就撩起朝服走了进去。至客厅见赵汝愚正在埋头工作，忍不住埋怨道："韩将军有定策之功，丞相您不该不封他节度使！"

赵汝愚忙起身招呼，耐心解释道："刘大人，韩将军定策是立下大功，可他是皇亲国戚。这次论功行赏，圣上立有规矩，凡皇室宗亲和后宫外戚，一律不言功升迁。下官已给他加迁一官，兼任汝州防御使，可他仍不知足……"

刘弼抢过话头规劝道："丞相，可规矩是死的，人是活的……"

赵汝愚一听甚是失望，笑容顿失问道："刘大人何出此言？"

刘弼笑道："韩将军非等闲之人，皇上的连襟，太皇太后的嫡亲姨外甥……"

赵汝愚异常反感，冷笑道："刘大人的意思是，韩将军是皇亲国戚，得罪不起，下官该迎合他的胃口升迁一个理想高位？"

刘弼笑道："韩将军是权欲熏心之人，为了将相团结，共同匡扶社稷，顺利度过这非常时期，满足他欲壑何尝不可……"

赵汝愚打断他的话头道："刘大人身为知阁门事，怎么如此毫无原则，说话一味向着韩将军，迎合胃口给他个理想官位，这口子若一开，人人仿效，个个升迁，那还了得？眼下朝廷多事之秋，困难重重：库银入不敷出，为防金兵入侵，既要招兵买马，又要添置各种武器，储积军用粮草；近几年又接连发生旱涝灾害，赈救灾民。故圣上带头捐银，动员后宫个个资助……吾以为汝来替下官出谋划策，想不到来跟吾唱对台戏添乱！"

"这……你……"，刘弼被赵汝愚一番严词厉责得哑口无言，脸红一阵儿青一阵儿如坐针毡，待了半晌只好自我解嘲说，"下官以为……原来圣上定有规矩……"刘弼嘴上虽如此说，心里却思忖道：汝一做丞相就高高在上，不把同僚看在眼里，上次有空缺安排他人，幸亏韩将军托皇姨妈吴太后在太上皇面前替下官说了许多好话才得以进翰林院；这次内禅定策，下官与韩将军同是知阁门事，你只找他不找我；下官今朝特地登门拜访好意来提醒你，把下官一片好心当驴肝肺，还狠狠指责！你身为宰执如此不善解人意，不知变通，藐视下官，我忍耐不与你理论，韩将军可不是逆来顺受任人摆布好欺凌的，他这猛虎一发威，不把你吞吃掉也咬个半死！赵汝愚啊赵汝愚，你别以为皇上宠你就有恃无恐，这宦海平时看似无风无浪，可滔天巨浪一起，非把你活活淹死不可！刘弼心里本来就很不平衡，今日被赵汝愚一番严词指责，旧怨新恨一起涌上心头，气得两眼冒火，七窍生烟……

赵汝愚见此情景，才觉察自己因坚持原则把话说得太过于严厉了，忙伸手抱拳恭恭敬敬请同僚坐下道歉，陪笑脸敬茶好言劝慰。刘弼气得呼哧呼哧直喘气，哪里还坐得住？把手中茶碗往桌上一放，起身推说有事，立马起轿回府。

刘弼刚走，几十个朝臣怀揣银票又来跑官，一进相府讨价还价吵闹不休。赵汝愚耐着性子一一规劝，婉言拒绝，好不容易才将这些人都打发走……

当晚赵汝愚至寝宫奏请宁宗，加封郭杲为武康（今浙江德清县西千秋北）节度使。

二

刘弼走进书房余怒未息，用拳猛击书桌，将茶盏震落在地摔了个粉碎。夫人沈氏进来奉茶瞧见大吃一惊，忙收拾地上碎片问道："相公拜访丞相归来，为何发这么大脾气？医家说，哀伤胃，怒伤肝，你别气坏了身子。"

刘弼越想越气，把拳头又狠狠猛击案桌，一叠书籍"哗啦哗啦"掉在地上。

沈夫人吓了一跳，替丈夫拾起书本放好，耐着性子问道："老爷如此生气，丞相埋怨你了？"

刘弼气呼呼道："岂只埋怨，简直欺吾太甚。吾一片好心上门提醒他，他倒好，劈头盖脸一顿数落，使吾下不了台！"

沈夫人笑道："丞相无缘无故给你一顿数落？你帮倒忙受了严厉指责吧？赵丞相的为人妾身清楚得很，人家知书达理，彬彬有礼，严以律己，宽以待人，定是老爷你……"

刘弼气上加气："哼，你是我夫人，怎么胳膊肘老往外弯，专替人家说话？"

沈夫人用手指指胸口笑道："为妻把良心摆在当中，讲闲话不为东不为西。你性子急，脾气躁，办事偏心不公正，老是得罪人，我才提醒你！"

刘弼气得捶胸顿足直瞪眼："你……你给我闭嘴！姓赵的这次奉旨替定策有功之臣行赏，韩将军立有不世之功，可只给他加迁一官，兼任汝州防御使，他气了个半死，被我撞见。我好心好意去相府规劝，谁知姓赵的把我一番好心当作驴肝肺，劈头盖脸对我狠狠指责！"

沈夫人笑道："赵丞相坚持原则，是按皇上旨意办事；你倒好，目无原则，去瞎凑热闹和稀泥帮倒忙，活该受气！"

刘弼气得直瞪老鼠眼："你！老夫和韩侂胄同是皇亲国戚，内禅定策他只找韩将军不找我，欺人太甚！"

沈夫人耐心劝说道："丞相定策找韩将军，因他是太皇太后的姨外甥、侄女婿，当今皇上的连襟，手眼通天，便于觐见，说话管用；你虽是皇亲国戚，有职无权，找你顶个屁用！还死不服气瞎掺和发牢骚！"

"哼！"刘弼正满肚怨气无处发泄，被夫人一连串埋怨气得两眼冒火，厉声吼道，"你、你、你一个妇道人家懂什么，闭嘴管好你的家务事，我的事你别瞎掺和！"

沈夫人好言相劝反遭丈夫狠狠怒斥，气呼呼警告道："赵汝愚大人是我朝贤相，有口皆碑，这次内禅定策，留丞相走后，朝中大臣为保乌纱帽没人敢管，只有赵丞相敢冒丢乌纱的风险，扶助太子登基。可老爷你呢，那段时间躲在书房内唉声叹气，连大门都不敢出，要是人人都像你，赵宋江山早被人夺走了，连命也保不住，还能做你的知阁门事？"

"你！"刘弼气得举拳欲狠揍沈夫人……

沈夫人气得浑身发抖："为妻好言相劝为你好，你竟欲打我？那你打你打！"

"爹，娘，你们别吵了！"刘公子闻讯赶来劝说，把父亲拉进书房喝茶。

沈夫人满腹委屈，指着书房又哭又骂："你这个没良心的，赵丞相有恩于我家，你竟然如此对待他？你若背着我恩将仇报，苍天有眼，你会得到报应的！"说着气呼呼唤丫鬟春香搀扶自己，到经堂忙念佛诵经求菩萨保佑刘家平安无事……

刘弼等妻儿一走，立即命家人备轿侍候。临出门悄悄嘱咐家丁使女别告诉夫人、公子，若他俩问起，就说老爷应邀至相府商议朝事去了。

刘弼坐了轿子来到韩府，不待通报就径自进内。在客厅找不到韩侂胄，吴夫人告诉他夫君正在后花园。刘弼说了声："多谢夫人！"转身直奔后花园。穿过长廊，绕过假山，来到九曲桥上四下张望，见韩侂胄正在观荷亭后草坪上舞剑，忙撩起衣袍飞奔过去。韩侂胄听到脚步声，将宝剑放于石凳上，抬头一看，原来是冤家对头刘弼！

刘弼偷偷打量韩侂胄，见他脸色铁青、虬眉紧锁，原来还在生气！心中暗喜，笑道："下官上午御街遇见韩将军时，见耳目众多不便多问，想必你称心如意，步步高升，故特来登门贺喜！"

刘弼见面一番听似恭维、骨子里充满嘲讽的话语，把个余怒未消的韩侂胄气得两只牛眼火焰直冒，牙齿咬得"咯咯"响，道："真是福无双至祸不单行，刘大人，汝上午在御街缠住本将军不放，非要吾当众出丑不可。吾回至府中，你又跟踪追击来当面嘲讽，想活活气死吾？"

刘弼忙赔笑脸解释道："下官怕韩将军气出病来，设法觅得良方，特来奉送于你。"

"奉送韩某良方？"韩侂胄将双拳朝茶几狠狠一击，宝剑落地砸在石上发出巨响，气急败坏地道，"本将军已倒八辈子霉了，你还嫌我不够惨，幸灾乐祸来落井下石！"

刘弼摊摊手问道："天大的冤枉！我看你是气糊涂了，把下官一片好心当作驴肝肺！"

韩侂胄冷笑道："本将军知道你狗嘴里吐不出象牙来，还说一片好心？姓赵的一居相位目中无人，把本将军差点活活气死，你老兄也来看我的笑话！"

刘弼急忙连连摇手道："韩将军误会了，你我是同病相怜！俗话说，同是天涯沦落人，见面何必互挖苦！"

韩侂胄惊诧地问："你此话何意？刘大人和赵丞相同是知阁门事，甚是要好，这次内禅定策，不会像我竹篮打水一场空吧？"

刘弼气得干瞪一双老鼠眼，半响气呼呼地道："赵丞相瞧不起下官倒也罢了，还恶意诽谤韩将军！"

韩侂胄一听气得"哇呀呀"大叫，伸手一把抓住刘弼胳膊厉声问道："姓赵的怎样恶意诽谤本将军？"

刘弼趁机煽风点火添油加醋道："说将军自恃内禅定策立有大功，已给高位了还贪心不足，牢骚满腹，只知满足一己私利，丝毫不顾全大局……"

韩侂胄听罢火冒三丈，拿起茶几上宝剑，"嗖"的一下将旁边一棵红松"咔嚓"砍为两截，说道，"姓赵的仗着圣上器重他，目中无人欺人太甚！"

刘弼故意耐心劝慰："他是当朝宰相，我是他的属下，没能耐只好任其摆布；可惜……"

韩侂胄忙问："可惜什么？"

刘弼故意加重语气一字一顿说："可惜功高盖世的韩大将军，赫赫功臣之后，太皇太后的嫡亲姨外甥，当今皇上的连襟，也忍气吞声受姓赵的这般窝囊气！"

韩侂胄一听气得暴跳如雷："哇呀呀！姓赵的欺吾太甚，本将军非与他一决雌雄不可！"

刘弼忙好言相劝："请韩将军三思，俗话说，小不忍则乱大谋！"

韩侂胄一双牛眼瞪得圆溜溜地嗷嗷大叫："刘大人怕他，本将军可丝毫不惧！哼，本将军咽不下这口恶气，请教刘大人有何对付良策？"

刘弼赶紧上前附耳献计："圣上好御笔。韩将军可引用台谏，作为帮手，群起而攻之，搬掉绊脚石！"

韩侂胄不解地问："如何引用台谏？"

刘弼忙与韩侂胄耳语，翘起大拇指说道："此事只要御笔批出就大功告成……"

韩侂胄大喜，连说："高！妙！"

三

徐谊朝罢归来,忧心如焚,眼看朝中惊涛骇浪平息不久,一场暴风骤雨又要来临,暗暗替赵丞相捏把汗。

张夫人见丈夫双眉紧锁,坐立不安,长吁短叹,忍不住问道:"老爷今日上朝回来如此忧虑,为了何事?"

徐谊长叹一声道:"眼看朝中暴风骤雨就要来临,为夫替赵丞相甚是担心!"遂把朝中最近发生的事情一五一十告诉了夫人。

张夫人异常震惊,连忙提醒道:"赵丞相是我朝难得的大忠臣,对我家有恩,老爷你不能袖手旁观!"

徐谊沉思一会儿,安慰道:"请夫人放心,你夫君历来小事糊涂,大事清楚,这次绝不坐视不管,我立即登门去提醒赵丞相。"

张夫人点点头催促道:"事不宜迟,老爷提醒丞相越早越好。"

徐谊点头道:"夫人所言极是,为夫今晚就去!"

徐谊用罢晚餐,待夜幕降临,一轮圆月高挂中天时,打轿先往叶府邀请叶适陪自己一道前往相府拜谒赵丞相。叶适欣然答应。徐、叶坐轿来到相府,赵汝愚闻报打开正门出接,三人挽手而进,至书房分宾主落座。徐谊一向办事雷厉风行,寒暄几句就率先发话:"赵丞相,韩侂胄仗着太皇太后是他皇姨妈,皇上是他连襟,朝中党羽甚多有恃无恐,若掀起滔天巨浪造成国患不说,于丞相非常不利!为今之计⋯⋯"

赵汝愚见徐谊欲言不语,忙起身问道:"徐大人,为今之计下官如何处置?"

徐谊建议道:"韩侂胄做梦觊觎节钺,不如满足其欲壑,将他调居外任,可免后患。"

叶适频频点头:"丞相,徐大人所言极是,对韩侂胄之徒不可小觑!"

赵汝愚不以为然,笑道:"不碍事!最使下官敬佩感觉对不起的是你叶大人,为这次定策内禅出了不少点子,功劳最大。可你丝毫不居功自傲,我很过意不去,该加封你一个理想职位才舒心!"

叶适忙摇手道:"别别别,在国危时效力,乃为人臣之本分,下官岂敢邀功请赏？眼下国家正值危难之时，百废待兴，请丞相把下官的赏银作为效忠社稷的一份心，免提，免提！但韩侂胄梦想升迁高位，就让他外任节度使遂其心愿，否则，他怨恨日深，恐非社稷之福！"

赵汝愚解释道："此人贪婪成性，欲壑难填，朝廷若一味满足他欲望，贪婪之辈一起仿效，如之奈何？"

"这……"叶适一时无言以对。

赵汝愚略一思索笑道："下官和圣上按祖宗规矩对定策功臣论功升迁，自思并无失误。再说下官一身正气，本着严以律己宽以待人，胸怀坦荡处事，上有英明天子撑腰，下有满朝文武替我作证，谅他一小小泥鳅掀不起大浪……"

叶适警告道："赵丞相听下官一句肺腑之言，对韩侂胄之流还是顺着他的意愿为好。"

徐谊提醒道："赵丞相，你我都是正人君子，忠君报国效劳社稷，一片仁心对待同僚；殊不知那些野心贪婪的无耻小人，当面阿谀奉迎，溜须拍马，自恃功高，漫天要价，欲壑难填；不遂心愿便耿耿于怀，策划于密室，点火于基层，阴险得很呐，要时刻警惕他们冷不防在你背后突然狠捅刀子！"

赵汝愚抱拳连连致谢，安慰徐、叶道："两位大人的谆谆教诲，下官感激不尽，铭刻肺腑！但下官时刻难忘恩师教诲：身为朝廷命官，肩负重任，理应报答圣上知遇之恩，学诸葛丞相鞠躬尽瘁死而后已！下官身为宰执，发誓为赵宋社稷、黎民百姓多办事、办好事。吾一身坦荡何惧之有！谢谢两位大人夤夜赶来提醒吾。"

叶适见赵汝愚坚持己见，甚是忧虑。

徐谊起身说道："方才下官与叶大人所言皆出于肺腑，望丞相引以为戒。时候不早，告辞了，请丞相早点安睡。"

赵汝愚提着明晃晃的灯笼，恭送徐谊、叶适至府门外，抬头仰望夜空，只见乌云布满苍穹，一轮明月时隐时现。冷不防树林里刮来一阵狂风，卷起满地落叶翩翩起舞，"沙沙"作响，不自主地打了个寒战。赵汝鲁见了，赶紧把自己的外衣脱下替大哥披上。赵汝愚笑道："为兄身子骨硬朗着呢，这点小小风寒不足为惧！你自己的伤寒病刚痊愈，小心着凉！"说毕将外衣替二弟穿上。

叶适回身埋怨道："你身子近来这么瘦弱，还如此要强，你呀你！"

徐谊频频点头，话中有话地说："叶大人所言极是，眼下已是深秋，我们江南寒潮来得早，这寒风严霜厉害得很，请丞相时刻留意，莫像关公那样大意失荆州唷！"

面对同僚、亲人如此无微不至的关怀，赵汝愚一股暖流顿时涌遍全身，用感激的目光朝二弟和两位大人致谢意。

徐谊忙摇手道："请丞相留步！"

赵汝愚将灯笼交于二弟汝鲁，拱手致谢道："谢谢两位黉夜来访，请二弟骑马陪送两位大人！"说毕帮赵汝鲁牵马。赵汝鲁飞身上马，护送徐谊、叶适两大人回府。

目送两位知心同僚走后，赵汝愚回到卧室，自思：吾脚正不怕鞋斜，何惧之有？第二日对来相府送礼跑官者，他一概不见，对亲朋好友和门人，也都避嫌不见。

赵崇楷替父亲捏把汗，见他若无其事的样子，忍不住提醒道："爹爹，昨晚徐、叶两位伯父所言之事不可不防！"

李夫人也提醒道："楷儿言之有理，请夫君时时留意。"

赵汝愚安慰夫人、儿子道："吾不会有事的，你们放心好了！你们母子以后切莫在家再提此事，吾不忍心让孩子们为吾过早担惊受怕！"

第十七章　濒危心坦然

一

　　临安的深秋之夜，寒风凛冽，银霜遍地，一闪一闪的星星像顽皮的孩童在不住地眨着眼睛，窥视着人间发生的一切；一轮圆月懒洋洋地悬挂在长空，撒下皎洁的银辉，给豪华的皇家宫苑披上神秘莫测的面纱，在皑皑寒霜的映照下更加扑朔迷离；凤凰山麓大内的宫墙之中，一幢幢宫殿，一条条回廊，一株株花木，一座座假山，一个个亭台，犹如妙龄少女含羞的脸颊蒙上了白色的轻纱，时隐时现，显得更加妩媚娇艳、楚楚动人。不知从哪里偶尔刮来几阵猛烈的寒风，所到之处，枝条不住地摇曳，落叶如翩翩蝴蝶到处飞舞……

　　寝宫内华灯齐放，烛光闪耀，亮得如同白昼，能照见出自能工巧匠各式图案的堂窗和艳丽得使人睁不开眼睛的宫墙，金龙盘绕的巨大栋柱，五彩缤纷的精致雕梁，愈加显得帝皇之家富丽堂皇豪华奢侈；那御览阁用珊瑚玛瑙镶嵌成的龙凤戏珠彩屏，九龙缠绕的楠木案桌，加上金光闪闪的黄金壶翡翠瓶，出自官窑的各式白瓷花瓶，无不显耀着一国之君寝宫的不同凡响！

　　几个亭亭玉立的妙龄宫女在俯身替娘娘小心轻柔地揉肩捶腿……

　　此刻，宁宗正靠在龙案上全神贯注地批阅朝臣的奏章。阅着阅着，忽然目光停留在一道奏疏上，托着下巴陷入沉思。此是一道揭发赵丞相的奏章，虽文笔流畅赏心悦目，但言辞却恳切、铿锵、有力，字字锋利、咄咄逼人，宁宗不由得皱紧了双眉，心里甚是惊诧。

　　其奏章写道：

　　　　丞相赵汝愚，自恃定策扶助圣上登基劳苦功高，沾沾自喜；又倚仗圣上对其异常信任荣宠，言听计从，渐生骄横之心，不把一班同僚看在眼里，处理朝政独断专行搞一言堂……

宁宗看罢频频皱眉，再翻阅下面的奏章，居然有几十道之多，俱是弹劾赵丞相，顿感蹊跷。心想，赵丞相自赴任以来，两袖清风秉公办事，处理朝政必事先与同僚商议。赵爱卿日理万机从无独断专行之事，满朝文武有口皆碑；可细观这些奏章所揭发之罪似乎有证有据，真叫朕真伪难辨……猛然想起《史记》中说，兼听则明，偏信则暗，朕誓做一代明君，决不能凭一面之词制造冤假错案，屈害忠良！对，绝不允许别有用心之人无辜诬陷寡人的保国忠臣，毁我来之不易的宝座！朕马上命人去传唤几位直言敢谏的老臣来寝宫亲自询问，便知端的。

内侍去不多时，宫外就传来急促的朝靴踩踏地砖声——原来朝廷立下规矩，圣上夤夜宣召大臣，不是有机密要事面商，就是有十万火急军机大事立等作出决策。彭、徐、叶三位大人得到圣上宣召，火速坐轿赶来寝宫面君。

君臣寒暄几句后，宁宗用手指着案桌上一大堆奏章道："朕夤夜把诸位爱卿请来，有一事不明，欲当面请教。这些奏章俱是弹劾丞相的，你们先传阅传阅，再发表自己的见解。"

三位大臣大吃一惊，忙"哗啦哗啦"翻阅奏章，越翻阅呼吸越紧促，心里越气愤。彭龟年看完最后一道奏章，狠狠地将奏章往案桌上一扔，气呼呼地说："这些奏章所谓的罪名纯属凭空捏造，颠倒黑白，所奏内容俱属子虚乌有！"

叶适阅罢气得鼻子"呼哧""呼哧"直喘气，胡须"呼呼呼"乱飞道："什么'专搞一言堂'，在'暗地里培植亲信，结党营私'，俱是一派胡言，信口雌黄，真正岂有此理！"

徐谊气得心怦怦直跳，两眼冒火："想不到这些人如此居心叵测，极尽造谣诬蔑之能事。瞧这气势汹汹的架势，大有将赵丞相置之死地而后快的架势！陛下，朝中有人心怀妒恨，欲公报私仇，陷害赵丞相！"

"徐爱卿说得对，我们君臣须时刻擦亮眼睛！"宁宗问道，"三位爱卿，你们说这几道奏章出自哪几位大臣之手？"

彭龟年仔细辨认后稍加思索，拱手奏道："依微臣看来，俱为一人授意众人撰写。"

宁宗问道："彭爱卿，何以见得？"

彭龟年指着奏章道："这一大叠奏章，俱围绕一个话题，赵丞相早怀有异心，营私舞弊图谋不轨。可都一无实证二无旁证；即便有佐证材料，也俱是凭空捏造的不实之词！"

徐谊赞同道："陛下，微臣与彭大人所见略同，这些奏章确是一人授意，众人瞎编乱造。"

叶适阅罢奏章异常震惊，急忙躬身奏道："陛下，这些奏章虽言辞尖锐，咄咄逼人，但俱是空穴来风，子虚乌有！"

徐谊冷笑道："这家伙再阴险再狡猾，也骗不过我们雪亮的眼睛。他妄图公报私仇，诬陷赵丞相！"

此时的宁宗，心里对有人炮制这些奏章的意图已十分明了，如何处置也已成竹在胸，只是不露声色而已。略一思索，指着案桌上的奏章故意问道："诸位爱卿，这些奏章是哪位大臣授意文臣们所写？"

叶、徐相视一笑，沉默不语，不时地来回踱步。

宁宗朝叶、徐笑笑，倒背着手走至彭龟年面前突然问道："彭爱卿，你有话不妨直言。"

彭龟年见皇上威严锐利的目光凝视着自己，看来不说已不行了，忙从袖中取出一封皱巴巴的书信奏道："这是韩将军给微臣一位挚友的亲笔信，请他过府撰写文集。挚友因韩将军是一介武夫，从不与舞文弄墨的文人交往，这次突然邀其出文集觉得异常蹊跷，故托病不去……请陛下过目。"说毕将书信递给宁宗。

宁宗接过书信一看，果真如彭龟年所言，信上笔迹异常熟悉，正是韩侂胄所书。嘴上不说，心里对韩侂胄拼凑写作班子诬陷赵丞相之事深信不疑。

徐谊见皇上虽已默认，却并不表态，心里异常担心，赶紧一撩朝服跪倒在地奏道："韩侂胄如此肆无忌惮诬陷赵大人，陛下若不从严处置，微臣等甚是寒心，如履薄冰，日后谁还敢替陛下秉公处理朝政？"

叶适也双膝跪地奏道："微臣也心有余悸，请陛下念老臣年迈无用，力不从心,恩准臣告老还乡安度晚年。"说毕磕头不止。

宁宗舍不得叶适这么早就隐退,忙好言劝慰道:"叶爱卿为朝廷鞠躬尽瘁了十余载,劳苦功高。您只有五十三岁,为朕还能干上好几载。听朕规劝,汝故乡的知州被人弹劾畏罪自杀,目前无合适人选,位置尚空缺,朕派汝去兖州(今山东兖州)出任知州如何?"

叶适感激得热泪盈眶,急忙连连叩首道:"谢陛下隆恩!微臣临走前欲斗胆冒死进言,不知当讲不当讲?"

宁宗忙道:"叶爱卿,朕赐你无罪,大胆奏来!"

叶适泪流满面奏道:"昔日唐太宗善于纳谏,朝中如魏徵等忠直大臣知无不言、言无不尽,竭力辅佐英明天子。因唐太宗兼听则明,广纳臣下意见,君臣一心,共创伟业,贞观之治被载入史册。陛下聪慧英明,年轻有为,胸怀复国大志,朝野安然。敬请陛下牢记微臣一句忠告:自古水能载舟,亦能覆舟。望陛下仿效唐太宗善于纳谏,做到兼听则明,明辨忠奸,善待像赵丞相那样的忠臣贤士,则臣子幸甚,社稷幸甚!"

宁宗忙搀扶安慰道:"叶爱卿所奏字字句句皆金玉良言,朕铭刻肺腑,竭力而为。"

"谢主隆恩,吾皇万岁万岁万万岁!"叶适急忙叩头谢恩。

彭龟年两眼注视着案桌上厚厚的奏章,突然想起皇上十分喜好台谏,甚是忧虑。他深知台谏的危害,朝中大臣一旦被政敌台谏弹劾,就须去位待罪。因本朝台谏拥有议论弹劾的双重权力,忠奸臣僚往往为了置对方于死地,都利用台谏为武器,左右舆论排斥政敌,打击异己,扶植亲信……一想到此不寒而栗,慌忙跪地奏道:"恕微臣斗胆直言,陛下喜好御笔,微臣以为有失为政之体,殆非初政之美。一旦被心怀叵测之人钻了空子,诬告刚直不阿的重臣易如反掌,若如此必铸成千古冤案。如今满朝文武为此心惊胆寒,长此下去,谁还敢为陛下尽忠尽力?这台谏若不乘早革除,势必造成权奸当道,忠臣蒙不白之冤,万马齐喑,国将不国!"

宁宗异常震惊,连忙上前搀扶起彭龟年安慰道:"彭爱卿所言极是,朕立改之。"当即命内侍召来韩侂胄,出示他的亲笔信,当着三位大臣的面严厉斥责道:"韩爱卿弹劾赵丞相的几道奏章,朕已派人多方查证,纯属子虚乌有。爱卿乃朕之内戚,皇祖母的姨外甥,享有朝野敬慕之殊荣,尚不自尊自爱，妄图利用台谏，毁朕栋梁，汝知罪吗？"

韩侂胄见人证物证俱全已无法抵赖，为了蒙混过关，只好低头认错，忙跪地奏道："末将一时糊涂，请陛下宽恕！"

宁宗厉声斥责道："汝身为皇亲国戚，朕待汝不薄，为何不思助朕报国，为一己私利诬陷有功大臣？"

韩侂胄见宁宗龙颜大怒，彭龟年等冤家对头怒目鄙视，只好频频叩首："末将知罪，求陛下网开一面，请诸位大臣看在韩家列祖列宗面上，高抬贵手放末将一马……"

宁宗把袍袖狠狠一甩道："汝既已知罪，那就好自为之，出宫去吧！"

"多谢陛下隆恩！"韩侂胄羞惭无地，挣扎起身，当目光与三位大臣充满蔑视、不屑一顾的锐利眼神刹那间接触时，面孔涨得血红，两眼瞪得像铜铃，鼻子里发出满腔仇恨的"哼哼"声……

二

转眼已是严冬，天气一日比一日寒冷。

这天早晨，突然下起大雪来。先是天空彤云密布，凛冽的朔风怒吼着，袭人肌肤，刺骨般寒冷。接着漫天飞雪犹如柳絮，纷纷扬扬，替苍穹挂起白茫茫巨大天幕，人们抬头透过雪帘望去，凤凰山下的大内皇宫，隐隐约约，好像俱在雾中，宛若躲在云里，显得虚无缥缈，神秘莫测。那雪若梨花，一片洁白，白得一尘不染，白得异常耀眼，白得使人睁不开眼睛。又像鹅毛，一大朵一大朵的，轻飘飘地在万里长空翩翩起舞，煞是好看……突然刮来几阵狂风，把铺天盖地的雪花搅得到处乱飞，灰蒙蒙混沌沌的，整个天地顷刻间变成一个奇异世界。

此时，从白蒙蒙的山道上艰难地走来一个人。只见他戴着斗笠，披着披风，因风雪太大，早已成了雪人，只露出炯炯有神的双眼和饱经风霜的脸颊。这人正是彭龟年，他此刻正心急如焚，顶风冒雪徒步赶往朱府拜访老友朱熹。

"我以为是打野兽的猎户，原来是彭大人！"正在府门前扫雪的家丁朱贵急忙进内通报，"老爷，彭大人顶风冒雪来看望您！"

"彭贤弟冒着这么大的风雪来看我，定有要事！"朱熹急忙飞奔出门迎接，"朱贵，快用鸡毛掸帚替彭大人拂去身上积雪！"边说边替彭龟年摘下斗笠，脱掉披风，"这么冷的天，怎么不坐轿？你呀你，就是爱惜下人，不顾自己身体，快冻僵了吧？客厅里烧着炭火，快进去暖暖身子！"说着伸手搀扶挚友来到里面客厅，让他坐在床上取暖，亲自替他泡一碗热气腾腾的姜茶。

彭龟年往暖床上一坐，一碗姜汤下肚，犹如冰窟窿的人到了烘房一般温暖舒服，寒暄几句说明来意："韩侂胄利用奏疏诬告丞相赵汝愚，圣上贪夜宣召我和徐谊、叶适至寝宫询问，幸亏圣上英明洞察一切，我等及时揭穿姓韩的利用台谏公报私仇，打击报复赵丞相的罪恶阴谋，不然，一桩冤案就已铸成……"

朱熹听了大惊，深为挚友担心："姓韩的居心如此险恶，彭贤弟是如何对圣上说的？"

彭龟年道："小弟说，陛下喜好御笔，有失为政之体，殆非初政之美。还说，一旦被心怀叵测之人钻了空子，诬告刚直不阿重臣，将铸成千古冤案。长此下去，势必权奸当道，忠臣蒙冤，无人敢直言再谏，势必造成万马齐喑，国将不国！"

朱熹又问道："圣上如何回答？"

彭龟年道："圣上说，彭爱卿所言极是，朕立改之。"

朱熹甚是揪心："愚兄身为帝师，对圣上太了解了。近来屡次直言进谏，圣上总是说，恩师所言极是，朕立改之。可事后毫无动静，依然我行我素……"

彭龟年大吃一惊道："圣上这是在搪塞敷衍，毫无悔改之意。看来问题甚是严重，圣上当着我们的面严厉指责韩侂胄，其实是给他一个台阶下，演戏给我们看。如此作为，宠得姓韩的胆大包天，为所欲为，圣上又喜好台谏……"

朱熹紧缩双眉，不时来回踱步："这……这……这该如何是好？"

彭龟年异常忧虑："朱兄，韩侂胄自恃祖上对朝廷有功，有皇姨妈、皇御妹两座靠山，肆无忌惮胆大妄为！"

朱熹忧心忡忡道："姓韩的阴险狠毒，你我要多长几个心眼，时刻提高警惕才好。此事丞相有否觉察？"

彭龟年道："丞相是个正直厚道之人，察觉了也未必引起重视。"

朱熹摊摊手道："他这个人严以律己宽以待人，防范意识太差：对百姓关爱备至，处处为民造福；对圣上精忠，鞠躬尽瘁；对朝廷尽心，兢兢业业；对同僚尽义，宽容关切。就是对己太严格苛刻，丝毫不考虑后果！"

彭龟年忧心如焚，来回踱步："小弟深知台谏的厉害和危害，要是被政敌弹劾，一去位待罪，对种种莫须有罪名浑身是嘴也申辩不清了。小弟担心丞相……"

朱熹深有感触地说："圣上耳朵这么软，偏又喜好台谏，我们的政敌又如此心狠手辣，宦海风波随时可能发生……若惊涛骇浪一起，你我都将在劫难逃！"

"啊！这、这、这……"彭龟年听了不寒而栗，急得手足无措……

三

细观那雪，犹如玉人摇落的梨花，密密麻麻，纷纷扬扬；宛若天鹅抖落的华羽，飘飘荡荡，翩翩起舞；恰似那九天仙女剪碎的祥云，一大朵一大朵布满天空，随风飘飞；又仿佛斗败的玉龙，残鳞碎甲满天飞，搅得苍穹灰蒙蒙一片，大地寒彻……

朱熹见雪整整下了一夜又一上午，丝毫看不到停止的迹象，不由得焦急起来，约好上午和彭龟年一道去看望挚友赵汝愚，已耽误半天了。他抬头望望门外，雪越下越大，看来不能再等了。见时已晌午，忙吩咐夫人命下人抓紧下厨准备菜肴，款待彭龟年。

用罢中餐后，见门外漫天飞雪仍下个不停，因雪厚路滑难走，坐轿不安全，朱熹和彭龟年各撑一把油纸伞徒步出门。

雪越下越大，铺天盖地，迷迷蒙蒙，举目粉装玉砌，到处银妆素裹，靴子一踩下去陷得很深，几乎深没膝盖，拔出来甚是费力。又见道旁的棕榈树，摇晃着像一把把蓬松松的雪扇儿，杨柳树上挂满了一根根棉条儿，香樟树变成了一个个巨大的雪球儿。又见澄青树被沉甸甸的积雪压弯了腰，耷拉着脑袋喘不过气来……唯独溪河边那高大粗壮的青松，依然昂首挺胸郁郁葱葱，显得更有精神！朱熹和挚友观赏了一会儿雪景，经过一户庄户人家时各自捡了根竹竿作拐杖继续艰难地朝前走。

朱熹走了一会儿，用竹竿指着漫天飞舞的雪花笑道："如这般大雪，在这里恐怕是百年未遇了。"

朱熹不时听到"咔嚓""咔嚓"雪压枝断的响声，双眉皱得更紧，忧心忡忡道："庄户人说，瑞雪兆丰年，可今冬这场雪下得这般大，吾看未必是好兆头！"

彭龟年点点头道："朱先生说得对，凡事矫枉总是过正。风霜雨雪也不例外。你看，今冬这场雪下得太大了，沿途不是枝折树断，就是房塌屋倒，一片狼藉，不知给多少穷苦百姓带来灾难！"

朱熹深有感触地道："从小钟鸣鼎食的王孙公子，不知餐桌上的鱼虾白米来自何处；身穿绫罗绸缎的闺阁千金，有谁认识养蚕织布之人。你我都是寒门学子，进了京城可别忘了供我们吃穿的种田人！将此事告知汝愚，派人调查一下有多少百姓受灾，好立即给他们赈济。"

彭龟年连连点头道："朱先生体恤民众，主意不错！"

"二哥、弟弟，彭大人和朱伯父来了！"正在大门口用铁锹清除积雪的赵汝鲁，眼尖瞧见，忙吩咐二哥汝拙、四弟汝口道，"快去告诉哥哥嫂嫂，来客人了！"

"我们知道了！"赵汝拙和赵汝口丢下手中工具，飞也似的进内禀报。

朱、彭正在抖身上积雪时，赵汝愚和李玉莲满脸笑容迎出来热情招呼："外面风雪太大，你们快进屋内！"赵汝愚一边吩咐赵汝拙、赵汝鲁快去生炭火，一边携了彭、朱两位嘉宾的手进客厅。

走至天井，赵汝愚见两位挚友身上有积雪，忙和夫人用鸡毛掸子替他俩起劲掸除积雪，边掸边笑道："夫人，今日大雪封门，两位嘉宾冒雪来访，正好应了古人'疾风知劲草'的俗语！"

李夫人笑道："夫君，还印证了'患难见挚友'的警言！"

朱熹笑道："彭大人，你听赵贤弟和弟媳把我们比作'疾风'中的'劲草'，'患难'中的'挚友'，好惬意！"

彭龟年点点头，牵了朱熹的手步入客厅，见两旁炭火熊熊，满屋热气腾腾，风趣地笑道："你我冒雪来访，客厅炭火熊熊，温暖如春！"

朱熹笑道:"此情此景,用'茅屋里有知心人'这个俗语来形容汝愚夫妇最恰当不过了!"

彭龟年笑道:"你我的双脚早冻得如服了麻沸散一般失去知觉,快脱了靴子暖和暖和!"

两人正在围炉取暖,李夫人端来两碗热气腾腾的龙井茶笑道:"请两位大人捧了暖暖手。"

赵汝鲁递上暖烘烘的两个手炉:"两位大人暖手用我的小火炉!"

赵汝愚笑道:"还是三弟想得周到!朱兄,彭大人,这么大的风雪,你们特地赶来看我,可见情深义重非同一般!"

朱熹笑道:"瞧赵贤弟说的!"说罢将韩侂胄如何利用台谏诬告他,圣上如何夤夜召见彭、徐、叶三位大人,如何当面狠狠指责韩侂胄,彭龟年如何不放心,今日一早特地冒雪约自己来给赵汝愚敲警钟一一述说,说毕提醒道:"赵贤弟,俗话说害人之心不可有,防人之心不可无。贤弟今后得时刻留心防范着点儿!"

彭龟年点头赞同,笑道:"朱大人所言极是,韩侂胄野心勃勃,贪得无厌,又心狠手辣,当初论功行赏时若满足了他的欲壑调任在外,今日就没忧患了。"

赵汝愚笑道:"把韩侂胄这种人调任在外,天高皇帝远鞭长莫及,若有异心,对社稷祸患更大;留在京城,众目睽睽,即便有野心,也不敢轻举妄动!"

朱熹忍不住提醒道:"赵贤弟,你我俱是正直厚道之人,可人家是居心叵测心狠手辣的豺狼,豺狼要吃人的!"

彭龟年笑道:"朱大哥说得对,姓韩的倚仗上有太皇太后这顶保护伞,下有吴皇后这个手眼通天的皇姨妹撑腰,要风得风要雨得雨!下官听说昨日右正言黄度上疏弹劾韩侂胄诬告正直大臣,被他知道了恨得咬牙切齿,设法通过吴皇后在圣上枕边哭诉,圣上下诏已把黄度罢免了。"

赵汝愚大吃一惊:"下官是宰执,怎么一点儿也不知晓?"

朱熹悄悄告诉赵汝愚:"丞相不知晓的事多着呢!愚兄经一段时间的观察,发现圣上的耳朵越来越软。"

赵汝愚惊讶地问道:"此话怎讲?"

朱熹气呼呼地说:"圣上禁不起吴皇后在耳边日日嘀咕……"

彭龟年担心地道:"有句老话,三人成虎!姓韩的是什么人,贤弟难道还不清楚?"

"姓韩的为人品行是不行,但他是韩丞相之后,久经沙场,是对朝廷有功的大将!"赵汝愚根本不相信,一位叱咤风云赫赫有名的大将,会变得如此令人不可思议?思索良久笑道,"小弟还是坚信那句老话:脚正不怕鞋斜。用庄户人的话说,叫作'白天不做亏心事,半夜不怕鬼敲门'。小弟用一片诚心待他、感化他,谅他不会背后捅我刀子……"

朱熹再也听不下去了,赶紧打断赵汝愚的话说:"你身为当朝宰相怎么如此糊涂?老话是老话,现实是现实。姓韩的虽是一介草莽武夫,但狠毒胜似豺狼!你忠于朝廷坚持原则,使他的升官梦化为了泡影,他恨不得立马置你于死地!"

正在忙着泡茶的李夫人,忍不住插话道:"想不到两位大人苦口婆心如此劝说,夫君仍无动于衷,若无其事!夫君,听为妻一句忠告,你不为自己考虑,也该为孩子们和三位叔叔着想!"

朱熹点头道:"弟媳说得对,贤弟,你在朝中是大宋的擎天柱,朝罢归来是亲朋好友的知心人,在家是妻子、孩子和同胞兄弟挡风遮雨的保护伞,该为他们好好着想!"

在旁静听的八公子赵崇洁,吓得心咚咚咚直跳,双手抱住赵汝愚的大腿央求道:"爹爹,孩儿害怕,您快听母亲和伯父们的劝告吧!"

李夫人于心不忍,忙把儿子搂在怀里,安慰道:"洁儿别怕,你爹是当朝宰相,皇上的股肱重臣,不会有事的!"

第十八章　台谏铸冤案

一

在宋室大内西边的玉皇山上，茂密的树林里有十多幢新建的豪宅，朱漆大门，高墙深院，画梁雕栋，飞檐翘角，甚是巍峨壮观。这些非同凡响的豪宅，在阴雨天被锁在云雾之中，过往行人看不清"庐山真面目"。一到万里碧空的晴好天气，那出自官窑的精致琉璃瓦，在阳光照耀下闪闪发光。那对雄踞在大门两旁的石狮子威风凛凛，双目虎视眈眈望着皇城。朱漆大门上方的长方形乌木红匾上，"韩府"两个鎏金大字分外引人注目。门匾下的守门人也与众不同，个个穿绫罗着绸缎，挺胸叉腰，异常神气。

豪宅的主厅，向阳处那一排排红木堂窗，油漆闪着亮光。客厅内朝南白粉墙上那幅张择端的《西湖争标图》令人眼前一亮，两边是出自米芾的对联。细观联语对仗工整，词藻典丽，字字富含静园的幽踪特色。其联云：

月地云阶，别向华林开静境。
屏山镜水，时从芳径探幽踪。

豪宅的主人，此刻正悠闲自得地斜靠在楠木太师椅上闭目养神。珠光宝气的两位妙龄佳人，正坐在精致茶几边喝着燕窝、参汤；三个漂亮侍女在忙着替主人捶肩揉腿。

这时候，穿着华丽的管家悄悄进来，在一位美人耳边轻轻说："三夫人，汪义端求见大将军！"

美人笑道："唐管家，请汪大人来客厅相见！"

"是！三夫人！"管家悄悄退出。少顷，一位留有山羊胡子贼眉鼠眼的中年人拎着一大包东西轻轻进来，朝两位美人躬身施礼道："三夫人、四夫人，下官这厢有礼了！"

三夫人忙用纤纤玉手朝旁边的太师椅一指笑道："请汪大人坐下说话。兰香，快给汪大人上茶！"

"多谢两位夫人。"汪义端在太师椅上就座，伸手接过兰香端来的热气腾腾的龙井茶，津津有味地品了起来。

豪宅的主人被惊醒了，埋怨道："是谁如此不懂规矩，在此大声喧哗？把本将军的好梦给搅了！"

汪义端慌忙起身致歉道："下官搅了韩大将军的好梦，罪该万死！"

韩侂胄用手揉揉惺忪的睡眼，笑道："原来是汪大人，本将军以为是侍女和男仆……失礼，失礼，请汪大人多多见谅！"

汪义端笑道："下官听说这几天韩将军贵体欠安，特来看望。"说着将礼品一一放在主人面前的茶几上。

韩侂胄瞟了一眼礼品，见是些自己最喜爱却一时难以弄到的珍贵古董字画，眼前一亮，笑道："汪大人又破费了，本将军恭敬不如从命。韩某近来身体好好的，汪大人听谁乱嚼舌头？"

汪义端忙起身恭维道："对对对，是下官该死，把别人闭着眼睛说的瞎话信以为真！我看韩大将军红光满面，神采奕奕，山中猛虎都打得死哩！"

韩侂胄笑道："汪大人，这两天朝中动静如何？"

汪义端眉头一皱两眼一瞪气呼呼道："姓赵的和彭龟年、朱熹、徐谊几个来往甚密，处理朝政独断专行，不和其他大臣商议……"

韩侂胄问道："有这等事？"

汪义端起身拱手道："下官的话字字属实，句句真言。"

韩侂胄气得两道虬眉一扬，牛眼狠狠一瞪，厉声问道："圣上有什么旨意？"

汪义端添油加醋地道："圣上对这些人言听计从，十分恩宠。"

韩侂胄将握紧的拳头在茶几上狠狠一击，悻悻地说："我这才告假几天，圣上对这帮老家伙就如此恩宠！"

汪义端眯着糖泡眼道："姓赵的与彭、朱等人抱成一团，韩将军不可不防！"

韩侂胄精神一振，起身问道："汪大人，该如何防范？"

"以其人之道还治其人之身。"

"请汪大人指点一二。"

汪义端将脑袋凑近韩侂胄耳朵说道："韩将军也要千方百计扶植亲信，扩大自己势力范围，等水到渠成后，仿效汉代杀刘屈氂、唐朝杀李林甫的事例……"

韩侂胄频频点头，抚掌大笑："高！妙！"

汪义端嘻嘻笑道："这叫作无毒不丈夫！"

"不心狠手辣难成霸业！"

"嘿嘿嘿……"

"哈哈哈……"

二

韩侂胄依计而行，利用特殊关系和知阁门事职务之便，千方百计接近宁宗，伪装得貌似痛改前非，事事敬重老臣，处处谦逊谨慎。

韩侂胄以焕然一新的面目取得宁宗信任后，想方设法交通内廷，巧妙利用自己的特殊关系，买通吴皇后身边的心腹宫女，事成之后许愿赠送一大批金银财宝和出自南洋岛国的各式象牙饰品、翡翠钻石首饰。

没多久，宁宗批示大理寺簿刘德秀擢升为监察御史。接着，韩侂胄的心腹原刑部尚书京镗，被破格擢升为签书枢密院事。数日后，给事中谢深甫，又被提拔为御史中丞，刘三杰、李沐等，被提拔为谏官。这些人踌躇满志，歃血为盟，策划于密室，发誓效忠恩人韩侂胄，设法扳倒政敌赵汝愚……

刘、谢等心腹一入台，韩侂胄便在朝廷中枢设法到处布下眼线。在短短几个月内，其党羽鱼贯而进，牢牢把住了朝廷各部的言路关。

不久，精忠报国的老臣接二连三被排斥罢黜：中书舍人陈傅良、监察御史吴猎、起居郎刘光祖，无甚过错，却无缘无故先后被罢免。官居兵部尚书的罗点，没几天突然病逝，宰执的得力助手黄裳又一夜之间暴病身亡。

不到半年，赵丞相的左膀右臂罢官的罢官，病逝的病逝，剩下的已寥寥无几，赵汝愚这才着了慌。一日早朝，赵汝愚眼泪汪汪地奏道："陛下，黄裳、罗点相继沦谢，这是社稷的不幸，子民的不幸啊！"

宁宗点点头，安慰道："自古生老病死乃人生之必然规律，非常人能躲避得了，人死不能复生，请丞相节哀顺变，这几天爱卿太劳累了，保重身体要紧！"

赵汝愚拭泪奏道："陛下所言极是，微臣明白。罗点的职位，微臣建议让平蛮大将军金一麟担任。黄裳的职位，是不是让状元萧国梁接替？"

韩侂胄见宁宗频频点头正要开口，急忙抢先出班奏道："陛下万万不可。兵部尚书统管全国军事，肩负朝廷统兵征战重任，得择德才兼备文韬武略精通者任之。据微臣所知，金一麟虽文武兼备，堪称栋梁之才，但光凭其平蛮建有功勋远远不够资格。萧国梁虽是先皇钦点的状元，但其任职以来却无甚政绩，也不宜接替黄大人之职。"

彭龟年听了甚是气愤，强忍怒火出班奏道："陛下，金一麟文武兼备，满腹韬略，别说平蛮为朝廷立下赫赫战功，光凭他任职成都制置使以来羌夷敬服、四川安然，百姓安居乐业就足于胜任。萧状元的为人及才华，下官不说，满朝文武心里都很清楚——这样优秀的人才难道还不够资格接替罗、黄两大人之职？"

宁宗听了，沉默一会儿对赵汝愚、彭龟年笑道："爱卿们别争了，此事容朕斟酌斟酌给你们答复！"起身宣布退朝。

朱熹见皇上专宠韩侂胄，不断有小人幸进，甚为忧虑，度日如年。一日早朝罢，朱熹悄悄邀请彭龟年到府上，约他撰写一道有分量的奏疏，俟后日早朝狠狠弹劾韩侂胄。彭龟年欣然应允，回府动手起草。

不料申时时分，宁宗派张公公带了校尉前来彭府下诏。彭龟年闻报，起身打开正门出接，将张公公迎至客厅，摆香案接旨。

张公公宣读诏书：

奉天承运，皇帝诏曰。今金主答应议和，和我朝签订互不侵犯条约。朕闻卿博学多才，能言善辩，特命汝出使金国，勿负朕望。钦此。

"吾皇万岁万岁万万岁！"彭龟年拜毕起身，欲盛情款待张公公，张公公推说宫中有事带了校尉立马起身告辞。

彭龟年分身无术，只好寅夜前往朱府告知朱熹。朱熹送走好友命轿夫备轿，约了徐谊提了灯笼坐轿当夜赶往相府。

一见面，徐谊忧心忡忡地对赵汝愚道："下官和朱先生约彭大人一道写奏疏弹劾姓韩的，谁知圣上命他出使金国。韩侂胄对丞相怨恨日甚，必为国患。宜饱其欲，调居外任，庶免后患！"

赵汝愚含笑答道："昨日下午韩侂胄登门来访，小弟欲推荐他出任云南、贵州、四川三府藩镇。他表示异常感激，但再三声明不受封赏，还说以前做了许多对不起老夫的事，决心痛改前非，特来负荆请罪。下官以为，侂胄居朝，犹如虎在柙中，奚能为人患？一经外调，好似纵虎归山，再加以节钺，授以兵权，如虎添翼……"

徐谊无言以对。朱熹异常惊诧，没等对方说完提醒道："姓韩的在演戏给贤弟看，玩弄花招麻痹你，趁汝不备，搞突然袭击，杀你个措手不及人仰马翻，贤弟切勿上当受骗！"

赵汝愚不以为然："韩侂胄既然当面承诺痛改前非，下官身为当朝宰相，将相和好有利于朝廷，这是值得庆贺的事！"

朱熹待了半晌，见赵汝愚不听劝告，还如此坦然，只好和徐谊起身告辞。

待到第二日早朝，朱熹单枪匹马上殿，面陈韩侂胄奸邪误国诬陷重臣等种种罪状。宁宗听了不置可否。这下气恼了右正言黄度，满脸怒容出班奏道："陛下，朱大人所奏句句属实。韩侂胄自恃定策有功，野心勃勃，跟丞相索要节钺遭到拒绝，怀恨在心，千方百计伺机公报私仇。微臣建议罢黜韩侂胄所有职务，降为外任。"

宁宗不语。

韩侂胄见皇上沉默无言，勃然大怒，飞步上前至黄度面前破口大骂："老贼黄度，你竟敢在金殿当众辱骂大臣，是可忍孰不可忍！老匹夫，汝再信口雌黄，辱骂功臣，立马叫汝横尸金殿！"

刚直不阿的黄度气得浑身发抖，两眼冒火，双手指着韩侂胄骂道：

"韩贼，铁证如山，汝还当众抵赖狡辩！告诉汝，苍天有眼，多行不义必自毙！"

韩侂胄气得牛眼圆瞪，七窍冒烟，伸手揪住对方衣领边打边骂："老匹夫，血口喷人诬陷有功大将还嘴硬，本将军撕烂你的臭嘴！"一顿拳打脚踢，把黄度折腾得脸青鼻肿浑身是伤，满头鲜血瘫倒在地！

朱熹见皇上既不指责韩侂胄，也不安抚黄度，憋了一肚皮怨气，急忙上前搀扶起黄度，掏出手帕替他擦拭脸上血迹，大喊："快传太医！快传太医！"

黄度使劲摇手，挣脱朱熹双手，"扑通"一声跪倒在丹墀前，奏道："陛下，方才之事满朝文武有目共睹，韩侂胄竟然当众殴打辱骂老臣。当初蔡京擅权，屈害忠良，鱼肉百姓，天下遂乱；如今韩侂胄假用御笔，斥逐谏臣，乱端早已发生。微臣绝不与狐群狗党国贼为伍，请求皇上恩准微臣回乡安度晚年。"

宁宗做梦也想不到韩侂胄会如此冲动鲁莽，心想：他竟然当着朕和满朝文武的面殴打辱骂元老大臣，太无知、太过分了，朕再不出来说话，如何面对群臣……想到此厉声喝道："大胆，韩侂胄竟敢当着朕的面殴打先朝老臣，简直无法无天，快下跪对黄大人请罪！"

韩侂胄忙跪下申辩道："黄大人胡编乱造末将罪状，蓄意诬陷，狂妄之极，末将一怒之下失手殴打了黄大人，请陛下恕罪！"

宁宗怒斥道："念汝有功于朝廷，一时冲动犯了糊涂……这次免了，下次绝不轻饶！"

韩侂胄急忙叩首谢恩，灰溜溜站在一旁。

赵汝愚和朱熹等一班正直大臣惊愕得面面相觑……

黄度不待宁宗答复，满脸怒容起身出宫回府，带领家眷整理箱笼物件，雇了车马当日离开京城。

三

韩侂胄援用台谏初战告捷，心中大喜，几个月后又如法炮制，让京镗出任签枢密院事。他庆幸自己终于走到这一步，扳倒赵汝愚万事俱备只欠东风，于是日夜算计着如何寻找理由贬黜政敌，但苦于一时找不到理想借口，无从下手，终日愁眉不展。京镗得知后赶来韩府献计："下官能入朝参政，全仗韩将军竭力推荐，没齿难忘。今闻韩将军为除心腹之患日夜忧虑，特来献计！"

韩侂胄大喜道："京大人有何妙计，能帮本将除却眼中钉肉中刺？"

京镗笑道："赵汝愚是宗室，只有诬以谋危社稷大事，方能一举整垮他！"

韩侂胄满脸愁容道："姓赵的定策内禅有功，圣上视其为帝师恩人，你我欲拔去这颗眼中钉肉中刺谈何容易！"

京镗笑道："下官有一妙计，管教韩将军大功告成！"

韩侂胄笑道："此计如此管用，请道其详？"

京镗"嘿嘿嘿"一阵诡秘阴笑，翘起两个指头道："此计分两步走：第一步，先砍去朱熹、彭龟年这左膀右臂，使他孤立无援……"

韩侂胄问道："请问这第二步？"

京镗得意扬扬笑道："赵汝愚以同姓为相，本非祖制。圣上为报答定策扶立之恩，破例拜他为相，我们可弹劾他自恃太宗嫡派肆无忌惮，早有异心，巧妙伪装；表面上对圣上精忠报恩，清廉勤政，背地里千方百计安插亲信，排拆异己，伺机谋危社稷……"

韩侂胄喜出望外道："此计妙极！但令何人弹劾呢？"

京镗提议道："赵彦逾求节钺，汝愚不许，心甚怨恨。将军若先许他官职，再嘱他照计而行，必然应允。"

韩侂胄愁容顿消，笑道："京镗兄真诸葛孔明转世也，汝这锦囊妙计胜过百万雄兵！"韩侂胄当晚命人秘密请来赵彦逾，许予事成之后给他高官厚禄。赵彦逾大喜，欣然允应，当晚住宿在韩府，和韩侂胄商议如何在朝堂控告赵汝愚。

第二日早朝，宁宗端坐在龙椅上议政。值殿内侍将拂尘一甩朗声宣布道："万岁有旨，有事启奏，无事退朝！"

监察御史刘德秀出班奏道："下官收得赵彦逾奏疏一道。"

宁宗道："既有奏疏，刘爱卿快呈上来！"

刘德秀递上赵彦逾奏疏，内侍接过，转呈宁宗御览。

宁宗展开一看，只见写道：

据臣所知，赵汝愚乃太宗八世孙，属同姓为相，本非祖制。昔太上皇圣体未康时，汝愚欲行周公故事，依虚声，植私党，定策自居，专功自姿。后因朝臣竭力反对，才未遂愿。微臣以为，赵汝愚虽为宰执，却早怀异心，披着鞠躬尽瘁忠于圣上的外衣，行东山再起辅助太上皇重登大宝之实。如此不法之臣，宜早罢黜……

宁宗览毕沉默不语。

京镗、刘德秀、汪义端等大臣一起出班奏道："微臣等经多方取证，赵彦逾所奏句句属实，赵汝愚既有梦见先皇授予汤鼎之嫌，又是宗室之后，实不宜为相，恳求陛下罢黜其丞相之职！"

徐谊异常气愤，急忙出班奏道："陛下，京镗、刘德秀、汪义端三位大臣所奏，纯属移花接木胡编乱造。此事微臣知道得一清二楚。当初太上皇发病时，赵汝愚曾多次对下官说，他梦见先皇孝宗授其汤鼎，背着白龙升天。后拥立陛下素服登基，此梦早已验证，应在陛下身上。而今韩侂胄指使京镗、刘德秀等人假借此事蓄意诬告赵丞相，这是欲加之罪。这些人串通一气用心极其险恶，欲扳倒赵丞相之阴谋昭然若揭，请陛下明察！"

赵汝愚见宁宗沉默不语，连忙躬身下拜，请罪。朱熹讲经归来，得知后赶到金殿，将奏疏交于内侍。内侍呈上奏疏，宁宗接过一看，只见其疏奏曰：

陛下即位未满十月，而频繁进退宰相、执政，变换台谏，都出自陛下个人独自裁定，大臣俱没参与，使舍官来不及商议。这个弊端不革除，微臣担心圣上名义上独断专行，而实际威权不免下移。长此下去，问题甚是严重：某些权臣乘机钻了空子，从中弄权独揽朝纲，结党营私，安插亲信，排除异己，达到一手遮天欺君罔上之目的。请陛下三思。

宁宗阅罢，当即颁布批示，任朱熹为宫观官，将批示交给赵丞相审阅。

赵汝愚将批示还给宁宗，奏道："朱先生乃焕章阁侍讲，任职以来勤于教育，并无过错，若陛下一味听信谗言，将朱先生降职，汝愚请求辞去丞相之职，望陛下恩准！"

宁宗不许。有十多位大臣义愤填膺，强忍怒火一起出班奏道："陛下，韩侂胄窃弄威福，结党营私，搞'顺我者昌逆我者亡'的诡计，内外大臣都不得不依附于他。不罢黜欺君罔上的韩侂胄后患无穷！"

见宁宗沉默不语，韩侂胄出班奏道："陛下，方才所奏大臣俱是赵丞相党羽，血口喷人，信口雌黄，欺臣太盛，请陛下明察！"

宁宗不置可否，宣布："退朝！"

四

不久，有关赵汝愚的流言蜚语不胫而走，传得沸沸扬扬。传到宁宗耳中，这时宁宗对赵汝愚还有好感，心想，丞相尽忠为朕，事事廉政，难免有人对其怀恨在心，遂将此事付之一笑丢在脑后。

是年岁末早朝，宁宗命赵彦逾出任建康知府。赵彦逾无奈只好遵旨外任。心想：下官的内阁执政美梦，被圣上的一纸诏书顷刻间化为泡影，汝赵汝愚身为当朝宰相，一言九鼎，在关键时刻为何不替下官美言几句挽留于吾？说不定还在圣上面前说了下官许多坏话，陛下才将我外任……想到此便迁怒于赵汝愚，心里恨得咬牙切齿。在殿辞时悄悄递上一张名单，奏道："陛下，老臣今去，不惜斗胆为陛下进言，此名单上皆汝愚党羽，请陛下明察。"

宁宗接过名单看时，见写有如下官员：

周必大　徐　谊　林大中　黄　由　黄　黼　何　异　刘光祖
吕祖俭　杨　芳　项安世　沈有开　曾三聘　游仲鸿　李　翔
杨　简　……

宁宗览毕，拢在袖中沉思不语，觉得此事太蹊跷太突然了，显然纯属子虚乌有。转而一想，赵彦逾与赵汝愚同为皇室宗亲，他临走告发，绝不是捕风捉影凭空捏造，此名单上的人不可不防！

宁宗起初还将信将疑，后因心怀叵测的大臣一再进谏，诽谤赵丞相，耳朵渐渐软了起来，心想，历朝宗室同姓发动宫廷政变之事记载史册甚多，丞相有否异心，朕来个投石问路试探便知。想到此特意将赵彦逾奏疏转发。

韩侂胄得知后窃喜，心想：本将军剪除劲敌左右手这一招果然厉害，看汝赵汝愚如何应对。朱熹明察秋毫，深为赵丞相担忧，利用一切机会在宁宗面前替他申辩。宁宗想起赵汝愚在内外交困之时挺身而出扶助自己登基，又时时处处克己奉公，一身正气两袖清风，这样的好丞相历朝少有，贪欲权臣不满，蓄意诬蔑丞相也不可不防！

韩侂胄见宁宗对赵彦逾奏疏光电闪雷鸣并不下一滴毛毛雨，才深感身为帝师的朱熹德高望重，圣上对其的进谏言听计从。心想，姓朱的十分厉害，又是赵汝愚的心腹挚友，对自己的威胁太大了，得设法将他早日除去。想到此，急忙召集党羽，策划于密室，点火于同党。韩侂胄先用重金收买了一名专为皇上表演的优伶，让其用自己事先请人刻好的一个峨冠大袖木偶像，到时在宁宗面前献演傀儡戏，将朱熹的举止形态模仿得惟妙惟肖，滔滔不绝演讲程朱理学，渐渐引起皇上对朱熹道学的厌恶。见阴谋已得逞，韩侂胄利用适宜机会进谗道："陛下，朱先生学识虽渊博，天下之事无所不晓，堪为帝师。但末将观此人唠叨迂腐，不可久用。"

宁宗虽微微一笑不露声色，但心里不满情绪越来越浓厚。是年闰十月，朱熹上疏建议举行宫观，宁宗阅后御批只书"方此隆冬，恐难立讲"八个字搁置龙案。赵汝愚趁皇上不在，将此御笔藏于袖中带回。宁宗觉察产生误会，以为丞相为助好友朱熹竟敢不遵圣命，岂有此理！越想越气，对赵汝愚也渐渐产生不满。

韩侂胄对上述种种情景看在眼里喜在心头，担心赵汝愚毕竟是皇上的宰执大臣左右手，朱熹又是大名鼎鼎的帝皇之师，不立马将姓朱的除去，必然夜长梦多。于是悄悄用重金收买内侍，命他立即缄封内批面交朱熹。朱熹误以为宁宗已不再信任自己，彻底转向韩贼，认为大势已去无法挽回，再赖在京城早晚会招来杀身之祸，想到此不寒而栗，就当夜去相府看望挚友。

赵汝愚见密友黉夜来访，连忙把朱熹迎进书斋。赵汝愚寒暄几句后亲自为好友泡茶，边品茗边问道："朱兄深夜来访，莫非有要事相商？"

朱熹见挚友谈笑自若，愈加忧虑，提醒道："韩贼对廉政之人恨之入骨，必欲置之死地而后快。圣上又耳朵极软，近来善不能善用，恶不能废黜，我们还是及早抽身为好。"

赵汝愚忧心忡忡地道："仁兄所说，小弟心里很清楚，原以为圣上……谁知他竟然任凭这伙狐群狗党肆意妄为，越来越浑浑噩噩，对姓韩的所作所为置若罔闻。吾何尝不想及早抽身隐居林下。可一想起圣上置太祖载之太庙'同姓可封王不拜相'的家规于不顾，破例拜吾为相，心就软了。圣上待吾不薄，吾怎能有负圣上？"

朱熹劝道："当年岳元帅对高宗是何等的忠心赤胆，率领岳家军血战沙场，才保住吾大宋半壁江山。可高宗为一己私利不得不依赖金国，居然不顾保国功臣，任由秦桧用莫须有罪名害死栋梁之才！这前车之鉴，贤弟难道还不引以为戒？"

赵汝愚长叹一声道："当年诸葛丞相为报刘皇叔三顾茅庐之恩和白帝城托孤之信任，带病六出祁山，鞠躬尽瘁死而后已，千古流芳。愚弟若步留丞相后尘，为保身家性命遇危撒手不管，退隐林下，有负圣上不说，最可怕的是背上千古骂名！"

朱熹本想告知挚友自己去意已决，力劝他看破红尘趁早离开这是非之地，见他却如此执迷不悟，对圣上如此愚忠，话到唇边就咽了回去。见鼓打四更，就起身告辞。

朱熹乘夜幕笼罩，命家人火速整理行装，带了家眷用门生的出关令牌顺利出城离开临安。一路上想起自己为帝皇之师只有短短四十六天，就遭此冷遇，深感古人所云"伴君如伴虎"确是至理名言，想起宦海险恶，深为挚友捏一把汗。

第二天早朝，赵汝愚得知朱熹悄然离京异常震惊。满朝文武闻之议论纷纷，朝野掀起轩然大波。给事中楼钥、中书舍人陈傅良等趁机落井下石，利用台谏恶意诽谤："陛下待朱熹不薄，任其为帝师，谁知他不忠不义，居然不辞而别，真正岂有此理！"

第十八章　台谏铸冤案

宁宗为自己开脱道:"朕最初任命他的是经筵之职,现在他事事要顾问朕……他既不辞而别不忠不义,朕亦不顾师生情谊了,随他去吧!"

原来朱熹忠于圣上,为了报答知遇重用之恩,在经筵讲学时,不时给皇上施加影响欲帮其匡正朝事,这早令宁宗有不耐烦之意。

吏部侍郎彭龟年出使归来,发现韩侂胄结党营私为所欲为之势日益嚣张,担心其野心勃勃,日后独霸朝纲危害江山社稷,想起虎狼之辈不除,朝廷后患无穷,自己是当今皇上的恩师,理该竭力为圣上分忧,遂决意为赵宋社稷背水一战,斗胆向宁宗揭发韩侂胄种种罪状,指望圣上震惊醒悟,做出英明决策,早做取舍,罢免韩侂胄。

谁知宁宗对赵汝愚道:"彭爱卿与韩将军有成见,列数了他八大罪状,重臣内讧,非社稷之福,朕决定将彭、韩两人俱罢免,以除后患,丞相以为如何?"

赵汝愚奏道:"彭大人是圣上恩师,有功于陛下,并无过错,微臣以为让帝师依旧供职,韩将军留在京城奉内祠。"

宁宗笑道:"就依丞相所奏。"

不久,此事被韩侂胄窃知,加紧多方用金银贿赂中枢大臣。结果内批韩侂胄在京宫观供职,彭龟年却出任明州(今浙江宁波)知府。至此,赵汝愚方知为保彭龟年反而坐失外调韩贼良机后悔莫及,慌忙求见宁宗,请留彭龟年。此时宁宗主意已决,已无法挽回了。至此,赵汝愚见得力助手朱熹、彭龟年俱被罢官,自己成了孤家寡人,才预感到无限希望和抱负即将化为泡影,便上疏辞去丞相之职。宁宗一不表态二不处置,将此事搁置一边。

韩侂胄窃喜,在府邸设宴庆贺,邀请京镗来府。京镗感激韩侂胄提拔之恩,席上献计道:"恩公,汝愚乃汉王元佐七世孙,为太宗嫡派,此人不除,吾等永无宁日。他常对人说,梦见太上皇授以汤鼎,背负白龙升天,是辅翼皇上的预兆。我们何不说他假梦惑人,谋危社稷呢?"

韩侂胄拍案叫绝:"京参政此计大妙!但令何人下手呢?"

京镗笑道:"李沐尝求节钺,汝愚不许,正怀恨在心!许他官位,嘱其照办,必然成功。"

于是,韩党加紧活动,设法起用李沐为右正言,胡纮为监察御史。

一月后，李沐果然上疏。宁宗批阅，只见写道：

> 汝愚以同姓为相，本非祖制。昔上皇圣体康复时，汝愚倡引伪徒，谋为不轨，乘龙授鼎，假梦为符，暗与徐谊等人造谋，欲卫送上皇过越，在绍兴恢复帝位……似此不法，即宜罢斥，以安天位，而塞奸萌。

另附弹劾丞相诉状，列籍五十九人，请罢汝愚相位，将同党坐罪严惩。其名单如下：

赵汝愚　留　正　周必大　王　蔺（曾居宰辅）朱　熹　徐　谊
彭龟年　陈傅良　章　颖　薛叔似　郑　湜　林大中　楼　钥
黄　由　黄　黼　何　异　刘光祖　吕祖俭　杨　芳　项安世
沈有开　曾三聘　游仲鸿　李　翔　杨　简　叶　适　吴　猎
孙逢吉　（曾任待制以上官职）
赵汝谠　赵汝谈　陈　岘　范仲黼　汪　逵　沈元卿　袁　燮
陈　武　田　澹　黄　度　张体仁　蔡幼学　黄　颖　周　南
吴柔胜　王厚之　孟　浩　赵　巩　皇甫斌　范仲壬　杨宏中
周瑞朝　林中麟　蒋　傅　徐　范　蔡元定　吕祖泰
白炎震　（曾任散官）

宁宗对李沐弹劾赵汝愚欲行周公故事心里很明白，深知受鼎负龙的梦境，已被歪曲附会，但禁不起韩党耳边日日聒噪，为巩固自己帝位，宁宗宁可信其有，不可信其无，违心当即批示："罢免汝愚右丞相之位，以观文殿大学士出知福州。"

朝中正直大臣为赵汝愚鸣冤叫屈愤愤不平，但惧怕韩党权高势大，因为若得罪他定丢乌纱帽。

府丞吕祖俭出班冒死上本，谏道："赵丞相功勋著于社稷，精忠贯于日月，怎能轻易罢黜！韩侂胄公报私仇，蓄意诬陷赵丞相，请陛下收回成命！"

韩侂胄恼羞成怒，出班请求宁宗将吕祖俭贬为韶州（在今广东省北部，与湖南、江西两省接壤）知府。宁宗准奏。

见韩党独霸朝纲，威压群臣，用莫须有罪名诬陷赵丞相等忠直重臣，激起公愤。国子祭酒李祥，怒冲冲出班奏道：

去岁国遭大戚，中外汹汹，留正弃相位而去，官僚几欲解散，军民皆将为乱，两宫隔绝，国丧无主。汝愚以枢臣独不避殒身灭族之祸，奉太皇太后命，翊陛下以登九五，功勋著于社稷，精忠贯于天地，乃卒受黜黜而去，天下后世其谓何？

博士杨简见宁宗默不表态，心里异常气愤，当即联名上书云：

自古国家祸乱之由，初非一道。唯小人中伤君子，其祸尤惨。小人得志，仇视正人，必欲空其朋类，然后可以肆行而无忌。于是人主孤立而社稷危矣！党锢敝汉，朋党乱唐，大率由此。

元祐以来，邪正交攻，卒成靖康之变。臣子所不忍言，而陛下所不忍闻也！自先皇孝宗以来数十载间，国家之所以较为安定繁荣，全赖王淮、留正、赵汝愚辅佐之功。当国家多难，汝愚位枢府，本兵柄，指挥操纵，何向不可！不以此时为利，今上下安妥，乃有异志乎？

去岁人情惊疑，变在朝夕。赵汝愚临危不惧，毅然扶立陛下登基。满朝文武历历在目，难道陛下俱忘记了？

宁宗听罢朝臣声泪俱下的哭奏，于心不忍，起身欲开口收回成命……

韩侂胄见了，急忙出班奏道："陛下万万不可！当初拜赵汝愚为相，已违祖制铸成大错；如今丞相对陛下怀有二心，图谋不轨，旨意已下，若出尔反尔收回成命，陛下今后威严何在？请陛下三思！"

杨简听罢勃然大怒，指着韩侂胄大骂："韩侂胄，你论功升迁没遂心愿公报私仇，蛊惑圣聪，信口雌黄诬陷赵丞相，天理不容！"

宁宗见状，道："众位爱卿别争别闹了，朕罢赵汝愚相位事关重大，内批已下，岂有收回成命之理？"

这下气恼了太学生杨宏中和太学生周端朝、张衜、林仲麟、蒋传、徐范等人，他们火速上殿，一起冒死伏阙上书曰：

近者谏官李沐，论罢赵汝愚，中外咨愤。而李沐以为父老欢呼，蒙蔽天听，一至于此。陛下独不念去岁之事乎？人心惊疑，变在旦夕，是时，非汝愚出死力，定大议，虽百李沐，罔知攸济。当国家多难，汝愚位枢府，据兵柄，指挥操纵，何向不可？不以此时为利，今天下安恬，乃独有异志乎？章颖、李祥、杨简发于中激，力辩前非，即遭斥逐，李沐自知邪正不两立，思欲尽覆正人以便其私，必托朋党以罔陛下之听。臣恐君子小人之机，以此一判，则靖康已然之险，何堪再见于今日耶？伏愿陛下念汝愚之忠勤，察祥、简之非党，窜沐以谢天下，还祥等以收士心，则社稷幸甚！天下幸甚！

宁宗阅罢大怒："大胆杨宏中、周端朝，汝等六人在铁证面前还为赵汝愚鸣冤叫屈，难道不怕死吗？朕念汝等一向忠君保国，免去死罪。但活罪难免，遣送五百里外编管！既然尔等为赵汝愚鸣冤叫屈，就将他谪为宁远节度使，贬永州（今湖南零陵）。其余人等，缉捕下狱！"

此时的宁宗昏庸失去理智，不顾朝野强烈抗议竭力挽留赵丞相，听凭韩党用莫须有罪名罗织罪状，将赵汝愚、朱熹门下所有知名之士一网打尽，铸成千古冤案！

党禁既兴，程朱理学在劫难逃，《六经》《论语》《孟子》《中庸》《大学》诸书，亦悬为厉禁，俱付之一炬！

第十九章　暴薨于衡州

一

　　韩党一专权，朝中无一正士。韩侂胄飞黄腾达，先封保宁节度使，复加官少傅，不久又封为豫国公。至此，朝堂上所有宰辅以下，俱是韩家党羽走狗。韩侂胄权倾朝野为所欲为，顺我者昌逆我者亡。满朝文武谁还敢说半个不字，个个溜须拍马，大献殷勤，唯恐大祸临头遭其陷害！

　　韩侂胄夫妇年年借过生日大肆敛财。是年，韩侂胄又为自己隆重庆祝五十岁生日，文武百官俱来送礼庆寿。户部尚书贾文元，因赵汝愚丞相在位时得罪了韩侂胄，如今官位虽不降，却常遭豫国公无端指责，穿小鞋成了家常便饭，日日小心翼翼如履薄冰。好不容易盼来送礼的机会，准备了八份贵重厚礼，临行前想起自己从不与他来往，这次突然巴结觉得太显眼，生怕遭人蜚语，因此迟迟不敢前去。一看快接近晌午了，只好吩咐管家备轿，带了礼物赶紧出发。谁知赶到韩府时，早已大门紧闭。贾文元无奈，命管家前去持帖禀报。管家大声喊道："门上可有人在？"

　　韩府家丁从边门出来问道："谁如此不懂规矩，在此大声喧哗？"

　　管家拱手行礼道："我家贾老爷前来庆贺。"

　　韩府家丁冷笑道："什么假老爷真老爷，你抬头看看太阳，现在是什么时候了？人家早在庆寿入席啦！"

　　管家忙赔笑脸道："不妨事，是我们来迟了，麻烦你开正门，让我家老爷进去。"

　　韩府家丁道："眼下金兵南侵，歹徒趁机作乱，国公安危重如泰山。现已开宴，为防歹徒混入行刺，国公老爷吩咐，凡迟到者一律走边门！"

　　管家拱拱手笑道："我家老爷好歹也是户部尚书，请让他从大门进去。"

　　韩府家丁道："什么户部吏部，就是当朝宰相也不能例外！"

管家央求道:"管门爷,这有点怠慢我家老爷吧?请行个方便……"

韩府家丁气呼呼道:"你这人怎么如此啰唆,我刚才说过,这是我家国公老爷吩咐的,小的不敢违抗。行个方便,行个方便,谁叫你家老爷磨磨蹭蹭这个时候才来,亏他是户部尚书,如此不懂规矩!"

管家见说破了嘴皮也没用,只好回禀老爷。贾尚书无奈,命人抬了礼物从边门而进。

来到宴会厅,只见韩侂胄巍然端坐,谈笑风生。张公公端了酒杯脚步跟跄走到他面前祝贺道:"咱家奉圣上旨意,特来为豫国公庆祝五十大寿,请寿星满饮此杯。咱家祝寿星福如东海,寿比南山!"说罢将杯中酒仰仰脖子一饮而尽。枢密院事京镗眯缝着一双醉眼笑道:"下官当初因刚直不阿得罪了权贵,寄人篱下,仰人鼻息,在朝中受尽了白眼。如今幸亏遇到了恩公豫国公,才得以挺直腰杆做人,豫国公是下官的重生父母!下官敬恩公一杯,祝豫国公与天地齐寿,日月同辉!"

众嘉宾一齐举杯附和道:"对对对,祝豫国公福如东海长流水,寿比南山不老松!"

右正言李沐端了酒杯也跟跄跄走到韩侂胄面前祝贺道:"豫国公精忠贯天地,功高盖列朝。祝国公大人福寿齐天!请寿星满饮此杯!"

"对对对,请寿星满饮此杯!"

众嘉宾弹冠相庆,得意忘形,对寿星百般吹捧,极尽献媚之能事,互相频频劝酒,将满桌美味佳肴吃了个风卷残云,却对晾在一边的贾尚书视而不见,无人理睬……

贾文元备受冷落,耳朵里听到的尽是阿谀奉承肉麻吹捧韩侂胄的甜言蜜语,憋了一肚皮怨气,哪里还吃得下丁点儿酒菜,想起自己好歹也是堂堂户部尚书,今日送了一载俸禄代价的寿礼,却换来满腹窝囊气!越想越气,越想越恨,好不容易挨至寿宴结束,悄悄溜出宴会厅,钻进轿内,命轿夫立即起轿,飞也似的离开韩府,回家气得大病了一场。

二

是年十一月廿三日上午,乌云密布,正淅淅沥沥下着小雨。临安城笼罩在濛濛雨幕和云雾之中。辰时时分,赵汝拙、赵汝鲁披着雨衣指挥家丁使女将箱笼物件雇马车搬运到候潮门码头。赵汝愚和家人坐了车马先行,所到之处,百姓都扶老携幼冒雨夹道跪送。家家燃烛烧香,户户祈祷菩萨保佑丞相一路平安。赵汝愚和李夫人异常感激,在车上频频拱手向大家致谢。命车夫缓缓前行,至云居山下时已是晌午时分。雨越下越大,如瓢泼盆倾一般。凛冽的西北风又"呼啦呼啦"刮了起来,把山上山下的落叶卷得翩翩起舞,到处乱飞。车马经过凤凰亭时,昔日受丞相恩惠的文武百官一起赶来相送。赵汝愚的义弟金一麟、爱将花振芳和同窗学友赵金贵、周光宗、周耀祖等也早在亭内恭候。

河埠头泊着三艘客船,箱笼等物件已搬运上船。赵汝愚用手指着江中的客船不解地问:"三弟,我吩咐汝租一艘就够了,为何这里泊有三艘?"

赵汝鲁急忙解释道:"弟按大哥吩咐只租一艘,另外两艘是金贵、光宗、飞虎三位大哥租的。"

赵汝愚埋怨道:"金贵、光宗、飞虎三位仁兄,小弟没什么东西,租用一艘足够,你们何必破费,快把这两艘退了!"

赵金贵指着一路跟来的文武百官道:"这几十位大臣定要坐船送大哥去永州,愚兄百般劝说不听,只好多租了两艘。"

周光宗和孙飞虎一起说:"贤弟,你就让我们一路陪送表表心意吧!"

原来萧国梁等同僚非要送赵汝愚到永州不可,金一麟一时说服不了,就另租了两艘客船。赵汝愚耐心劝说同僚都不听,只好让他们登舟陪送。等大家坐稳后,船家宣布开船,于是三艘客船顶风冒雨沿钱塘江出发了。

一路上,萧国梁、周耀祖、花振芳、孙飞虎不时安慰赵汝愚夫妇。

赵金贵气得咬牙切齿,两眼冒火:"丞相贤弟大家都夸他功勋著于社稷,精忠贯于日月,同僚个个敬佩,百姓人人爱戴……可恨皇上昏庸无知,任凭韩党用莫须有罪名将自己的擎天柱给毁了,真是糊涂透顶,愚蠢之极!这样的昏君我们还保他做什么,汝愚弟被贬永州后,我们都辞职别干了,各自回老家去过那不受窝囊气的快活日子!"

周光宗紧握赵汝愚的双手劝道:"汝愚贤弟,韩侂胄报复陷害朝廷重臣不得人心,一手遮天的日子如兔子尾巴长不了!圣上一旦醒悟定后悔莫及,云开日出时会下诏派大臣来接贤弟回京的!"

金一麟也不时劝慰："周仁兄说得对，昏天黑地的日子长不了，彩霞万道的艳阳天很快就会来到！大哥、嫂嫂此去永州千万保重身体，我们等候大哥早日回京原官复任！"

赵汝愚两眶湿润，连连摇手道："你们别劝了，吾心中有数！"见前面已是江西隆兴府（今南昌），就命船家将船一起停泊在码头，由赵汝拙搀扶着到同僚船上——拱手告别："谢谢诸位大臣一路陪送，汝愚感激不尽。常言道送君千里终须一别，此去永州已不远，大家请回吧！"

众人道："让我等再送丞相一程！"

赵汝愚佯装生气道："诸位若再陪送，汝愚就待在隆兴不走了！"说毕命船家拔橹停航。众人无奈含泪拱手告别。

金一麟和花振芳夫妇、孙飞虎、周光宗弟兄说什么也不肯返回，坚持要送赵汝愚夫妇至永州。金一麟泪流满面道："一麟承蒙大哥和伯父抬爱收养，才有今天。大哥今无辜遭韩党陷害，蒙受不白之冤，被贬永州，听一麟一声劝，韩贼一手遮天的日子长不了，这千古冤案不久定大白于天下！"

萧国梁也劝慰道："金一麟言之有理，请丞相务必保养好贵体。我等在家立等佳音，到时大家来永州接你！"

赵汝愚摇手道："你们的一片好意我心领了。这次去永州，我不抱甚希望：韩侂胄对我恨之入骨，必欲置我于死地，圣上善不能善用，恶不能废黜，若保我，不会铸成这千古冤案。我死，汝等方可无事。大家请回吧！"

金一麟夫妇哭道："大哥、嫂嫂受此惊吓，身体欠安，请让我夫妇陪你住在永州，也好晨昏照料。"

李玉莲道："老爷，难得一麟和表妹有此一片诚心，就让他们一同前往吧。"

赵汝愚摆摆手道："夫人，一麟贤弟成都州衙公务繁忙，不必了。"转身嘱咐汝拙、汝鲁、汝口三位弟弟道："京城乃是非之地，你们一刻也待不得了，这次回去赶紧把生活用品整理一下，立马回到洲钱。吾有汝嫂嫂和崇范、崇楷照料足够了，崇朴等五个孩子由你们带回洲钱，他们尚年轻不懂事，管教要严一些。时候不早了，请你们快登舟回去吧。"

赵汝拙三兄弟和金一麟、花振芳夫妇、萧国梁、赵金贵、周光宗、周耀祖、孙飞虎依依不舍,挥手告别,目送赵汝愚夫妇所乘之船帆影消失,才命船家起航返回。

不料第二天早晨,赵汝愚突然病了,李玉莲命船家靠岸,请来郎中在船上替夫君诊治,服了几帖药后稍有好转。谁知舟过湘江,漫天盖地下起鹅毛大雪来。至中午时分,寒风骤起,风雪交加。赵汝愚经寒气表里交侵,便不能饮食了。行至衡州(今湖南衡阳)病情突然加重,李玉莲只好命船家泊舟衡州码头,至州衙暂歇一些时日,待汝愚病愈再往永州。

三

庆元二年正月,漫天飞雪整整下了三天三夜,把个衡州城打扮成粉妆玉砌奇异世界。红日西沉夜幕降临时,遍地银妆素裹,亮得如同白昼。雪光将衡州城映照得神奇莫测,分外耀眼壮丽。因天气异常寒冷,人们一用好晚餐就进卧室围炉取暖,除了远处偶尔传来几声犬吠声,整座衡州城万籁俱寂。

此时,一处豪华住宅内灯火通明,照见雕花堂窗内两个脑袋挤在一起窃窃私语,一位约莫五十岁,清瘦的脸颊上飘着三绺长须,一双三角眼在不住地眨巴着。另一位四十多岁,个子矮矮的,脑袋肥胖得闪着亮光,下巴上的山羊胡子一翘一翘抖动着。

那清瘦脸颊上飘着三绺长须的是衡州知州钱鉴,正和恩人的管家顾仁在密谈一件要事。

侍女兰香轻移莲步前来奉送香茗,见主人和贵客正在交头接耳商议什么,仔细一看,原来是老爷在京做大官的好友韩侂胄的管家顾仁,怕打扰他俩,悄悄躲在屏风后窃听。只听得顾仁笑道:"我家国公老爷请钱大人照书行事,事成之后调你进京。这点银子不成敬意,先请笑纳!"说着将一张银票塞给钱知州。

钱鉴眯缝着三角眼笑道:"能为恩公效劳是下官的福气,诚惶诚恐,这银票请您带回吧……"

顾仁佯装生气道:"钱大人不收银票,小的回去不好交差!"

钱鉴眨巴了下三角眼笑道:"如此……那下官恭敬不如从命了!"说罢

将银票藏于衣袖内。

"有心腹告诉我,姓赵的经过你们湘江时得了风寒症,可能要在衡州待一段时间,请钱大人好好'招待'!"

"请顾管家回京转达国公大人,下官定好好'招待'姓赵的。"

"如此顾某放心了,嘿嘿嘿……"

"哈哈哈……"

兰香心想:原来姓顾的奉主人之命前来下书,托老爷置赵汝愚于死地,真是狗胆包天心狠手辣!她吓得浑身发抖,手中茶盘差点落地,见顾仁说声"拜托"起身告辞,便赶紧飞速进内。

第二天日高三丈时,衙役进来禀报:"老爷,从京城来的赵汝愚已到,人在外面等候。"

钱鏊把手一扬说:"请他在此相见!"

少顷,衙役领了一群人来到州衙,只见一位英俊少年走至堂前躬身施礼道:"禀告钱大人,家父赵汝愚途经湘江受了风寒,身体欠佳,欲在贵地暂住一些时日,请钱大人给予方便!"说毕呈上公文。

钱鏊接过一看,笑道:"少公子免礼!你们路远迢迢从京城途经我衡州,令尊大人身体欠安,下官理应尽力招待。"便命都军朱洪:"你快扶赵大人去馆驿歇息。"

赵崇范急忙躬身施礼:"多谢钱大人!朱都军,搀扶爹爹由晚生来吧。"

朱洪笑道:"那我不客气了,少公子随我来。"说毕在前面领路。

赵崇范搀扶了父亲跟朱都军来到一处住房前停下。朱洪用钥匙开了其中两间房门,招呼赵崇范道:"少公子,这里并排三间房你们将就着住宿吧。"

性急好奇的赵崇楷一抬腿就抢先走了进去,一股霉湿气味扑鼻而来,捂着鼻子大声嚷嚷:"这房间怎么如此难闻?哎哟,这是什么?弄得人睁不开眼睛!"

赵崇范进屋一看,惊叫道:"到处挂满蜘蛛网,叫我们怎么住呀!"

李玉莲踏进房间仔细一瞧,发现所有的房间不仅破旧矮小,且黑暗潮湿,到处挂满蜘蛛网,地上脏兮兮的全是老鼠粪便和垃圾,不由得锁起了眉头，忙叫两个孩子寻找扫寻清除上面蛛网，自己弯腰打扫地上垃圾。

朱洪笑道："请丞相和夫人原谅，真是不巧得很，我们衡州驿站近来住满了人，这是今天得知你们要来刚腾出来的库房，尚未清理，委屈你们了，等那边驿站有了空房小的就来通知你们搬过去。"

崇楷忍不住说道："我们刚才看见那边驿站有好几间空房，门上都挂着锁，你说都住满了人，这不明摆着是哄骗人吗？"

朱洪气得两只老鼠眼一瞪骂道："你这个小赤佬，人小口气倒蛮大，胆敢说我哄骗你。实话告诉你，驿站空房有的是，州守老爷盼咐小的，让这些房间空着，就是不给你们住，想怎么样？"

崇楷一听气呼呼地说："你这厮太欺侮人了，据我所知，州衙驿站的房子是专供京城来的官员住的，你为什么不让我爹住？"

朱洪气得两眼冒火，双手在腰间一叉讥讽道："你爹权倾朝野，为何不在繁华京城享福，到我们衡州穷地方来受苦？"

崇楷被质问得肺都气炸了，两只小虎眼一瞪厉声说道："我爹被人陷害，奉旨暂时去永州任知州，因身体欠佳，无奈在你们衡州暂住几日，你别狗眼看人低，藐视朝廷命官！"

朱洪"嘿嘿嘿"冷笑道："小赤佬说我藐视朝廷命官？呸！你爹公文上说是到永州任知州，其实是贬往那里受苦。老话讲斗败的金龙不如蛇，折翅的银凤不及鸡。如今你爹由当朝宰相被降职到地方受折磨，不及我朱洪说一不二有实权！"

"朱洪，你太狂妄了……"李玉莲听到此再也忍耐不住，"我楷儿年轻不懂礼貌，说话顶撞了你，我向你道歉。你偌大年纪了难道也不懂规矩，和孩子一般见识？我也奉劝你一句，上苍有眼，土地有灵，做人不能狐假虎威太过分！"

"你、你、你这婆娘敢教训老子，哼！骑驴看唱本——走着瞧！"朱洪说罢拿了钥匙大圆盘气急败坏地走了。

赵汝愚气得心痛犹如刀绞，脸色苍白，头脑一晕眩身子直晃荡……李玉莲见了，急忙招呼崇楷搀扶他坐在椅子上："老爷，崇楷不懂事说话顶撞了姓朱的……姓朱的太狂妄太势利了，楷儿忍无可忍才和他理论的，你别往心里去！"

崇楷见爹爹气成这样，慌忙"扑通"一下双膝跪倒在地哀求道："爹爹，是孩儿不孝，顶撞了这个势利小人，害你无端受这窝囊气！孩儿以后再也不和这种人理论了……"

"楷儿，爹爹不怪你。"赵汝愚双手抚摸着儿子的脑袋道，"如今为父遭人陷害，情况突变，这就是人们说的'虎落平阳遭犬欺，龙游沟渠被虾戏'！你们要记住，从今后出门在外不比家里，俗话说'人在屋檐下不得不低头'。往后不平事多的是，你们要该忍耐时且忍耐！这朱洪是势利小人，这种人我们得罪不起，和他们理论磨破了嘴皮也没用。记住，今后和这种人打交道，千万别跟他们一般见识，若如此，把自己的人格降低了……"

崇楷双手紧紧拥抱父亲抽泣着说："孩儿牢记爹的教诲！"

李玉莲哽咽着说："楷儿，你尚年幼，有些事你还不懂。你性子急，脾气躁，易惹事招麻烦，往后别再给你爹添乱。我们这次出门在外，待人接物都向你爹爹、大哥学习！"

崇楷眼泪汪汪道："爹娘的教训，孩儿铭刻肺腑。爹爹够委屈的了，孩儿发誓往后不再让他受气！"

李夫人鼻子一酸，忍不住两眶泪珠往下掉，伸手把老三紧紧地搂在怀里……

崇范看看母亲，瞧瞧爹爹，两眼噙着泪花，见地上满是垃圾，拿了把扫帚扫了起来。崇楷见了，也拿起扫帚学着二哥的样子打扫房间。李玉莲一股暖流立马涌遍全身，到外面找了把扫帚和孩子们一起打扫。不到一炷香工夫，娘儿三个累得满头大汗，清理出十多畚箕垃圾，把邋里邋遢的房间打扫得干干净净。发现床铺还没搭好，赵崇楷和二哥找了几只条凳又干了起来。忙了一会儿，赵崇楷肚子饿得咕咕叫了，忍不住轻轻对母亲道："娘，我早上只吃了一个烧饼，肚子早饿瘪了，怎么还没人送中饭来？"

李玉莲和崇范一边搭床铺一边说："娘也饿了，楷儿再忍耐一会儿。"

崇楷翘起了嘴嘟哝道："给我们住的房间这么蹩脚，中饭肯定也好不了多少……"

崇范指着弟弟的鼻子埋怨道："娘刚才说过，出门在外不比家里，须忍耐处多忍耐，你嘴里嘀咕肚子就不唱空城计啦？爹和娘够烦恼的了，你就是脾气不改,爱添乱,少说几句,我们不会把你当哑巴卖掉!"

崇楷吐吐舌头做个鬼脸,不再言语。

正在此时,一个老妈子提着沉甸甸的饭篮进来,把菜肴和白米饭一一端在桌上。崇楷一见热气腾腾的饭菜直流口水。李玉莲见了笑道:"为娘也饿了,大家一起吃吧。"

赵汝愚毫无胃口,坐下喝开水。一家人围桌而坐,一起用餐。

赵崇楷显然饿极了,拿了双筷子盛了满满一大碗饭狼吞虎咽起来,吃着吃着"咯噔"一声,放下饭碗直抚下巴,"哗"的一下把口内食物吐了一地,仔细一看惊讶得直嚷嚷:"怪不得我牙齿这么疼,原来是沙子!"

崇范吃了一会儿也嘟囔道:"这哪是人吃的饭菜,瞧这菠菜粉丝汤,无丁点儿菜油;那油豆腐炒青菜,淡得好像没放一粒盐;这红烧鲫鱼,一点儿也不鲜,咸得我舌头麻辣辣……"

李玉莲也实在难以下咽,边吃边皱眉头,无奈劝说道:"孩子,我们出门在外,将就些吧。"

挨至掌灯时,那个老妈子和老妇人又端来饭菜,抱来三条棉被,放在搭好的床上。崇楷劳累了一天早已哈欠连连,一上床掀开被子想睡,突然一股臭味直扑鼻子,张了张嘴欲呕吐,勉强忍住,忙摇手道:"娘,这被子好脏好臭,臭得我欲呕吐!"

李玉莲走过去一嗅,果真如此,笑着问老妈子:"大娘,这三条棉被脏得不能用,换干净点的好吗?"

"这几条是不能用,可朱洪非要我拿来给你们不可!我一个下人有什么办法呢?夫人,看样子朱洪跟你们有仇,处处为难你们。老身很想去换三条干净点的,可都被他一把锁锁了。"老妈子摊摊手,忽然眼睛一亮继续说道,"这样吧,这里离集市很近,你们若有银子,去买三条新的。"

李玉莲点点头,不好意思地说:"银子虽有,可是雪后道路不好走,我们初来乍到人地生疏……"

老妈子笑道:"老身去拿盏灯笼来,陪你一道去。"

李玉莲甚是感激,笑道:"大娘是个好心人,谢谢,谢谢!"

老妈子瞧瞧两个孩子,说:"夫人,孩子想睡了,我们这就去买!"说着和李玉莲匆匆出门。

不一会儿老妈子陪李玉莲买来三条新棉被,见崇楷睡得正香,忙和夫人把他抱在怀里,将棉被往床上一铺,再轻轻放下替他盖好。老妈子笑道:"这真是可怜天下父母心……夫人,老身和这位姐姐还要去查看其他房间,你们早点安睡吧。"说着和同伴蹑手蹑脚出去把门关上。

庆元二年(1196)二月二十一日深夜,李玉莲因闹肚子,起来点燃蜡烛上茅厕,听得赵汝愚在不停地哼哼,仔细一瞧,不好,额角滚烫烧得厉害!用手在他胸口一摸,也滚烫滚烫的,且浑身疼痛,想呕吐……欲烧开水给他喝,没灶头无法生火。正急得手足无措时,听得门外有脚步声,开了门一看,原来是那位老妈子,忙眼泪汪汪地说:"大娘,我夫君在途中受了风寒,人发烧得厉害,想请个郎中替他诊治诊治……"老妈子急忙走到床边,俯身用手摸摸赵汝愚的额角,滚烫滚烫,焦急地说:"你男人病得不轻,早该请个郎中给他瞧病!"走到屋外瞧瞧,四下里一片漆黑,抬头仰望天空,星星一闪一闪的,摇着头进来关上门,摊摊手说:"夫人,这时候夜深人静,人们都在睡觉,离天亮还有一个时辰……这样吧,等天一亮老身就去告诉州守钱老爷,求他叫个郎中来!"

李玉莲噗通一声跪倒在地,眼泪汪汪地说:"大娘,我们出门在外,人地生疏,难妇有个请求,不知当讲不当讲?"

老妈子慌忙上前搀扶起李玉莲:"夫人,你有事尽管吩咐!"

李玉莲哽咽道:"我爹娘死得早……想认您作干娘……"

老妈子急忙摇手说:"听说你们一家子来自京城,你男人是个大官,被人屈害才调到这里。老身是个穷婆子,孤身一人,使不得,使不得!"

"使得,使得!"李玉莲说着又"扑通"一下跪倒在地:"母亲在上,受女儿一拜!"

老妈子开心得热泪盈眶,急忙搀扶起李玉莲说:"女儿快坐了说话。老身姓沈,名叫美珍。老家福州,当年我爹为治病跟当地张大财主借了五十两银子,谁知姓张的见我长得容貌姣好,心生恶计把我抢去做姨太太,我男人当晚到张家救我,被张府恶奴乱棍活活打死……我设法逃出魔掌,爹娘带了我沿途求乞来到这里。如今父母早已亡故,只我孤身一人……"说完,泣不成声。问起干女儿一家的悲惨遭遇,李玉莲含泪将李赵两家因京城沦陷,为免遭金兵屠杀随先皇爷南渡到洲钱定居避难,丈夫如何进京赴试得中状元，光宗皇帝疯癫病发作，太上皇驾崩，皇上不主丧，如何设法说服太皇太后出面主丧，如何定策扶助太子赵扩登基被封为丞相，又如何奉旨犒赏定策有功大臣得罪了国戚韩侂胄被报复诬陷之事一一述说。沈美珍听罢气得大骂姓韩的是衣冠禽兽大奸贼，皇上忘恩负义是无道昏君，自古好人有好报，恶人决无好下场……李玉莲忙关好门窗，生怕被人听见又招来横祸！

挨到天亮，沈美珍从家里熬了一大锅新米粥来，又哀求钱老爷请来郎中丁大儒替干女婿治病。

沈美珍对丁郎中说："丁先生，这位赵大人原是右丞相，被人陷害，来我们衡州暂住几日，一家人怪可怜的，老身求你大发慈悲救救这位赵大人！"

丁大儒微微一笑把药囊放在床前桌上，道："老人家不消多说，我们做郎中的，治病救人是分内事！"说罢替病人望闻问切。沉思了一会儿着急地说："哎呀呀，这位赵大人病得不轻，是路上受寒邪所致的吧？得的是伤寒症，其脉甚紧，已病得不轻，我恐怕爱莫能助！"

李玉莲道："我们远道而来，在途中突然得病，到哪里去找郎中？丁先生，求你发发善心，救救我夫君！"

沈美珍也苦苦哀求道："丁先生，老话讲救人一命胜造七级浮屠，你药用好点，银子我会加倍给你的……"

丁大儒问道："你替他付银子，他是你什么人？"

沈美珍急忙分辩："老身心急口快说漏了嘴，我是说，诊费和药金这位李夫人会加倍给你的。"

丁大儒瞧了沈美珍一眼，冷冷地说："看病付诊金天经地义，还用得着你多嘴？"

沈美珍自我解嘲说："丁先生说的是，老身多嘴！"

丁大儒取出文房四宝开了方子，又从药囊内拿出七小包草药来，吩咐李玉莲道："夫人，你男人病得厉害，服了这几帖药，若有好转，或许有救，若病情加重，另请高明吧！"

李玉莲付了诊金，丁大儒背了药囊匆匆出门离去。

沈美珍去自己房中拿来砂锅、引火之物，帮李玉莲生火煎药，用碗盛了，一汤匙一汤匙给干女婿喂服。喂好药对李玉莲道："干女儿，干娘有事要出去一趟，若干女婿服了药不见好转你马上来告诉干娘，再去找一个有名的郎中。干娘走啦！"

李玉莲和崇范、崇楷目送沈美珍走后，见丈夫病得越发厉害，守候在床前嘘寒问暖寸步不离。待到中午时分，突然发现赵汝愚脸色惨白，浑身抖得厉害，嘴里喊着："玉莲，我好冷，冷得像掉进了冰窖……"

李玉莲见丈夫神色不对，吓得飞速出门寻找干娘，正好沈美珍拎了饭篮来送中餐，忙拉了她进屋："干娘，汝愚服了药病却越来越重，你看他脸色苍白，浑身冰冷，抖得厉害……"

沈美珍忙至床前仔细一端详，见干女婿抖得连床都晃动，再瞧他脸色，面孔雪白毫无血色，吓得连声埋怨："干女儿啊干女儿，我昨天嘱咐你，干女婿若服了药病情不见好转，马上来找我。我干女婿病成这样，你为啥不来找我？"

李玉莲忙解释："我连干娘住在哪里也不知道，怎么找你啊？"

沈美珍忙用手捶打着自己的脑袋说："是干娘老糊涂了，忘了告诉你住址。我马上去找丁先生！"

赵汝愚见了忙摇手道："我的病……自己最清楚，岳母您……别去麻烦这位丁先生了……"

沈美珍忙伸手握住赵汝愚的手安慰道："干女婿，丁先生是我们这里的名医……"

赵汝愚使劲摇手，咳嗽得更厉害，说道："你们州衙里的郎中，名气再大也没用……"

沈美珍忙说："干女婿说得对，听你的！"

赵汝愚使劲朝夫人招手，李玉莲忙坐在床榻上。赵汝愚用双手抚摸着李玉莲的手边喘息边说："夫人，自从你嫁到……我赵家，没享受……一丁点儿的福，却担惊受怕……到今，想不到我先你而去……几个儿女只有……托你照管了……"

李玉莲忙摇手哭道："夫君你别这么说……"

赵汝愚咳嗽了一会儿吃力地叮嘱道："为夫最不放心的是崇宪……我死之后，请夫人再三告诫他：自古伴君如伴虎，宦海沉浮多险恶，要他铭记教训，早日辞官隐居故里……"说着咳嗽得更厉害了。

李玉莲忙说："请夫君安心养病，为妻回去马上告诉他！"

沈美珍见干女婿病势越来越重，赶紧起身出门去请郎中。

李玉莲见丈夫抽搐得更厉害，吓得不如何是好，在床边偷偷流泪。两个孩子吓得跪在床前大哭："爹爹，您怎么啦？快醒醒啊，别吓唬我们啊？娘，爹爹抖得更厉害了，快去找干外婆，不知她郎中请了没有？"

娘儿三个正急得手足无措时，瞧见沈美珍带了郎中匆匆赶来。见无旁人，悄悄告诉李玉莲："我刚才去报恩桥请凌先生替干女婿治病，碰到钱府在那儿买东西的侍女兰香告诉我，三天前她看见京城的大官韩侂胄派管家顾仁来州衙送信，托老爷钱鉴设法害死赵丞相，她因这几天看管得很严无法脱身，故趁机上街购物时告诉我……哼，怪不得干女婿吃了姓丁的药病却越来越重，原来他们串通好了要谋害干女婿的性命！"至床榻前见干女婿病得只剩下一口气了，急得眼泪汪汪直跺脚，赶紧上前哀求郎中："凌先生，你是我们衢州的名医，能妙手回春，人称'凌一帖'，求你快救救我干女婿吧！"

"大娘，治病救人是为医者本分，请放心，我尽力而为！"凌为民把药囊放在床前茶几上，替病人望闻问切，诊毕连连摇头，把桌上吃剩的方药包解开一看，气得直吹胡子，异常气愤地对李玉莲说："夫人，你夫君患的是伤寒症，已病得非常严重，丁大儒却给他服用寒剂，等于雪上加霜！他们存心谋害你夫君性命，好狠毒！"

沈美珍、李玉莲吓得浑身发抖，急忙拉了两个孩子"扑通"一下跪倒在地，苦苦哀求道："凌先生，求求你救救我干女婿（夫君、爹爹）吧！诊金我们加倍付你……"

凌先生摊摊手说："沈大娘，此病若诊疗及时，脉搏轻缓，颈、身体疼痛不甚厉害，体温稍微发热，或许有救。现已热得滚烫滚烫如火炉一般，且体疼呕吐得如此厉害，已属晚期，非药石可救，凌某已无能无力了，你们快准备后事吧！诊金我分文不收，求你们千万别说凌某来诊断过——若被钱大人知晓，非砸了我饭碗不可！我上有八十多岁病魔染身的老母，下有五个待抚养教育的孩子……对不起，凌某走啦。"说罢慌忙拎了药囊匆匆离去。

沈美珍见干女婿已奄奄一息，忙招呼两个干外孙跪在床前送父亲上路，自己和李玉莲给干女婿穿寿衣。

刚穿好寿衣，只见赵汝愚紧紧握住妻子的双手不放，嘴巴张了几张，手一松就咽了气！

崇范、崇楷捶胸顿足呼天号地大哭，李玉莲哭得昏倒在地不省人事。沈美珍忙替干女儿掐"人中"。李玉莲慢慢苏醒过来，想起丈夫被钱州守与丁大儒设计谋害致死，拿了桌上的方药对两个儿子说："你爹爹是被狗官钱州守和丁大儒害死的！"

赵崇楷气得两眼冒火，握紧了两个拳头道："杀父之仇不共戴天，娘，哥，我们拿了方药找狗官算账去！"

赵崇范咬牙切齿道："自古马善被人骑，人善被人欺，弟弟说得对，人证物证俱全，我们快击鼓告状去！"起身拿了方药和弟弟就要出门。

沈美珍急忙上前拦阻哭劝道："干外孙，天高皇帝远，这里衡州是姓钱的天下，当今皇上是昏君，把你爹爹贬到这里，他们串通好了害死你爹爹，告也没用！"

赵崇楷哭道："我们到别的衙门去告他们！"

沈美珍摊摊手道："如今这世道，天下乌鸦一般黑，官官相护告有啥用？"

李玉莲点点头，忙安慰两个儿子道："范儿、楷儿，干外婆说得对，如今豺狼当道，天下乌鸦一般黑，我们越级告状也无济于事！"

赵崇范义愤填膺道："爹爹的深仇大恨难道就罢了不成？"

李玉莲泣不成声道："不，你爹的血海深仇非报不可！可眼下不是时候。俗话说得好，留得青山在不怕没柴烧！日后替你爹报仇雪恨的机会有的是！快擦干眼泪帮娘替你爹布置灵堂！"

沈美珍用手帕擦干眼泪道："干女儿说得对，这里是虎狼之地不宜久留，我去替干女婿买口棺材，简单祭奠一下，你们娘儿三个好早点离开这是非之地！"

崇范和崇楷拉着沈美珍的双手哀求道："干外婆孤身一人，请您老人家跟我们一起走吧！"

李玉莲也恳求道："孩子们说得对，请干娘和我们一起回洲钱！"

沈美珍点点头道："这个鬼地方老身是一日也待不下去了，你们母子这么孝顺，好，老身成殓好干女婿就跟你们一道走！"说罢匆匆出门去买棺木。

当晚沈美珍买来棺木把干女婿抬到自己屋里草草成殓了，再请来一班和尚道士做功德超度亡灵。李玉莲和两个儿子披麻戴孝跪地哭祭，直闹到天明才结束。天一拂晓，沈美珍雇来三辆马车，和干女儿把干女婿的棺木装载了，由崇范和崇楷扶柩踏上归途。

赵汝愚不幸暴薨衡州的消息传到宁宗耳朵里，宁宗异常愧疚，急忙下诏命他的家人将灵柩运回原籍江西余干赵家岭安葬。当赵汝愚的灵柩经过长沙时，当地百姓纷纷赶来吊唁祭奠，恳求把丞相遗体安葬在长沙。然而，皇命不可违，可长沙人对精忠为国、爱民如子的贤相一片心意又不可拒，于是朝廷批准他的灵柩离开长沙时，留下一些遗物，在妙高峰下修建一座衣冠冢，让人凭吊，永久纪念。五月，长沙百姓把丞相的遗物埋葬在县南二十五里处的雕峰山下（今枫港乡樟木桥）。

赵丞相暴薨衡州的噩耗传到京城临安，朝中正直大臣都万分悲痛，不顾韩侂胄淫威私相吊唁哭泣，大内宫墙和临安城下，几乎每天都有数万篇匿名悼念诗文张贴出来。老百姓日日焚香遥祭，痛哭凭吊……

惨遭迫害的朱熹，在福建建阳得知挚友赵汝愚暴薨衡州的消息，日日痛哭流泪，在庆元六年（1200）春泪尽含恨去世。在举行朱熹葬礼那天，击鼓上书宁宗请斩韩侂胄的布衣吕祖泰，虽被韩党投入大牢，但反对党禁的战斗终于拉开帷幕。

第二十章　韩党启兵端

一

庆元党禁，为韩侂胄通向权臣之路扫清了障碍。在庆元、嘉泰年间，韩侂胄建节、封王、拜太师，一路飙升，飞黄腾达。韩侂胄虽深知这俱是有职无权的荣衔，最高实职只是枢密都承旨而已，但他却暗暗庆幸，这些荣衔能帮自己进退自如，既丝毫不妨碍大权在握，又能掩护外戚干政的蜚语。自己虽不是一品当朝的宰相，但要罢免那些文武大臣，只需一道奏疏即可。

韩侂胄终于盼来了做梦也觊觎的权柄！

开禧元年（1205）四月，宁宗下诏封他为平章军国事，权位在丞相之上。从此，朝中那些溜须拍马的小人，今日我拜访，明日你送礼，把韩府的门槛快踩烂了。刚直不阿的大臣对此嗤之于鼻，发誓宁可昂首挺胸直中取，也绝不奴颜婢膝曲中求！

阿谀奉迎靠溜须拍马往上爬的陈自强和苏师旦，一日刺探到金国机密情报，相约黄夜至韩府告密。

陈自强一见韩侂胄满脸堆笑道："韩太师，升官发财的好机会终于盼来了！"

韩侂胄甚是诧异，急忙问道："恩师何出此言？"

陈自强压低声音神秘兮兮地道："眼下金主完颜璟昏庸无道，外有鞑靼国兴兵犯境，内有宠妃朝臣弄权乱政，朝廷腐败，国内盗贼蜂拥而起，民不聊生，怨声载道……"

狡诈多疑的韩侂胄，虽对自己当年的启蒙老师异常敬重，一向言听计从，但对他今晚提供的消息甚是怀疑，沉思片刻赔着笑脸问道："恩师，您的情报是不是听来的？北伐事关我大宋社稷大事，草率不得，若轻启兵端出师不利，后果不堪设想！"

陈自强点点头，笑道："太师所言极是。请听为师一句忠告，汝身为当朝太师握有兵权，办事若过分谨小慎微，坐失北伐良机，岂不使沦陷区百姓失望，天下人耻笑？"

韩侂胄拱拱手道："门生铭记恩师教诲。但有苦衷，请耐心听我解释，因近来听毫无价值的虚假情报耳朵都起茧了，门生受皇上恩宠，擢升为当朝太师，若不事事谨慎，有负皇上栽培啊！"

陈自强竖起大拇指夸道："知恩图报真君子也！为师做梦都想助你一臂之力，恨无机会！为此，前几天和苏将军冒着生命危险潜入沦陷区刺探得金国情报，特来禀告！"

在一旁静听的苏师旦急忙拱手作证说："陈先生所说句句是肺腑之言。苏某用脑袋担保，我和先生所提供的若是虚假情报，太师可斩末将项上人头！"

韩侂胄笑道："苏将军言重了！韩某方才是故意开玩笑试探，苏将军和恩师的情报既是冒着生命危险得来的，必然异常可靠，我有什么好怀疑的？"

苏师旦急忙抱拳致谢道："韩太师深信不疑？"

韩侂胄点头笑道："深信不疑！"

苏师旦赶紧抱拳说："太师若举兵北伐，末将毛遂自荐，愿率本部人马助一臂之力！"

韩侂胄大喜道："苏将军乃我朝难得猛将，若立有战功，班师回朝之时，韩某定奏明圣上，保你加官晋爵！"

苏师旦受宠若惊，压低声音道："俗话说兵马未动粮草先行，韩太师何不趁此机会先捞一把！"

韩侂胄笑眯了一对牛眼故意问道："苏将军此话何意？"

苏师旦忙将脑袋凑到韩侂胄耳边笑道："北伐急需军饷，太师可先如此如此这般这般……"

韩侂胄乐得频频点头夸奖道："此计甚妙！"

韩侂胄挽留恩师陈自强和苏师旦，设宴款待。陈、苏二人喝得酩酊大醉，是夜睡在韩府。

第二天一早，韩侂胄骑马亲往直学士院命李璧火速草写诏书，宣布伐金。其诏书云：

> 天道好还，中国有必伸之理；人心效顺，匹夫无不报之仇。蠢尔丑虏，犹托要盟，朘生灵之资，奉溪壑之欲，此非出于得已，彼乃谓之当然。军入塞而公肆创残，使来廷而敢为桀骜，洎行李之继迁，复嫚词之见加。含污纳垢，在人情而已极，声罪致讨，属胡运之将倾。兵出有名，师直为壮。言乎远，言乎近，孰无忠义之心？为人子，为人臣，当念祖宗之愤！敏则有功，时哉勿失。

诏书既下，将士踊跃，朝野欢腾。韩侂胄得知大喜，加紧筹银募兵，又出封库银，声声在班师回朝之时作重赏立功将士之用。一边派人购买马匹，日夜督造战船，一边增襄阳驻军，设乍浦水师。

不料宁宗对北伐大事采取模棱两可态度，迟迟不作答复。

韩侂胄见圣上态度暧昧，心想，皇上对老夫一向言听计从，这次却不置可否，反正御笔已是吾的囊中之物，假作御笔升黜将帅早司空见惯，所有国事不必一一取裁圣上，这密谕将帅出师之日，也借御笔指挥……

韩侂胄想到此得意忘形，美滋滋加紧准备北伐。

安丰（今江苏省东台市安丰镇）守将厉仲方探知韩侂胄有伐金之意，一日派心腹来韩府说自己是淮北守臣，不得已才降金，今闻太师欲北伐，愿率本部兵马来归，助太师一臂之力。浙东安抚使辛启明，修书进言，说金国必亡，韩太师出师必胜，自己愿带领降金四位元老大臣，备兵八万作为内应，将功赎罪。韩侂胄大喜，盛情款待来人，命他们回去告诉厉、辛两将军早做准备，到时随军北伐。

正在此时，心腹郑友龙使金回京复旨，先至韩府拜谒太师。

韩侂胄闻报，打开正门出接。至客厅分宾主落座，韩侂胄喝了几口茶问道："郑大人出使归来，定知金国内情。请道其详！"

郑友龙笑道："金国内外交困，国力空虚。眼下鞑靼国（在今内蒙古和蒙古国的东部）大举进犯，金国顾此失彼，太师若乘机起兵北伐，定可大获全胜！"韩侂胄听了好不开心，盛情款待郑友龙，遂下定决心北伐。韩侂胄深知当年岳飞和韩世忠力主抗金，深得主战派拥戴，这次北伐，为了得到将士的支持，他夤夜秉烛起草奏疏，请宁宗追封韩世忠为蕲王，岳飞为鄂王，追夺秦桧所获封的王爵，将其谥号由"忠贤"改为"谬丑"。宁宗一一遵奏，这样一来，果然朝野人心大快，抗金浪潮汹涌澎拜。

陈自强见此情景喜不自胜，眉头一皱又想出一条妙计，上疏请遵孝宗朝故事，设立国用司，考核财赋。宁宗准奏，下诏封陈自强掌国用司兼右丞相，费士寅、张岩同知国用司。此三人一得此美差，便大肆搜刮民脂民膏，中饱私囊，把个美丽富饶的江南折腾得元气斫丧无余。

韩侂胄又劝宁宗下诏，改元开禧。

韩侂胄一切部署妥当后，便准备兴兵北伐，趁机大敛其财，中饱私囊，这引起民怨沸腾，朝野反对。

武学生华岳上疏，请宁宗切勿轻信韩太师一面之词，轻易出兵，乞斩韩侂胄、苏师旦，以平民愤，其疏文曰：

> ……程松以纳妾求知，倪蒴以售妹入府，苏师旦以献妻入阁，郑友龙之权，不出于陛下，而出于侂胄，是吾有二中国也。命又不出于侂胄，而出于陈自强、苏师旦，是吾有三中国也。

此疏一上，朝中立即掀起轩然大波，纷纷上疏指责韩侂胄。韩侂胄恼羞成怒，寻找一个借口将华岳外任建宁（今福建省建瓯市），以皇甫斌知襄阳府（今湖北省襄阳市）兼七路招讨副使，郭倪知阳州兼京东招抚使。宁宗此时之所以都一一依其所奏，是一心想依赖他伐金获胜，还命韩侂胄三日一朝赴都堂议政，掌三省印信。

至此，韩侂胄受宠若惊，胆大妄为，凡事都擅作主张。

二

一日早朝，韩侂胄出班奏道："陛下，今金主完颜璟昏庸无道，民怨沸腾，内外交困，国力空虚，鞑靼国又趁机兴兵犯境，占领了金国大片疆土。此乃北伐最佳良机，微臣请旨出兵伐金。望陛下恩准！"

宁宗听了迟疑不决，良久说道："眼下鞑靼国虽兴兵伐金，侥幸初战告捷，然金国兵强马壮，我国兵力悬殊，北伐谁胜谁负难以预料。朕觉得此时出兵太突然，有欠稳妥。然而收复失地岂非美事，但此举非同小可，是关系到社稷长治久安之大事，容朕三思。"

伐金在即，宁宗仍优柔寡断不置可否，韩侂胄朝罢归来立即在府邸召集大将商议对策。

韩侂胄率先发话："老夫原以为圣上初登大宝，年轻有为，发誓收回江北失地，大展宏图干一番事业。做梦想不到圣上如此胸无大志，守着太上皇交给他的这点基业苟且偷安不求进取，真是令人大失所望！"

陈自强双手一拱恭维道："如今韩太师执掌全国兵权，一言九鼎，圣上既无大志，韩太师可代天行事，起兵北伐，收回失地，此乃朝野拥护之事，韩太师，机不可失，时不再来啊！"

苏师旦也极力推波助澜道："陈大人所言极是，太师你切勿坐失良机！"

众人一齐附和："对对对，请韩太师当机立断，切莫犹豫！"

韩侂胄把拳头使劲一击案桌道："诸位大人说得对，老夫决意北伐！"

开禧元年（1205）五月，韩侂胄命郑友龙为左先锋，苏师旦为右先锋，即日祭旗，自己统帅六十万大军浩浩荡荡奔赴前线。筹备了数月的北伐，终于拉开帷幕。

韩侂胄率领三军昼夜兼程，抵达镇江时已是三更时分。是夜乌云密布，风雨交加。下令在城外安营扎寨。这时有探马来报，说长江北岸金兵守将为大金驸马完颜匡。韩侂胄便当即骑马带了郑友龙和苏师旦冒雨至江边察看敌情。命人驾驶小船悄悄至江中往北岸眺望，只见高港之西金营沿江驻扎有数十里之长，灯火通明，如同白昼，防守甚严，哨兵来回巡视；高港之东一片漆黑，侧耳倾听良久，悄无声息，估计并无金兵防守，韩侂胄忍不住仰天大笑："哈哈哈，这真是天助我也！"

苏师旦见状问道："元帅因何发笑？"

韩侂胄用手遥指北岸高港方向笑道："本帅笑完颜匡无谋耳！你们看，北港之东，并无一兵一卒防守，我们在扬州一带悄悄用船渡江，至高港杀他个措手不及，人仰马翻！"

苏师旦、郑友龙急忙恭维道:"元帅神机妙算,真诸葛孔明转世也!"

韩侂胄大喜,当下命士兵将小船划至南岸,下令郑友龙、苏师旦火速率军顶风冒雨悄悄渡江。五更时分,突然长江北岸瓜州一带火光冲天,喊杀声震天动地。原来,郑友龙、苏师旦率领的六千先锋精锐兵将早已抵达北岸,以迅雷不及掩耳之势奔袭高港,悄悄杀死巡逻兵,突然发起猛攻。正在呼呼酣睡的金兵,被从天而降的宋兵杀了个措手不及,尸横遍野,血流成河!

活着的金兵舍命保护完颜匡狼狈往北逃窜,至黎城见后无追兵,方敢进城。完颜匡一清点,数十万人马逃回的只有区区数百人!绝望之下,完颜匡长叹一声双膝跪倒在地朝北哭拜道:"微臣一时粗心大意,遭宋兵突然袭击,几乎全军覆没,对不起狼主隆恩,只能以死谢罪了!"哭罢"嗖"的一下拔出腰间佩剑欲自刎!完颜小匡见了急忙飞速夺下完颜匡手中宝剑哭谏道:"大哥,胜败乃兵家常事,偶尔失利很正常,何必自寻短见?你我为狼主七伐中原,屡建奇功,更何况大哥身为驸马,金主舍不得治你的罪。你我一面写表章向狼主告急,求他速派兵增援,一面调集各处兵马,重振旗鼓再与宋军决一死战,将功赎罪!"

完颜匡频频点头道:"贤弟所言极是,你我立即行动!"完颜匡星夜写表告急,恳求金主火速派兵增援。

告急文书送到汴梁,金主完颜璟阅罢大惊失色,立即召集辅国大臣商讨对敌之策。命仆散揆领汴京行省,调集人马把守各处要隘,自己率领大军御驾亲征。

早有探马将上述消息报告宋军韩大元帅。韩侂胄火速升帐,召集各位大将商讨对策。

郭倪献计道:"我军刚打了大胜仗,士气旺盛,又粮草充足,兵强马壮,何惧之有?末将愿与郭倬、李汝翼率兵去攻打宿州(今安徽宿县)!"

韩侂胄大喜道:"郭将军等如此英武过人,本帅无虑矣。愿你们小心谨慎步步为营,得胜归来时,本帅亲自迎接,替你们接风洗尘,记头功!"

郭倪双手一拱,飞身上马,和郭倬、李汝翼率兵飞奔宿州而去。

是夜,韩侂胄心事重重,睡意全无,在帐中坐等佳音,至天明并无消息。第二日候至傍晚仍不见动静,在帐中灯下伏案阅读兵书。听鼓打四更,已夜阑人静，万籁俱寂。掩卷步出帐外，只听得四下里传来"呱呱呱"的蛙鸣声和令人毛骨悚然的狼嚎声……挨至五更时分，突然探马来报："元帅，大事不好，郭倪、郭倬、李汝翼因骄傲轻敌，贪功冒进，误中金兵埋伏，大败而归，现已退回蕲州（今湖北蕲春南）！"

韩侂胄大惊："想不到郭倪、郭倬、李汝翼不听本帅劝告，遭如此惨败。怪本帅有眼无珠，被这三个只有匹夫之勇的家伙贻误了战机……本帅初次用兵就损兵折将，气煞我也！"

苏师旦出列道："韩元帅，胜败乃兵家常事，不足为虑。本先锋愿领敢死队拼命奋战，杀他个人仰马翻片甲不留，以雪初战不利之恨！"说毕，出帐飞身上马，率领本部人马前去迎敌。

韩侂胄刚坐下歇息，听得帐外传来"咚咚咚"的战鼓声，"冲啊""杀啊"的喊杀声惊天动地……

不一会儿听得"嘚嘚嘚"的马蹄声，循声望去，只见探马飞骑来报："元帅，苏先锋前去讨战，被金兵杀得落荒而逃，现不知去向！"

韩侂胄忙说："本帅知道了，再去打探！"

没多久，又听得战鼓声震天动地，喊杀声震耳欲聋。探马来报："韩元帅大事不好，金兵大队人马杀来了！"

韩侂胄飞身上马，带领手下火速迎敌。只见到处都是金兵，慌乱中，有人告诉韩侂胄，金兵已将郭倪、郭倬两将团团围住，慌忙指挥大小三军火速撤退，渡至长江南岸清点人马，损失惨重，忙安营暂歇。得知金主不肯罢休，欲渡江报仇，只得将马军都统制田俊迈执送金人，说是由他寻衅引起，金人遂放了郭倪、郭倬二人，狼狈逃回。

至傍晚时分，消息雪片似的报来：建康都统制李爽，急功冒进，率兵攻打寿州（今安徽省寿县），被金兵杀得丢盔弃甲落荒而逃；皇甫斌攻打唐州（今河南省唐河县），败得更惨，皇甫将军已为国捐躯了；江州都统制王大节攻打蔡州（今河南省汝南县），中计阵亡，全军覆没……

至第四日拂晓，探马报来鼓舞军心的好消息：东线战场的毕再遇，足智多谋，善于用兵，率众拼死抗金，几乎战无不胜，杀得金兵丢盔弃甲往北逃窜！韩侂胄闻报喜出望外，一边命人赶写本章飞速派人进京向圣上报喜，一边亲自前往东线驻地犒赏三军，借以鼓舞斗志，力图重整旗鼓再次抗击金兵。

谁知天不遂人愿，事后不到四个月内，败报又雪片般飞来：韩侂胄寄予厚望的西线主帅吴曦，居然经不起种种诱惑，带领川军将士投降了金国，自封蜀王。川军主帅一降金，朝野震惊，军心动摇，导致东西两线攻金计划立马破灭！……

韩侂胄这才慌了手脚，急忙请邱崈宣抚两淮，亲自统帅军马，把守长江南岸，以防金兵突然南渡来犯。为了推卸责任，严肃军纪，杀鸡给猴看，将皇甫斌、李汝翼、李爽以失机罪监禁，将郭倬斩首于镇江。至此，韩侂胄方悔自己轻举妄动，误听李沐、苏师旦之言，擅自北伐受此惨败之辱，日后如何面见圣上向朝廷交代，忧心如焚。

韩侂胄正在追悔莫及之时，心腹李壁赶来求见。韩侂胄在帐中设宴款待，彼此借酒浇愁，喝得酩酊大醉。韩侂胄眯缝着一双牛眼问道："李……壁……苏师旦……为人如何？"

李壁与苏师旦有宿仇，趁机落井下石，舌头打结道："苏师旦……这家伙人面兽心……他……仗势专权……私吞军饷……还诽谤太师，以致军心涣散……攻城惨败……非驱逐此贼不足以平民愤……谢罪天下……"

韩侂胄听罢勃然大怒，当即传令罢免苏师旦职务，派人抄没其全部家产，外调韶州（位于今广东省北部，与湖南、江西两省接壤）安置了事。

三

待到六月，长江两岸的天空，日日蔚蓝无一丝云彩，头顶那轮炎炎烈日如一个大火球，炙烤得大地冒烟。在营寨，清晨与夜晚还较凉爽，辰时以后，被烈日暴晒得像个大蒸笼，烘烤得士兵穿布裯短裤还挥汗如雨。酷暑难熬，再加上夜晚蚊虫叮咬，士兵难以入眠。如此连续月余，宋军被折腾得疲惫不堪，苦不堪言，士气一落千丈。

一日，探马来报：金兵分九路渡江来犯！

原来金国元帅仆散揆获悉宋师败退江南，向金主进献九道南侵之计：仆散揆率兵三万出颍（颍州，今安徽省阜阳市）、寿（寿州，今安徽省寿县）二州，完颜匡率兵二万五千出唐（唐州，今河南省唐河县）、邓（邓州，今河南省邓县）二州，纥石烈子仁率兵三万出涡口（今安徽省涡阳县涡河），纥石烈胡沙虎率兵二万出清河口（今河北省清省河县），完颜充率兵一万出陈仓（今宝鸡市石鼓山），浦察贞率兵一万出成纪（今甘肃省天水市），完颜纲率兵一万出临潭（今甘肃省临潭县），石抹仲温率兵一万出盐川（今甘肃省漳县），完颜璘率兵一万出来远（今福建省泉州市）。

韩侂胄闻金兵九路南侵吓得浑身直冒冷汗，一夜之间须发皆白。睡梦中听见四下里喊杀之声震天动地，金兵漫山遍野如潮水般涌来，惊醒一骨碌坐起，侧耳倾听并无声响，原来是南柯一梦！和衣躺下，一合上眼又见金兵潮水般涌来，心"怦怦怦"跳个不停……如此反复数次，被折腾得疲惫不堪。至拂晓急忙穿衣升帐，召集众将商议，派人持谕重任两淮宣抚使邱崈，令签书枢密院事，督视江淮军马。一日探马飞骑来报："我前线将士浴血奋战，杀得金国数路兵马狼狈北退！"

韩侂胄一查问，事情的经过原来是这样：金将纥石烈胡沙虎先率军飞渡清河口，将楚州围了个铁桶似的，淮南危在旦夕！部下张猛奉劝道："枢密大人，楚州被围，淮南恐难抵守，不如弃淮死守长江！"

邱崈怫然不悦，厉声斥责道："你这是什么话？我若放弃两淮，金兵便长驱直入抵达长江，势必与敌共长江险阻，此事绝不可行！我当与淮南共存亡！"

张猛急忙抱拳打拱道："大人说的是，末将愿与您死守淮南，跟敌人血战到底！"

"这才像话，张将军，事不宜迟，立即带兵出发！"

邱崈当即派重兵防守，日夜加强巡视。

接着前方战报雪片也似的飞来，金兵乘胜进攻，势如破竹：完颜匡攻陷光化（今湖北省老河口市），进军枣阳（位于今湖北省西部，东靠武汉，西依襄阳，南临江汉平原，北抵南阳），江陵副都统魏友谅，夺围南奔，招抚使赵淳焚樊城黉夜逃遁。完颜匡乘胜挥师南下，攻破信阳（今河南省信阳市）、随州（今湖北省随州市）、襄阳（今湖北省襄樊市襄阳区），进围德安府。仆散揆引兵至淮南，潜渡八叠滩，夺下颍口（今安徽省寿县）、安丰军（在今安徽省寿县）、霍邱县（今安徽省西部），已将和州（今安徽省和县）团团围困，危在旦夕。我军守将何汝励、姚公佐仓猝溃走，自相践踏，死伤无数。纥石烈子仁破滁州（今安徽省滁县）、入真州（今江苏省仪征市），郭倪遣兵前去救援，不战而溃，弃扬州仓皇逃遁……

幸亏副将毕再遇引兵六合（今江苏六合）截住金兵。纥石烈子仁麾下大军蜂拥而至，被埋伏在南门的毕再遇命弓弩手万箭齐发，将金兵射成刺猬。毕再遇再出奇兵，杀得金兵尸横遍野，血流成河，活着的丢盔弃甲狼狈逃窜。

最后金帅仆散揆无奈只好罢兵，觅得韩琦五世孙韩元靓渡淮告知邱崈，言北伐金国皆韩太师之意，欲毁相州宗族坟墓，并献出北伐罪魁祸首，再进行正式议和之事。

韩侂胄得知金人欲先罪北伐首谋，担心和谈不成，原可派人督促驻川守将吴曦火速进兵，如今因金国许诺封他蜀王，经不起诱惑已降金。令人更不能容忍的是，金国居然声言韩侂胄为首谋，若献上其首级方可和谈……韩侂胄气得暴跳如雷，当即发兵三十万征讨吴曦，命成都府金一麟、杨辅出兵协力剿灭之。没几天金一麟率大军包围了蜀王府。吴曦四面楚歌，称王只短短四十一天就兵败被枭首示众！

宁宗闻报龙心大悦，命方信孺为使携带国书和一百万两白银赴汴京罢战议和。

数日后方信孺返回，途经前线宋营顺便晋谒韩侂胄。

韩侂胄心有余悸，盛情款待，询问道："方大人此去金国议和，金帅提何条件？"

方信孺皱皱眉头竖起五个指头道："金人要索五事，若答应，方可议和。"

韩侂胄问："哪五事？"

方信孺道："一割两淮，二增岁币，三索归附人，四要犒军银，这第五条下官不敢明言……"

韩侂胄见对方吞吞吐吐不回答，忙起身拱手笑道："此地只有你我二人，不妨直说！"

方信孺良久徐徐说道："恕下官斗胆直言，五要韩太师项上头颅。"

韩侂胄吓得面如土色，拂袖而起，躲在营内苦苦思索，忽然心生一计："看来只有找个替罪羊才能脱得干系……"第二日进京上疏。其疏文写道：

　　老臣此次北伐，因误用苏师旦、郭倪、吴曦等人，致使出师不利；方信孺媚颜屈膝，已答应金国漫天要价之苛求，请陛下削夺其官秩三级，贬为临江（今江西省樟树市临江镇）军；微臣再设法调集各处人马，与金国决一死战，将功赎罪以谢天下。

第二十一章　中计遭覆灭

一

韩侂胄上疏宁宗，欲再度兴师北伐，这下激怒了朝中一位主和派大臣，发誓非扳倒韩太师不可。

此大臣何许人也，竟敢与权倾朝野的当朝太师韩侂胄较量？

此人姓史名弥远，字同叔，乃先皇孝宗宠臣史浩之子，淳熙十四年（1187）进士，因政绩显著，累迁至礼部侍郎，兼任制善堂直讲。宁宗因他学识渊博，才华横溢，特命他为太子侍讲。其时宪圣太皇太后早已薨，吴皇后也因疾去世，韩侂胄接连失去这两宫靠山，势力已大不如前。

杨皇后常去东宫看望皇儿赵询，一来二往，被史弥远巴结上了，关系搞得火热。韩侂胄兴师北伐时，史弥远曾多次上疏劝阻，未被采纳。

这次闻韩侂胄又欲兴师北伐，急忙悄悄去寝宫面见圣上，启奏道："陛下，韩侂胄再欲妄启兵端，如此危害社稷大矣！此人胆大包天，上不取裁于君父，擅自举事北伐，有不臣之心，请陛下趁早除之，迟则祸患无穷！"

宁宗回道："韩侂胄虽贪婪权欲，有无君之举，却无不臣之心。史爱卿多虑了！"

史弥远张嘴欲再苦谏，见宁宗身子疲倦连打哈欠，话到唇边就咽了回去，躬身道："陛下终日忙于朝政，异常劳累，保养龙体要紧，早点安寝，微臣告退。"

史弥远在宁宗那儿碰了个不软不硬的钉子，心里不甘心，第二日正午坐轿至东宫来见太子赵询，将昨晚去寝宫见皇上之事如此这般一说，太子赵询因看不惯韩侂胄狂妄自大独霸朝纲的作为，忙带了恩师来到朝阳宫参见杨皇后："母后，满朝文武上疏，请诛韩侂胄，父皇不从，特来求母后出面请父皇严惩韩贼。母后，韩贼不除，你我早晚被其陷害。韩贼乃我朝之心腹大患，该趁早除之，请母后做主！"

杨皇后因韩侂胄以前倚仗吴皇后权势经常跟自己作对，曾上疏宁宗要废黜她，因此怀恨在心。忙安慰太子道："皇儿别急，待汝父皇处理好朝政归来，母后狠狠参他一本。"

赵询和杨皇后正在议论，内侍来报："皇上驾到！"

杨皇后忙命史弥远躲在锦屏后，和皇儿满脸堆笑出宫迎接。等宋宁宗一进朝阳宫，太子赵询急忙下跪奏道："父皇，韩太师当初不顾满朝文武竭力反对，擅自北伐，如今惨败而归，又要兴兵伐金，这个无君奸臣危害社稷太过，请父皇严惩！"

宁宗伸手搀扶起太子斥责道："皇儿放肆，汝深居东宫，年少无知，不该妄言诛杀大臣！"

杨皇后奏道："皇儿早已成年，能明辨各种是非了，该让他参与朝政历练历练，怎说他年少无知？陛下一直恩宠祖护韩太师，对他的所作所为从不指责，以致他胆大包天藐视陛下，独断专行肆无忌惮，满朝文武都敢怒不敢言。如今宫墙内外，谁人不知侂胄奸邪祸国，不过投鼠忌器罢了。陛下为何一再祖护纵容？若不趁早剪除韩党，关门养虎，一旦羽翼丰满后患无穷！"

宁宗摆摆手道："此事关系重大，容朕三思。"

杨皇后道："陛下开口怪皇儿深居东宫，不关心朝中大事，闭口怨太子尚年轻，不懂国事。陛下自己何尝不是深居九重，何曾考虑过过分纵容国戚之危害。陛下如此犹豫不决，莫非不怕日后朝政大事非依赖懿戚不可？"

宁宗异常忧虑道："朕何尝不知韩太师狂妄自大，目中无君，凡事自作主张危害社稷！因其如今身为当朝太师，又执掌军国大权，党羽遍布朝野，若稍有不慎，打草惊蛇引起内乱……此事容朕从长计议。"

杨皇后埋怨道："皇上口口声声从长计议，太过于谨慎优柔寡断了，如今韩贼野心彻底暴露，趁他败绩威风扫地之时，弹劾其擅自北伐危害社稷生灵涂炭之罪，趁机除之。若失此良机，养虎为患，后患无穷！"

太子赵询道："母后言之有理，俗话说，当断不断反受其乱，请父皇速决！"

宁宗心里甚是烦恼，思虑良久道："此事非同小可，尔等切莫草率从事！"说罢命内侍保驾出宫。

杨皇后母子见宁宗如此优柔寡断，迟疑不决，心里非常担忧。史弥远在屏后听得清清楚楚，忙出来与杨皇后母子商议。

杨皇后道："皇儿，欲铲除韩党，为今之计，只有瞒天过海了！"

太子赵询问道："母后，如何瞒天过海法？"

杨皇后与赵询耳语道："我们设法瞒着你父皇悄悄将韩贼用计暗杀之。"

赵询乐得拍手道："母后此计妙极。但此事非同小可，得派个本领高强之人实行之，方保万无一失，派谁好呢？"一边踱步，一边苦苦思索。

史弥远笑道："我有一人，可当此重任。"

赵询大喜，问道："请问恩师，此人姓甚名谁？"

史弥远答道："乃越州大将张浚后裔，名唤张镃。此人胆大心细，勇猛过人。"

杨皇后一番沉思，道："韩侂胄乃山中一猛虎，这打虎之人非武松不可。否则被猛虎咬死岂不坏了大事？史大人举荐的张镃是最佳人选吗？"

史弥远笑道："这打虎英雄非张镃莫属！张镃力大无穷，勇猛过人，其爱妻李美云因貌如天仙，被韩侂胄设计霸占为妾，张将军对韩贼恨之入骨，恨不得用刀将他砍为肉酱！"

杨皇后抚掌笑道："如此甚好，史爱卿快宣他进宫商议。"

史弥远忙请贴身心腹董勇飞速前去宣召。不多时，董勇带张镃进宫来见。

张镃见了杨皇后急忙下跪："娘娘夤夜宣末将进宫，有何懿旨？"

杨皇后笑道："张爱卿快快请起。内侍看座上茶。"

张镃受宠若惊，坐下又说："娘娘若用得着末将，虽肝脑涂地万死不辞！"

杨皇后笑道："张爱卿言重了，本宫只请汝办一件事，如何办理听史大人吩咐。"

史弥远与张镃如此这般一说，张镃忧心忡忡说道："此事关乎江山社稷安危，非同小可，如何行事方可万无一失，请史大人教我。"

史弥远把手一招道："张将军，汝过来听计。"说罢附耳授计。张镃听罢大喜道："末将恨不得将韩贼碎尸万段，方消我被夺妻之恨！因其戒备森严，恨无从下手，如此好极！末将有一计，可神不知鬼不觉将韩贼悄悄暗杀！韩贼一死，其党羽不足惧也！"

杨皇后问道："张将军有何妙计？快说来听听。"

张镃道："我有一知心挚友夏震，现官居殿帅之职。此人胆大心细，勇猛过人，办事甚是谨慎，请他出马，万无一失！"

杨皇后笑道："张将军考虑周密，事成之后，本宫重重有赏。事不宜迟，请张将军明日照计行事。"

张镃道："末将谨遵娘娘懿旨！"

张镃当晚悄悄来史府找史弥远商议实施之事。史弥远觉得虽有杨皇后懿旨，但惧怕韩太师权高势大，若稍有疏忽，反遭其害。商议再三，决定第二天秘召钱象祖来京。钱象祖当初入副枢密，因谏阻韩侂胄擅自用兵，触犯了韩贼，被他谎奏一本，贬居信州（今江西省上饶市），正怀恨在心，寻思趁机报复。此时接到史弥远的密信喜出望外，立马星夜进京来与史弥远商讨锄奸之策。

史弥远道："钱大人，韩侂胄如今在外宫观，进出有百多名军士护送，如之奈何？"

钱象祖笑道："史大人不必忧虑，告知杨娘娘事先伪造一纸御批，交付夏殿帅派兵在途中诛杀韩侂胄！"

史弥远大喜道："此计妙极！"

史弥远思虑再三，为万全计，当晚又秘密找参政李璧、张镃做周密安排。

李璧异常担心，拱手问道："韩侂胄权倾朝堂，党羽众多，朝野遍布其耳目，万一走漏风声，我等人头落地事小，祸害朝廷事大，此事必万无一失方可！"

张镃道："如今韩贼已失去两宫靠山，权势虽大不足为虑，有杨娘娘懿旨，设一妙计先将韩贼秘密杀之，余党不足为惧，小小泥鳅翻不了大浪。李大人不必担心。"

史弥远频频点头，夸道："张将军言之有理，毕竟是魏国公之后，说话处事有大将风度！"

张镃笑道："史大人过奖了。时已不早，末将告退！"

史弥远送走张镃、钱象祖等人后，当夜亲至正宫回禀杨皇后，取得虎符后密传御林军保护宫廷。又请皇后传出御批，密召殿帅夏震，命其率领三百精兵埋伏在六部桥相机诛奸。

二

开禧二年（1206）十一月初四晚，夜空寒星闪闪，四下里西北风呼呼，玉皇山上银霜遍地，乌鸦"哇哇哇"叫个不停，不住摇晃的树木"飒飒飒"发出哀嚎声。

玉皇山下，豪华住宅内华灯齐明，鼓乐声声悦耳，笑声阵阵喧哗，只见满座嘉宾正频频举杯，祝贺寿星开怀畅饮。

原来当朝太师韩侂胄为爱妾"满头花"庆贺三十岁生辰。张镃因与韩侂胄是通家，这天"满头花"庆寿，应邀前来帮忙。只见他端起酒壶走至韩侂胄面前笑容可掬道："韩太师，令尊与吾岳父是表兄弟，来往甚密。韩大人官拜当朝太师位极人臣，小弟一家大沾其光。前年承蒙无微不至关照，帮张某在玉皇山下设法购得地皮，建造豪宅。今晚心情好极，又是四堂嫂三十岁寿诞大喜，我合家前来庆贺致谢，请堂兄满饮此杯！"说罢拎起酒壶替韩侂胄倒得满满的。

众嘉宾一齐附和道："我等承蒙韩太师照应，日子过得风风光光，也请太师满饮此杯！"都起身给韩侂胄敬酒。

韩侂胄端起酒杯笑道："韩某有今天，也仰仗诸位，替诸位满斟此杯，以作酬谢！"提起酒壶给众嘉宾一一斟酒。

张镃端起酒杯笑道："今晚大家来个开怀畅饮，一醉方休！"先一仰脖子喝了个一干二净。

韩侂胄眯缝着一对牛眼笑道："对对对，大家一醉方休！"

酒过六巡，菜上九道，韩侂胄左一杯右一盏豪饮起来，不一会儿喝得醉眼蒙眬。

见时间已是四更，一老翁酒足饭饱，醉醺醺道："老朽年迈无用，已不胜酒力，恕老朽失陪了！"起身告辞，蹒跚着走出寿堂。众亲友一个个脚步踉跄，纷纷起身告辞离去。

穿戴一新珠光宝气的寿星"满头花"，早喝得粉脸火红，凤眼飞赤，身如风中杨柳不时晃舞，说话舌头打结，见丈夫贪杯喝个没完没了，忙起身规劝道："夫君……夜已深了，别……喝啦！"

韩侂胄面孔红得像关公，脚步踉跄身子摇晃，咧着大嘴笑道："你困乏了……先去安睡……为夫今晚特别开心……要喝个痛快……"

"满头花"乜斜着凤眼笑道："为妻身子……困倦支持不住，要去……安睡了，你少喝点，早点……安睡！"说着扭动着杨柳腰袅袅婷婷离开了寿堂。

此时门外传来吵闹声："太师正在和嘉宾开怀畅饮，你别进去！"

"让我进去，我有要事面禀太师！"

韩侂胄起身厉声问道："是谁在……大声喧哗？"

"太师，是我！"只见一彪形大汉用手使劲将阻拦的家丁推在一旁，飞也似的闯进寿堂。韩侂胄眯着牛眼仔细一瞧，原来是心腹周筠！韩侂胄问道："周筠，你因何乱闯寿堂？"

周筠急忙双膝跪倒在地道："太师，小的有密函告变！"双手呈上密函。韩侂胄已喝得烂醉如泥，接过密函斜着牛眼一瞟，眼花缭乱，只见黑乎乎一片，心中不悦，厉声喝道："胡闹，老夫和张将军正在开怀畅饮，被你这痴汉一胡说八道，搅得兴趣全无！"

周筠连连磕头道："太师，这密函上内容您尚未看清楚……"

韩侂胄冷笑道："什么密函……不密函，老夫没……兴趣，有事等……天亮了再禀告，你忙碌一天够……辛苦啦，快坐下……喝酒！"说毕将密函放在明晃晃的烛火上付之一炬。

周筠急忙去抢："太师别烧，密函上有急事告变！"

韩侂胄眯着眼笑道："什么狗屁……密函，烧了舒舒坦坦……你我喝个痛快！"

"太师，你别烧！你别烧！"周筠见密函已被烧为灰烬，气得直跺脚。

韩侂胄见此情景哈哈大笑："瞧你这副……熊样，老酒不喝……瞎

第二十一章 中计遭覆灭

胡闹！"

不一会儿东方已透亮，万道霞光染红半边天，寿堂被映照得五彩缤纷，睁不开眼睛。忽然周筠急急忙忙进来禀报："太师，吕公公带了校尉前来传旨！"

韩侂胄眯缝着一双牛眼笑道："周筠，你喝醉了酒又说胡话，什么吕公公张公公，快给我敬酒！"

吕公公大声说道："皇上命咱家前来宣召，请韩太师即刻进宫商议军机要事！"

"什么，皇上有旨……宣召？"韩侂胄一吓酒醒了，忙用手帕擦拭眼睛，仔细一瞧果然是吕公公，忙双手一拱赔着笑脸道："请吕公公恕罪，老夫昨晚替贱内庆寿，老酒喝多了。吕公公，请您坐下喝几杯再走！"

吕公公急忙摇手道："咱家宫内有事，告辞了！"转身带了校尉匆匆离去。

自古皇帝宣召，臣子不俟驾而行。韩侂胄哪敢怠慢，急忙更衣，戴了乌纱帽命人备车马火速入朝。周筠飞步冲到大门口伸开双臂哭劝："太师，请您听小的规劝，今早千万别去议事！"

韩太师两只牛眼一瞪，怒喝道："胡说，老夫是当朝太师，圣上有旨宣召，臣子焉能抗旨不遵？"

周筠用手抱住主人双腿死活不放："太师，今日之事异常蹊跷，吕公公乃杨娘娘的心腹内侍，他来宣召恐内中有诈！"

韩侂胄笑道："郭公公身体欠佳养病，圣上命朝阳宫的吕公公取而代之，事情很正常。"

周筠含泪哭劝："请太师听奴婢忠告，这次去议事恐凶多吉少……"

韩侂胄勃然大怒："大胆，本太师奉诏议事你竟敢阻拦，还说此不吉之言诅咒老夫！念你今日酒喝多了，头脑糊涂不计较，下次若再目无尊长瞎说，老夫绝不轻饶！"

周筠泣不成声："太师，奴婢没醉，说的全是肺腑之言！"

韩侂胄厉声斥道："汝如此胡言乱语还说不醉！快放手滚一边去！"见周筠抱住双腿不放，勃然大怒，抬起脚来"嗖"的一下猛力将周筠踢倒在一边，撩起朝服飞速登车而去。正命车夫扬鞭策马朝前飞奔时，听得背后有人大叫："太师等等，末将来也！"韩侂胄命车夫喝停马，回头朝"嘚嘚嘚"马蹄声传来方向仔细观看，只见尘土飞扬处一大将率领一队人马旋风般追来——原来是自己的贴身侍卫吴金虎。

吴金虎问道："太师意欲何往？"

韩侂胄答道："圣上宣老夫入朝议事。"

"皇上宣太师入朝议事……"一向遇事多疑、步步谨慎小心的吴金虎，用手指指自己额角道："太师，末将今日眉毛跳得厉害，听人说眉毛跳得厉害必有祸事发生……"

"什么眉毛跳得厉害有祸事发生，你是为将之人也信这套鬼话？别疑神疑鬼了，快回去吧！"

"太师，末将总觉得今日之事异常蹊跷，种种迹象预感有大事要发生。皇上突然命吕公公宣召，怕太师误中奸计被人诓骗……"

"吴将军多虑了。老夫乃当朝太师，圣上都敬畏三分，朝内哪个大臣吃了豹子胆敢诓骗老夫？！"

"太师，眼下朝中情况异常复杂，太师北伐败绩，常言道知人知面不知心，太师不可不防……"

"今朝圣上有军机大事秘召老夫商议，防范什么？你想让我抗旨欺君！"

"末将不敢！太师，有道是不怕一万只怕万一。若太师一定要去，末将率五百精兵跟随保护。"

韩侂胄喜道："吴将军忠心可嘉。本太师日后绝不亏待你。好吧，那你率将士们护送吾去面君吧！"

三

一行人来至九里亭时，早有禁军飞马前来挡道："皇上命太师一人入朝，随从请回！"

韩侂胄转身对吴金虎道："吴将军，既然圣上命我一人入朝，你就送老夫至此吧！"

吴金虎回头吩咐道："太师吩咐，弟兄们都请回去。"

第二十一章　中计遭覆灭

"遵命！"随行将士拨转马头"嘚嘚嘚"飞速返回。

韩侂胄命人驾车随禁军前往，吴金虎手持宝剑保护，不离左右。

不一会儿来到六部桥，见前面百多名禁军按四路纵队排列，气势汹汹挡住去路。韩侂胄探头厉声问道："老夫奉旨入朝议事，尔等因何挡道？"

禁军头领陈飞豹在马上抱拳答道："末将奉夏殿帅之命，令韩太师一人入朝！"

韩侂胄问道："可有夏殿帅手谕？"

陈飞豹躬身回道："夏殿帅亲来传话。"

韩侂胄冷笑道："既是夏殿帅亲自传话，为何不见他人影？"

"太师，本帅在此！"夏震双手高举圣旨道，"圣上有旨，命太师一人入朝！"

韩侂胄"嘿嘿嘿"冷笑着厉声质问："老夫是当朝太师，圣上恩赐本太师入朝议事可带随从卫士。今日莫非有人假传圣旨诓吾？"

夏震手持宝剑问道："太师想抗旨不遵？"

韩侂胄冷笑道："没有皇上圣旨，何言抗旨不遵？"

"韩侂胄藐视当今圣上，抗旨不遵无法无天！来人，快把老贼拿下！"夏震一声令下，郑发、王斌等十多员大将策马上前，将韩侂胄、吴金虎的车马团团围住。郑发、王斌、吕勇、张猛飞身下马，上前把韩侂胄、吴金虎拖下马车，几个禁军一拥而上，用绳索将韩、吴绑了个严严实实，拖至玉津园内，勒令跪听圣旨。

夏震大声宣读诏书：

> 韩侂胄久任国柄，轻启兵端，使南北生灵枉罹凶害，可罢平章军国事。陈自强阿附充位，助纣为虐，可罢右丞相……

夏震还未读毕，其弟夏挺早悄悄至韩侂胄背后，举起铁鞭朝其背上猛力一击，韩侂胄"啊"惊叫一声跌倒在地，却无甚痛苦——原来韩侂胄临走前听从"满头花"哭劝，叮嘱他为防刺客内穿藤甲，虽中了一鞭，身体倒地却丝毫未伤。夏挺见此情景，突然用铁鞭猛击韩侂胄，韩侂胄惨叫一声满地乱滚，哇呀呀厉声大叫："夏震，你胆敢谋杀朝廷重臣，圣上知晓定灭汝九族！"

夏震厉声喝道："老贼，你往日倚仗两宫太后势力，目空一切为所欲为，公报私仇陷害贤相赵汝愚，妄动干戈祸国殃民，罪大恶极。今朝末日来临还如此嚣张？本帅奉旨讨贼，叫你死无葬身之地，万民唾骂！"说罢举起铁锤对准其脑袋猛力一击，韩侂胄头颅被捣碎，脑浆迸裂，一命呜呼！

吴金虎吓得浑身颤抖，慌忙运动气功猛力挣断绳索，伸手夺下身旁禁军手中腰刀，"呼呼呼"一连砍死五名禁军，纵身跳上一匹黑马挥舞腰刀杀开一条血路。正欲夺路逃跑时，被"嗖嗖嗖"飞来利箭射成刺猬，身子晃了几晃，"啪嗒"一下摔下马来！

夏震杀死韩侂胄后，命夏挺、陈飞豹飞骑分路前去报信。

早在建德殿外等候消息的史弥远，见迟迟不来禀报正异常惊恐时，突然远远瞧见夏挺策马飞来，忙迎上前问道："夏将军，事情办得如何？"

夏挺在马上拱手行礼道："韩贼已除，大哥怕史大人惦挂，特命末将前来禀告！"

史弥远以手加额道："苍天有眼，老贼恶贯满盈，夏殿帅替众百姓除去一害，正是大快人心！下官替百姓谢谢夏将军和兄弟们！"

韩侂胄被杀的消息传到金銮殿，百官喜出望外，互相庆贺。躲在一旁的陈自强甚是惊恐，惶惶不安。大臣钱象祖见了，朝他"嘿嘿嘿"一阵冷笑，从怀中取出御批交给他道："韩太师与丞相俱已被罢职了。"

陈自强犹如五雷轰顶，身子一震，内心甚是惊慌，脸上却装出异常委屈的样子，道："老夫身犯何罪，竟至罢职？"

钱象祖冷笑道："丞相请看御批，说你阿附作恶，才官居相位。难道还不服罪？"

陈自强展开御批一看，羞惭无地，哑口无言，呆若木鸡。半晌缓过神来，异常羞愧，慌忙回到相府，带了家眷偷偷溜出京城……

此时，朝阳宫中的杨皇后听罢陈飞豹汇报，粉脸笑成了一朵花，立马换上朝服，乘坐凤辇赶到皇上寝宫，泪流满脸向宁宗哭诉道："韩侂胄独霸朝纲，结党营私迷惑圣聪，弄得民怨沸腾，还扬言要废掉臣妾与太子，臣妾已命史弥远秘密派人设计将韩贼诛杀了！"

"韩侂胄乃当朝太师，皇后你胡言乱语，今朝是不是酒喝多了？"

"皇上不信,可去问大臣。"

"真有此事?"

宁宗原以为皇后故意哭奏试探,逼自己下旨诛杀,还不以为然。细瞧杨皇后脸色和举动不像酒后开玩笑的样子,这才引起警觉,忙命内侍火速传唤史弥远进宫询问,方信韩太师已死确是事实,急忙下诏宣布韩侂胄罪状,告示天下,并抄没其家产。韩贼的妻妾除吴夫人外,俱监禁没收归官。禁军进府搜捕时,李美云已吞金自杀。养子韩㧑发配沙门岛(在今山东省烟台市,即庙岛群岛中的庙岛)。

宁宗下旨,命夏殿帅指挥羽林军分头抓捕韩侂胄党羽,杀头的杀头,坐牢的坐牢,降职的降职,充军的充军。至此,韩党被清除殆尽,满朝文武扬眉吐气,朝野军民奔走相告,拍手称快!

第二十二章　沉冤喜昭雪

一

　　阳春三月的早晨，晴空万里，艳阳高照。西子湖畔，一株株垂柳在春风中轻拂着粼粼碧波；一簇簇迎风绽放的桃花，沾着晶莹的露珠，在阳光下红艳艳亮闪闪，更显得妩媚可爱，引来无数蜂蝶在枝叶丛中翩翩起舞。波光粼粼的湖面上，一艘艘华丽游船来回穿梭，飘来悦耳动听的歌声。沿湖的堤岸上，游人熙熙攘攘，欢声笑语不绝于耳。远处宝石山上，保俶塔巍然屹立，倒映湖中。西南的葛岭，层峦叠嶂，郁郁葱葱……

　　随着"诸位先生请让一让"的招呼声，两个年轻英俊的带刀侍卫迈着矫健的步伐，护拥着一顶豪华暖轿"咯吱咯吱"朝前行进着。那轿子沿着西湖边的卵石路缓缓往曲院风荷方向而去。雪白的轿帘卷得高高的，一位头戴束发紫金冠、身穿大红锦袍的英俊少年，正沿途欣赏着美丽的湖光山色，脸上绽放出甜甜的笑容。

　　此人正是东宫太子赵询，因韩太师已被诛戮，党羽尽除，心情好极，游兴大发，见今日天气晴好，带了两个贴身侍卫坐轿前去西湖游览。

　　不一会儿来到一去处，只见峰石嵯峨，鲜花烂漫，绿树丛中一典雅古朴建筑飞檐凌空，回栏环绕，气势恢宏，异常壮观。赵询吩咐轿夫："停轿！"两个年轻侍卫，一个打开轿门，一个伸手搀扶。赵询将锦袍一撩，把头一低走出轿来。两个侍卫忙在前面引路，围护着主人信步踏进望湖楼酒家。

　　店家眼尖早已瞧见，忙满脸堆笑迎出来跪接："殿下大驾光临，小店蓬荜生辉。小的迎接来迟，罪该万死！"

　　赵询把手一挥说："店家免礼，快快请起。汝店里忙，快招呼客人去吧！"转身带了两个年轻侍卫"噔噔噔"上了楼。在南面靠窗临湖一个佳座坐下。赵询今日心情好极,容光焕发,眉开眼笑道:"金飞虎,汝跟随本宫多年,西湖也游过多次,本宫今朝开心,考考汝寻找乐趣,这望湖楼是何时何人所建?"

金飞虎低头一想,含笑答道:"殿下您曾跟小的说过,是前朝乾德年间吴越王钱镠所建。"

赵询点点头,笑道:"不错。本宫再问汝,这望湖楼因何名扬天下?"

金飞虎搔搔头,低声嘀咕道:"这……小的没听殿下说过,不敢杜撰,请殿下恕罪……"

另一位英俊侍卫笑道:"殿下,小的知道。"

赵询喜道:"凌一彪,汝快说来听听!"

名唤凌一彪的侍卫双手一拱回道:"禀殿下,是我朝大诗人苏东坡在杭州任知府时,一日来此饮酒赏景,诗兴大发写下脍炙人口的《六月二十七日望湖楼醉书》,此楼才得以名扬天下。"

赵询鼓掌夸道:"凌一彪答得对极!金飞虎,汝能背诵这首诗吗?"

金飞虎吐吐舌头道:"小的不会。"

凌一彪笑道:"殿下,我会背诵。"

赵询笑道:"好,那汝快背来。"

凌一彪学着主人背书的样子清清喉咙朗声背道:

　　黑云翻墨未遮山,
　　白雨跳珠乱入船。
　　卷地风来忽吹散,
　　望湖楼下水如天。

赵询点点头又问道:"苏大诗人的《六月二十七日望湖楼醉书》堪称写景千古绝唱,汝说说此诗妙在哪里?"

凌一彪不好意思地说:"小的怕说不好,不敢瞎说……"

赵询鼓励道:"这里不是宫内,是酒楼娱乐场所,汝尽管说,说得不好不怪,说得好本宫有赏!"

凌一彪双手一拱道:"如此小的斗胆献丑了。这首诗妙就妙在前两句写乌云和大雨的奇观时，作者笔下色彩分明，比喻生动，意味微妙无穷，'黑云翻墨'形容天色骤变，来势吓人，而实际'未遮山'是说天光还亮，远山能看见。'白雨跳珠乱入船'，写出了骤雨的效果。"

赵询鼓掌笑道："前两句评议得不错，接着说后两句。"

凌一彪不慌不忙说道："后两句写风起云散雨消，恢复天清水明。叙述明快，寓意显豁，一阵风使乌云骤雨消失得无影无踪！'水如天'三字写出了作者视觉的开阔舒朗……"

赵询听得饶有兴趣时，凌一彪忽然声音戛然而止。赵询接着话头道："这首诗妙就妙在写出了这场阵雨从风云变色、瓢泼盆倾到云消雨散的全过程，真切生动，诗中有景，景中有情，情中有趣。作者能站在高处，置身雨外，观察清楚，写得真切！"

"说得妙极！"在场的人齐声喝彩。

赵询对凌侍卫道："凌一彪不仅武艺高强，且文才出众，堪称文武双全，本宫回去赏汝一部《唐诗选集》。"

凌一彪急忙躬身施礼道："谢殿下恩赐！"

赵询起身笑道："金飞虎，汝今后要好好跟凌一彪学习，不光练武，还要多读点书，做一个文武兼备的好侍卫！"

金飞虎忙躬身应诺："殿下教诲，小的铭刻肺腑！"

赵询笑道："本宫不说了，我们边品茗边赏景吧！"

主仆三人边喝茶边凭栏远眺，西湖风光尽收眼底：只见近处碧波如镜，游船穿梭；远处，湖中画舫点点，碧如翡翠的三岛如三颗明珠闪烁于湖水中，时而朦朦胧胧，时而忽隐忽现，时而清晰如画；碧水映着蓝天，群山倒映湖中……

正在此时，忽听得有人惊讶地说道："殿下，您果然在此，下官终于找到您了！"

赵询抬头循声一看，只见一位身材魁梧、英俊潇洒的中年男子带了位高个子中年人站在自己面前，忙起身问道："足下是……"

英俊中年男子抱拳躬身施礼道："殿下，微臣赵崇宪！"

赵询喜出望外道："原来是赵崇宪赵大人！哎呀，多年不见，您人消瘦多了，本宫简直认不出来啦。这位是？"

赵崇宪指着高个子中年男子说:"彭大人的二公子彭逢春。"

赵询笑道:"原来是彭二公子,幸会,幸会,快坐下喝茶!"

彭逢春赶紧俯身下拜:"殿下在此,彭某不敢就坐。"

赵询笑道:"汝是功臣之后,别客气!彭二公子,你们来京城多久了?"

彭逢春起身答道:"禀殿下,已有十多天了。"

赵询埋怨道:"来这么久了,为何不来见本宫?"

彭逢春拱手回道:"罪臣之子不敢觐见殿下!"

赵询不好意思道:"说来异常愧疚,当年令尊无辜惨遭韩党陷害,父皇又偏听偏信任韩贼所为,害你们几家无辜蒙受不白之冤,一直在家乡受苦,本宫在此赔礼了!"说罢俯身谢罪。

彭逢春感激万分,忙伸手搀扶道:"人言殿下忠厚仁德,百闻不如一见,果然名不虚传!"

赵询笑道:"两位公子过奖了。如今韩侂胄已被诛戮,其党羽尽除,汝等该出来为朝廷出力了!"

赵崇宪双手一拱,"扑通"一下跪倒在地眼泪汪汪道:"微臣启奏殿下,家父和伯伯叔叔们惨遭韩党陷害,冤深如海,苦不堪言,如今圣上虽扫除了韩党,但家父血海深仇未报,仍含恨九泉。家母日夜思念父亲,眼泪都哭干了,一直卧病在床,几个同胞兄妹悲愤填膺,悲观厌世,微臣哪有心思出来为官?再说我朝权臣独霸朝纲,刚正不阿大臣无辜惨遭陷害,宦海如此险恶,皇上又忠奸莫辨、是非不分,谁还敢在朝廷为官,替社稷效劳?"

赵崇宪出自肺腑催人泪下的一番话,赵询听了频频点头,忍不住两眶湿润,急忙俯身安慰道:"赵大人,彭公子,尔等所言极是,权奸当道,忠臣遇害……本宫回去立即奏明父皇,务必请圣上替赵丞相、彭大人等平反昭雪。请赵大人和彭公子在此坐等佳音。"转身对凌一彪道,"汝去关照店家,赵、彭两位大人住店的费用记在本宫账上,到时一起结算。"

赵崇宪急忙摇手说:"殿下,别、别、别关照店家,住店银子我们自己付!"

赵询佯装生气道:"你们几家都是朝廷的功臣,几年来无辜蒙受不白之冤，太委屈你们啦。本宫只是略表寸心而已，请别再谦让了！本宫欲回去赶写奏章，失陪啦！"说毕起身告辞，带了两名侍卫飞速上轿离去。

二

第二天，天刚蒙蒙亮，东宫太子赵询在侍卫凌一彪的陪同下步行来到垂拱殿。听得龙凤鼓敲，景阳钟撞，净鞭三下，赵询随文武百官上殿见驾。

只听得值殿内侍把拂尘一甩高声说道："皇上有旨，有事启奏，无事卷帘退朝！"

赵询出班俯伏丹墀奏道："父皇，儿臣有本启奏。"

宁宗笑道："平身，汝既有本，快奏来。"

赵询奏道："母后有本上达天颜，突患风恙不能上朝面君，托儿代呈奏章。儿臣以为，今韩党既已清除，父皇就该对含冤屈死的贤相赵汝愚等六十多位大臣平反昭雪，以顺民心，安慰忠魂！"说罢呈上杨皇后奏章。内侍将奏章递呈皇上御览。

宁宗展开一看，只见写道：

自古英明天子洞察一切，对朝中股肱大臣孰忠孰奸了如指掌，爱惜他们胜过自己的生命。赵汝愚出身皇室之家，乃人称孝子忠臣的江西兵马都监赵善应之长子。赵丞相入枢府以来，一身正气，两袖清风，为报答陛下知遇重用之恩，廉政报恩，日理万机，鞠躬尽瘁死而后已。如此贤相，千古罕见。韩侂胄倚出身将门之后，食皇上厚禄，不思忠君报国，结党营私，欺君罔上，胆大妄为，以莫须有的罪名把一代贤相诬陷致死。臣妾甚为担忧，长此下去，社稷危矣！今侂胄已诛，韩党尽除，唯赵贤相等千古冤案仍石沉大海，为不臣者窃喜，忧国者寒心。臣妾为我朝社稷计，冒死上奏，恳求皇上速替赵丞相等屈死大臣平反昭雪，以慰忠魂，早安民心，重振朝纲，强我大宋。

宁宗览毕异常愧疚，当即下诏，即日昭雪赵丞相等冤假错案，尽复原官。赐赵汝愚谥忠定，追赠太师、沂国公。在其出生地洲钱敕造赵忠定公祠；其妻李夫人恢复原诰命名。受株连的大臣俱官复原职，家人享受原俸禄。宣罢诏书，宁宗忽然想起，笑道："诸位爱卿，古人云'金无足赤，人无完人'，人们为了开脱偶尔犯的过失，常用'人非圣贤，孰能无过'为理由原谅自己；而丞相赵汝愚，却从小做到时时处处严以律己宽以待人，为世人作了'人非圣贤，力求无过'的表率，成为我朝典范！"

两班文武齐声说："陛下所言极是，赵丞相堪称一代楷模！"

宁宗问道："赵丞相故里有否重新命名？"

右丞相全保长出班奏道："微臣曾派人至秀州崇德县赵丞相故里查明，在淳熙十六年该县县令范机已赠送'生贤里'匾额一枚。"

宁宗笑道："崇德县既已赠匾额，寡人就不送了。今日托丞相拨银若干，命崇德知县在赵丞相故里祇园寺敕造赵忠定公祠！"说毕，带了文武百官乘坐龙辇至太庙前设祭，一起拈香朝东北叩拜，遥祭忠魂，安慰亡灵……

三

开禧二年（1206），有消息传到都城临安：居住在金国东北斡难河畔（今内蒙古自治区鄂嫩河，又称鄂伦河）和杭爱山（位于蒙古国中部）下的蒙古部落日渐强盛，哈不勒汗蒙兀国王的曾孙孛儿只斤铁木真，兴兵攻打金国。金卫绍王完颜永济忙于调兵遣将抵御，无暇南征。宁宗得到此军报后，当即命京湖置制使赵方，江淮置制使李珏，四川置制使董居谊，成都制置使金一麟各率二十万大军，分头渡江猛攻，大败金兵。宁宗龙心大悦，急忙下旨，诏谕中原官吏军民，奋起反抗合力伐金。诏书下达后，失地军民纷纷响应，配合官兵大举进攻。相持三月，鏖战数十仗，杀得金兵溃不成军，往北落荒而逃。四个月后，军民乘胜追击，尽收失地。

嘉定十三年（1220），太子赵询不幸因病夭折。宁宗伤心不已，想起后宫虽有三千佳丽，但因自己身体每况愈下，不能生育，无奈拟仿高宗择立孝宗的故事，另立太祖十世孙赵贵和为皇子，赐名赵竑，不久将其立为东宫太子。

史弥远设计清除韩党后，内结杨皇后，外连其心腹党羽，独霸朝纲，朝中百官升降，藩阃将帅引荐，俱是他一人说了算。太子赵竑对史弥远恨得要命，但碍于母后敢怒不敢言，师生关系渐渐疏远。史弥远察觉后，根据太子酷爱弹琴的嗜好，用重金收买了一善弹琴且容貌姣好的妙龄美女献给太子，命她暗中窥视其动静，一发觉情况立即向他们禀报。赵竑不知是计，见美女天姿国色又会弹琴，善解人意，对自己异常关爱温柔，无话不谈，便将她当作红颜知己，许诺日后若遂心愿，登基后定册封她为朝阳正宫，加以百般宠爱。赵竑将自己腹中的积郁苦水，一股脑儿地跟她倾诉，此美人常把杨皇后、史弥远的丑恶勾当记录在册，有时甚至将酒后"日后本宫登基，定将史弥远流放八千里之外"泄愤的话也照记不误。

一日，赵竑酒醉后指着壁上悬挂的地图对着美人笑道："本宫若他日得遂凌云之志，必置史弥远于琼崖（今海南岛，又称琼州）。"

那美人趁赵竑外出拜访朝臣之机，悄悄去朝阳宫告密。史弥远和杨皇后恨得咬牙切齿，发誓置赵竑于死地而后快。时隔不久，杨皇后罗列太子十多条莫须有罪名，威逼宁宗做出决定。没几天，可怜册立不到三年的东宫太子赵竑被无辜废黜。

东宫虚位，宁宗忧虑成疾。史弥远悄悄派心腹从浙东寻访得赵贵诚进京。赵贵诚，又名赵与莒，太祖十世孙，山阴尉赵希卢之子，相貌奇异，人品出众，且贤惠聪颖，才智过人，史弥远把他推荐给皇上。宁宗大喜，遂立为皇子，赐名赵昀。不久，宁宗病危，下诏立赵昀为太子。

嘉定十七年（1224）闰八月，宁宗驾崩于福宁殿。百官奉遗诏拥立赵昀登基，是为理宗。理宗改元宝庆，封史弥远为太师兼左丞相，郑清之为右丞相，薛极为枢密使，乔行简、陈贵谊为参知政事，大赦天下，诏配赵汝愚享宁宗庙廷，追封福王，又进封周王。

第二十三章　爱民继遗志

一

转眼又是深秋，天高云淡，艳阳高照。水乡洲钱景色如画：市河两岸的耐寒香樟仍然碧绿依旧，光秃秃的垂柳轻拂水面，枝叶丛中鸟儿欢唱，波光粼粼的河面鹅鸭追逐嬉闹。远处，田野里金浪滚滚一片笑声。此时正值早市，街道上做买卖的摩肩接踵，吆喝声不绝于耳。

赵崇宪观赏罢金秋美景，约弟弟们去后院使枪弄棍切磋武艺。几个孩子搬了凳子围坐成大圆圈，邻里乡亲闻讯俱来观看。自从赵汝愚被贬永州，含冤暴逝衡州后，赵崇宪辞职回归故里，和弟弟们闭门谢客，不是攻读诗书，就是练习武功。无官一身轻，赵氏兄弟无忧无虑，逍遥自在。

赵崇宪脱下外衣，将袖子一卷，裤脚管一扎紧，在兵器架上拿了一柄大砍刀"呼呼呼"挥舞起来，越舞越快，只见万道银光闪耀，"呼呼呼"一团寒气逼人。

"赵大公子好刀法！"

"你看他舞得水都泼不进！"

"刀技精湛，人称'赵家刀'，名副其实，果然厉害！"

围观者赞不绝口。赵崇宪说声："谢谢诸位夸奖！"舞罢大刀，脸不变色气不喘，把刀插在兵器架上，坐下喝茶。

"看我的！"赵崇范将袖子一卷，手持两把宝剑朝围观者一拱说了声："崇范献丑了。""呼呼呼"挥舞起来。只见他忽上忽下，忽左忽右，时而护顶蟠头，时而前遮后躲，突然一个下蹲，手持双剑猛力朝前狠狠刺来，吓得围观者急忙飞速将头往后猛缩。赵崇范做了几个猛刺动作后，又"呼呼呼"飞舞起来，只见千万道寒光闪耀，"呼呼呼"风声响成一片。

"二公子好剑法！"

"请二公子也教我们几招！"

"少爷，老夫人叫你们快去！"正在此时，老管家赵兴步履蹒跚气喘吁吁前来禀报，"老奴到处寻找，原来你们在此练武……"

赵崇范放下手中宝剑问道："赵兴爷爷，找我们何事？"

赵兴气喘吁吁道："皇上派周公公前来宣召，请大少爷快去接旨！"

赵崇宪转身对乡亲、弟弟和孩子们说："我有事不陪你们了，有感兴趣的请崇范等几人指导，继续操练。"

赵崇宪随赵兴来到客厅，见母亲已摆好香案在和周公公、校尉们说话，忙朝周公公躬身施礼。

"赵崇宪快接旨！"周公公从黄布袋内取出圣旨，朗声宣读：

奉天承运，皇帝诏曰：今韩党已除，赵丞相等冤案亦俱昭雪，其后裔官复原职。朕久慕赵崇宪颖悟过人酷似其父，才华超群文武双全，是我大宋栋梁之才，特拟此诏宣召，望汝即日来京赴任。钦此。

赵崇宪急忙跪伏在地叩首，高呼："吾皇万岁万岁万万岁！"

周公公笑道："咱家要回京复旨去了，请赵大人及早动身进京赴任，以免皇上记挂。"起身带了校尉走出府门，飞身上马而去。

李夫人笑道："宪儿，你父沉冤得以昭雪，你也官复原职。今日新皇下旨命你进京赴任，你准备何时动身？"

赵崇宪忧虑重重道："母亲身体欠安，孩儿等您康复了再进京赴任。"

李夫人埋怨道："为娘身体早已康复，宪儿不必侍奉了。今圣上命周公公携旨前来宣召，有道是'君命诏不俟驾而行'。皇命不可违，宪儿明日一早去赴任吧。"

赵崇宪忙下跪回禀道："母亲，孩儿自从爹爹被奸臣陷害致死后，早已看破世事，将功名利禄视作粪土。孩儿对仕途经济已心如死灰……"

李夫人耐着性子规劝道："宪儿，为娘未尝不如此想，但皇命不可违，违则必招灭门之祸！看在先皇父子已替你父和伯伯叔叔们平反昭雪的面上，明日进京赴任吧。"

赵崇宪笑道："原来母亲对京城里新近发生的事一点儿也不知情。什么新皇旧皇,还不是新瓶装旧酒,换汤不换药!"

李夫人听了异常惊讶,问道:"宪儿何出此言?"

赵崇宪气呼呼道:"母亲,您不知道,这新皇登基,和他父亲比也好不了多少!"见四顾无人,把自己知晓的事一五一十告诉母亲。李玉莲听了双眉紧锁,愁云笼罩,沉默不语。

原来,赵昀登基后,尊杨皇后为皇太后,任其垂帘听政。杨皇后加封史弥远为太师,任左丞相兼枢密使,还嫌他权柄不够大,又晋封为魏国公才罢休。史弥远大权在握后,独霸朝纲,飞扬跋扈,为所欲为,比韩侂胄有过之而无不及。理宗只是傀儡皇帝而已。因此朝政更加黑暗,朝野上下对史弥远恨之入骨……

李夫人听罢上述话语甚是忧虑,但考虑到抗旨不遵会招来满门抄斩之罪,因夫君遭奸臣陷害屈死,心有余悸,若再招飞来横祸,再也受不起折腾了……想到此急忙和干娘沈美珍商议,设法劝说赵崇宪明日一早动身进京赴任。

母命难违,赵崇宪只好整理行装,和弟弟赵崇范骑马登程,于第二天中午抵达临安,在招商客店住下。

第三日凌晨,赵崇宪在午门外候旨。

是日早朝,只见杨皇后端坐在绣帘内,接受文武百官朝拜。理宗坐在龙椅上笑道:"众位爱卿有事启奏,无事退朝。"

值殿内侍将拂尘一甩奏道:"启禀皇上,今有浙北路崇德县洲钱赵丞相之子赵崇宪奉旨前来见驾,现人在午门候旨。"

理宗大喜道:"赵爱卿来了,快宣他上殿!"

内侍传话:"皇上有旨,宣赵崇宪即刻上殿!"赵崇宪整整朝服抖擞精神走上金殿,跪倒在金阶奏道:"微臣赵崇宪赴任来迟,罪该万死!"

理宗抬头朝下一看,只见赵崇宪眉清目秀,器宇轩昂,英俊魁伟,仪表不凡,龙心大悦,笑道:"赵爱卿平身,朕下诏才两天,爱卿就来京见朕,何罪之有?快来听封!"

赵崇宪复又下跪道:"微臣在!"

理宗笑道:"朕听诸多老臣说过,赵爱卿在地方为官时,和汝父一样,为官一任,造福一方,爱民如子,口碑极好。朕加封汝为兵部郎中。"

赵崇宪奏道："陛下，微臣才疏学浅，无德无能，不堪此职，请陛下收回成命！"

理宗想不到赵崇宪不肯受封，心中不悦，良久说道："朕意已决，请赵爱卿切勿推辞！"

赵崇宪俯伏金阶低头不语，迟迟不肯受命。

史弥远大怒，厉声斥道："大胆赵崇宪，圣上初登大宝，求才若渴，封汝兵部郎中，是因汝是一代贤相之子，口碑极佳。想不到汝以'才疏学浅''不堪此职'来推脱，貌似谦逊，实为不忠，骨子里嫌兵部郎中职微俸薄！汝假意过谦，莫非想圣上拜汝为相不成？"

赵崇宪吓出一身冷汗，急忙叩首分辩："太师，古人云人贵有自知之明，微臣自步入仕途以来忠君报国尽心尽职，从无非分之想，只求在地方为官，替百姓多做点事而已……"

史弥远冷笑道："好一张利嘴！说得比唱戏还好听！照汝说来，老夫等在朝为皇上办事俱是为己谋私利的无为之官？"

赵崇宪急忙申辩："方才微臣说，只想为百姓多做点事而已，太师如此牵强附会妄加指责，微臣可担当不起……"

"你……哼！"史弥远恼羞成怒，欲出班奏本请理宗立即定罪，见杨太后在朝自己起劲使眼色，站在原地不动。

只听得杨太后厉声喝道："赵崇宪，皇上如此信任，封汝为兵部郎中，这样的高位别人做梦也想，汝却抗旨不遵，还当着满朝大臣的面顶撞太师，太无法无天了！"

赵崇宪从容奏道："请太后息怒，听微臣一一申述，圣上英明仁慈，皇恩浩荡，微臣感激万分！当初先皇恩宠韩侂胄，任凭其党羽捏造莫须有罪名铸成千古冤案，害我父屈死异乡，朱熹等人含冤屈死的屈死，长期囚禁的囚禁……微臣一想起宦海狂澜就心惊胆寒，夜不能寐，故不愿在朝为官……"

杨太后冷笑道："皇上封你这么高的官位，让你在兵部为朝廷出力，汝不但不感恩效劳，抗旨不遵，还出言不逊……赵崇宪，你太狂妄目无圣上了！"

赵崇宪低头回道："微臣不敢。请太后看在我赵家满门几年来无辜蒙受不白之冤、家父屈死九泉的份上，饶恕微臣……"

杨太后余怒未息，厉声喝道："汝目无皇上，罪在不赦！哀家念汝贤相之后，祖上有功于朝廷又含冤九泉，对你从轻发落。虽死罪赦免，但活罪难饶，罚汝充军琼崖岛，永不回原籍！"

赵崇宪强忍怒火叩首谢恩："谢太后不杀之恩！"

理宗急忙笑道："请母后暂息雷霆之怒，听儿臣一句肺腑之言：赵崇宪因其父在朝廷内外交困之时，力挽狂澜扶先皇登基立下不朽之功，却无端蒙受不白之冤，至今才平反昭雪，心灰意冷，在朝为官心有余悸情有可原。但其顶撞母后、太师是有罪，母后若罚其充军琼崖岛未免太过，使忠臣贤士闻之寒心，朝野得知也恐有蜚语。朕初登大宝，理应崇尚德治，广施仁政，恩惠布于四海。请母后三思，听儿臣规劝，收回成命。今江州知府暴病身亡，其位尚缺。赵崇宪既立志为民造福，就让他去江州任知府遂了心愿吧。"

杨太后见理宗为他求情，点头笑道："皇儿所言极是，赵崇宪方才出言不逊，哀家故意如此说，意在教训他。方今百废待举用人之际，哀家如何舍得将栋梁之才弃之不用，加以糟蹋。就依皇儿。"

理宗对赵崇宪道："赵爱卿，朕命汝去江州任知府，可愿意？"

赵崇宪急忙下跪："谢万岁隆恩！"

理宗笑道："那赵爱卿即日去江州赴任吧！"

赵崇宪忙叩首谢恩："微臣遵旨，吾皇万岁万岁万万岁！"

二

五月的长江流域，正是高温多雨季节，一连几天下大雨，江水暴涨，上游的激流滚滚而来，一泻千里。流经拐弯处被突兀在江中的山峰一阻挡，水流更加湍急，波涛汹涌，惊涛拍岸，发出震耳欲聋的轰鸣声！

赵崇宪原打算在家再待上几天，待母亲病体完全康复后再赴任，但因江州知府已暴病身亡多时，属下李同知跟朝廷索要补缺官员的奏章一道接一道催得甚急；更何况圣上下诏即日启程，自己在皇上面前也承诺立马去江州赴任，不能出尔反尔，想起父亲生前常告诫自己"君命诏不俟驾而行"，见母亲身体稍有好转，就租了两艘客船携家眷冒雨出发。一路上大雨仍下个不停，长江水急浪高，幸亏船老大李勇江老汉和三个儿子熟谙水性，驾驶技术十分了得，又顺风扬帆，虽江水湍急，浪涛拍打船身，一路颠簸甚是厉害，却是有惊无险！

一路风顺水急，那客船如箭离弦朝前行驶，只见两岸的田园、村庄、桥梁、山峰，飞也似的往后移……

赵崇范站在船首观赏沿途风景，忍不住背起李白的《早发白帝城》来：

朝辞白帝彩云间，
千里江陵一日还。
两岸猿声啼不住，
轻舟已过万重山。

赵崇楷听了深有感触，探出头来笑道："此情此景，真像大诗人李白所歌咏的一般！"

此时，赵崇宪在船舱里轻声吟道：

寒雨连江夜入吴，
平明送客楚山孤。
洛阳亲友如相问，
一片冰心在玉壶。

又听得赵崇楷问道："大哥，你背诵的是唐朝诗人王昌龄的《芙蓉楼送辛渐》？"

赵崇宪答道："不错。三弟，此诗的前两句描述了甚内容，表达了何心情，汝可知晓？"

赵崇楷略一思索说道："前两句描述作者送别的经过。'寒雨连江'写时节的萧瑟，反映两个好友心情黯然，由于离别感到心头增添阵阵寒意。"

赵崇宪笑道："说得不错。那后两句呢？"

赵崇楷略一思索笑道："表明诗人的心迹。诗人王昌龄曾因不拘小节被人议论，因而贬官。可能当时这种议论甚至毁谤并未平息，他的亲朋故友也受到影响，对他产生误解。所以作者用'一片冰心在玉壶'来比喻自己的思想情操，表明他坚持洁白自守的志趣，没有被追逐利禄的欲念所左右。这两句和前两句写景叙事紧密相连，相互呼应。"

赵崇宪笑道："想不到三弟学唐诗学得这么好，进步这么快！"

赵崇楷不好意思地说："大哥谬夸了！"

赵崇范又问道："你听了这首诗，有甚想法？"

赵崇楷摇摇头，双手一拱道："我还没想好，说不出来。请二哥代答。"

赵崇范笑道："这首诗告诉我们，诗人有不屈服'谤议沸腾'的坚强性格，正因为如此，他能坦率自信地把'一片冰心在玉壶'的心迹，托好友辛渐告慰洛阳的亲友。"

赵崇楷心有灵犀一点通，笑道："经二哥这么一点拨，我有新的想法了！"

赵崇范笑道："哦，楷弟悟性这么高，快说来听听。"

赵崇楷指着屹立在船头上的赵崇宪笑道："譬如大哥，皇上下诏命他进京任兵部郎中，宁愿得罪皇上，受史太师、杨皇后的冷嘲热讽，冒抗旨不遵杀头充军之风险，放弃繁华京城的高官厚禄，路远迢迢到江州穷乡僻壤做父母官，为那里的穷苦百姓造福。人各有志不能强勉，别人都感到匪夷所思，而大哥却'一片冰心在玉壶'！"

赵崇范竖起大拇指啧啧称赞道："三弟真不简单。可用'时隔半载当刮目相看'来形容你！"

正在谈论时，忽听得有人惊喜地喊道："你们看，江州已遥遥在望！"

众人循声朝前眺望，只见江州城已在眼前，都惊喜地说："想不到一路谈话，不知不觉江州这么快就到了！"

三

鄱阳湖上。

举目远眺，鄱阳湖浩瀚无边，碧波万顷，白帆点点，渔歌声声。此时，一轮红日在水天相接处冉冉升起，金光万道。阳光一照射，湖水霎时变得黄澄澄金灿灿，异常好看。近处十多艘摇橹划桨的木船，正向北鄱阳湖飞速驶来。前面领路的是一艘扬着风帆的大船，后面九艘俱是渔船，两舷的木桨在有节奏地挥舞着，浪花飞溅，如箭离弦。

"据说秦朝时秦始皇将天下划分为三十六郡，把我们九江命名为九江郡。那时这里全是沼泽湖泊，荒无人烟。到我大宋时先帝才下诏命徽州、安庆、湖南人来此居住。"江州同知李大人侃侃而谈。

"我是徽州人，在这里捕鱼已是第五代了。"满头银发的江海涛老渔民，在船舷边使劲划着木桨接着话头说，"我们鄱阳湖，是鱼虾的水晶宫，鸟类的美天堂。"

李大人用手指着鄱阳湖接着老渔民的话题自豪地说："我们这里水产资源特别丰富，光鱼类就有一百多种。有味道鲜美的青鱼、鳊鱼，有披盔戴甲的龙虾、螃蟹，还有闻名中原的红眼银鱼……因这里气候湿润，饵料丰富，是白鹤、天鹅、白鹳、黑鹳等鸟类栖息越冬的好地方，种类有一百五十多种，人称'鹳类王国'……"

"我们老家湖河港漾多，鱼虾也很多，我小时候天天吃鱼。"坐在右边的赵崇朴插话说。

老渔民瞧了一眼少年男子抢先问道："你们老家也能天天吃鱼？是什么地方？"

"秀州崇德县洲钱。江老爷爷，你捕鱼去过吗？"赵崇朴眨眨眼睛问道。

"没去过。我们这里水产资源异常丰富，满湖都是活蹦乱跳的鱼虾，用不着舍近求远到你们那里去捕捉！"江海涛饱经风霜的脸上已爬满皱纹，脸色黑里透红，身子骨异常硬朗，一看便知是个出入风波里稳坐钓鱼船的捕鱼好手。

"四弟别瞎说！"站在船头上的赵崇宪一边朝湖面远眺，一边侧耳倾听船舱里的谈话，忍不住埋怨弟弟道，"我们那儿哪能跟这里比？最大的白荡漾，水域面积也只有五百多亩。这里的鄱阳湖，少说也有几千亩吧？"

李同知急忙起身回答："禀赵大人，鄱阳湖洪水暴涨时有三千八百多顷。"

第二十三章 爱民继遗志

赵崇朴吐吐舌头道:"鄱阳湖那么大,怪不得望过去烟波浩渺、无边无际!"

赵崇宪跳下舱来,把双手一拱彬彬有礼地问道:"李同知,请你说说去年的那场洪涝灾害吧。"

李同知忙起身还礼,捋捋山羊胡子清清嗓子说道:"赵大人,我们这里自古以来一到夏天就高温多雨,极易造成洪水暴涨,泛滥成灾。前任知府邬大人只顾自己敛财,不管我们百姓死活,平时一不下去访贫问苦了解灾情,二不带领大家想办法疏湖开浚,一到高温多雨季节,就和妻儿躲在府衙后花园观湖楼中纳凉饮酒作乐,从不过问灾情。去年夏天老天爷连续下了二十多天雨,湖水暴涨,村庄、田园变成一片汪洋,有船的富户带了全家老少到山上避难;没船的穷苦人,叫天天不应,叫地地不灵,眼睁睁看着自己的房屋田地被洪水吞没,一家老小活活淹死。洪水过后李某一统计,我们江州淹死了四万多人!此事被皇上知道后勃然大怒,派人前来问罪。那邬知府因得到京城史太师派人来通风报信,自知罪大恶极性命难保,当夜服毒自杀,其妻儿都跳湖自尽!"

"邬知府是咎由自取。可他的小老婆只有三十多岁,两个儿子才十来岁,跟他没享多少福也遭此下场太可惜了!"李同知异常惋惜地说。

老渔民江海涛毫不客气地指责道:"李老爷,你和姓邬的穿一条裤子,只顾自己升官发财往上爬,不管我们老百姓死活。那狗官是外地人,你可是喝鄱阳湖水长大的父母官,怎么也和他狼狈为奸如此糊涂?连家乡一到夏天高温多雨造成洪涝灾害淹死人的大事都不管?你们吃朝廷的俸禄,穿我们老百姓纺织的衣服,却不顾我们的死活,良心难道被狗吃了?"

面对一连串的严词质问,李同知羞得百口莫辩,面孔涨得火红,摇摇头长叹一声道:"真是天晓得,我和杨通判年年一到夏天对邬知府敲警钟、提建议,可他当作耳边风,有什么办法?害得我们江州去年一次洪灾父老乡亲死了这么多人。我和杨通判是哑巴吃黄连有口难言,出门遭万人唾骂生不如死!"

杨通判也捶首顿足叫起屈来:"我和李同知真是浑身长嘴也说不清道不明了。这可恶的邬知府仗着朝中有人替他撑腰,肆无忌惮专搞一言堂,我们下属的话他充耳不闻。我是他手下第三任同知了。唉,如今他畏罪一死了之，可我们这些活着的九江人跳进鄱阳湖也洗刷不清自己的罪孽啰！"

老渔民江海涛双手朝上深深一拜笑道："苍天有眼，皇上终于派来爱民如子的赵大人！你看赵知府一到我们江州，就顾不上休息带我们到处了解灾情，开仓放粮赈救灾民。我们江州老百姓从此能过上好日子啦！"

赵崇宪忙摆摆手道："江老汉先别把下官说得那么好，我赵崇宪离你们说的爱民如子父母官还差得远哩！"

江海涛笑道："不远不远，赵大人若能真心实意为我们江州百姓办实事，干他三年五载这个称号就名副其实啰！我听人说，令尊当年在福州做知州时，曾清除恶霸、疏浚西湖、拯救灾民；在成都挂帅平定贼寇，久享盛名，可惜被奸臣迫害致死。我们江州人有大造化了，皇上派来您赵大人。你们赵家世代忠良，孝顺父母，体恤百姓，这'爱民如子'的美称非你们父子莫属！"

赵崇宪连连摇手道："老人家先别夸我们赵家人，咱们言归正传，请你们说说这江州一带每到夏天造成洪涝灾害的原因吧！"

李同知沉思片刻道："提起洪涝灾害的原因么，还得从这鄱阳湖说起。"

赵崇宪异常感兴趣，忙拱手请教道："李同知你快说来听听，这鄱阳湖和洪涝灾害有什么关系？"

一提起鄱阳湖，李同知笑脸顿时堆满愁容，叹了口气道："常闹洪灾跟我们这里的地理环境密切相关。我们江州，北有龙感湖、黄官湖；南有鄱阳湖、军山湖。因这里一到夏天高温多雨，雨一下就二十多天。长江上游的滚滚洪水一泻千里流经我们九江，除了一部分分洪洞庭湖外，大部分倾泻东下，在湖口一带造成两种结果：一是分洪倒灌入彭蠡泽，二是顶托彭蠡泽出水。久而久之，彭蠡泽水域面积迅速扩展，加上滚滚洪流带来大量泥沙的搬运、堆积、堵塞，特大洪涝灾害就在劫难逃了！"

杨通判忧心忡忡地说："洪涝时，我刚才说过，光鄱阳湖水域面积就有三千八百多顷，加上其他大大小小的湖泊，简直是水天泽国，一片汪洋！"

赵崇宪双眉紧锁，心情异常沉重，问道："诸位有何办法使洪流在我们江州畅通无阻？"

江海涛摇了摇头道:"唯一的办法只有年年组织人工挖掘江中沉积的泥沙,并将狭窄地段的江岸开挖拓宽……"

赵崇宪频频点头道:"江老汉提供的是金点子、好办法,下官立即照办,回府组织大量人力投入挖掘、疏浚工程!"

赵崇范、赵崇楷听了异常开心,双手一拱齐声央求道:"大哥,工程开始时,别忘了让我们也参加!"

杨通判开心地说道:"请七位公子做工程的指挥,大家来个'八仙过海各显神通'!"

赵崇宪笑道:"我打算共分八个大组,府衙八位官员都担任组长,再聘请几位懂水性的老人做参谋,下官统帅全军。"

赵崇楷摩拳擦掌,跃跃欲试,笑道:"我参加杨通判您这组好吗?"

杨通判笑道:"三公子参加下官这组,求之不得哩,说话算数!"

李同知抚掌大笑道:"赵大人,这工程若能年年进行一次,持之以恒搞下去,我们江州从此不怕洪水这个恶魔啦!"

"这样一来,我们江州旱涝保丰收,老百姓吃穿不用愁!"

"哈哈哈……"

"嘿嘿嘿……"

"啪啪啪……"

"噗噗噗……"船上突然发出的朗朗笑声,把躲在芦苇丛中的白鹤、天鹅惊飞一大群,一起展翅飞往远处……

四

第二年盛夏,江州又连续下了二十多天大雨,由于清除了湖底淤积的泥沙,开拓加阔了江岸,长江一泻千里的洪水流经江州时畅通无阻,向东飞速流入东海。两岸的住房和庄稼安然无恙。鄱阳湖四周,举目稻浪滚滚远接蓝天,到处炊烟袅袅一片笑声。州衙大门口天天有人前来道谢,送自家好吃的东西,赵崇宪和州府官员接待都来不及,只好在大门口立一块告示牌,请吴师爷写上几句,声明江州今年之所以能旱涝保丰收,是因为大家献计献策、众百姓一起疏浚江湖,请乡亲们别来州衙道谢送礼,在家好好总结经验培育庄稼，做到年年疏浚江湖，常抓不懈，让洪魔从此不敢光顾江州……

眼睛一眨，赵崇宪在江州知府任上已度过了七个春秋。

江州一带，洪涝灾害从此销声匿迹，盛夏季节虽仍年年连降大雨，但因江湖畅通无阻，洪水流经这里一泻千里，灾害不再发生，庄稼旱涝保丰收，老百姓丰衣足食，安居乐业。

江州百姓为了感谢赵知府，庆祝连年大丰收，不顾天气炎热自发组织赛龙舟、闹花灯活动。

江海涛、江海峰两位渔民，得知赵崇宪大人自来江州赴任已七年了，除了每年春节和清明节去老家余干、洲钱祭祖、扫墓顺便看望父老乡亲外，还没带家眷像模像样游览过江州和鄱阳湖。一日见天气晴好，约了几个渔民兄弟，划了六艘大渔船，停泊在江州府的河埠头后，上岸至府衙再三邀请赵知府带了两位老夫人和家眷去畅游鄱阳湖。赵崇宪磨破嘴皮劝说不过两位脾气倔强的江老汉，只好带了母亲、干外婆、妻儿和七个弟弟、弟媳、侄儿们前去游玩。

上午游览鄱阳湖。一行人只见鄱阳湖无边无际，烟波万顷，云雾迷茫；举目望去，湖山碧波绿荫，美不胜收；放眼到处白帆渔歌，景色如画。再欣赏那彭泽的龙宫洞、沙河的狮子洞，真个是鬼斧神工，浑然天成……

观赏罢洞窟，返回途经鄱阳湖时，江海涛指着浩瀚无边的鄱阳湖说："这儿是东汉末年东吴水陆大都督周瑜操练水师的遗址；那边是东晋咸和年间陶侃、温峤等起兵平乱，解建康之围的古战场；本朝绍兴年间，岳元帅率领岳家军五次在此戍守江州……"

江海涛正在指指点点介绍古迹时，天色骤变，只见天空乌云翻滚，暴风骤起，"哗哗哗"波浪滔天，眼看一场暴风雨即将来临！江海涛大惊，慌忙指挥几个渔民兄弟火速划船返回，泊舟江州浔阳楼下时风雨大作，众人只好上楼避雨。

原来浔阳楼位于江州九华门外的长江之滨。赵崇范抬头看时，高约七丈，外面三层，有九脊层顶，龙檐飞翔，黄瓦朱栏，四面回廊，古朴凝重。踏进楼内一看，大门上方悬着的出自书法大家米芾手笔的"浔阳楼"三个大字赫然醒目，两旁的楹联写道：

世间无比酒
天下有名楼

上得楼来,里面原来共有四层。最高层内一位说书先生正在说评书,茶客们在悠闲自得地一边品着香茗,一边听先生说《闹江州》。只听得评书先生说道:"话说宋公明发配江州,在浔阳楼独个儿喝闷酒,想起自己虚度大半生碌碌无为时,酒后诗兴大发,命酒家磨墨,提起羊毫笔在白粉墙上题诗《西江月》一首,那诗曰:

自幼曾攻经史,长成亦有权谋,恰如猛虎卧荒丘,潜伏爪牙忍受。不幸刺文双颊,那堪配在江州。他年若得报冤仇,血染浔阳江口。

"宋江写罢,看了大笑起来,一面又饮了数杯酒,不觉欢喜,自狂荡起来,手舞足蹈,又拿起笔来,去那《西江月》后续写四句:

心在山东身在吴,
飘蓬江海谩嗟吁。
他时若遂凌云志,
敢笑黄巢不丈夫!

"欲知江州通判黄文炳如何陷害宋江,宋公明被缉拿归案性命如何,水泊梁山众好汉又如何劫法场大闹江州,且听下回分解!"

见说书先生已戛然而止,坐在那儿悠闲自得地品茶歇息,赵崇宪只好带了大家至第二层用膳。用罢中餐观赏雨景,但见雨中长江烟雾蒙蒙,"哗哗哗"雨珠儿在水面跳跃,眺望远处,仿佛挂着一个巨大的雾帘,迷蒙蒙、混沌沌一片……

不一会儿雨过天晴,江海涛喝了点酒游兴愈浓,声言下午游罢江州,明天一早继续陪赵大人一家人畅游庐山,不料赵崇宪说什么也不肯。

江海涛佯装生气道："赵大人帮我们渔民除了渔霸，救了我们几家人性命，难道连我们陪两位老夫人等游一趟庐山表表心意也不让吗？赵大人未来我们江州时，我一家五口人起早摸黑在鄱阳湖打鱼一年，到头来被渔霸江老虎巧立名目用各种地场银和鱼税费搜刮得所剩无几，过年只好吃小鱼咽野菜。我爹冒风雪打鱼得了伤寒症，无钱治病，眼睁睁看着他咽气……幸亏赵大人除霸解救了我们渔民，发动大家疏浚拓宽鄱阳湖，大家这才过上丰衣足食好日子！你是我们渔民的救命恩人，我们陪恩人游一次庐山难道不应该吗？"

李夫人不忍心扫了江老汉的游兴和一片好意，忙起身劝说大儿子道："宪儿，就让老人家陪我们游一次庐山吧！"

赵崇宪是个孝子，见母亲帮两位江姓老汉说情，只好点头允应。赵崇楷和几个弟弟、孩子们听了喜出望外，一个个乐得手舞足蹈。

第二天一早，两位江老汉果然按时划了渔船来接赵大人一家去游庐山。用罢早餐，赵崇宪夫妇带了七个弟弟、弟媳、母亲、干外婆和妻儿、侄儿侄女，来到河埠头下了渔船，沿着鄱阳湖抵达鞋山。几位老汉将渔船停泊好，带领大家攀登庐山游览。只见一山飞峙大江边，雄伟壮丽好气派！

上得山来，忽见穹隆嵯峨的庐山拔地而起，屹立在一望无垠的平原绿野上。道旁林茂箐密，泉清石凉，清风徐来，凉意袭人，仿佛一下子从酷暑难熬的火炉进入了沁人心脾的清凉世界。江州与庐山虽咫尺之隔，炎凉顿殊，加以牯牛岭是云中花园般的山城，真使人有从世俗人间来到了桃源仙境的感觉。从没游览过山景的赵崇范七弟兄和几个侄儿们，欣喜若狂，欢呼雀跃！

两位江老汉、渔民兄弟和李同知、杨通判，陪同赵崇宪一家人，观赏云雾的奇异世界。但见庐山上的云雾，其白如雪，其软如绵，其光如银，其阔如海；薄或如絮，厚或如毡；动或如烟，静或如练；返照倒映，悠而紫翠，悠而青红；滔滔滚滚，蓊蓊蓬蓬。这天云雾世界把整座庐山装点得扑朔迷离，时隐时现……

赵崇范见此情景，忍不住朗诵起大诗人苏东坡的《题西林壁》来：

横看成岭侧成峰，

>　　远近高低各不同。
>　　不识庐山真面目，
>　　只缘身在此山中。

　　赵崇范心想，苏大诗人用"不识庐山真面目，只缘身在此山中"来概括这一云海奇观真是最真切不过了。这天下午，江海涛和几个渔民兄弟，陪赵崇宪一行人又游览了庐山的黄龙潭、牯牛岭、天桥、仙人洞、御碑亭、圆佛殿、文殊台、天池塘塔等十多处美景，直到夜阑人稀，月挂中天，才依依不舍离开庐山，回府衙用膳安歇。

尾　声

　　历史的车轮，沿着崎岖不平的大道滚滚向前，从南宋王朝的都城临安，驶进了蒙古人忽必烈建立的大元帝国京城大都，驶进了濠州钟离人朱元璋建立的大明王朝的北京紫禁城。

　　古人云：山不在高，有仙则名；水不在深，有龙则灵。而小镇洲钱，也地因人名，出了一代贤相赵汝愚，自然"身价百倍"，人们都尊称它为"相州""湘洲"。

　　嘉靖四十五年（1566），南阳诗人朱润任崇德县令。朱润到任后，因仰慕南宋丞相赵汝愚贤名，约了乡绅吕敬贤、金尚德和周崇文同至洲钱瞻仰。

　　一行人微服来到洲钱，没有惊动地方，踏进祇园寺，随喜了建筑雄伟气势恢弘的天王殿、大雄宝殿、观音殿后，至建在寺西侧的赵忠定公祠瞻仰赵汝愚丞相画像。

　　朱润一行人挤进熙熙攘攘的人群，来到赵汝愚的画像前，只见赵公头戴珍珠嵌宝宰相帽，身穿四爪蟒龙袍，脚蹬粉底朝靴，相貌堂堂，威风凛凛，两眼炯炯有神，一副浩然正气，不由得肃然起敬，急忙俯身跪拜。拜毕起身，正要上香燃烛默默祷告，忽听得有抽泣之声，忙抬头循声一看，原来是近处一位须发皆白的老先生在暗暗流泪。只见老先生身旁的小男孩正用手帕替他拭泪道："爷爷，您怎么哭了？"

　　那位老先生用手指着墙上画像说："孙子，这是我们的先祖赵汝愚太爷爷。这位太爷爷小时候胸怀大志，发愤寒窗苦读，乡试、会试、殿试连中三元，因那时北宋太祖皇帝立有规矩，宗室不能点状元，才改为一甲三名探花……后因定策内禅立下赫赫功勋，皇上拜他为右丞相……"

　　那男孩忽闪着一双小虎眼，用手搔搔自己的脑袋，忙打断老先生话说，"爷爷，啥叫连中三元？"

赵老先生捋捋胡子自豪地说："就是三次赴试，连续取得三个第一名！"

小男孩惊讶地说："哇噻，太爷爷这么厉害！"

赵老先生俯身对孙子说："小宝贝，你要像先祖太爷爷一样，从小好好读书，将来也进京考取状元，做个像先祖太爷爷那样的好官！"

朱润见老先生气质高雅，谈吐不凡，忙双手一拱朝老先生行礼，满脸堆笑问道："请问老先生尊姓大名？听你们祖孙俩刚才谈论，这位赵汝愚丞相是老前辈的先祖？"

老先生急忙还礼，点点头道："老朽名叫赵继祖，是这位赵汝愚丞相的后裔。"

朱润肃然起敬道："老先生原来是赵丞相的后裔，失敬啊失敬！"

赵继祖急忙摇手道："不敢不敢！请问先生姓甚名谁，仙乡何处？"

朱润拱拱手笑道："晚生乃路过客商，慕名特来瞻仰赵忠定公。"

赵继祖笑道："赵忠定公忠君爱国，四海皆知啊！"

在一旁静听的吕敬贤指着画像问道："赵老前辈，史书上记载，这赵丞相在家乡乐善好施，深得乡邻爱戴，这赵忠定公祠是这里的父老乡亲助银建造的吧？"

赵继祖笑道："非也非也，这赵忠定公祠，据长辈说是南宋理宗皇帝拨银敕造。我们这位先祖太爷爷，贵为丞相，仍布衣蔬食，把所得廪食常分与族中人，救济穷乡亲。而自己俸禄甚薄，故大家称赞他清廉仁德，一代圣贤！"说毕，如导游一般娓娓动听地讲述起太爷爷如何在福州除霸疏湖，造福黎民；如何奉旨赴成都挂帅，用智谋征剿蛮寇大获全胜，使该地的百姓安居乐业；又如何在非常时期挺身而出，不顾身家性命力挽狂澜定策扶立太子登基，保住了南宋王朝的半壁江山，立下不世之功……

众人忍不住啧啧赞叹："赵汝愚乃南宋贤相，不愧有'勋劳著于社稷，精忠贯于日月'的赞誉！了不得啊，了不得！"

正在谈论时，赵继祖的孙子拉着爷爷的手大声嚷道："爷爷，我要向先祖太爷爷学习，发愤寒窗苦读，回家读书做功课去！"

赵继祖道："发愤寒窗苦读贵在持之以恒，不在一朝一夕。我今天一早要去茶馆喝茶，你吵着闹着非要来看先祖太爷爷不可，既然来了就该好好瞻仰瞻仰，干吗说走就走？"

小男孩一听噘起小嘴撒起娇来："爷爷您来时不是说，瞻仰一会儿就走吗？"

赵继祖急忙满脸堆笑俯身笑道："我的宝贝乖孙子，爷爷说话算话，咱们马上回去！"转身对朱润拱手道歉说，"诸位不好意思，老朽失陪了！"拉了孙子的手匆匆走出祠堂。

金尚德用手指指东西厢房道："那里人并不拥挤，我们去看看。"

一行人来到东厢房，只见朝西白粉墙上挂着一块楠木牌子，上写"赵氏世系"四个大字。

金尚德赶紧上前仔细观看，轻轻读出声来：

赵氏世系

赵光义长子，赵元佐，汉恭宪王；
子，赵允升，平阳懿恭郡王；
孙，赵宗惠，郯勤孝王；
曾孙，赵仲企，建国公懿恭；
四世孙，赵士虑，西头供奉官；
五世孙，赵不求，申国公；
六世孙，赵善应，修武郎、江西兵马都监……

吕敬贤竖起大拇指啧啧赞叹道："赵丞相先祖个个都不简单哪！"

此时，有人大声说道："那边西厢房还有赵丞相后裔的简介呢！"

众人听见都道："我们都瞧瞧去！"

于是一行人来到西厢房，只见朝南墙上写着"赵善应、赵汝愚后裔"八个仿宋大字，都挤过去观看，只见上面写道：

赵善应儿女

长子，赵汝愚，首任校书郎，升著作郎、信州知州、台州知州、福州知州、直学士、四川制置使兼成都知府、吏部郎兼太子侍讲、秘书少监代给事中、知合枢密院事、右丞相，追赠太师，追封沂国公，赐谥"忠定"，诏配享宁宗庙廷，再追封福王，又进封周王，为昭勋阁二十四功臣之一。

次子，赵汝拙，承信郎；
三子，赵汝鲁，保义郎；
四子，赵汝口；
长女，适石逢维，宣教郎；
二女，适路希傅，将仕郎；
三女，……。

赵汝愚子孙

长子赵崇宪，进士，初任江西常平兼权隆幸府、帅漕司事，迁转运判官兼帅事，升兵部郎中，皆固辞。遂知江州知府、静江府……

次子赵崇范；
三子赵崇楷；
四子赵崇朴；
五子赵崇度（1175—1230），字履节，号节斋。从小得到父亲和朱熹的教导，"年十六谒文公朱先生于考宁，先生器之，授予《大学》一编。曰：'读是则知修己，治人之方矣。'父罢相归卧里门。又授之以《资治通鉴》。曰：'古今兴坏存亡之故，尽在此书。汝其熟复之。'"其为官之道深得朱熹和其父的启发。先后任邵武知军事、泉州知州兼福建市舶司，因尽心尽力，俱得官民赞扬。

六子赵崇要；
七子赵崇实；
八子赵崇洁；

长孙赵必愿，字立夫（赵崇宪长子），嘉定七年（1214）进士。《宋史》载："必愿才周器博，心平量广，而又早闻家庭忠孝之训，师友正大之言，故所立卓然可称。"嘉定年间先后任福州崇安县知县，后任泉州、福州知州，福建安抚使等职，政绩显著，深得百姓爱戴。

曾孙赵良淳，咸淳年间任安吉州知州；

女两人……

金尚德看罢笑道："赵丞相父子人言纯孝名著乡里，到处广行善事，俗话说好人有好报，故上天赐给他父子俩那么多优秀子孙后裔！"

众人齐声赞同道："金先生说得不错，多行善广积德，其子孙必定簪缨！"

正议论时，忽听吕敬贤大声喊道："诸位快来看，这里的内容好精彩，好悲壮！"

众人循声望去，只见朝东墙上一行仿宋大字映入眼帘。

金尚德忍不住读出声来："赵氏一门忠烈……"

众人抬头细看，只见上面写道：

景定五年（1264），理宗病薨于临安广德殿，太子赵禥继位，是为度宗。宋度宗孱弱无能，整天宴坐后宫，与妃嫔美女饮酒作乐，加封丞相贾似道为太师，倍加宠信。贾似道有恃无恐，专横跋扈，上欺天子，下压群臣，霸田占地，在西湖葛岭建造豪宅，一手遮天为所欲为，致使南宋末年政治更加腐败，朝廷更加黑暗。

咸淳九年（1273），夺得蒙古国汗位的忽必烈率领大军南下，一举攻下四川、汉江后，重兵包围襄阳、樊城，攻打安吉州。时任知州为赵汝愚曾孙赵良淳，率领军民拼死抵敌守城。在寡不敌众州城即将被元兵攻克之际，赵知州挥笔写下"宁为宋鬼，不为北臣"八个大字，拔剑自刎！其妻悬梁自缢，儿孙俱投江自尽！丞相后裔满门忠烈，宁为玉碎、不为瓦全的爱国壮举，在史书上留下了浓墨重彩的一笔！

吕敬贤看到这里万分激动，从包内取出文房四宝，当即挥毫泼墨，题诗一首。

在旁的一位愣头小子见了，急忙探过头去细看，忍不住读出声来：

> 良相后裔尽奇男,
> 英烈满门佳话载。
> 誓死不为北国臣,
> 刚正热血志无怠。

愣头小子读罢赞不绝口:"真是好诗!这位大诗人才思敏捷,一挥而就,了不得,真是了不得啊!"

吕敬贤笑道:"在下信笔涂鸦,这位小兄弟过奖了!"用手指着朱润道,"这位朱先生才是名副其实的才子哩!"

愣头小子笑道:"那就请这位朱先生赋诗一首,让我们也饱饱眼福!"

朱润摇头道:"这位小兄弟休听他胡说!"

金尚德笑道:"只是朱先生平时惜墨如金,我这个门外汉不怕出丑,班门弄斧哼几句顺口溜以逗诸位一笑!"

众人笑道:"尚德兄才思敏捷,口才超好,编顺口溜人称大王,好好,大家欢迎!"

金尚德朝大家双手一拱,摇头晃脑哼咏起来:

> 赵氏家风无价宝,
> 代生贤者堪称少。
> 御封忠定冠名祠,
> 万众敬仰香火烧!

众文友齐声喝彩道:"尚德兄的一首七言绝句通俗易懂,朗朗上口,堪称雅俗共赏,既讴歌了赵丞相的美好家风,又饱了吾等的耳福,妙哉,妙哉!"

众人瞻仰罢赵忠定公祠,恋恋不舍地走出堂外。朱润见寺内钟楼高耸巍峨,笑道:"唐朝大诗人王之涣说,'欲穷千里目,更上一层楼',吾等何不学王大诗人登楼远眺,看一看洲钱景色!"

众人笑道:"朱先生所言极是,吾等登高观之。"

众人踏进钟楼，拾级而上，至顶楼凭栏远眺，水乡洲钱尽收眼底，只见四周波光粼粼，碧水环绕，中间那集镇形如一枚巨型铜钱；镇区虽小，却也繁荣喧闹，一家家店铺鳞次栉比，依水而建；远近桑林如海，林木深秀……朱润看得心花怒放，忍不住赞道："小桥流水，景色如画，宋人沈长卿有诗赞洲钱，'翠蛾环坐忆洲钱'，今日方知其中之妙也！"顿时诗兴大发，从公文袋内取出文房四宝。金尚德见了忙替他磨墨，展开宣纸。朱润提笔在手，略一思吟，便"沙沙沙"挥笔疾书，一首五律瞬间立成。金尚德俯身用嘴轻轻一吹，双手捧起当众朗声读道：

赵公殁已久，
吊古独含情。
显相当年业，
钟贤此地灵。
洲团千市集，
水绕一钱清。
民舍今犹昔，
哲人想更生。

后　记

笔者的家乡，是典型的江南水乡，地理环境优美独特，河浜港漾纵横交错，历史悠久，名人辈出，文化底蕴十分深厚。

《洲泉镇志》记载："早在新石器时代，先民们就已在此繁衍生息。迄今发掘的黄鹤村遗址属崧泽文化晚期、良渚文化和马桥文化的堆积……屈家里遗址属良渚文化和马桥文化堆积……谢家兜遗址属良渚文化、马桥文化和商周时代。唐代已有洲钱之名。"

笔者为家乡历史悠久、名人辈出感到无比荣耀。一次在替文体站编排"越剧流派联唱"《水乡洲泉好风光》时自豪地写道：

　　水乡洲泉好风光，
　　名人辈出非寻常；
　　精忠爱国赵汝愚，
　　内禅功高封丞相；
　　书画篆刻胡菊邻，
　　名震江南人敬仰；
　　女画家，金董篁，
　　《百蝶图》传世美名扬；
　　抗清名士吴尔壎，
　　以身殉国永流芳；
　　吴之振妙笔生花《课蚕词》，
　　《清史稿·列传》推绝唱……

笔者从小酷爱文学，喜欢搜集整理家乡的名人逸事和民间传说故事，著有《湘溪人文》《一代名医金子久》《运河传奇》《烽火神鹰》等名人传记和通俗小说。

近年来，聚居在东田村赵家角、赵家埭一带的赵姓村民，对南宋贤相赵汝愚越来越敬佩，思慕之情越来越深厚。在镇领导和该村村民的大力支持下，掀起了弘扬先贤文化的热潮，集资拓宽漾东浜，建造丞相府。笔者受镇党委领导委托，从2016年起着手大量搜集赵汝愚的史料，冒严寒酷暑采访觅旧，足迹几乎踏遍湘溪。其间，经常光顾市图书馆，在地方文献室顾钟梅老师的积极配合下，熟读了《宋史》《续资治通鉴》《细说宋朝》《诸臣奏议》《朱熹理学研究》等书籍。耗时三载，数易其稿，才成如今面目。

书稿甫出，洲泉镇党委、镇政府非常关切，各界人士大力支持。有关领导在百忙中审阅文稿。特别是苏凯平、朱君、叶辛根、舒钰煜，对拙作倍加呵护，提了不少宝贵的意见。市作家协会秘书长颜剑明先生，仔细审阅文稿后作序。市民协原主席沈海清先生，通读全书，悉心校对并作序。青石实验小学赵仿华老师对本书倍加关爱，特地登门索稿仔细阅读，提出了不少宝贵的修改意见。桐城沈水富老师在酷暑中挥汗对书稿前三章阅后提出了好多修改金点子。笔友袁广学对《咏梅》等三首古诗在平仄、格律方面作了校正……

《贤相赵汝愚》得以顺利付梓面世，仰仗上述领导和热心人士的关心呵护，借此机会深表谢意！

然而，限于笔者的历史知识和写作水平，拙著难免存在不足之处，诚望业内专家和广大读者不吝赐教。

沈新甫
2020年暑假于白荡漾畔书香斋

上架建议:历史 人物
ISBN 978-7-5075-5373-4

定价:68.00元